高等院校物流管理专业教材

新编物流管理实务

主　编　张惠敏

副主编　郝　茜　翟紫昱

中国水利水电出版社
www.waterpub.com.cn
·北京·

内 容 提 要

本书系统地介绍了物流管理的主要工作内容及操作实务，具体内容包括物流市场调查、仓库规划与设计、库存管理与控制、商品养护与安全管理、运输实务、配送中心规划、配送组织与运输管理、现代物流信息技术与管理系统、物流成本管理和计算、供应链管理。本书突出应用问题和案例，强调物流知识的系统性和实用性，使读者更容易理解和掌握。

本书适用于物流职业技能培训及在职物流人员培训，也可作为高等院校物流管理与工程类专业的教材或参考用书。

本书配套资源，读者可以从中国水利水电出版社网站（www.waterpub.com.cn）或万水书苑网站（www.wsbookshow.com）免费下载。

图书在版编目（CIP）数据

新编物流管理实务 / 张惠敏主编. -- 北京 : 中国水利水电出版社，2020.10
 高等院校物流管理专业教材
 ISBN 978-7-5170-8965-0

Ⅰ. ①新… Ⅱ. ①张… Ⅲ. ①物流管理－高等学校－教材 Ⅳ. ①F252.1

中国版本图书馆CIP数据核字(2020)第199693号

策划编辑：杨庆川　　责任编辑：高双春　　加工编辑：王玉梅　　封面设计：梁　燕

书　名	高等院校物流管理专业教材 **新编物流管理实务** XINBIAN WULIU GUANLI SHIWU
作　者	主　编　张惠敏 副主编　郝　茜　翟紫昱
出版发行	中国水利水电出版社 （北京市海淀区玉渊潭南路 1 号 D 座　100038） 网址：www.waterpub.com.cn E-mail：mchannel@263.net（万水） 　　　　sales@waterpub.com.cn 电话：（010）68367658（营销中心）、82562819（万水）
经　售	全国各地新华书店和相关出版物销售网点
排　版	北京万水电子信息有限公司
印　刷	三河市鑫金马印装有限公司
规　格	184mm×260mm　16 开本　16.75 印张　413 千字
版　次	2020 年 10 月第 1 版　2020 年 10 月第 1 次印刷
印　数	0001—4000 册
定　价	48.00 元

凡购买我社图书，如有缺页、倒页、脱页的，本社营销中心负责调换

版权所有·侵权必究

编 委 会

主 任：张惠敏

副主任：郝 茜　翟紫昱

委 员：陈雪丽　刘国蔓　张涛英　穆丽娟

　　　　张 莹　薛立立

前　言

　　人工智能、云计算及大数据等前沿技术在物流行业的全面应用，使我国逐渐进入智慧物流发展阶段，物流业也成为我国经济生活中的热点，"互联网+"与仓储、运输和配送的结合正深刻地改变着人们的生活。

　　随着现代科学技术的飞速发展和专业化分工越来越细，物流热持续升温。物流作为提高市场竞争力的关键因素和影响众多领域发展的巨大潜在市场，受到各级政府和企业的广泛关注与高度重视。尤其是2014年9月12日国务院印发的《物流业发展中长期规划（2014—2020年）》指出："物流业是融合运输、仓储、货代、信息等产业的复合型服务业，是支撑国民经济发展的基础性、战略性产业。加快发展现代物流业，对于促进产业结构调整、转变发展方式、提高国民经济竞争力和建设生态文明具有重要意义。"

　　尽管我国物流产业取得了较好发展，并有着巨大的社会需求，且这种需求不仅表现在规模和数量上，更表现在质量和效率上。但是，我国物流产业的现状还不尽如人意，发展的不均衡问题尤其突出，比如在很多物流场景中，运输速度慢，装卸、搬运作业的自动化程度较低。仓库硬件、软件的设施条件差，高层立体化、自动化技术没有得到全行业的普遍应用，货物包装标准化技术还有待进一步推广。这些因素妨碍了物流的产业化和服务的社会化进程，阻碍了物流产业的健康、快速发展。

　　目前，我国物流业发展迅速，企业对物流技术的需求，对物流人才，特别是物流一线管理人才的需求越来越迫切。为了适应培养技术应用型物流管理人才的需要，本书为从事物流与采购的企事业单位和个人以及高等院校相关专业的师生提供了较好的学习材料，必将为加快物流人才的培养，促进物流产业的发展作出应有的贡献。

　　本书在编写过中得到了有关专家的大力支持，同时参考了大量文献资料，借鉴和吸收了国内外众多学者的最新研究成果，在此对相关人员表示诚挚的谢意。由于本书成稿时间仓促，书中难免存在错误和遗漏之处，敬请社会各界专家和广大读者批评指正。

编　者
2020年8月

目　　录

前言

第1章　物流市场调查 ·· 1
　1.1　市场调查基本知识 ······································ 1
　　1.1.1　市场调查的概念 ···································· 1
　　1.1.2　市场调查的步骤 ···································· 1
　1.2　物流市场调研 ·· 2
　　1.2.1　物流市场调研的分类 ································ 2
　　1.2.2　物流供需调研 ······································ 4
　　1.2.3　物流供需调研的步骤 ································ 9
　1.3　物流市场预测 ··· 17
　　1.3.1　市场预测概述 ····································· 17
　　1.3.2　物流市场预测原则 ································· 18
　　1.3.3　物流市场预测方法 ································· 18
　1.4　物流市场调研报告 ····································· 21
　　1.4.1　物流市场调研报告的特点 ··························· 21
　　1.4.2　调研报告的基本要求 ······························· 22
　　1.4.3　物流市场调研报告的基本结构 ······················· 22
　本章案例 ·· 24
　思考题 ·· 25

第2章　仓库规划与设计 ······································ 26
　2.1　仓库规划概述 ··· 26
　　2.1.1　仓库规划的概念 ··································· 26
　　2.1.2　仓库规划的内容 ··································· 26
　　2.1.3　仓库建设规划流程 ································· 27
　2.2　仓库规模和数量规划 ··································· 28
　　2.2.1　仓库规模设计 ····································· 28
　　2.2.2　仓库数量决策 ····································· 28
　2.3　仓库选址规划 ··· 29
　　2.3.1　仓库选址的原则 ··································· 29
　　2.3.2　仓库选址的影响因素 ······························· 30
　　2.3.3　仓库选址决策分析方法 ····························· 31
　2.4　仓库的结构与布局 ····································· 32
　　2.4.1　仓库的结构 ······································· 32
　　2.4.2　仓库库房的分配 ··································· 36
　　2.4.3　仓库的布局 ······································· 37
　　2.4.4　自动化立体仓库的结构 ····························· 44
　本章案例 ·· 49
　思考题 ·· 50

第3章　库存管理与控制 ······································ 51
　3.1　库存管理概述 ··· 51
　　3.1.1　库存的含义和功能 ································· 51
　　3.1.2　库存分类 ··· 52
　　3.1.3　库存管理及其目标 ································· 53
　　3.1.4　与库存管理有关的成本 ····························· 54
　　3.1.5　库存管理方式 ····································· 55
　3.2　ABC管理 ··· 55
　　3.2.1　ABC分类法的基本思想 ····························· 56
　　3.2.2　ABC分类实施的步骤 ······························· 57
　　3.2.3　ABC分类管理的措施 ······························· 59
　　3.2.4　ABC分类管理的注意事项 ··························· 59
　3.3　库存控制技术 ··· 60
　　3.3.1　定量订货法 ······································· 60
　　3.3.2　定期订货法 ······································· 64
　　3.3.3　定量订货法与定期订货法的区别 ····················· 66
　3.4　MRP与库存管理 ······································· 66
　　3.4.1　MRP基本原理 ····································· 67
　　3.4.2　MRP系统的运行步骤 ······························· 67
　　3.4.3　MRP的计算方法 ··································· 68
　3.5　JIT与库存管理 ·· 70
　　3.5.1　JIT基本原理 ······································ 70
　　3.5.2　JIT生产系统与传统物流系统的
　　　　　不同 ·· 71
　　3.5.3　JIT中的库存控制策略 ······························ 72
　　3.5.4　JIT生产方式消除库存、改善物流的
　　　　　关键做法 ·· 72
　本章案例 ·· 74
　思考题 ·· 74

第4章 商品养护与安全管理 75
4.1 商品的质量变化 75
4.1.1 物理机械变化 75
4.1.2 化学变化 77
4.1.3 生化变化及其他生物引起的变化 79
4.2 影响商品发生质量变化的因素 80
4.2.1 影响库存物品变化的内因 80
4.2.2 影响物品质量变化的外因 82
4.3 商品养护方法 84
4.3.1 仓库作业过程管理措施 84
4.3.2 仓库温、湿度控制的方法 86
4.3.3 商品锈蚀的防治 94
4.3.4 虫害的防治 94
4.3.5 霉变的防治 95
4.4 仓库安全管理 95
4.4.1 治安保卫管理 96
4.4.2 仓库消防 97
4.4.3 仓库防雨防汛 101
4.4.4 仓库安全作业管理 101
4.4.5 仓库事故处理 102
本章案例 102
思考题 103

第5章 运输实务 104
5.1 运输概述 105
5.1.1 运输的地位和原则 105
5.1.2 运输手段的选择 106
5.2 货物运输实务 106
5.2.1 货物运输的运作 106
5.2.2 运输费率 109
5.2.3 运输管理 111
5.3 整车运输管理 114
5.3.1 整车运输概述 114
5.3.2 整车货物运输业务 116
5.3.3 整车货物运输结算 118
5.4 零担货物运输管理 119
5.4.1 零担货物运输概述 119
5.4.2 零担货物运输组织 121
5.4.3 零担货物运输作业程序 124
本章案例 131
思考题 131

第6章 配送中心规划 133
6.1 配送中心概述 133
6.1.1 配送中心的定义及其形成 133
6.1.2 配送中心的分类 134
6.1.3 配送中心的功能 137
6.1.4 配送中心的物流流程 139
6.2 配送中心规划 141
6.2.1 配送中心规划的意义 141
6.2.2 配送中心规划的内容 141
6.2.3 规划的制约因素 142
6.2.4 配送中心规划的基本程序 143
6.3 配送中心的定位和选址 144
6.3.1 配送中心的定位 144
6.3.2 配送中心的选址 145
6.4 配送中心组织设计与岗位操作流程 152
6.4.1 配送中心的组织类别 152
6.4.2 配送中心岗位规划设计 154
本章案例 161
思考题 162

第7章 配送组织与运输管理 163
7.1 配送组织 163
7.1.1 配送组织工作的基本程序和内容 163
7.1.2 配送组织的模式 164
7.1.3 配送的方法 165
7.2 协同配送 167
7.2.1 协同配送的含义 167
7.2.2 协同配送的优势 167
7.2.3 协同配送的两种类型 168
7.2.4 协同配送的问题及解决办法 169
7.3 配送线路的确定 171
7.3.1 配送线路的确定原则 171
7.3.2 配送线路的确定方法 171
7.4 车辆调度与车辆运营管理 179
7.4.1 车辆调度工作 179
7.4.2 车辆调度的基本原则和具体原则 179
7.4.3 车辆调度的方法 180
7.5 车辆积载、装载与卸载 186
7.5.1 配送车辆的配装 186

7.5.2 车辆积载的原则 ········· 187
7.5.3 车辆配装的方法 ········· 188
7.5.4 装载与卸载 ············· 193
本章案例 ························ 195
思考题 ·························· 196

第 8 章 现代物流信息技术与管理系统 ··· 197
8.1 仓库管理系统 ············· 197
 8.1.1 仓库管理系统概述 ······· 197
 8.1.2 仓库管理系统功能 ······· 198
8.2 运输管理系统 ············· 199
 8.2.1 运输管理系统功能概述 ··· 199
 8.2.2 运输管理系统的选型原则 ··· 200
8.3 智能运输系统 ············· 201
 8.3.1 智能运输系统的概念 ····· 201
 8.3.2 运输系统的智能化的意义 ··· 202
 8.3.3 ITS 的技术 ············ 202
8.4 智慧物流技术 ············· 203
 8.4.1 智慧物流概述 ·········· 203
 8.4.2 智慧物流技术架构 ······· 203
 8.4.3 智慧物流技术体系 ······· 204
本章案例 ························ 205
思考题 ·························· 205

第 9 章 物流成本管理和计算 ········· 206
9.1 物流成本管理概述 ········· 207
 9.1.1 物流成本的概念及构成 ··· 207
 9.1.2 物流成本的影响因素 ····· 208
 9.1.3 物流成本的分类 ········ 209
 9.1.4 物流成本的重要理论学说 ··· 210
9.2 物流成本管理 ············· 211
 9.2.1 物流成本管理的内容 ····· 211
 9.2.2 物流成本管理的原则、策略和途径 ············· 212
9.3 物流成本计算 ············· 214
 9.3.1 物流成本计算的目的 ····· 214
 9.3.2 物流成本计算概述 ······· 214
 9.3.3 物流成本数据在物流管理中的作用 ················· 219
 9.3.4 编制预算 ············· 220

9.4 物流 ABC 成本计算法 ······· 221
 9.4.1 物流 ABC 的概念及特征 ··· 221
 9.4.2 物流 ABC 的计算原理 ····· 221
 9.4.3 物流 ABC 的运用程序 ····· 223
 9.4.4 ABC 与传统成本计算的关系 ··· 224
本章案例 ························ 225
思考题 ·························· 226

第 10 章 供应链管理 ··············· 227
10.1 供应链管理概述 ·········· 227
 10.1.1 供应链的概念 ········· 228
 10.1.2 供应链的特征 ········· 228
 10.1.3 供应链的类型 ········· 228
 10.1.4 供应链管理的概念 ····· 229
 10.1.5 供应链管理与物流管理的关系 ··· 230
10.2 供应链的设计 ············ 231
 10.2.1 供应链设计的原则 ····· 232
 10.2.2 供应链设计的策略 ····· 233
 10.2.3 供应链设计的步骤 ····· 235
 10.2.4 供应链的模型选择 ····· 236
 10.2.5 确定供应链组织模型 ··· 237
10.3 供应链管理的方法 ········ 238
 10.3.1 快速反应（QR） ······· 238
 10.3.2 高效客户反应（ECR） ··· 241
 10.3.3 企业资源计划（ERP） ··· 244
10.4 供应链的绩效评估 ········ 248
 10.4.1 供应链绩效评估的主要作用 ··· 248
 10.4.2 供应链绩效评估的特点 ··· 248
 10.4.3 供应链绩效评估的原则 ··· 249
 10.4.4 供应链管理绩效评估的内容 ··· 249
 10.4.5 供应链管理绩效评估指标体系的建立 ············· 251
10.5 供应链管理的新发展 ······ 253
 10.5.1 电子化的供应链（e-chain） ··· 253
 10.5.2 敏捷供应链 ·········· 254
 10.5.3 产业供应链或动态联盟供应链 ··· 257
本章案例 ························ 258
思考题 ·························· 259

参考文献 ······················· 260

第 1 章 物流市场调查

　　A 物流公司是河南省最大的民营物流公司之一，甲公司是 A 公司的最大客户，双方在运输、储存等物流主要业务方面均有长期的合作。近来，A 公司发现甲公司的业务量比去年同期下降了 30%。据调查发现，甲公司有意把自己的业务交给一家合资公司 B 来做，原因是 B 不但能为其提供运输、储存业务，而且还能为其提供配送、包装、流通加工、市场咨询等服务，B 合资公司先进的信息系统和优良的服务也是他们选择 B 合资公司的主要原因。A 公司在和甲公司领导交谈的过程中发现，在与 A 公司合作的过程中，A 公司从来不关心甲公司的需求，只是被动地接收货物，业务也仅仅停留在传统的等待运输和仓库保管作业上。

1.1 市场调查基本知识

1.1.1 市场调查的概念

　　市场调查就是以科学的方法、客观的态度，明确研究市场营销问题所需的信息，有效地收集和分析这些信息，为决策部门制定更加有效的营销战略和策略提供基础性的数据和资料。我国的市场调查虽然有较大发展，但还存在许多问题。比如：

　　（1）市场调查机构的问题：市场调查机构规模小、业绩差；市场调查机构的设备和技术落后；市场调查机构中的从业人员整体素质不高；市场调查机构的分析研究水平较低；市场调查机构的社会形象不佳。

　　（2）市场被调查者的问题：被调查者拒访；被调查者有意识地隐瞒、虚夸、漏填问题中的一些调查项目；被调查者无意识地错答或漏答有关问题。

1.1.2 市场调查的步骤

1．方案设计

　　（1）设计前的准备工作。调查人员要把管理者基本意图转化为调查问题，调查人员应深入企业和企业管理人员进行广泛交流。

　　（2）方案设计的内容。

　　1）调查目标——调查者是为了解决什么问题。

　　2）调查内容——市场调查具体要调查的几个方面。

　　3）资料来源——用第一手材料还是第二手材料。

　　4）调查方法——采用量化调查还是质化调查。

　　5）调查接触方法——可采用面谈、电话、邮寄等方法。

6）调查对象——规定被调查者的年龄、性别、收入、职业等特征。

（3）工作进度安排、人员安排、项目预算/报价。

1）工作进度安排：抽样设计和问卷设计需要多少时间；人员培训需要多少时间；调查实施需要多少时间；数据处理与分析需要多少时间；撰写报告需要多少时间等。

2）人员安排：谁负责抽样；谁负责召集和培训访问员；谁负责督导；谁负责复查等工作的安排。

3）项目预算/报价：如果企业自己执行调查需进行预算；如果委托专业调查公司执行，则要求对方报价。

2. 抽样设计与问卷设计

抽样设计：可分为随机抽样和非随机抽样。调查问卷设计应严格按调查方案中确定的调查内容来设计。

3. 人员培训

人员培训包括：

（1）项目执行人培训：如何主持项目和问卷访问。

（2）督导培训：如何对访问过程进行监督与协调。

（3）访问员培训：基础培训、针对性的问卷培训。

4. 调查实施

调查实施包括甄选调查对象、实施访问、对问卷进行一定比例的复核。

5. 数据处理

数据处理包括编码、录入、甄选等环节。

6. 数据资料分析整理

对调查的数据资料进行整理和分析，如频数统计、交叉统计、均值检验、方差分析、因子分析、要素分析等。

7. 撰写调查报告

在调查的基础上，通过文字、图表等形式将调查的结果表现出来，以使人们对所调查的市场现象或问题有一个全面系统的了解和认识。调查报告必须坚持针对性、时效性和科学性。

8. 跟踪调查

跟踪调查包括对调查报告提出的建议、执行效果的调查；对调查报告中所提出的关键问题作进一步深入连续的调查；对调查报告中所提出的调查结论和建议的采用率、转引率及对实际工作使用价值的调查，同时检验调查结论和建议的正确程度与可行情况；了解报告中所提出的调查结论在实际执行中是否被曲解。

1.2　物流市场调研

1.2.1　物流市场调研的分类

物流市场调研就是以科学的方法、客观的态度，明确研究物流市场营销问题所需的信息，有效地收集和分析这些信息，为物流企业决策部门制定更加有效的营销战略和策略提供基础性的数据和资料。

【小思考 1-1】

物流市场调研的作用？

　　物流是集运输、仓储、装卸搬运、流通加工、配送、信息处理于一体的综合概念，并且物流的各活动之间存在着效益背反关系，因此，调研必须坚持系统综合的理念。物流市场调研是一个系统的工作，即物流市场调研的每一个阶段都必须进行系统的规划，每一阶段的所有步骤也应有条不紊地进行。调研必须客观，即应努力提供能够反映真实状况的信息。物流市场调研要做到"实、宽、活"。"实"即调研要实事求是，客观反映真实现实；"宽"即调研的范围要大，以保证取样的全面；"活"即调研要灵活，采用不同的方式。市场调研人员要"为上不唯上"；市场调研工作要"辨风不随风"；要把物流市场调研与物流研究紧密结合起来。

　　物流市场调研主要可以分为以下几类。

　　1. 根据研究目的不同，物流市场调研可以分为物流市场需求调研和物流供给调研

　　（1）物流市场需求调研是调研物流客户群体对物流服务的产品种类、数量、时间等的需求。调研可以使物流企业了解物流服务的内容，以便作出及时准确的决策。

　　（2）物流供给调研是调研物流服务提供商所提供物流服务的范围、种类等。调研可以使物流客户更好地选择物流服务的提供商，以得到最优的物流服务。

　　2. 根据研究品种不同，物流市场调研可以分为单一品种物流调研和综合品种物流调研

　　（1）单一品种物流调研是根据物资品种的分类情况对某一品种进行物流调研，如钢材物流调研、水泥物流调研、小麦物流调研、食用油物流调研、电视机物流调研等。

　　（2）综合品种物流调研是对综合品种大类，甚至所有品种的物流调研，如建材物流调研、粮食物流调研、生活资料物流调研等。

　　3. 根据研究业务不同，物流市场调研分为专业物流业务调研和综合物流调研

　　（1）专业物流业务调研是对专业化物流业务种类的物流调研，如运输量物流调研、仓储物流调研、搬运物流调研、信息化程度物流调研等。

　　（2）综合物流调研是对综合物流业务进行的物流调研，如第三方物流调研、供应链物流调研、外包物流调研、自办物流调研等。

　　在具体情况下，常常把以上几种分类方法综合运用。例如：物资储运公司的建材市场物流调研，需要研究建材物资各种品种的供应和需求、储存和运输等；商业储运公司所进行的蔬菜物流调研，需要研究各种蔬菜的生产、调运、储存和配送等。

　　4. 根据抽样方式不同，物流市场调研分为普查和抽样调研

　　（1）普查是将调研区域中的每个对象都列为调研对象，逐个进行调研。这样的调研比较全面，但是工作量大，成本高，一般只适用于垄断市场的调研。尤其是对于物流调研来说，由于很少有垄断市场，因此，也就很少采用这种方法。

　　（2）抽样调研就是在调研区域中选取有限的若干个对象作为调研对象。这种调研方法由于针对性强、调研次数少，因此可以降低调研成本，提高调研效率。物流企业采用抽样调研，一般只选取那些已经成为或者可能成为自己客户的企业作为调研对象进行调研，可以大大提高调研效率，降低调研成本。

5. 根据调研媒介不同，物流市场调研分为口头调研、电话调研和书面调研

（1）口头调研是主要以交谈方式进行的调研。调研人员和被调研者通过问答或座谈形式进行调研。

（2）电话调研是一种最方便且成本低、效率高的调研方式。电话可以跨越空间距离、排除外界干扰，使双方直接进行独占式的交谈。谈话可以直接针对主题，时间短、效率高。但是只适用于有电话的场合。随着电信业的不断发展，用电话交谈进行调研是一种既方便又普遍的调研方式。

（3）书面调研是主要以文字形式进行的调研。最主要的形式有两种，一是问卷，二是调研表。书面调研是被调研者根据预先设计的问卷或调研表的内容，自主考虑、自主提供调研结果的方法。这种调研由于被调研者有比较充足的时间进行考虑，因此调研结果比较可靠，而且成本低、效率高。

6. 根据利用互联网的方式不同，物流市场调研可以分为网上调研和网下调研

（1）网上调研是利用 Internet 技术进行调查的一种方法。网上调研的优势：网络信息传递迅速；网络调研的便捷性成本低；具有较高的效率；网络调研的客观性较强。但是网上调研也面临着信息过载、垃圾信息、互联网的速度慢、用户不愿意在互联网上透露过多信息、很多人还没有上网、上网困难等一系列问题。

（2）网下调研，凡是非网上调研方式，都是网下调研方式，如口头调研、书面调研等。

7. 根据与被调研者的接触方式不同，物流市场调研可以分为直接调研和间接调研

（1）直接调研是主要以和被调研者直接接触，直接由被调研者提供信息而获得资料的方式进行的调研。

（2）间接调研是从侧面的其他渠道调研了解调研对象的有关资料，主要可以通过政府主管部门的统计资料、企业档案；报刊的报道性文章；调研对象的关系企业或部门，例如客户、供应商、银行、社区邻居等处获取调研所用的资料。

上述的这些调研方法亦可以结合起来，需要调研人员针对具体情况具体运用。

1.2.2 物流供需调研

物流供需调研是了解物流供需情况的最基本手段，也是进行物流供需市场分析的基础。物流供需调研对企业了解物流市场、准确定位和改进物流系统有至关重要的作用；物流供应方应根据客户需要设计物流方案和系统建设；物流供应能力不能满足需求时将对生产和流通产生不良影响；物流供应能力超过物流需求时，会不可避免地造成系统的浪费；物流企业需要坚定以市场为导向、满足客户需求为本的观念；物流需求调研和物流系统的改进不能一次定终身，要不间断地、自觉地根据业务发展和客户新的需求经常进行调研，从而改进系统；宏观经济的变化、消费方式、消费水平、电子商务的发展及应用等方面也会对物流需求产生影响，它们都是物流需求调研不可忽视的重要因素，也是系统改进的重要依据。

1. 物流需求分析

（1）物流需求的概念。所谓物流需求，是指各类企事业单位和个体消费者在社会经济活动过程中，所伴随产生的运输、仓储、包装、装卸搬运、配送等物流活动的需要情况。

📚 **资料链接**：从宏观数字看，物流总值从 2013 年的 197.8 万亿元增加到 2017 年的 252 万亿元，年均增长 7.2%；社会物流总费用从 2013 年的 10.2 万亿元增加到 2017 年的 12.1 万亿元，

年均增长 6.2%，总费用与 GDP 的比率从 2013 年的 18%逐年下降为 16.6%、16%、14.9%，2017 年为 14.6%；全年货运总量从 2013 年的 451 亿吨上升到 2017 年的 471 亿吨。中国已是全球最大的物流市场国，物流业务总收入从 2013 年的 3.9 万亿元到 2017 年的 8.8 万亿元。工业企业与批发零售企业物流费用率已从 2013 年的 8.4%下降到 2016 年的 8.1%（其中工业为 8.6%，批发零售为 7.4%）；物流业景气指数从 2013 年的 53.1%上升到 2017 年的 55.3%。这些数据表明，物流业作为国民经济的基础性、战略性产业，在供给侧结构性改革中的作用日益明显。

【资料来源：改革开放四十年的中国物流业报告，http://www.chinawuliu.com.cn/】

此概念有广义和狭义两种解释，广义的概念包括潜在物流需求和社会物流需求。

1) 所谓潜在物流需求，是指企业自行承担的物流需求，即伴随企业生产经营活动中的运输、仓储等物流活动由企业自行负责。由于受传统经济和生产力发展水平的影响，目前，我国大部分生产制造企业和商业企业（包括个体经营者）的运输、储存等物流业务基本上都是由企业自己来承担，物流活动的社会化程度较低。在这些企业中存在着大量的物流业务，但这些物流业务还没有从企业的经营活动中剥离出来，称为潜在物流需求。

2) 所谓社会物流需求，是指由专门经营物流业务的第三方物流公司承担来自社会各方面的物流业务。

狭义的概念只包括社会物流需求，这种需求完全是一种市场行为，由物流供给方来提供物流服务。

在分析物流需求时，既要注重现有的物流需求，还应关注未来的物流需求。

（2）影响物流需求的环境因素。物流企业所提供的是物流服务，物流服务的数量和质量与一个国家的经济发展水平关系密切，因此，经济发展状况对物流服务影响很大。影响物流需求变化的主要因素有以下几方面：

1) 产业结构的变化。产业结构主要指第一、第二、第三产业所占的比重。现代经济发展的总趋势是，第一产业的比重逐渐降低，第二和第三产业的比重逐步提高。在第二产业中，电子工业和加工组装工业的比重越来越大。这些工业生产的是附加值高的产品，对物流服务的要求相应也较高，产品由过去的"重厚长大"向"轻薄短小"方向转化，所以物流服务的需求也由数量型需求向质量型需求转化。

2) 消费者需求的多样化、个性化。随着人民生活水平的不断提高，人们对于产品的需求也呈现出多样化和个性化的特点，不但对商品的品种、质量要求越来越高，而且越来越关注商品的售后服务，这对商家的采购、进货方式、配送模式等都会产生深刻的影响，小批量、多批次的进货方式将对物流需求产生直接的影响。

3) 流通结构的变化。我国从 20 世纪 90 年代初期开始，为满足广大消费者的多样化需求和商业的规模效益，涌现出大批超级市场、连锁店、仓储式商店等新型零售业态，这些新型业态事业开展的重要基础之一就是要有高效率的物流系统。通过对物流据点的有效配置及其功能的发挥，实现商品采购和供应的高效率，为降低物流成本提供条件。

4) 电子商务的影响。电子商务的发展和流通模式变革为物流的发展带来新的商机，增加了物流的需求量。电子商务运用现代计算机和信息通信技术完成商品的交易活动，它突破了商流的空间和时间限制，极大地扩展了流通范围，提高了商流的效率，流通方式也因此发生了根本性的变化，并会直接影响到企业的运作模式。近年来，我国电子商务得到蓬勃发展，成为商品流通领域发展最快的新型业态。但对实物移动的物流来说，显然不可能以电子数据的传输方式去进行,只能使用传统的物流方式去实现其空间位移。但由于商流活动的电子化极大地提高了商流的速度和范围,因而要求物流也必须做出快速反应,物流的运作方式和活动范围也会发生变化。

5)政治、法律环境日渐完善。我国政府的重视与支持对物流的发展具有决定性的意义。中央政府有关部门,如国家经贸委、国家计委、交通部、外经贸委等,都从不同角度关注着我国物流产业的发展,并积极地研究促进物流产业发展的有关政策。2006年,国家出台了"十一五"国民经济发展的规划纲要。在纲要中,第一次把物流产业发展纳入到国家重点发展的领域,而且是作为现代服务业发展的一个领域来提出要加快发展的。尤其是2009年2月25日,物流业被列为中国十大重点产业和重点调整的产业之一,此次国家出台物流产业振兴规划,不仅对于物流业自身发展有利,也将配合其他各行业物流一体化的发展。该振兴规划在对物流行业的发展现状进行科学分析的基础上,首次明确提出了物流产业下一阶段的发展目标和发展任务,显示了国家对物流行业的重视。物流产业的发展,也将成为我国拉动内需新的增长点。

6)物流技术的发展。物流技术是物流发展必不可少的保障,物流的每个环节要想顺利实现都离不开物流技术的发展。物流技术包括硬件技术和软件技术。物流硬件技术指的是基础设施设备的发展,我国经过多年的发展,基础设施已经比较健全,拥有完善的运输基础设施和先进的运输设备,我国铁路经过了六次大提速,这是我国铁路事业快速发展的典型体现;拥有全球货物运输量最大的四大港口;完善的交通体系为现代物流的发展提供了保障。软件技术主要指信息技术的发展。近年来,我国信息技术也得到了突飞猛进的发展,ERP(Enterprise Resource Planning,企业资源计划)、EOS(Electronic Ordering System,电子订货系统)、GPS(Global Positioning System,全球定位系统)、GIS(Geographic Information System,地理信息系统)等信息技术在全社会的普及力度越来越大。

(3)物流需求结构分析。物流需求结构可以从物流需求的客户和物流需求的内容两方面来分析。

1)物流需求的客户。物流需求的客户从工业企业、现代连锁商业和个体消费者等方面来分析。

a.工业企业对供应物流和销售物流服务的需求。随着市场需求环境的变化,企业的生产经营方式逐步发生改变。生产主导型的推动式生产经营方式将会被市场主导型的拉动式生产经营方式所取代,导致在采购、库存、商品配送等领域的运作方式与管理方式的根本改变。工业企业的核心能力是设计、制造和新产品的开发。在专业化分工越来越细的市场环境中,企业的生产环境越来越复杂,这就要求企业将有限的人力、物力、财力集中到核心业务上,重点研究核心技术,不断创新,从而提高企业的竞争力,使企业积极参与竞争。而物流有利于工业企业集中于核心业务,培育其核心竞争力,多品种、小批量、柔性化的生产需要高效率的物流服务作保障。解决这一问题的最佳途径就是工业企业将物流外包给第三方物流公司。在国外,物流外包企业占80%,物流外包已成为现代企业运作的主要手段,这无疑增大了对第三方物流公司的需求。

b.现代连锁商业对商品配送服务的需求。连锁商业的发展是现代流通业发展的方向,国际连锁商业企业的成功经验,大力推动了我国连锁经营业态的发展,而连锁经营的重要目的是通过集中进货、集中配送所形成的规模效益,降低流通费用,提高竞争力。这就需要有较大规模的配送中心来进行配送服务。

c. 个体消费者对物流服务的需求。随着经济的发展，人民生活水平的提高，国内居民对高质量服务的态度、对时间的观念，以及对民营公司的观念都发生了变化，消费者对物流服务的需求也会增大，如搬家服务、包裹速递、商品配送、个人物品储存和接收以及中转等。由于生活节奏的加快，可靠性和速度对于知名企业来说，尤其是生产高附加值产品的商家来讲，越来越宝贵。人们更多地关注准时、方便、安全、可靠，花钱买时间、买服务、买可靠性已经成为他们的需求。第三方物流公司借助信息技术的优势和硬件环境的改善则可以在最短的时间内以最低的成本为顾客提供服务来满足这种需求。

2）物流需求的内容。物流需求的内容主要从运输、配送、仓储、流通加工、装卸搬运、物流信息等方面来分析。

a. 运输需求主要是区域间的货物运输需求。区域间的货物运输需求主要来自三个方面：一是由于本地区商品外销而产生的区域间货物运输；二是由于外埠商品销往本地区而出现的区域间货物运输；三是作为中转基地进行的区域间货物运输。

b. 城市内的商品配送。由城市内的配送中心发到各用户的商品运输，这种物流运输需求具有小批量、多品种和高频率的特点。

c. 仓储需求主要来自两种需求：一是以货物的储存保管为主的传统仓储服务；二是以加速商品流通为目的，提供从出入库作业到库存管理、信息提供、商品配送等一系列综合性服务的现代仓储服务。

d. 商品流通加工需求是为更好地满足消费者对商品的多样化需求，也为解决商品生产与消费之间的矛盾，提升商品的附加值和提高商品的运输效率，而在流通领域对商品进行的简单加工活动。例如，对农产品的深加工和某些生活用品的简单加工等。

e. 物流信息需求。物流信息是现代物流活动所必不可少的组成部分，用户需要及时、准确地得到各方面有关物流的信息，如货源信息、运输信息、仓储信息、货物的价格信息等。有关调研表明，80%左右的运输企业由于得不到货源信息而造成车辆空驶。

（4）物流需求的定量分析。物流量是指商品在流通过程中的数量。广义的物流量应当反映商品流动过程中的装卸搬运作业量、商品储存量、商品运输量以及商品的包装、流通加工等的作业量。但由于物流环节众多，上述各环节的物流量统计起来有一定的难度，因此，一般将商品在空间的位移，即货物运输量（简称"货运量"）或货物运输周转量（简称"货运周转量"）作为物流量来进行分析。

货运总量的调研与整理：货运总量一般包括各种运输方式在某一时期内（一般为一年）的货运量的总和。为了达到预测的有效性，需要搜集 10 年以上的货运量数据。有条件的话，还可按不同货物类别来分别进行统计。不同运输方式货运量汇总表见表 1-1。

表 1-1　不同运输方式货运量汇总表

不同运输方式	铁路	公路	水路	航空	管道运输
一年货运量/万吨					
年货运总量/万吨					
比重/%					

通过不同运输方式货运量在货运总量中所占的比重，可以分析出该地区各种运输方式货

运量的结构比例,掌握该地区主要运输方式的货运需求量,以进行强化管理。同时也可从中发现存在的薄弱环节,提出相应的改进措施。

2. 物流供给分析

物流供给是指向社会提供运输、储存、装卸搬运、流通加工、配送、包装及物流信息等服务的能力。

物流供给者的类型主要有:

(1) 按物流服务种类,则可将物流供给者分为以资产为基础的物流供给者、以管理为基础的物流供给者、优化型物流供应者、综合的物流供给者以及以行政管理为基础的公司。

1) 以资产为基础的物流供给者(亦称资产型物流公司)。该类物流供应者主要通过运用自己的资产,如仓库、运输车队等来提供专业的物流服务;拥有自己的铁路线、运输车辆、仓库设施设备等硬件技术;还拥有电子数据交换技术、全球卫星定位系统、电子订货系统等先进的信息技术。该类物流供给者根据自己的资产向用户提供物流服务,其优点是服务稳定可靠、资信度高;缺点是受自己资产的限制,灵活性较小。

2) 非资产型物流供给者(亦称管理型物流公司)。该类物流供给者是通过系统数据库和咨询服务提供物流服务的,它们没有运输和仓储设施,只提供物流信息及相关的物流服务;没有自己的硬件和软件资产。公司只拥有具有物流管理经验的高级人才,它们向客户提供物流管理的解决方案。因此其灵活性较高,可根据客户需要临时组成团队,可以随时解散,不具有投资风险,但资信度不高。

3) 优化型物流供给者(亦称优化型物流公司)。该类物流供给者是集以资产为基础的物流供给者和非资产型物流供给者二者优点于一体的公司类型,既具有自己的资产,又有高级的管理人员,既可为用户提供高水平的物流服务,又可以为用户提供较好的物流解决方案。该类物流公司是专业物流公司未来发展的方向。

4) 综合的物流供给者。该类物流供给者拥有资产,一般是仓库、卡车,但它们所提供的物流服务,并不局限于自己的资产,一旦需要,便可与其他提供者签订子合同,提供相关的服务。

5) 以行政管理为基础的公司。该类物流供给者主要提供行政性的管理服务,如运费的支付等。

(2) 按物流市场,则可将物流供给者分为操作型公司、行业倾向型公司、多元化公司和顾客化公司。

1) 操作型公司是以精于某项操作为特点的,通常以成本优势来进行竞争。如快运公司服务于相对较小的货物,同时它还具有货物跟踪系统,提高了对客户的服务水平,如 UPS、DHL 等公司就是典型的操作型公司。

2) 行业倾向型公司又称行业型公司,它们常为满足某一特定行业的需求而设计自己的服务内容。如荷兰的 pakhoed 公司为满足化工行业的物流需求而建立了相应的基础设施。

3) 多元化公司开发出一系列相关又彼此不竞争的服务,如班轮运输中的相关服务:集装箱、码头、汽运、仓储和水运等。

4) 顾客化公司面向一些有很高专业需求的客户,它们之间的竞争主要在于服务而不在于费用。例如 Frans Maas 公司与一家欧洲大公司有着密切的服务关系,这家公司不仅负责安排其原材料的运入和产成品的运出,而且还提供最终产品装配的操作服务和在 Venray 的仓库设施为顾客做产品测试的服务。

（3）按资产性质分，则可将物流供给者分为外商独资或中外合资、国有企业、民营企业。

1）外商独资或中外合资，如 UPS（United Parcel Service，美国联合包裹运送服务公司）、DHL－SINOTRANS（中外运敦豪国际航空快递有限公司）、TNT（Thomas National Transport）快递公司、FedEx Express（联邦快递）以及和黄天百物流有限公司、宅急送快运服务有限公司、新科安达。

2）国有企业，如中国远洋运输总公司、中储发展股份有限公司、中国外运股份有限公司、中铁快运股份有限公司、中国邮政集团公司。

3）民营企业，如广州宝供储运有限公司。

除上述分类外，还存在与上述任何一种类型所不同的物流供给者。

一种是小型承运人。这些承运人专门在一定地域内提供对特定货物（冷冻品、计算机、家具及危险品）的特定服务。它们活跃在那些对专业能力、技术、设施有特殊要求的较小市场范围内，而在这一领域里的竞争不如其他市场激烈。这些专业公司也十分依赖于客户及市场，因为它们的运输能力与运输设备不容易转移到其他领域里去，行业进出的壁垒是很高的。如河南冰王物流公司，借助郑州市速冻巨头三全和思念专门为其提供冷藏车的运输服务，在冷藏物流方面有独特且强大的竞争力。

另一种是物流咨询公司。越来越多的第三方物流公司扩大服务范围，这一趋势是指纵向的发展，而不是横向的发展，即在服务的深度发展，而非广度。一般来说，第三方物流服务通常只着重于物流操作性任务，后来，由于内外两方面需求的推动，它们开始强调概念上和战略上的物流计划服务，很快便成立了用来提供这些服务的新部门或公司。例如，Kuhne & Nagel 在总部 schindellegi CH 创建了一家欧洲物流有限公司。这是一个由 10 位资深的物流专家组成的小组，他们中大部分具有很高的学术造诣，为顾客提供物流战略计划的服务，而人们对这个专家小组的需求也正在日益增强。

1.2.3 物流供需调研的步骤

一般来说，物流市场供需调研可分为四个步骤进行，即调研前的准备工作、正式调研、物流调研供需资料的整理和提出调研报告。下面对前三个步骤进行详细介绍。

1. 调研前的准备工作

市场调研的主要目的是搜集有关资料用来进行分析，从中发现问题，提出解决问题的方案，以提高企业物流管理水平。调研准备工作可以从情况分析入手，例如，企业的物流费用高的原因在哪里？是物流环节中哪个部分出了问题？是运输环节不合理,还是仓储环节不合理？为了确定问题之所在，通常需要进行下面的准备工作：

（1）情况分析。调研人员应先考虑企业已经掌握的各项资料，包括企业的发展历史、产品、竞争者、包装、广告与促销方法等。情况分析的目的在于帮助调研人员探索问题，加深调研人员对问题的认识与了解，为调研人员从中发现其因果关系提供线索。

（2）非正式调研，也称试探调研。例如，根据情况分析：某企业对物流服务不满意的主要原因是用户对物流质量不满意还是对物流后续服务有意见；企业今后是着重于改进物流服务质量与加强售后跟踪服务还是增加物流服务内容；这两种办法究竟哪一种好。调研人员可以根据以上问题进行非正式调研，向有关专家或用户征求意见。非正式调研的目的在于根据情况分析进而作出问题的假设。

（3）选择调研对象。选择调研对象应考虑的因素：

1）应综合考虑调研对象群体人数的多少、分布范围、调研的难易程度等具体情况。当调研对象群体人数很多、分布范围很广、调研难度很大时，宜选择抽样方式，反之，可逐个进行调研。

2）考虑样本的代表性。如果调研对象之间差异很小，任何一个样本的代表性都很强，则可以选择较少的样本；反之，则应该选较多的样本。

3）考虑调研成本。样本选得越多，调研工作量越大，调研成本越高；样本选得越少，调研工作量越小、调研成本越低。

（4）设计调研方案。一个完整的调研方案主要包括：明确调研目的，确定调研对象，制定调研项目和调研表，选择调研方式和方法，规定调研的时间标准和空间标准以及制订全盘调研组织计划。

1）明确调研目的是设计调研方案的关键所在，只有确定了调研目的，才能确定调研的范围、内容和方法，否则就会列入一些无关紧要的调研内容，而漏去一些重要的调研内容，则无法满足调研的要求。

2）确定调研对象。调研对象是根据调研目的、任务来确定调研范围与调研单位。调研单位是构成调研对象的每一个单位，是我们搜集数据、分析数据的基本单位。在实际调研中，调研单位可以是调研对象的全部单位，也可以是部分单位。这主要取决于调研单位是否能较好地完成调研要求。

3）制定调研项目和调研表。调研项目就是调研的具体内容，它可以是调研单位的数量特征，如一个生产企业的年产量、年销量、原材料的消耗量等。

4）选择调研方式和方法。进行调研的方式和方法很多，需要根据不同情况选择不同的方式和方法，从而可以在规定的时间内获得最有效的数据，进而科学地阐明社会现象的构成因素及其规律性。

5）规定调研的时间标准和空间标准。为了避免因为时间或空间的变动而产生搜集资料的重复或遗漏，需要规定调研的时间标准和空间标准；一般应选择在调查对象变动较小和登记、填报较为方便的时间和空间。

6）制订全盘调研组织计划。在正式调查之前，应先制订全盘调研组织计划，并进行小范围的预调研，以便检验计划的合理性，保证后期实施调研时可以有序推进。

2. 正式调研

（1）搜集资料。数据资料的搜集可以从两方面进行：一方面是搜集未做任何加工整理的原始资料，也称初级资料；另一方面是搜集他人已调研整理过的资料，也称为次级资料或文案资料。

1）初级资料搜集。初级资料搜集方法包括询问法、观察法、报告法等，通过这些方法可获得调研所需要的基本资料。其中询问法（或称访问法）最为广泛。

a. 询问法。询问法就是通过询问的方式搜集市场信息资料。即要求被调研者回答有关"事实""意见"和"原因"三个方面的问题。例如：了解客户对物流服务的实际需要或服务状况，这属于事实调研；了解用户对物流服务的质量、形式、价格等方面的意见，这属于意见调研；了解用户改变物流需求的理由或停止物流服务合同的理由，这属于原因调研。按调研人员与被调研者的接触方式和调研表格送递的方式，询问法又可分为走访、信访、电话调研和留置调研四种方法。下面对前三种进行详细介绍。

走访是调研人员走访被调研者,当面向被调研者提出问题,以获得所需情报、资料。走访调研根据调研要求和调研人员、被调研者的多少,可以分为个别访问或开小组会座谈,一次调研或多次调研。走访调研的好处在于:能与被调研者进行比较深入的面对面交谈;调研的内容开放,有利于对连锁性问题、边缘行业与相关产品的市场情况进行了解,也可以从中进一步了解消费者的心理、习惯与爱好;直观性强、灵活性高、启发性大和真实性高。

信访又称函件通信调研,即将设计好的调研表寄给被调研者,请他填好后寄回。此法对于居住分散的调研对象最为适用,不仅费用较低,而且可使被调研者有充分时间考虑作答。信访要注意所提问题必须简单明了,不宜过多,或过于庞杂。由于调研人不直接接触回答问题者本人,因此可避免个人访问中由调研人员偏见所造成的影响。此法的缺点是:被调研者的答复往往肤浅,乃至缺乏代表性;也可能因填写调研表不够准确,而影响了调研的代表性;此外,许多人没有写信的习惯,所发函件中部分得不到答复,回收率低。为了弥补以上缺点,可采用询问表留置的方法代替,此法先将询问表由调研人当面交给被调研者,并说明回答问题的方法,然后留交被调研者,由其自行填写,再由调研人员定期收回。

电话调研是由调研人员根据确定的抽样原则,抽取样本,通过电话询问的方式来取得有关的资料的一种调研方法。

b. 观察法。观察法是指调研人员通过直接观察、跟踪和记录被调研者的情况来搜集资料的一种调研方法。它具有目的性、计划性和系统性,要求调研人员事先作出观察的计划,事后要对所观察到的事实作出实质性的结论。例如,在调研农贸市场物流情况时,由于农副产品大多是个体户经营,因此,农副产品的物流状况比较分散,应采用观察法来进行调研,通过对农贸市场上各种农副产品的上市量、运输方式、成交量、成交价格等情况进行观察,掌握其物流现状。

c. 报告法。报告法是通过行政管理部门的隶属关系,由下属报告单位根据原始记录和核算资料,按照统计机关颁发的统一表格和要求,按一定的报送程序提供资料的方法。它适合已建立起比较完善的规章制度和管理体系的部门。

2）次级资料的搜集。次级资料往往是已经公开出版或发表的资料,对这类资料的搜集一般称作文案调研。文案调研通常按以下步骤进行:

第一,根据研究的目的和内容选择所需资料的类型。例如,搜集反映物流市场状态的资料,应根据研究的目的确定是搜集宏观资料还是微观资料,是搜集动态资料还是静态资料等。

第二,寻找资料来源。次级资料的来源渠道很多,有国家统计部门发布的统计公报,出版的各类统计年鉴,优秀硕博论文库,中国期刊网,国内外书籍、报刊、杂志所提供的文献资料等。

第三,对次级资料的查找。可追踪查找与调研研究项目有关的著作、论文末尾所列的参考文献,也可利用百度等网络检索工具进行查找。

第四,对查找的资料进行清理、补充。由于搜集的资料是分散、凌乱的,因此,要对搜集到的资料进行清理,剔除与研究项目关系不大的资料,对欠缺的资料还需作补充搜集,以使资料充分满足研究的目的。文案调研获取资料较为方便、容易,调研费用低。但缺点在于资料是为其他目的或要求而搜集的,在用于某一特定目的时,往往在时间和资料的完整性上具有一定的局限性。

（2）设计物流供需调研问卷。在进行物流市场调研时，都要使用一定的调研表或问卷来搜集资料。调研表或问卷的设计质量会直接影响调研内容，关系到能否得到正确的答案，因此，它是物流市场调研的重要一环。

1）设计调研问题。调研问题的类型主要有填空题、选择题、序列题、对比题、评判题和自由回答题。

a．填空题。填空题是让被调研者填写有关内容的方法。填空的题目一定要明确，要使被调研者能正确地了解调研内容。在进行物流需求调研时，经常要了解物流需求方的一些基本情况，如工业企业的主要产品的品种、年产量、年销量等，这些内容必须一目了然。

例如，本公司提供的主要物流产品是（　　）。

b．选择题。选择题是对所提的问题事先拟定若干个答案，要求被调研者从中选出一个或数个答案的方法。

例如，本企业类型为（　　）

　　A．运输型物流企业　　　　　　B．仓储型物流企业
　　C．综合服务型物流企业　　　　D．物流代理企业

c．序列题。序列题又称顺位题，即从列举的若干的调研项目中，由被调研者依照自己的爱好，判断决定高低优劣的顺序。

例如，你在选择物流供给者时，喜欢哪种类型？请排出顺序（　　）

　　A．资产型　　　　B．管理型　　　　C．综合型

但是此方法列举的项目不宜过多，否则会使判断发生困难。

d．对比题。此方法是用来了解对两种不同物流环节选择不同运输工具的比较。

例如，在进行货物运输时，你经常以什么作为运输工具？请在那种运输工具后打√。

　　A．火车（　）　　B．飞机（　）　　C．汽车（　）　　D．轮船（　）

e．评判题。评判题要求被调研者表示对某个问题的态度或认识程度。

例如，你对目前物流企业的服务状况有何看法？

　　A．非常满意（　　）　　　　　B．满意（　　）
　　C．较满意（　　）　　　　　　D．不满意（　　）

f．自由回答题。自由回答题请被调研者根据问题自由回答，以了解在调研表中没有列出的问题或不便用上述方法调研的问题，可以让被调研者充分发表意见。

例如：你认为目前影响和制约本企业业务发展的主要因素有哪些？

2）设计调研问卷的原则。

a．紧扣目标的原则。整个调研问卷问题的设计应该和调研的目标紧密结合，且问题能够反映出目标的要求。

b．合乎逻辑的原则。整个问卷的问句设计要有逻辑性；单个问句也要具有逻辑性，不能发生逻辑上的谬误；要根据不同的受访者，设计问句排列的逻辑顺序，以适合他们的思维习惯；要根据问句的难易程度，设计问句排列的逻辑顺序。

c．易于回答的原则。问题的难度要适应受访对象的理解能力、接受水平和心理特征；问题要清晰明了，不要把几个问题组合在一个问句中，要用短而明确的问句，不要用长而复杂的问句，应使受访者易读易懂，不会产生理解上的歧义；要用具体的、事实性的问句来提问；问卷中的用词要适合受访者的特点，尽可能做到浅显易懂、口语化，少用或不用专业词语，更不

要使用冷僻深奥的或模棱两可的词语，不要过高地估计受访者的理解能力和理解意愿；不要使用可能使受访者自尊心受到伤害的问句；问句的语气也要设计得亲切、自然、温和、有礼貌；为了方便受访者理解某些关键性的问题，可以设计和制作一些提示卡片，以配合使用，作为提问的辅助手段。

　　d．便于统计的原则。必须使问句的设计尽可能简单化，一个问句只问一个问题，避免复合性的问题；对一些能够量化的问题，则尽可能采用分类分级的方法列出明确的数量界限，使得所得到的资料便于分析；对于不易把握的受访者的态度性问题，则可以采取态度测量表，将答案用数量的差异或等级的差异表示出来，以便于统计和分析。

　　e．保持中立的原则。在问卷设计中，设计人员应当保持中立的立场，所设计的问句应当是中性的，即要求获得正面回答的概率与反面回答的概率是相等的；在设计问卷时，选用句式和词句时，要坚持客观的态度，不可以使用带有某种感情色彩的词句，更不可以使用暗示性、诱导性的词句；在问句的编排中，也要注意正面问题和反面问题的排列顺序，不可以将它们集中排列；在调研人员实施调研时，对那些备选答案较多的问句还要经常变化备选答案的提问顺序。

3）调研问卷答案设计。

a．调研问卷答案设计的方法。调研问卷答案设计的方法有二项选择法、多项选择法。

● 二项选择法：二项选择法也称为真伪法或二分法，是指提出的问题仅有两个答案可供选择，如"是"或"否"，"有"或"无"等。

例如：贵公司总部各部门间的信息管理是否实现了电子网络化？

　　A．是（　　）　　　　B．否（　　）

● 多项选择法：多项选择法是指对所提出的问题事先预备好两个以上的答案，被调研者可任选其中的一项或几项。

例如：贵企业有什么竞争优势？（多选题）

　　A．拥有先进的物流系统（　　）　　　　B．掌握先进的信息技术（　　）
　　C．为客户提供多种类的物流配套服务（　　）　　D．拥有大量先进的运输工具（　　）
　　E．拥有大批高级物流人才（　　）

b．设计答案时应注意的事项：①答案要穷尽；②答案须互斥；③注释和填答标记应恰当。

（3）物流调研问卷案例。

河南百家物流企业问卷调研表

企业负责人（　　）　　联系电话（　　）　　联系人（　　）

一、企业概况

1．企业名称（　　）　　成立时间（　　）
2．所在城市（　　）　　地址（　　）　　邮政编码（　　）
3．本企业类型（在字母下打√号）：
　　A．运输型物流企业　　　　　　B．仓储型物流企业
　　C．综合服务型物流企业　　　　D．物流代理企业

4．企业性质：
  A．国有或国有控股 B．股份制 C．外资或合资
  D．民营 E．其他

二、企业资产、人员结构和装备情况

1．截至 2019 年年底，企业总资产（　　）亿元，净资产（　　）亿元。总员工（　　）人，管理人员（　　）人，其中本科以上（　　）人，中专以上（　　）人，专业物流管理人员（　　）人，其中具有物流管理高级资质的人员（　　）人，具有物流管理中级资质的人员（　　）人，具有物流管理初级资质的人员（　　）人；获得物流师资格的人员（　　）人，拥有车辆总数为（　　）辆，其中轻型载货车（　　）辆，中型载货车（　　）辆，重型载货车（　　）辆，厢式车（　　）辆，集装箱货车（　　）辆，冷藏车（　　）辆，其他特种车辆（　　）辆，装卸搬运设备（　　）辆（台）；仓储总面积（　　）平方米，其中库房面积（　　）平方米，露天货场面积（　　）平方米。

2．企业总收入：2016 年（　　）万元，2017 年（　　）万元，2018 年（　　）万元。

三、业务构成及辐射范围

1．下设的分公司、配送中心或办事处（不包括由其他法人企业代理的合作营业点）共（　　）个，其中：本市（　　）个，本省（　　）个，省外国内（　　）个，国外（　　）个。

2．业务辐射范围：本市业务占（　　）%，区内业务占（　　）%，区外国内业务占（　　）%，国外业务占（　　）%。

3．本企业的业务项目（在字母下打√）（多选）：
  A．运输 B．储存 C．装卸 D．包装或分装
  E．流通加工 F．配送 G．物流代理 H．第三方物流业务
  I．其他物流增值服务

4．本企业前三项的主营业务及比重是（　　）。

5．目前第三方物流业务量占本企业业务总量的比重是（　　）。

四、物流技术和信息化建设

（一）是否建立了以下系统？（请在空格中打√号）
1．订单管理系统（OMS） 是：____ 否：____
2．仓库管理系统（WMS） 是：____ 否：____
3．运输管理系统（TMS） 是：____ 否：____
4．企业资源管理系统（ERP） 是：____ 否：____

（二）外部是否和客户实现了联网？
1．货物追踪系统 是：____ 否：____
2．单证传递系统 是：____ 否：____
3．资金结算系统 是：____ 否：____
4．物流服务方案设计决策支持系统 是：____ 否：____

（三）信息化建设（在选项空格中打√号）
1．企业总部各部门间信息管理是否实现电子网络化？
  是（　　） 否（　　）

2. 总部是否与各分公司、配送中心、办事处实现了联网？
   全部实现联网（ ）   部分联网（ ）   没有联网（ ）
3. 是否开设了企业网站？
   是（ ）   否（ ）

五、扶持河南物流企业发展的政策建议
   答：＿＿＿＿＿＿＿＿＿＿＿＿＿＿＿＿＿＿＿＿＿＿＿＿＿＿＿＿＿＿＿＿＿＿

3. 物流供需调研资料的整理

【小思考 1-2】

物流供需调研资料整理的主要任务是什么？

物流供需调研资料的整理，就是运用科学的方法，对调研所得的各种原始资料进行审查、检验和初步加工综合，使之系统化和条理化，从而以集中、简明的方式反映调研对象总体情况的工作过程。物流供需调研资料整理通常包括以下几个方面：

（1）审核统计数据。在进行资料汇总前，首先要对调研来的资料进行审核，这是保证调研工作质量的关键。审核统计数据主要是对调研数据和内容的及时性、完整性和正确性进行审核。

及时性的审核是看各被调研单位是否都按规定的日期填写和报出，填写的资料是否属于最新资料；完整性的审核是看应该包括的被调研单位是否都包括了，调研表内的各项目是否都填写齐全了；正确性的审核又称真实性审核，它主要是看数据资料的口径、计算方法、计算单位等是否符合要求，其审核的主要方法有逻辑审核和计算审核。所谓逻辑审核是指根据调研项目指标之间的内在联系和实际情况对资料进行逻辑判断，看是否有不合情理或前后矛盾的情况；计算审核是对数据资料的计算技术和有关指标之间的相互关系进行审核，一般在数据整理过程中进行，主要看各数字在计算方法和计算结果上有无错误。因此，要做好数据资料的审核工作，还需对调研业务有深入的了解，要熟悉调研项目指标的含义、计算方法和资料审核方法。

（2）分组与汇总数据资料。分组数据资料是根据对象内在的特点和调研研究任务的要求，按某种标志将所研究对象的总体划分为若干组成部分。分组的关键在于分组标志的选择。所谓分组标志，就是将统计总体划分为各个不同性质的组的标准或根据。分组标志选择得正确与否，关系到能否正确地反映总体的性质特征，实现研究的目的。分组标志一经选定，必然突出了总体在此标志下的性质差异，而掩盖了总体在其他标志下的差异。如果分组不科学，不但无法显示对象的本质特征，而且会把不同性质的对象混淆在一起，不符合对象的实际情况。因此，必须紧紧扣住研究的目的，在对对象进行分析的基础上，抓住其本质性的区别及反映对象内在联系的标志并将其作为分组标志。对于同一个研究对象，由于研究的目的不同，需要采取不同的分组标志。例如，在对某区域内不同类型的企业进行物流量的分析时，以企业类型作为分类标志即可。

通过分组，将不同性质的对象分开，相同性质的对象归纳在一起，从而反映出被研究对象的本质特征。这是数据资料整理中极其重要的一步，然后，对分组后的数据资料，通过汇总和必要的计算，得到各项总量指标，在此基础上，编制成表或绘制成图，为分析工作打下良好的基础。

（3）汇编、制表和制图。

1）汇编。汇编就是按照物流调研的目的和要求，对分组后的数据和资料进行计算编辑和汇总，使之成为能反映调研对象客观情况的系统、完整、集中、简明的材料。

目前常用的数据汇总方法有手工汇总和计算机数据处理技术两种。

a．手工汇总的特点是所需工具少，方便灵活。因而，即使在计算机广泛应用的今天，手工处理信息资料在某些调研项目中仍是被采用的方法之一。常用的手工汇总方法有划记法、过录法、折叠法、卡片法等。

- 划记法是在汇总表上划点或划线为记号的汇总方法。它适用于对总体单位的汇总。汇总时，看总体单位属于哪一组，就在汇总表上相应组内划上一个点或一条线。最后，计算各组内的点或线的数目，便得出各组单位数。
- 过录法先将调研资料过录到预先设计的汇总表上，然后计算汇总，得出各组和总体的单位、标志值的合计数，最后填入统计表。此方法既可汇总单位数，又可汇总标志值，而且便于校对和计算。但缺点是过录工作要花大量的时间，项目过多时，容易发生错误。一般在总体单位不多、分组简单的情况下，采用过录法较适宜。
- 折叠法把调研表所要汇总项目的数值折叠在一条线上进行汇总，并将结果直接填入统计表，这种方法适用于对标志值的汇总。这种汇编方法简单易行，也不需要设计汇总表，故被广泛采用。它的缺点是在汇总中发现错误就要从头返工，无法从汇总过程中查明差错的原因。
- 卡片法将特制的摘录卡片作为分组计算的工具。在调研资料多、分组细的情况下，采用卡片法进行汇总，比划记法准确，比过录法和折叠法简便，可以保证汇总质量和提高时效性。但在调研资料不多时，采用卡片法成本较高，卡片法一般在整理大规模专门调研资料时应用。

b．计算机数据处理技术。随着统计调研范围的不断扩大，调研项目越来越多，分组要求也越来越细，若只采用手工汇总方式，不仅要花费很多人力，而且时效性差，数据质量又难以保证，有许多调研数据是无法用手工来处理的，因此，现在大多采用计算机汇总。其优点是计算机的应用范围广，适应性强；信息量大，丢失资料少；适应复杂计算和分组；数据汇总质量高，且时效性强；数据汇总与资料打印一体化。

2）制表和制图。在汇总资料的过程中，有时为了更形象地反映事物发展的状况，经常采用表格或图形的方法表示出来。随着计算机软件技术的迅速发展，计算机制表、制图技术正在迅速发展。计算机可以根据事先编好的程序，对编辑审核后的数据进行计算和制表，而且可以完成手工难以完成的多层次交叉分组表和多维分析图的制作。

a．制表。用表格来表达数据，比用文字来表达数据更清晰、更简明，更便于显示数字之间的联系，有利于进行比较和分析研究。在设计表格时应注意以下几个问题：表格应以科学、适用、简明、美观为原则；表格一般采用开口式，表的左右两端不画纵线，表的上、下通常用粗线封口，表内各栏应统一编号；表格里的内容不宜过分庞杂，最好一个表集中说明一个问题；表格上方的总标题要简明扼要，恰当地反映表的内容，表中的数字应注明计量单位。

b．制图。利用图使复杂的调研数据变得简单、通俗、形象。因此，它具有直观、生动、具体等优点，使人一目了然、印象深刻，具有较强的说服力和吸引力。图的种类很多，主要有条形图、饼状图、曲线图等。

（4）数据处理。数据处理是指使用计算机对常规的统计报表、专项统计调研表和其他统计资料等载体上的数据进行录入、审核编辑、汇总、制表、打印和计算等操作。数据处理的内容十分广泛，主要包括：对数据的采集、整理，并按一定的数据格式输入计算机；在数据输入过程中，对原始统计资料进行审核订正、编码、更新和算术运算等；对数据进行分类汇总，制作各式过录表和综合汇总表；输出各式打印表和各类数据文件。

数据处理必须严格把好质量关，才能得出正确的分析结论。调研工作比较繁杂，调研问卷容易发生错填、漏填等现象，由于工作不细发生技术差错也是可能的，机器录入过程中产生差错亦难避免，因此在对调研的数据资料进行处理前，要严密地审查，如发现差错应逐个纠正，以保证输入资料的准确性。数据质量控制得好坏，往往是整个调研工作成败的关键。数据质量控制主要包括：事前的资料审查、数据录入的质量控制。数据质量的控制是否成功，还取决于数据审查办法是否周密完备。各种调研由于内容和指标不同，每一种调研均要制定专用的审查办法。

1.3　物流市场预测

预测是企业管理中一个非常重要的基本工具，它是企业掌握市场未来的发展趋势，制定企业的未来发展战略的必要手段。企业制定物流发展战略也需要进行物流市场预测。预测作为一门独立学科，其原理和方法具有普遍适用性。

1.3.1　市场预测概述

市场预测根据对象发展变化规律来推测出对象未来的发展变化趋势。市场预测根据客观规律来进行科学的推测，而这个客观规律，都是要根据对象的发展现状和过去的发展历史分析得出的。市场预测是在市场调查研究的基础上，对未来一段时期内企业市场发展趋势的估计。市场预测的基本步骤如下所述。

（1）确定预测目标。明确目标是开展市场预测工作的第一步，因为预测的目标不同，预测的内容和项目、所需要的资料和所运用的方法都会有所不同。明确预测目标，就是根据经营活动存在的问题，拟定预测的项目，制定预测工作计划，编制预算，调配力量，组织实施，以保证市场预测工作有计划、有节奏地进行。

（2）搜集资料。进行市场预测必须有充分的资料，有了充分的资料，才能为市场预测提供进行分析、判断的可靠依据。在市场预测计划的指导下，搜集预测有关资料是进行市场预测的重要一环，也是预测的基础性工作。

（3）选择预测方法。根据预测的目标以及各种预测方法的适用条件和性能，选择出合适的预测方法。有时可以运用多种预测方法来预测同一目标，预测方法的选用是否恰当，将直接影响到预测的精确性和可靠性。运用预测方法的核心是建立描述、概括研究对象特征和变化规律的模型，根据模型进行计算或者处理，即可得到预测结果。

（4）分析判断和修正。分析判断是对搜集的资料进行综合分析，并通过判断、推理，使感性认识上升为理性认识，从事物的现象深入到事物的本质，从而预测市场未来的发展变化趋势。在分析判断的基础上，通常还要根据最新信息对原预测结果进行评估和修正。

（5）编写预测报告。预测报告应该概括预测研究的主要活动过程，包括预测目标、预测对象及有关因素的分析结论、主要资料和数据、预测方法的选择和模型的建立，以及对预测结论的评估、分析和修正等。

1.3.2 物流市场预测原则

物流市场预测就是运用科学的方法，对影响物流市场供求变化的诸多因素进行调查研究，分析和预见其发展趋势，掌握物流市场供求变化的规律，为经营决策提供可靠的依据。

（1）相关原则：建立在"分类"的思维高度，关注事物（类别）之间的关联性，当了解到（或假设）已知的某个事物发生了变化时，再推知另一个事物的变化趋势。最典型的相关有正相关和负相关。

正相关是事物之间的"促进"。比如，物流设施设备拥有量提高与"物流服务水平"，某地区政府反复询问物流企业的一个问题："人民物质文化生活水平提高究竟给该地区带来了什么机遇？"这种预测实际上是目前对未知物流市场面临的一个较大机遇的预测。负相关是指事物之间相互"制约"，即一种事物发展导致另一种事物发展受到限制。例如，资源政策、环保政策出台必然导致物流厢式车替代敞口车；铁路六次大提速导致铁路运输代替公路运输。

（2）惯性原则：任何事物发展都具有一定惯性，即在一定时间、一定条件下保持原来的趋势和状态，这也是大多数传统预测方法的理论基础。例如，借助区位优势和政策优势，郑州市物流企业在较长时间内的业务量也会随之增加。

（3）类推原则：这个原则也是建立在"分类"的思维高度关注事物之间的关联性，包括由小见大、由表及里、由过去、现在推以后、由远及近等几种类推方法。

（4）概率推断原则：我们不可能完全把握未来，但根据经验和历史，很多时候能大致预估一个事物发生的大致概率，然后根据这种可能性，采取对应措施。物流企业博弈型决策都在不自觉地使用这个原则。有时我们可以通过抽样设计和调查等科学方法来确定某种情况发生的可能性。

【小案例 1-1】

航运市场展望

从近几年经贸发展来看，越南经济持续保持 7.5%以上的增长，明显高于东南亚地区经济 5%左右的增长。根据 WTO 的货物贸易统计，越南的进、出口都已列入全球前五十，其每年 20%左右的贸易增幅在全球市场中也是令人瞩目的。

从箱量增长看，目前越南在美国航线东行市场的货量已经与马来西亚、印尼相当，并有望接近泰国，约占整体远东市场的 2.3%；在欧地航线西行市场的货量也已经超过马来西亚，约占整体远东市场的 4%。因此越南市场必将成为东南亚地区最重要的货源生成地之一。

对美出口是越南最重要的市场，也是航运公司开发越南市场的重中之重。对美出口贸易额占其贸易总额 18.5%，占其出口箱量比重的 32%。因此进一步提高美国航线市场份额，对于班轮公司提升在当地市场的影响力极具战略意义。

【资料来源：锦程物流网，www.jctrans.com】

1.3.3 物流市场预测方法

物流市场预测方法有很多，我们主要介绍几种常见的预测方法。

1. 定性预测法（经验预测）

定性预测法是依靠人们的观察分析能力、经验判断能力和逻辑推理能力所进行的预测分析，它是预测者根据他所了解的情况和实践积累的经验，对客观情况所作的主观判断，也可叫作调查研究预测法。定性预测法的主要特点是利用直观的材料，依靠个人的经验进行综合分析，对事物未来状况进行预测。

适用的定性预测法主要有以下几种。

（1）经理评判意见法。首先，由物流企业的负责人把与市场有关或者熟悉市场情况的各种负责人员和中层管理部门的负责人召集起来，让他们对未来的市场发展形势或某一种大市场问题发表意见，作出判断；然后，将各种意见汇总起来，进行分析研究和综合处理；最后，得出市场预测结果。

经理评判意见法的优点：①迅速、及时和经济，不需要经过复杂的计算，也不需要多少预测费用，就可以及时得到预测结果；②集中了各个方面熟悉市场情况的有经验的中高级管理人员的意见，可以发挥集体的智慧，预测结果比较可靠；③使用这种方法不需要大量的统计资料，更适合那些不可控因素较多的产品；④如果市场发生了变化，可以自己进行修正。

经理评判意见法的缺点：①预测结果容易受主观因素影响；②对市场变化、顾客的愿望等了解不细致，因此预测结果一般化。

（2）德尔菲法。德尔菲法也称专家调查法或函询调查法。这是对专家、用户或熟悉预测目标情况、有一定经验的人进行调查，征询他们对某个预测目标的意见，然后，集中他们的意见，作出预测的一种方法。其程序是：

第一轮，提出要求，明确预测目标，书面通知被选专家，提供有关资料，请他们回答资料分析提出的问题。专家根据自己的知识和经验，提出预测意见，说明其依据，并书面答复。

第二轮，根据专家预测意见，归纳整理，分别说明不同预测值的依据和理由，再寄给各位专家，要求专家修改原先意见，提出新的意见。专家对各种预测意见及其依据进行分析，提出修改意见及其依据。如此反复征询、归纳、修改，直至意见基本一致为止。采用这种预测方法，可节省时间、减少费用、准确预测，适宜长期预测。

德尔菲法的优点：可以加快预测速度和节约预测费用；可以获得各种不同但有价值的观点和意见；适用于长期预测和对新产品的预测，在历史资料不足或不可测因素较多时尤为适用。

德尔菲法的缺点：对于分地区的顾客群或产品的预测则可能不可靠；责任比较分散；专家的意见有时可能不完整或不切合实际。

（3）集合意见法。集合意见法也称集体预测法。一般由物流企业领导定期或不定期地召开市场部、营销部、财务、人力资源等部门人员，相互交换意见，共同研究找出核心问题，加以探讨，确定未来的预测值。这种方法简单易行，运用广泛。如业务碰头会、经营分析会、计划执行情况检查会、座谈会等，均可成为发挥集体智慧、进行市场预测的专题会议。

（4）主观概率预测法。主观概率是人们凭经验或预感而估算出来的概率。它与客观概率不同，客观概率是根据事件发展的客观性统计出来的一种概率。在很多情况下，人们没有办法计算事情发生的客观概率，因而只能用主观概率来描述事件发生的概率。主观概率预测法是一种适用性很强的统计预测方法，可以用于人类活动的各个领域。

2. 定量预测法

定量预测是根据已掌握的比较完备的历史统计数据,运用一定的数学方法进行科学的加工整理,借以揭示有关变量之间的规律性联系,用于预测和推测未来发展变化情况的一类预测方法。

定量预测法的优点是:偏重于数量方面的分析,重视预测对象的变化程度,能作出变化程度在数量上的准确描述;它主要把历史统计数据和客观实际资料作为预测的依据,运用数学方法进行处理分析,受主观因素的影响较小;它可以利用现代化的计算方法来进行大量的计算工作和数据处理工作,求出适应工程进展的最佳数据曲线。缺点是比较机械,不易灵活掌握,对信息资料质量要求较高。

我们主要介绍常见的定量预测方法:简单平均法、加权平均法、移动平均法等。

(1) 简单平均法。简单平均法是指将过去各数据之和除以数据总个数,求得算术平均数,此为预测值。这种预测方法简单,当预测对象变化较小且无明显趋势时,可采用此法进行短期预测。简单平均法的实质是依据简单平均数的原理,认为各数据出现的概率相同,将各数据简单地相加后除以数据总个数。其计算公式为

预测对象预测值=预测对象以往若干期历史数据之和($\sum x_i$)/期数(n)

式中:x_i 表示历史数据,$i=1, 2, 3, \cdots$;n 表示期数。

简单平均法将远期业务量和近期业务量等同看待,没有考虑近期市场的变化趋势。所以,准确度较低,只宜用于短期预测。

例如:某物流公司考察期内各个月份实际运输额见表 1-2。

表 1-2 各个月份实际运输额

月份/月	一	二	三	四	五	六
运输额/万	1200	1000	1100	1300	1200	1080

则七月预测值为

$$\bar{x} = \frac{\sum x_i}{n} = \frac{1200 + \cdots + 1080}{6} = 1160$$

(2) 加权平均法。加权平均法是根据同一个移动段内不同时间的数据对预测值的影响程度,分别给予不同的权数,然后再进行平均移动以预测未来值。加权平均法不像简单平均法那样,在计算平均值时对移动期内的数据同等看待,而是根据越是近期数据对预测值影响越大这一特点,不同地对待移动期内的各个数据。对近期数据给予较大的权数,对较远的数据给予较小的权数,这样可以弥补简单平均法的不足。加权平均法的计算公式是

$$y = \sum(x_i \times w_i)/\sum w_i$$

式中:x_i 表示各观测值;w_i 表示各观测值的对应权数;y 表示加权算术平均数(即预测值)。

例如:某物流公司考察期内各个月份实际运输额及其所占权重见表 1-3。

表 1-3 各个月份实际运输额及其所占权重

月份/月	一	二	三	四	五	六
运输额/万	1200	1000	1100	1300	1200	1080
权重	1	2	3	4	5	6

则预测值为

$$\bar{x} = \frac{\sum x_i w_i}{\sum w_i} = \frac{1200 \times 1 + \cdots + 1080 \times 6}{21} \approx 1151$$

（3）移动平均法。移动平均法是用一组最近的实际数据来预测未来一期或几期内公司产品的需求量、公司产能等的一种常用方法。移动平均法适用于即期预测。当产品需求既不快速增长也不快速下降，且不存在季节性因素时，移动平均法能有效地消除预测中的随机波动，是非常有用的。

例如：某物流公司五、六、七月实际运输额分别为 300 万、320 万、290 万，请预测八月运输额。

则八月预测值为

$$\bar{x} = \frac{\sum x_i}{n} = \frac{300 + \cdots + 290}{3} = 303 万$$

继续预测，则九月预测值为

$$\bar{x} = \frac{\sum x_i}{n} = \frac{320 + \cdots + 303}{3} = 304 万$$

1.4 物流市场调研报告

1.4.1 物流市场调研报告的特点

物流市场调研报告是物流市场调研研究成果的一种表现形式。它是通过文字、图表等形式将调研的结果展示出来，使人们对所调研的市场现象或问题有一个全面系统的了解和认识。

物流市场调研报告具有以下几个特点。

1. 针对性

针对性包括选题上的针对性和阅读对象的明确性两方面。首先，物流市场调研报告在选题上必须强调针对性，做到目的明确、有的放矢，围绕主题展开论述，这样才能发挥物流市场调研报告应有的作用；其次，物流市场调研报告还必须明确阅读对象。阅读对象不同，它们的要求和所关心问题的侧重点也不同。

2. 时效性

物流市场调研报告要反映现今经济情况，要迅速及时，以适应瞬息万变的市场变化。市场调研滞后，就失去其存在意义。因此，物流市场调研报告的价值有一定的期限，调研者要随市场情况变化而不断对市场进行调研。

3. 科学性

物流市场调研报告不是单纯报告客观情况，还要通过对事实进行分析研究，寻找市场发展变化规律，这就需要调研者掌握科学的分析方法，以得出正确的结论，适用的经验、教训，以及解决问题的方法、意见等。

【小思考 1-3】

为什么要撰写物流调研报告？

1.4.2 调研报告的基本要求

1. 语言简洁

读者阅读调研报告的目的是从调研报告中快速地获得信息。因此，言语不必追求华丽，但要讲究简洁准确，要让读者一眼就能看懂。

2. 结构严谨

在撰写调研报告时，各部分内容的中心思想要突出，各部分之间的关系逻辑性要强，努力使读者看一遍就能明白整个调研的基本选择和结果。万不可把一大堆资料简单地堆放罗列在一起。

3. 内容全面

调研报告要将一项统计调研的来龙去脉详细地加以介绍，让读者通过阅读调研报告能够了解统计调研过程的全貌，能够对调研的质量进行评价，能够对调研所获得的结果有一个清楚的认识，能够明确调研对他们有哪些用处、调研能够帮助他们解决什么问题。也就是说调研报告要回答或说明研究为何进行，采用什么方法进行研究，得到了什么结果和结论，有什么建议。

4. 资料翔实

将调研过程中各个阶段收集到的全部有关资料组织在一起，不能遗漏重要的资料，但也不能将一些无关的资料写进报告之中。

5. 结论明确

在调研报告中，对调研获得什么样的结论要明确地加以阐述，不能模棱两可，含糊其辞。

1.4.3 物流市场调研报告的基本结构

需要强调的是：报告的结构不是固定不变的，不同的调研者、公司等可能有不同的结构和风格。

1. 标题

标题起到画龙点睛的作用，标题必须准确揭示报告的主题思想，做到题文相符。标题要简单明了，高度概括，具有较强的吸引力。

标题的形式主要有直叙式、表明观点式、提出问题式。

（1）直叙式标题反映调研意向或只透出调研地点、调研项目，如"北京市物流企业营销状况调研"。

（2）表明观点式标题是直接阐明作者的观点、看法，或对事物的判断、评价的标题，如"冷链物流悄然升温"。

（3）提出问题式标题是以设问、反问等形式，突出问题的焦点和尖锐性，吸引读者阅读，促使读者思考，如"物流信息市场的出路何在？"。

另外，有单标题和双标题。单标题是用一句话概括调研报告的主题或要回答的问题。一般是由调研对象及内容加"调研报告"或"调研"组成，如"关于北京市第三方物流营销问题的调研报告"。双标题即调研报告有两行标题，采用正、副标题形式。一般正标题表达调研的主题，副标题用于补充说明调研对象和主要内容，如"×××××物流公司的经营之道——关于×××××物流公司战略问题的调研"。

2．摘要

摘要是对调研活动所获得的主要结果作概括的说明，主要包括调研目的、调研对象和调研内容、调研方法、调研执行结果，以及主要发现、结论和建议等。

写作摘要时需要注意以下几个问题：

（1）摘要只给出最重要的内容，一般不要超过2～3页。

（2）每段要有个小标题或关键词，每段内容应当非常简练，最好为三四句话。

（3）摘要应当能够引起读者的兴趣和好奇心，促使读者进一步阅读报告的其余部分。

3．正文——核心

正文是物流市场调研报告的核心，一般由开头、主体、结语三部分组成。

（1）开头——"万事开头难"。开头也称前言，主要表明调研的目的和根据，时间、地点、对象、方法和效果等。前言的末尾往往用一个过渡句，承上启下，引出主体内容。

几种开头形式：

1）开门见山，提示主题。报告开始先交代目的或动机，提示主题。例如：随着我国加入WTO，物流的重要性日益显现。为了全面了解北京市物流的市场需求情况……。

2）结论先行，逐步论述报告。开始先将结论写出来，然后再逐步论述。例如：第三方物流在北京市有很好的发展前景，主要原因：……。

3）交代情况，逐层分析。可先介绍背景情况，然后逐层分析，得出结论。例如：××公司于2008年7—8月在北京市进行了一次大规模的调研，了解物流快递市场前景。

4）提出问题，引入正题。先提出读者所关注的问题，引导进入正题。例如：物流相对较低的进入门槛，造成了北京的物流企业数量众多，物流服务质量较差，且存在不诚信的情况，北京市物流企业如何摆脱困境，创出品牌，获取更大的市场是我们所要思考的问题。

（2）主体部分——核心。作为调研报告的核心部分，它决定着整个调研报告质量的高低和作用的大小。这一部分着重通过对调研了解到的事实进行分析来说明被调研对象的发生、发展和变化过程，调研的结果及存在的问题，提出具体的意见和建议。

由于主体部分一般涉及内容很多，文字较长，可以用概括性或提示性的小标题，突出报告的中心思想。主体部分的结构安排是否恰当，直接影响着调研报告的质量。主体部分通常应该包括基本情况和分析两部分内容。

1）基本情况部分。基本情况部分要真实地反映调研的客观事实，但不等于对事实的简单罗列，而应该是有所提炼，提炼方法主要有三种：

第一，先对调研数据资料及背景资料进行客观的介绍说明，然后再阐述对情况的总体看法、观点等。

第二，首先提出问题，提出问题的目的是分析问题，找出解决问题的办法。

第三，先肯定事物的一面，由肯定的一面引申出分析部分，再由分析部分引出结论，循序渐进。

2）分析部分。分析部分是物流市场调研报告的主要组成部分。在这个阶段要对资料进行质和量的分析，通过分析了解情况、说明问题和解决问题。分析有三类情况：

第一类，原因分析，对出现问题的基本成因进行分析，如"对××物流公司战略缺失的原因分析"。

第二类，利弊分析，对事物在社会经济活动中所处的地位、所起到的作用进行利弊分析等,如"××物流公司发展流通加工业务的利弊分析"。

第三类,预测分析,对事物的发展趋势和发展规律进行的分析,如"××物流公司市场开发前景分析"。

(3) 结束语——画龙点睛。

结束语应当采用简明扼要的语言。好的结束语可使读者明确题意,加深认识,启发读者思考和联想。这部分也可省略。

结束语一般有以下几种写法:

1) 概括全文:经过层层剖析后,综合说明调研报告的主要观点,深化调研报告的主题。
2) 形成结论:在对真实资料进行深入细致的科学分析的基础上,得出报告的结论。
3) 提出看法和建议:通过分析,形成对事物的看法,在此基础上提出建议和可行性方案。
4) 展望未来,说明意义。通过调研分析展望未来前景。

4. 附件

附件是指调研报告正文包含不了或没有提及,但与正文有关,必须附加说明的部分,它是对正文报告的补充或更详尽的说明。

(1) 项目策划书。
(2) 各种统计图表。
(3) 提供资料人员的名单,标明作为文案调研和实地调研资料来源的单位和个人的名称和地址。
(4) 实地调研问卷的抄本,并加序言说明这份问卷要求达到的目标。
(5) 介绍选为样本而作为实地查访对象的详细情况。
(6) 主要质量控制数据,例如调研中的拒访率、不回答率等,一些有经验的市场调研人员可以根据这些内容判断结果的有效性。
(7) 现场走访人员约访时间表的抄本或日记,以便有必要再与对方联系约访时参考。
(8) 人员查访的谈话记录。
(9) 今后可能需要保持联系的机构名单,如销售代理商、广告代理商等。
(10) 在市场调研工作过程中获得但已归档备查的文件及其内容提要。

本章案例

中国集装箱运输市场调研报告

博思数据发布的《2018—2023 年中国集装箱运输市场深度调研与投资前景研究报告》介绍了集装箱运输行业相关概述、中国集装箱运输产业运行环境,分析了中国集装箱运输行业的现状、中国集装箱运输行业竞争格局,对中国集装箱运输行业做了重点企业经营状况分析及中国集装箱运输产业发展前景与投资预测。得出以下结论:虽然世界集装箱运输已进入成熟阶段,但也应看到世界各国集装箱运输行业的发展是不平衡的。集装箱运输是资本密集、管理技术要求高的产业,发展中国家由于资金和人才的短缺,起步也较晚,一般还处于集装箱运输的发展阶段,少数还处于起步阶段。但集装箱运输已广泛用于国际贸易,发展中国家必须吸收先进国家的先进技术和管理经验,才能跟上时代的要求,适应国际贸易发展的需要。博思数据发布的

《2018—2023年中国集装箱运输市场深度调研与投资前景研究报告》表明：2018年，我国金属集装箱累计产量达11175.3万立方米，比上年累计增长10.1%。

【资料来源："博思网"微信公众号】

结合案例思考：根据案例撰写一份中国集装箱运输市场调研报告的目录。

思考题

1. 设计调研表应注意什么问题？
2. 物流市场调研方法有哪些？
3. 物流市场调研报告包括哪几个部分？每部分的撰写应该注意什么问题？

第 2 章 仓库规划与设计

神华集团神东煤矿多点仓库物流规划案例

神东物资供应中心肩负着神东矿区所有设备、配件、材料的供应工作,点多面广。中心储存物资品类繁多、价值高、品质管理要求高,对保证神东公司生产、提高生产效率具有战略意义。为适应神东矿区生产建设规模不断拓展、速度不断加快的形势,神东物资供应中心一直致力于提高物流作业管理综合水平。

神东物资供应中心通过现代物流作业科技的推广应用,从根本上提高物流作业管理综合水平,打造现代物流作业核心竞争能力。神东物资供应中心对物流网络设施进行了规划与优化,项目实施后,神东煤矿实现了:网络多点设施,SKU(Stock Keeping Unit,库存量单位,即库存进出计量的单位,以件、盒、托盘等为单位)支持能力达到 100000 种,提升了 67%;中心仓库容量达到 8560 吨位,达到原有水平的 203%;中心仓库节省设备 1 库,占地建筑面积 5200 平方米,合空间 57024 立方米,国产库节省 1200 平方米,总计 960 万元,节省 3 台起重设备(46 吨×4 万),合 186 万元;减少 75% 以上的盘点工作量,实现静态、动态、循环盘点等,提高物资管理准确度 200% 以上;流程合理化,每个流程进行实时日志管理,物流作业可追溯,责任到人,杜绝因为流程原因的货品缺失,作业差错率降低了 68%;消除了作业安全隐患;节省物流作业与管理人力资源 30% 以上;降低物流作业综合运营成本 15% 以上;扩展了 EAM(资产管理系统,即 Enterprise Asset Management,是面向资产密集型企业的企业信息化解决方案的总称)功能,实现物流作业管理信息化,与 EAM 无缝衔接,实现实时物流运作信息管理。

【案例来源:爱佳网,http://www.aflux.com.cn/】

2.1 仓库规划概述

2.1.1 仓库规划的概念

仓库规划就是从空间和时间上对仓库的新建、改建和扩建进行全面系统的规划。仓库建设代表一个企业在赢得时间与地点效益方面所做出的努力,在一定程度上还是企业实力的一个标志。更为重要的是,建设规划的合理性还将对仓库的设计、施工和运用、仓库作业的质量和安全,以及所处地区或企业的物流合理化产生直接和深远的影响。

2.1.2 仓库规划的内容

(1)确定仓库网点的数量、规模及服务范围。

（2）确定备选库址。
（3）仓库库区平面规划设计。
（4）仓库建筑类型及规模的确定。
（5）仓库设备类型及数量的确定。
（6）仓库技术作业流程的确定。
（7）仓库建设投资及运行费用的预测。

2.1.3　仓库建设规划流程

1. 规划准备阶段

（1）组建仓库规划建设项目组，成员应来自投资方、工程设计部门等。
（2）明确仓库未来的功能与运营目标，以利于资料收集与规划需求分析。
（3）收集所处地区的有关发展资料和有关基本建设的政策、规范、标准，还有自然条件资料和交通等协作条件资料。资料收集的目的在于把握现状，掌握市场仓库容量。

2. 系统规划设计阶段

（1）资料整理阶段。将收集到的相关资料进行汇总整理，作为规划设计阶段的依据。
（2）规划条件设定。通过对现状资料的分析，发现现有仓库网络的弱点，进而设定新仓库的规划条件，包括仓储能力、自动化程度等。
（3）作业需求功能规划。作业需求功能规划包括新仓库的作业流程、设备与作业场所的组合等。制定这一规划应遵循合理化、简单化与机械化的原则。
（4）设施需求规划与选用。一个完整的仓库建设规划中所包含的设施需求相当广泛，可以既包括储运生产作业区的建筑物与设备规划，也可包括支持仓库运作的服务设施规划，以及办公室和员工活动场所等场地设施规划。
（5）信息情报系统规划。现代仓库管理的特点是信息处理量比较大。仓库中所管理的物品种类繁多，而且由于入库单、出库单、需求单等单据发生量大、关联信息多，查询和统计需求水平很高，管理起来有一定困难。为了避免差错和简化计算机工作，需要统一各种原始单据、账目和报表的格式。程序代码应标准化，软件要统一化，确保软件的可维护性和实用性。界面尽量简单化，做到实用、方便，满足企业中不同层次员工的需要。
（6）整体布局设计。估算储运作业区、服务设施大小，并依据各区域的关联性来确定各区的位置。

3. 方案评估决策阶段

一般在规划过程中均会产生多种方案，应由有关部门依原规划的基本方针和基准加以评估，选出最佳方案。

4. 局部规划设计阶段

局部规划设计阶段的主要任务是在已经选定的建库地址上规划各项仓库设施设备等的实际方位和占地面积。当局部规划的结果改变了以上系统规划的内容时，必须返回前一流程，在做出必要的修正后继续进行局部规划设计。

5. 计划执行阶段

当各项成本和效益评估完成后，如果企业或组织决定建设该仓库，则可以进入计划执行阶段，即仓库建设阶段。

2.2　仓库规模和数量规划

在仓库的规划设计中，每个仓库都应该根据效率最大化和生产最大化的原则进行布置和设计。而仓库的规模与数量往往是成逆向关系的，随着仓库数量的增加，仓库的规模将会下降。在实际工作中一般追求的是数量较少但规模较大的仓库。

2.2.1　仓库规模设计

仓库规模是指仓库能够容纳的货物的最大数量或总容积。

影响仓库规模的主要因素包括客户服务水平、所服务市场的产品数目、投入市场的产业数目、产品大小、所用的物料搬运系统、吞吐量、生产提前期、仓库布置、通道要求、仓库中的办公区域、使用的支架和货架类型以及需求的水平和方式等。

企业在确定仓库规模时，一般根据其存货速度（用周转率来衡量）以及在最大程度上"直接送货"给客户（通过一个地区性仓库或者批发商的仓库）的特征来计算工厂/批发商的仓库所需的面积，再在每种主要产品的基本储存空间基础上增加通道、站台以及垂直和水平存储所需的场地面积。通过计划销售量、存货周转量以及直接运输给客户的存货，可精确地计算出将来所需的仓库空间。表 2-1 列举出了影响存储空间需求的决定因素。

表 2-1　影响存储空间需求的决定因素

增加存储空间需求	减少存储空间需求
市场或者公司扩张	产品或销售减少
较短的产品生命周期	需求变动较少（包括较长的产品生命周期）
仓库存储单元数目增加	存储单位数量的减少
基于快速反应的直接交货	客户处理存储交货
消除分销商	制造批量规模较小
扩展至特定商品	交易数量较小
出口/进口货物	存货周转率较高
产品流程加长	信息较完善
最小制造批量规模的增加	快速运输
最快反应时间的要求	接驳式转运
通货膨胀或者提前购买	承运商合并

2.2.2　仓库数量决策

确定仓库数量一般要考虑四个因素：销售机会损失的成本、存货成本、仓储成本以及运输成本。图 2-1 表明了除销售机会损失的成本外其他成本与仓库数量之间的关系。

从图 2-1 可以看到，由于在每个地点所有的产品都应存有安全库存，因此，仓库总成本将随着设施数目的增加而增加。更多的仓库意味着拥有、租赁或租用更多空间，仓库总成本也随之增加，但仓库数达到一定数量后，其增加趋势将会减缓。但是如果仓库数太多，将会导致运输成本增加。

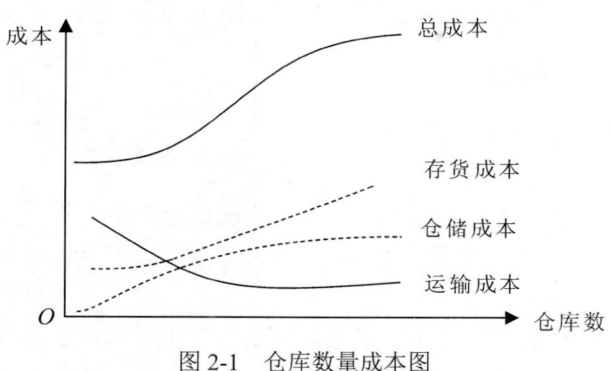

图 2-1 仓库数量成本图

另外客户的购买方式、竞争环境以及计算机和其他信息技术的使用也将影响仓库的数目。

【小思考 2-1】

减少仓库数量，能给企业带来什么好处？过度减少仓库数量又会有哪些弊端？

2.3 仓库选址规划

仓库选址是指在一个具有若干供应点及若干需求点的经济区域内，选一个地址设置仓库的规划过程。仓库选址首先要根据仓库设施的特点，选择建设的地区，然后采用选址的某种方法进一步确定建设的具体地点。较佳的仓库选址方案是通过选址规划来使商品通过仓库的汇集、中转、分发，直至输送到需求点的全过程效益最好。仓库拥有众多建筑物、构筑物以及固定机械设备，一旦建成很难搬迁，如果选址不当，将付出长远代价。因而，仓库的选址是仓库规划中至关重要的一步。

随着国民经济的发展，社会物流量不断增长，这就要求有相应的仓库及网点与之相适应。进行仓库的建设，必须有一个总体规划，即从空间和时间上，对仓库的新建、改建和扩建进行全面系统的规划。规划得合理与否，对仓库的设计、施工与应用，对其作业质量、安全、作业效率和保证供应，对节省投资和运营费用等，都会产生直接和深远的影响。

2.3.1 仓库选址的原则

仓库的选址过程应同时遵守适应性原则、协调性原则、经济性原则和战略性原则。

（1）适应性原则。仓库的选址须与国家以及省市的经济发展方针、政策相适应，与我国物流资源分布和需求分布相适应，与国民经济和社会发展相适应。

（2）协调性原则。仓库的选址应将国家的物流网络作为一个大系统来考虑，使仓库的设施设备在地域分布、物流作业生产力、技术水平等方面互相协调。

（3）经济性原则。仓库发展过程中，有关选址的费用，主要包括建设费用及物流费用（经营费用）两部分。将仓库的地址定在市区、近郊区或远郊区，其未来物流辅助设施的建设规模及建设费用，以及运费等物流费用是不同的，选址时应以总费用最低作为仓库选址的经济性原则。

（4）战略性原则。仓库的选址应遵循战略性原则。一是要考虑全局，二是要考虑长远。局部要服从全局，目前利益要服从长远利益，既要考虑目前的实际需要，又要考虑日后发展的可能。

2.3.2 仓库选址的影响因素

仓库的选址主要应考虑以下因素。

1. 自然环境因素

（1）气象条件。在仓库选址过程中，主要考虑的气象条件有温度、风力、降水量、无霜期、冻土深度、年平均蒸发量等指标。如选址时要避开风口，因为在风口建设会加速露天堆放商品的老化。

（2）地质条件。仓库是大量商品的集结地。某些容重很大的建筑材料堆码起来，会对地面造成很大压力。如果仓库地面以下存在着淤泥层、流沙层、松土层等不良地质条件，受压地段会发生沉陷、翻浆等严重事故，为此，仓库选址要求土壤承载力要高。

（3）水文条件。仓库选址需远离容易泛滥的河川流域与上溢的地下水区域。要认真考察近年的水文资料，地下水位不能过高，洪泛区、内涝区、故河道、干河滩等区域绝对禁止选择。

（4）地形条件。仓库应选择地势较高、地形平坦之处，且应具有适当的面积与外形。若选在完全平坦的地形上是最理想的；其次选择稍有坡度或起伏的地方。对于山区陡坡地区则应该完全避开，在外形上可选择长方形，不宜选择狭长或不规则形状。

2. 经营环境因素

（1）经营环境。仓库所在地区的优惠物流产业政策对物流企业的经济效益将产生重要影响，数量充足和素质较高的劳动力也是仓库选址考虑的因素之一。

（2）商品特性。经营不同类型商品的仓库最好能分别布局在不同地域，如生产型仓库的选址应与产业结构、产品结构、工业布局紧密结合进行考虑。

（3）物流费用。物流费用是仓库选址的重要考虑因素之一。大多数仓库选择接近物流服务需求地，如接近大型工业、商业区，以便缩短运距、降低运费等。

（4）服务水平。服务水平是仓库选址的考虑因素。在现代物流中，能否实现准时运送是评价仓库服务水平高低的重要指标，因此，在仓库选址时，应保证客户在任何时候向仓库提出物流需求，都能获得满意的服务。

3. 基础设施状况

（1）交通条件。仓库必须具备方便的交通运输条件。最好靠近交通枢纽进行布局，如紧临港口、交通主干道枢纽、铁路编组站或机场，有两种以上运输方式相连接。

（2）公共设施状况。仓库的所在地，要求城市的道路、通信等公共设施齐备，有良好的供电、水、热、燃气的能力，且场区周围要有污水、固体废物处理能力。

4. 其他因素

（1）国土资源利用。仓库的规划应贯彻节约用地、充分利用国土资源的原则。仓库一般占地面积较大，周围还需留有足够的发展空间，为此地价的高低对布局规划有重要影响。此外，仓库的布局要兼顾区域与城市规划用地的其他要素。

（2）环境保护要求。仓库的选址需要考虑保护自然环境与人文环境等因素，尽可能降低对城市生活的干扰。对于大型转运枢纽，应适当设置在远离市中心的地方，使得大城市交通环境不受影响。

2.3.3 仓库选址决策分析方法

仓库选址的决策分析方法多种多样，宏观方面主要是考虑仓库的选址是否与企业的战略利益相符合，能否满足企业对原材料和市场营销的要求（即提高对顾客的服务水平和降低总体的成本费用）。

1. Hoover 方法

在仓库选址过程中，目前被认为最好的方法就是由美国选址理论专家 Hoover 所概括的 3 种选址评价方法，即以市场营销定位的仓库选址、以生产制造定位的仓库选址和以迅速配送定位的仓库选址。

（1）以市场营销定位的仓库选址。该方法就是以充分满足市场营销需求为前提，在最靠近顾客的地方选择仓库地址，追求顾客服务水平的最大化，缩短将产品配送给顾客的时间。同时，这可以在一定程度上获得仓库运输方面的规模经济。采用这种方法，主要应考虑将产品从仓库运输到配送中心或最终市场的影响因素（即产品运输成本、顾客订货时间、产品生产进度、产品订货批量、本地化运输的可行性和顾客服务水平等）。

（2）以生产制造定位的仓库选址。该方法就是选择最靠近原材料产地或生产加工地的位置建造仓库，这种选址决策是专门为方便原材料的运输和集结以及产成品加工而设定的，它能够给公司带来生产制造方面的便利。

（3）以快速配送定位的仓库选址。该方法主要强调快速的配送，在最终顾客和生产厂商之间进行适当的权衡来进行仓库选址，它主要考虑运输能力和运输成本、运输路线的选择以及运输配送数量的合理分配等方面的因素。

2. 运输成本最小化模型

德国农业学家 Johan Heinrich Von Thunen 提出了以成本最小化为目标的选址策略，即在进行农产品的仓库选址决策时，他认为运输成本的最小化能够使农民的利益达到最大化。Johan Heinrich Von Thunen 的选址模型是假定农产品的销售价格和生产成本在不同地区的市场上都是相等的，从而农民的利润就等于农产品的销售价格减去农产品的生产成本和运输成本，因而最优的选址策略就是使运输成本达到最小。

同时，另外一个德国的经济学家 Alfred Weber 也提出了一个基于运输成本最小化的选址模型。根据 Alfred Weber 的观点，最优的选址策略就是使总的运输成本，即从原材料的运输开始到产成品运输到市场进行销售这一过程中发生的所有运输费用达到最小。

影响运输成本最小化的一个重要因素是原材料的可获程度，包括原材料的产地、当地的运输水平和原材料的质量等。原材料的可获得程度是生产制造厂商在进行仓库选址决策时优先考虑的因素之一。原材料的特征主要是考虑在进行运输时是否会发生原材料的变质或减量等问题，从而决定是否在靠近原材料的地方选址。

3. 利润水平最大化模型

美国选址专家 Melvin Greenhut 将仓库的选址决策工作推进到一个新的层次，他认为，应该将影响选址决策的所有因素（包括外部环境因素和企业内部因素等）都罗列出来，加以综合考虑，分析各项选址决策所能够带来的潜在收益或利润，从而在利润最大化的基础上，进行仓库选址决策。根据 Melvin Greenhut 的观点，最优的仓库选址决策就是使企业或仓库的经营利润达到最大。

4. 确定单一仓库地址的传统方法

（1）在现有用户中确立一个仓库。如果可以在现有用户中确立一个仓库，那么用总距离最短、总运输周转量最小、总运输费用最小来计算比较简单。

（2）确立一个新的仓库地址。当完全新建一个仓库时，可用因素比重法、重心法、盈亏平衡分析法、微分法和运输模型法来进行评估选址。

因素比重法：选址中要考虑的因素很多，但是总是有一些因素比另一些因素相对重要；决策者要判断各种因素的重要性，从而使评估更接近现实。这种方法有6个步骤：

1）列出所有相关因素。
2）赋予每个因素以权重以反映它在决策中的相对重要性。
3）给每个因素的打分取值设定一个范围（1~10或1~100）。
4）用第3）步设定的取值范围就各个因素给每个备选地址打分。
5）将每个因素的得分与其权重相乘，计算出每个备选地址的得分。
6）考虑以上计算结果，即总分最高者为最优。

2.4 仓库的结构与布局

2.4.1 仓库的结构

1. 仓库的总体构成

一个仓库通常由生产作业区、辅助生产区和行政生活区三大部分组成。

（1）生产作业区。它是仓库的主体部分，是商品储运活动的场所，主要包括储货区、铁路专运线、道路、装卸站台等。

储货区是储存保管的场所，具体分为库房、货棚、货场。货场不仅可存放商品，同时还起着货位的周转和调剂、作业作用。铁路专运线、道路是库内外商品的运输通道，商品的进出库、库内商品的搬运，都通过这些运输通道完成。专运线应与库内其他道路相通，保证畅通。装卸站台是供火车或汽车装卸商品的平台，有单独站台和库边站台两种，其高度和宽度应根据运输工具和作业方式而定。

（2）辅助生产区。辅助生产区是为商品储运保管工作服务的辅助车间或服务站，包括车库、变电室、油库、维修车间等。

（3）行政生活区。行政生活区是仓库行政管理机构的员工休憩生活的区域，一般设在仓库入口附近，便于业务接洽和管理。行政生活区与生产作业区应分开，并保持一定距离，以保证仓库的安全及行政办公和员工生活的安静。

【小思考2-2】

现在比较流行的趋势是把部分职能部门从繁华地带的办公室搬到配送中心型仓库库区，为什么？

2. 库房的结构

库房的结构对实现仓库的功能起着重要的作用。因此，库房的结构设计应做如下考虑：

(1) 平房建筑和多层建筑。库房的结构，从出入库作业的合理化方面看，尽可能采用平房建筑，这样一来，储存产品就不必上下移动，因为利用电梯将储存产品从一个楼层搬到下一个楼层费时费力，而且电梯往往也是产品流转中的一个瓶颈地带，因为有许多材料搬运机通常都会竞相利用数量有限的电梯，影响仓库作业效率。即使采用倾斜输送机流量也是有限的。但是在城市内，尤其是在商业中心地区，那里的土地有限或昂贵，为了充分利用土地，采用多层建筑成为最经济的选择。在采用多层仓库时，要特别重视对货物上下楼的通道建设。如果是周转量大的流通仓库，则采用二层立交斜路方式，车辆可直接行驶到二层仓库，二层仓库同时也是进行收货、验货、保管的场所，而一层仓库则可作为笨重货保管和配货、大型车辆装卸的场所。

(2) 库房出入口和通道。作为载货汽车的库房出入口，要求宽度和高度的最低限度必须达到 4m。作为叉车的出入口，则宽度和高度必须达到 2.5～3.5m。通常库房出入口采用卷帘或铁门。库房内的通道是保证库内作业的畅顺的基本条件，通道应延伸至每一个货位，使每一个货位都可以直接进行作业，通道需要路面平整和平直，减少转弯和交叉。作为大型卡车入库的通道应大于 3m，叉车作业通道应达到 2m。

(3) 立柱间隔。库房内的立柱，是出入库作业的障碍，会导致保管效率低下，因而立柱应尽可能减少。一般仓库的立柱间隔，因考虑出入库作业的效率，以汽车或托盘的尺寸为基准，通常以 7m 的间隔较适合。它适合 2 台大型货车（2.5m×2）或 3 台小型载货车（1.7m×3）作业；采取托盘存货或作业的，因托盘种类规格不同，以适合放标 6 个标准托盘为间隔，如采用标准托盘，间隔略大于 7.2m（1.2m×6）。平房建筑的仓库，拓宽立柱间隔较为容易，可以实现较大的立柱间距。而钢骨架建筑的仓库可不要立柱。

(4) 天花板的高度。由于实现了仓库的机械化、自动化，因此现在对仓库天花板的高度也提出了很高的要求。叉车的标准提升高度是 3m，而使用多段式高门架的时候，要达到 6m 的水平。另外，从托盘装载货物的高度看，包括托盘的厚度在内，密度大且不稳定的货物，通常以 1.2m 为标准，密度小而稳定的货物，通常以 1.6m 为标准。以其倍数（层数）来看，1.2m×4 层=4.8m，1.6m×3 层=4.8m，因此，仓库的天花板高度最低应该是 5～6m。

另外，有的仓库内部设置夹层楼板，也叫临时架，是在地板与楼板之间加另一半层楼，能成倍利用保管的空间，并能够有效地利用仓库梁下的空间。

(5) 地面。地面的承载力必须根据具体承载货物的种类或堆码高度具体研究。通常，普通仓库 1m^2 地面承载力为 3t，流通仓库的地面承载力，则必须保证重型叉车能够作业。

关于地面的形式，有低地面和高地面两种。为了防止雨水流入库房，低地面式的地面比基础地面高出 20～30cm，而且由于叉车的结构特点，出入口是较平稳的坡度。高地面式的高度要与用于出入库的车厢的高度相符。通常，大型载货车（5t 以上）为 1.2～1.3m，小型载货汽车（3.5t 以下）为 0.7～1.0m，铁路货车站台为 1.6m。

一般情况下，在经营原材料和半成品的仓库，因为载重汽车直接出入库的效率较高，所以低地面式较为有利，而流通型仓库，因为在库内分货、配货，并根据商品的不同，采取不同的存放方式，有些就陈列在柜台。因此，高出地面的台式较为合适。

3. 堆场结构

(1) 集装箱堆场布局结构。集装箱堆场是堆存和保管集装箱的场所。根据集装箱堆存量的大小，堆场可分为混合型和专用型两种形式。混合型堆场根据实际需要堆放集装箱或其他货物。专用型堆场是根据集装箱货运站的生产工艺分别设置重箱堆场、空箱堆场、维修与修竣箱堆场。设置堆场时应满足发送箱、到达箱、中转箱、周转箱和维修箱等的生产工艺操作和不同的功能要求，并尽可能缩短运送距离，避免交叉作业，便于准确、便捷地取放所需集装箱，利于管理。集装箱堆场如图 2-2 所示。

图 2-2　集装箱堆场

1) 合理的集装箱堆场布局应符合下列原则。

a. 中转箱区应布置在便于集装箱顺利地由一辆车直接换装到另一辆车的交通处。

b. 周转和维修箱区应布置在作业区外围，靠近维修车间一侧，以便于取送和维修，减少对正常作业的干扰。

c. 合理布置箱位。既要充分利用堆场面积，又要留足运输通道和装卸机械作业区及箱与箱之间的距离，做到安全方便。

d. 合理利用与选择装卸机械和起重运输设备。除保证机械进出场区畅通和足够的作业半径外，应尽量减少机械设备的行走距离，提高设备利用率。

e. 场区内要有一定坡度，以利于排水。

f. 堆场场地必须耐用，应根据堆场层数进行设计与处理。

2) 集装箱堆场设计时应考虑的因素。尽管采用集装箱堆放货物具有很多优点，但在实际设计集装箱堆场时还是应该考虑下面三个方面的因素：

a. 人力资源。由于采用集装箱堆存可以减少许多拆箱、倒箱工作，给进出堆场的装卸作业带来了许多便利，降低了劳动强度，因此，人员数量上比其他形式的堆场有较大的缩减。

b. 土地使用。由于港口运输的需要，集装箱堆场通常设置在港口、码头附近，一般来说，港口场地的费用比任何内陆场地都要高。值得一提的是，地皮和场地一直都是仓库系统设计中财务分析的最重要部分。因此，尽管集装箱堆场较一般的内陆仓库具有很多优势，但是，它的占地费用是必须要考虑的因素，在实际集装箱堆场的设计中应尽可能减少堆场的占地面积。

c. 单位操作和堆存成本。这是一个很明显的问题，但是操作和堆存的真实成本很难精确地确定，特别是对最佳操作的评估、堆场的管理作业、进出堆场的复合操作以及货物的损坏和变质等。尽管这样，在设计集装箱堆场时还应该尽量充分地考虑各方面因素。

3）集装箱堆场的设计目标。在设计集装箱堆场时，除了应该考虑上述三个要素外，还应该尽量达到下面三个目标：

a. 服务的精确性。由于集装箱存放货物无需拆箱，因此，箱内货物的质量和数量完全靠货物证件以及其他相关单据确定，同时在分类堆存时也完全取决于证件及其单据，所以在集装箱堆场的存放与管理过程中应尽量做到认真细致，力求达到服务的精确性。

b. 单位堆存和流转速度。操作要求尽可能快，与堆存区所要求的服务水平相适应。由于要尽量减少堆场的占地面积，因此在设计集装箱堆场的过程中，在选取存放堆垛方式时，要尽量增大单位堆存，同时尽量缩短保管时间，加快集装箱的流转速度，尽可能充分地发挥集装箱的优越性。

c. 旺季存储能力。这与前面的因素有关。有这么一条经验，系统设计者应该满足一定时期内95%的库存需求。依服务类型确定一定时期，可以是一个月、一年。最后的5%通常要花费巨大的代价才能满足。在集装箱码头中，泊位利用率是评价服务水平的一个重要因素，所以，及时抓住储运旺季，充分发挥集装箱堆场的优势，最大限度地发挥集装箱堆场的储存能力是非常重要的。

（2）杂货堆场。

1）杂货。杂货是指直接以货物包装形式进行流通的货物，货物的包装有袋装、箱装、桶装、篓装、捆装、裸装等，也包括采用成组方式流通的货物。杂货中的相当一部分可以直接在堆场露天存放，如钢材、油桶、日用陶器、瓷器等。杂货在堆场存放要考虑需要苫盖、垫垛，以便排水除湿。杂货的杂性使得杂货的装卸、堆垛作业效率极低，而且需要较大的作业空间，同时杂货容易混淆，需要严格地区分。

2）杂货堆场的货位布置形式。大多数杂货的货位布置均采用分区分类布置形式，即对存储货物在"三一致"（性能一致、养护措施一致、消防方法一致）的前提下，对堆场划分为若干保管区域；根据货物大类和性能等划分为若干类别，以便分类集中堆存。

杂货堆场分区分类存放货物的作用：①可以缩短货物收、发作业时间；②可以合理利用有限的堆场占地面积；③可以使堆场管理人员掌握货物进出堆场的规律，熟悉货物性能，提高管理水平；④可以合理配置和使用机械设施，提高机械化操作程度。

3）堆场分区分类的方法。

a. 按照货物种类和性质进行分区分类。这是大多数堆场采用的分类分区方法，就是按货主单位经营性质（外贸、内贸）、货物的类别来分类。把性能互不影响、互不抵触的货物，在同一堆场内划定在同一货区里集中储存。

b. 按照货物发往地区进行分区分类。这种方法主要适用于储存期限不长，而进出数量较大的中转性质的堆场。具体做法是，货物按照交通工具划分为公路、铁路、水路，再按到达站、港的线路划分。这种分区分类方法，虽然不分货物种类，但是对于危险品、性能互相抵触的货物，也应该分别存放。

（3）散货堆场。散货是指未包装、无标志的小颗粒货物，直接以散装方式进行运输、装卸、仓储保管和使用。在仓储中不受风雨影响的散货一般直接堆放在散货堆场上，如沙、石、煤、矿等。

散货堆场根据所堆存散货的种类不同，地面的结构不完全相同，可以是沙土地面、混凝土地面等，由于存量巨大，要求地面有较高的强度。由于散货都具有大批量的特性，散货堆场往往面积较大。为了便于疏通，采取明沟的方式排水，并且通过明沟划分较大面积的货位。散装堆场都采用铲车或者输送带进行作业，所堆的垛型较为巨大，如图 2-3 所示。

图 2-3　散货堆场

2.4.2　仓库库房的分配

仓库内一般设有收发区、备货区、存储区、检配区和办公区等功能区。企业要根据自身的材料搬运系统以及所需的发展计划，充分利用仓库空间进行合理的布局，既能为产品流程提供便利，方便产品的出入库操作，又不会造成仓库通道的阻塞，满足防火等安全要求。

重点提示：存储场所的分配是指在存储区内为每一种库存物品分配适当的存储保管地点。

对于多层结构的仓库来说，仓库库房的分配包括仓库各层的分配和每层中存储区的分配。仓库库房如图 2-4 所示。

图 2-4　仓库库房

1. 仓库各层的分配

多层仓库中各层的保管条件和作业条件不同，应合理分配各层用途。

（1）仓库最底层。地面承载能力强，净空比较高，两侧和两端均可设库门和站台，收发作业方便。缺点是地面容易反潮，易受库边道路灰尘的影响。因此应存放大批量、单位质量和体积大、收发作业频繁、要求一般保管条件的物品，如金属材料、金属制品等。

（2）仓库中间层。楼板承载能力比较差，净空比较低，增加了垂直方向的搬运，只能从竖井借助于升降机或电梯收发货，作业不方便。但楼板比较干燥，采光通风良好，受外界温湿度的影响小，保管条件较好。所以适合存放体积较小、质量较轻、保管条件要求比较高的物品，如电工器材、仪器仪表等。

（3）仓库最顶层。最顶层除了具有与中间层相同的条件外，还有对保管和作业不利的方面。因为屋顶受到阳光直接照射，温度受影响比较大，另外收发作业比中间层更不方便。因此适合存放收发不太频繁、要求一般保管条件的轻体物品，如纤维制品、塑料制品等。

2. 确定可以放入同层的物品

对存入同一层的物品，应考虑彼此间的互容性。凡两种物品相互之间不发生或很少发生不良影响的，称两者之间具有互容性。如金属材料、金属制品、金属零配件、机械设备等，彼此之间不发生影响，可以存入同一层仓库。但是也有一些物品之间因某种原因不能混合存放，一般有以下几种情况：

（1）相互之间发生影响的物品。如粉尘材料和精密仪器仪表；腐蚀性物品和各种易被腐蚀的物品；大部分化工危险品之间，如炸药与起爆器材，易燃品与自燃物，易燃气体与助燃气体等。

（2）要求不同保管条件的物品。如怕潮湿和怕干燥的物品，怕高温或低温和一般物品，由于需要不同的保管条件，不可能在同一层甚至同一仓库内得到满足，所以不易混存。

（3）要求不同作业手段的物品。如体积大小相差悬殊、单位质量相差很大的物品，就要求不同的装卸搬运手段，如果存入同一层库房或同一仓库会给收发作业带来困难，影响仓库的有效利用。

3. 物品保管区的划分

在规模比较大的综合仓库，存储物品品种多、数量大，为了便于管理，可按照仓库建筑物的布局和储存物品的类别，划定若干储存保管区，划分方法有：

（1）按物品的性质划分。按照物品的物理、化学性质，分成若干大类，对每一类物品划定一个储存区，如金属材料、非金属材料、机电产品等。这种划分储存区的方法，有利于针对某类物品的特性，采取相应的保管措施，便于对某一类物品进行集中统一管理。存放各种通用物品的仓库一般按物品的性质划分存储区。

（2）按物品的用途划分。按照物品的用途，将物品分成若干大类分别存储在不同的区域。如将建筑工程用料集中存放在一个存储区，便于用料单位配送。这种方法的缺点是，用于同一用途的物品种类繁多，性质各异，有时要求不同的保管条件，给保管带来一定的困难。存放专用物品的仓库一般按物品的用途划分存储区，如机车车辆配件、通信信号器材等。

（3）混合分区。将上述两种方法结合起来运用，有的按照物品的性质分区，有的按照物品的用途分区。存放综合物品的仓库一般结合物品的性质和用途来划分存储区。

2.4.3　仓库的布局

【小思考 2-3】

为什么要合理布局仓库库区？

仓库布局是指一个仓库的各个组成部分，如库房、货棚、货场、辅助建筑物、铁路专运线、库内道路、附属固定设备等。在规定的范围内，进行平面和立体的全面合理的安排。仓库总体布局示意如图 2-5 所示。

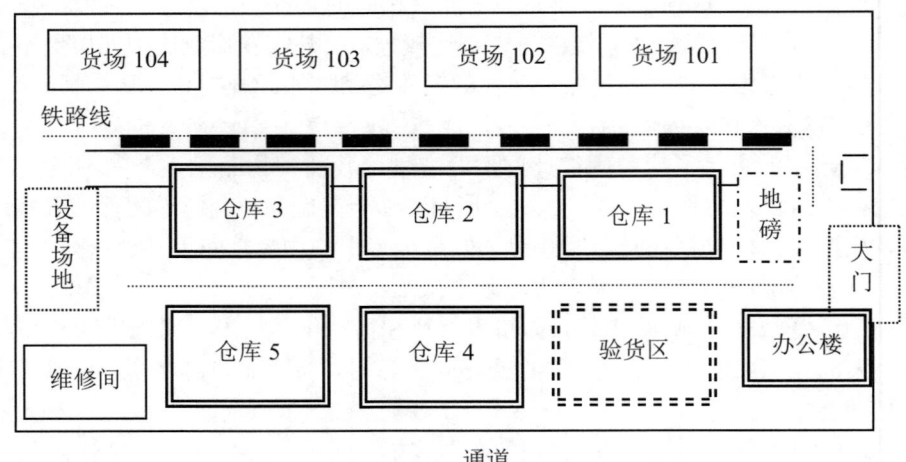

图 2-5　仓库总体布局示意

1. 仓库总体布局的要求

（1）要适应仓储企业生产流程，有利于仓储企业生产正常进行。

1）单一的物流方向。仓库内商品的卸车、验收、存放地点之间的安排，必须适应仓储生产流程，按一个方向流动。

2）最短的运距。应尽量减少迂回运输，专运线的布局应在库区中部，并根据作业方式、仓储商品品种、地理条件等，合理安排库房、专运线与主干道的相对位置。

3）最少的装卸环节。减少在库商品的装卸搬运次数和环节，商品的卸车、验收、堆码作业最好一次完成。

4）最大的利用空间。仓库总体布局是立体设计，应有利于商品的合理储存和充分利用库容。

（2）有利于提高仓储经济效益。

1）要因地制宜，充分考虑地形、地质条件，满足商品运输和存放上的要求，并能保证仓容充分利用。

2）平面布局应与竖向布局相适应。所谓竖向布局，是指建设场地平面布局中每个因素，如库房、货场、专运线、道路、排水、供电、站台等，在地面标高线上的相互位置。

3）总体布局应能充分、合理地利用我国目前普遍使用的门式、桥式起重机一类的固定设备，合理配置这类设备的数量和位置，并注意与其他设备的配套，便于开展机械化作业。

（3）有利于保证安全生产和文明生产。

1）库内各区域间、各建筑物间，应根据"建筑设计防火规范"的有关规定，留有一定的防护间距，并有防火、防盗等安全设施，经过消防部门和其他管理部门验收。

2）总体布局应符合卫生和环境要求，既要满足库房的通风、日照要求等，又要考虑环境绿化、文明生产，有利于促进职工的身体健康。

2. 影响仓库库区布局的主要因素

影响仓库库区布局的因素有很多，主要有以下几个：

（1）周围环境。即库区周围的环境，包括四邻及附近产生有害气体、固体微粒、火星、震动等，交通运输条件，协作单位的分布等。

（2）物资的构成。即仓库建成后，储存物品的类别及品种，各种物品的物理化学性质及数量，各类物品所要求的保管条件。

（3）仓库的类型。不同类型的仓库对布局有不同的要求，如储备型仓库与流转型仓库不同，综合仓库与专业仓库不同，危险品仓库与普通物品仓库不同。

（4）技术作业流程。一般仓库的作业主要是收发保管，从货物入库到出库，由不同的作业环节构成一个完整的技术作业过程。这个过程要求相应的库区布局与之相适应。

（5）仓库作业方式。即作业手段是人工作业、机械作业还是自动化作业等。

3．库区平面布局的基本原则

在进行库区平面布局时应遵循以下基本原则：

（1）有利于物品的储存、保管。仓库的基本功能就是对物品进行储存保管。库区的布局要为物品的保管创造良好的环境，提供适宜的条件，如合理确定库房的位置和朝向。

（2）有利于实现作业的优化。仓库作业优化包括提高作业的连续性，实现一次性作业，减少装卸次数，缩短搬运距离，使仓库完成一定的配送任务所发生的装卸搬运量最少。

（3）有利于仓库安全。其中包括防火、防爆、防洪和防盗等。

（4）有利于节省投资。布局中的延伸性设施，如专用线与公路、供电、供水、排水、供暖和通信等管道线路的布局，直接影响投资和运行费用。

（5）有利于仓库将来扩充。布局应在确保仓库安全、材质完整、作业优化的前提下，尽量使布局紧凑，以便节约用地，留有一定的备用地，以便日后的扩充与发展。

（6）有利于库区的总体布局整齐美观。平面布局与竖向布局要协调设计，综合考虑，使库区总体布局整齐美观。

4．仓库储存场所的布局形式

储存场所布局的目的是提高仓库平面和空间利用率，以及提高物品保管质量，方便进出库作业，从而降低物品的仓储处置成本。

储存场所布局要考虑到：将单位体积大、质量大的物品存放在货架底层，并且靠近出库区的通道；将周转率高的货物存放在进出库装卸搬运最便捷的位置；将同一供应商或者同一客户的物品集中存放，以便于进行分拣配货作业；当仓库作业过程中出现某种物品物流量大、搬运距离又远的情况时，要进一步合理地调整货位的布局。

储存场所布局分为平面布局和空间布局。

（1）平面布局。平面布局主要依据各类物品在仓库中的作业成本，按成本高低分为A、B、C三类，A类物品作业量大，占据作业最有利的货位，B类次之，C类再次之。

重点提示：平面布局是指对货区内的货垛、通道、货间（架间）距、收发货区等进行合理的规划，并正确处理它们在平面上的相对位置。

平面布局的形式可以概括为垂直式和倾斜式。

1）垂直式布局。垂直式布局是指货垛或货架的排列与仓库的侧墙互相垂直或平行，具体包括横列式布局、纵列式布局和纵横式布局。

a．横列式布局是指货垛或货架的长度方向与仓库长度方向的侧墙互相垂直。这种布局的优点是：主通道长且宽，副通道短，整齐美观，便于对物品的存取和查点，如果用于库房布局，还有利于通风和采光。缺点是：主通道占用面积大，仓库的面积利用率降低。仓库横列式布局如图 2-6 所示。

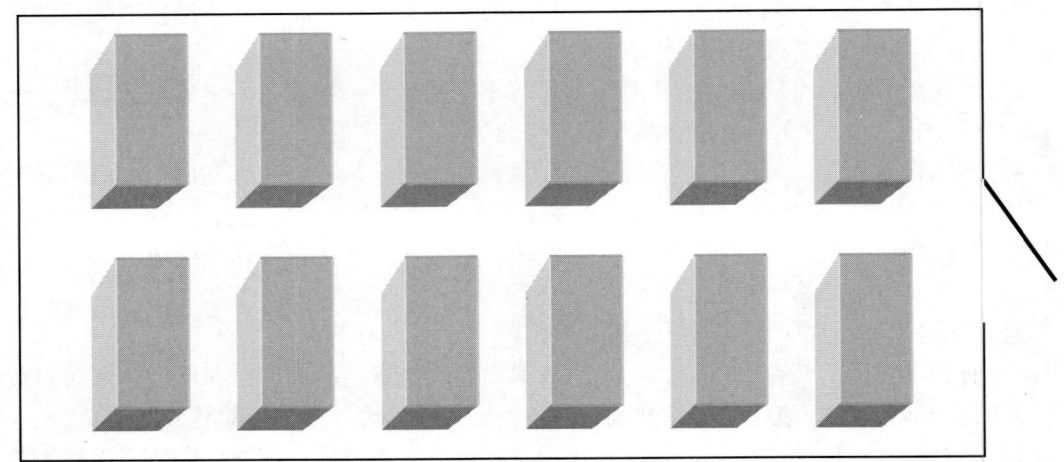

图 2-6　仓库横列式布局

b．纵列式布局是指货垛或货架的长度方向与仓库长度方向的侧墙平行。这种布局的优点是可以根据库存物品在库时间的不同和进出频繁程度安排货位：在库时间短、进出频繁的货物放置在主通道两侧；在库时间长、进出不频繁的物品设置在里侧。仓库纵列式布局如图 2-7 所示。

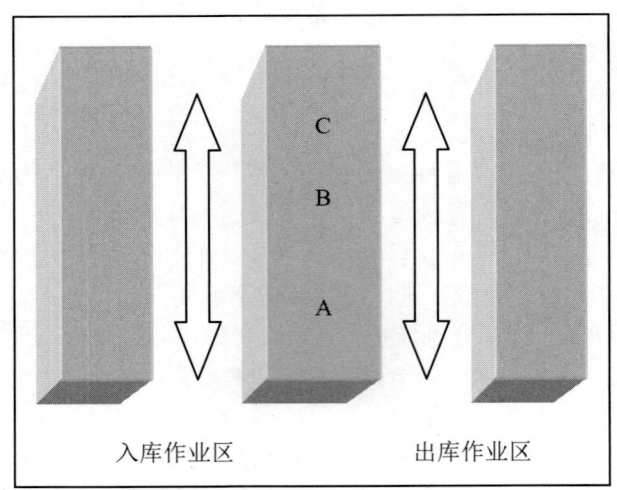

图 2-7　仓库纵列式布局

c．纵横式布局是指在同一保管场所内，横列式布局和纵列式布局兼而有之，可以综合利用两种布局的优点。仓库纵横式布局如图 2-8 所示。

2）倾斜式布局。倾斜式布局是指货垛或货架与仓库侧墙或主通道成 60°、45°或 30°夹角，具体包括货垛（架）倾斜式布局和通道倾斜式布局。

a．货垛倾斜式布局是横列式布局的变形，这种布局的最大优点是便于叉车作业、缩小叉车的回转角度、提高作业效率。而缺点是造成许多死角，仓库面积不能被充分利用。仓库货垛倾斜式布局如图 2-9 所示。

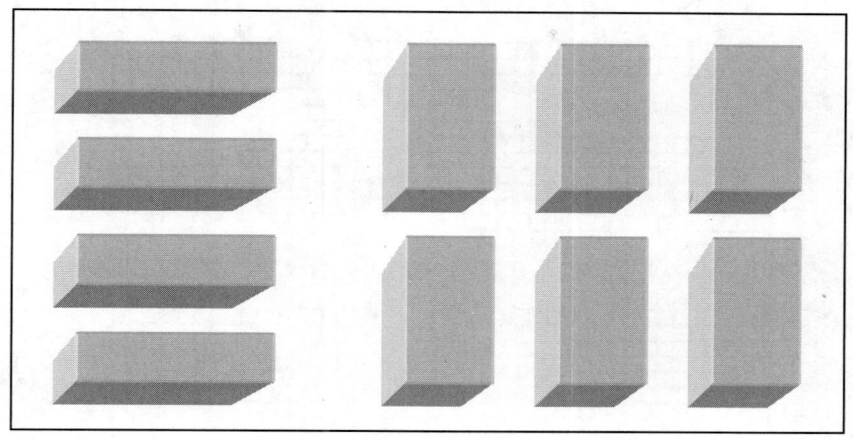

图 2-8　仓库纵横式布局

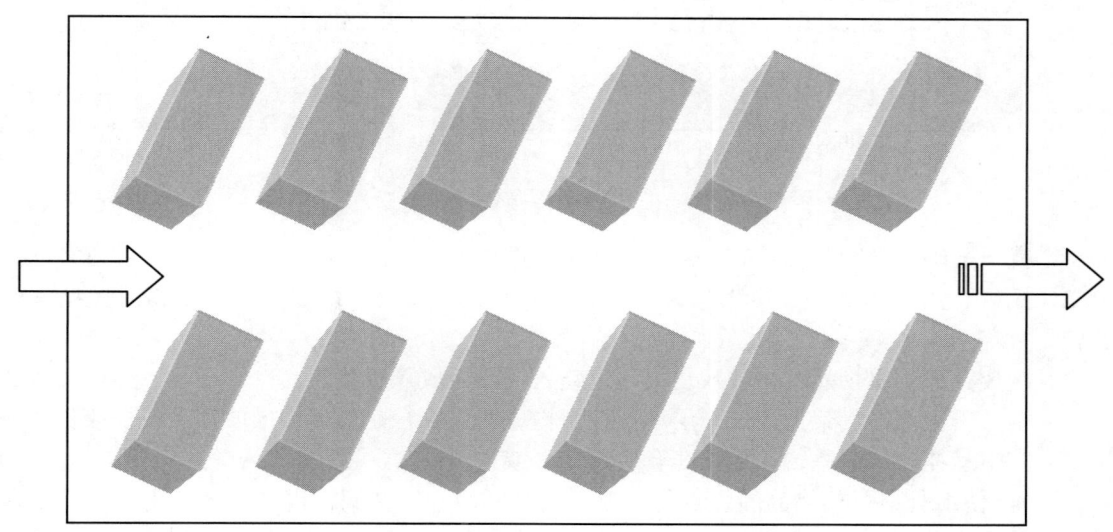

图 2-9　仓库货垛倾斜式布局

b. 通道倾斜式布局是指货垛或货架与仓库侧墙之间仍垂直布局，而仓库的通道斜穿保管区，把仓库划分为具有不同作业特点，如大量储存和少量储存的保管区等，以便进行综合利用。这种布局形式的特点是避免了死角，充分利用仓库面积，货位和进出库路径较多，仓库内形式复杂。仓库通道倾斜式布局如图 2-10 所示。

从前面的介绍可以看出，倾斜式布局方式适用于品种单一、批量大、用托盘装载、就地码垛、使用叉车搬运的物品。一般综合仓库主要采用垂直式布局，而且以横列式布局为主。选用哪种布局方式要视具体情况而定，包括库房面积的大小、库房长宽比、货架的规格尺寸、物品的堆垛方式、收发作业的方式和机械化程度等因素。

（2）空间布局。空间布局也称为仓库内部竖向布局，指库存物品在仓库立体空间上布局，其目的在于充分、有效地利用仓库空间。空间布局的形式主要有：

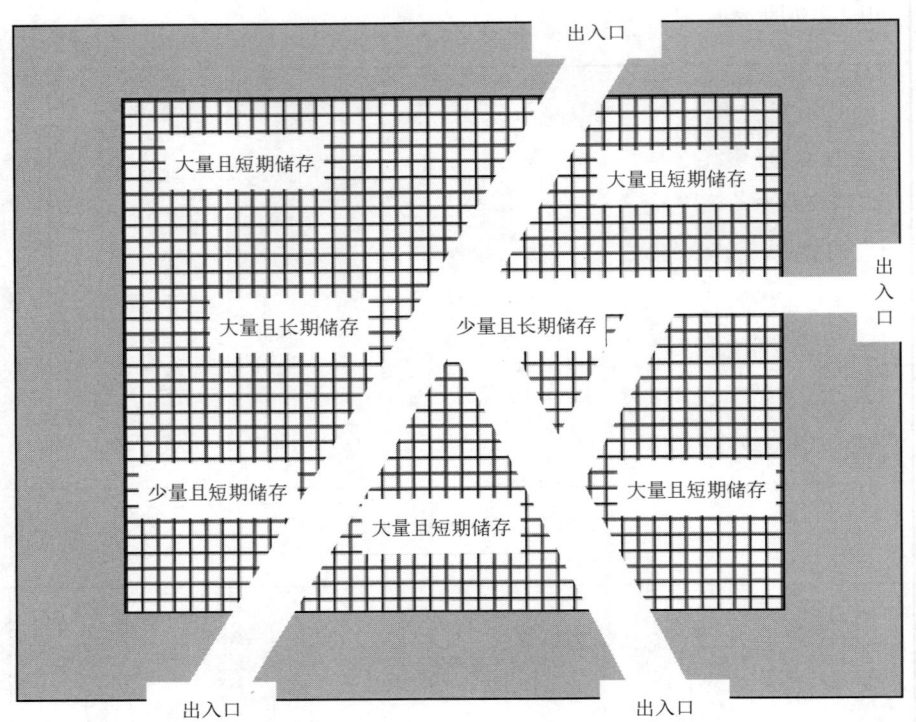

图 2-10　仓库通道倾斜式布局

1）就地堆码。借助于物品的外部轮廓或包装进行堆码。

2）托盘、集装箱堆码。将物品装入集装箱或码放在托盘上，然后对集装箱或托盘进行堆码。

3）货架存放。将物品直接放入货架，或装入托盘后放入货架。

4）架上平台。在货架上铺设一层承载板，构成二层平台，可直接堆放物品或摆放货架。

5）空中悬挂。将某些物品悬挂在仓库的墙上或顶部。

其中，使用货架存放物品的优点是：便于充分利用仓库空间，提高库容利用率，扩大存储能力；物品在货架里互不挤压，有利于保证物品本身和其包装完好无损；货架各层中的物品，可随时自由存取、便于做到先进先出；物品存入货架，可防潮、防尘，某些专用货架还能起到防损伤、防盗、防破坏的作用。

5. 库内非保管场所的布局

仓库库房内墙线所包围的面积（如有立柱应减去立柱所占的面积）称为可使用面积或有效面积。库内货架和货垛所占的面积为保管面积或实用面积，其他为非保管面积。布局的目的是尽量扩大保管面积，缩小非保管面积。

非保管面积包括通道、墙间距、收发货区、库内办公区等。

（1）通道。库房内的通道分为运输通道（主通道）、作业通道（副通道）和检查通道。运输通道供装卸搬运设备在库内行走，其宽度主要取决于装卸搬运设备的外形尺寸和单元装载的大小。运输通道的宽度一般为 1.5～3m。如果库内安装有桥式起重机，运输通道的宽度可以为 1.5m，甚至更窄些。如果使用叉车作业，其通道宽度可通过计算求得。当单元装载的宽度不太大时，可利用下式计算：

$$A = R + D + L + C$$

式中：A 为通道宽度；R 为叉车外侧转向半径；D 为货物到叉车驱动轴中心线的间距；L 为货物长度；C 为转向轮滑行的操作余量。

如图 2-11 所示，W 为货物宽度，B 为叉车总宽度的一半加内侧转向半径。上式适用于 $W<2B$ 的场合。

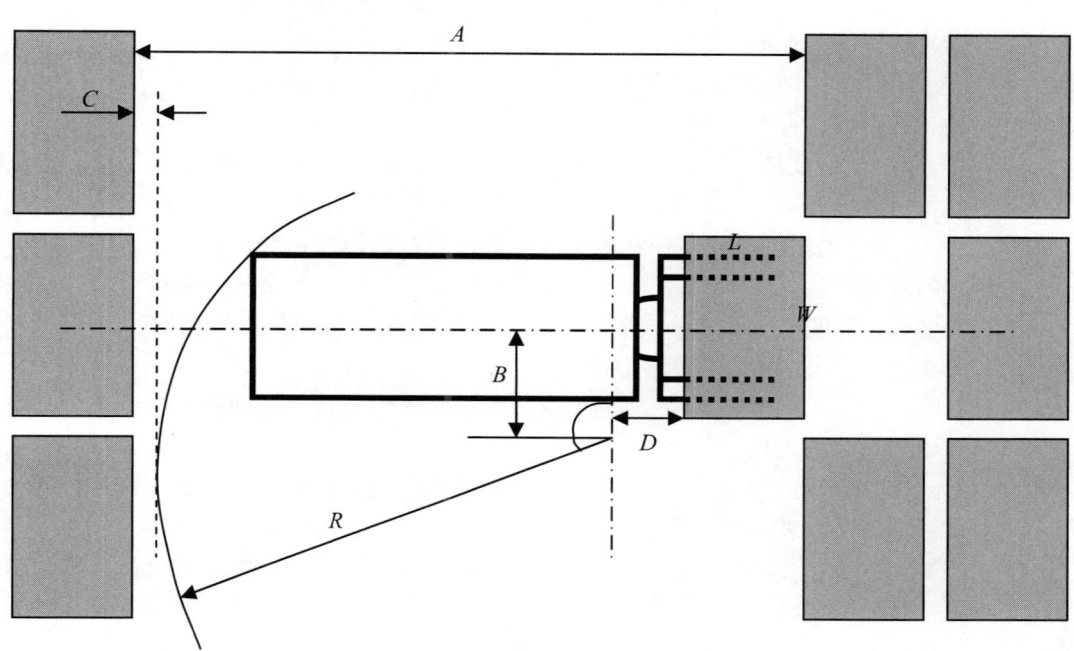

图 2-11　叉车装卸一般货物通道宽度

作业通道是供作业人员存取搬运物品的行走通道。其宽度取决于作业方式和货物的大小。当通道内只有一人作业时，其宽度可按下式计算：

$$a = b + l + 2c$$

式中：a 为作业通道的宽度；b 为作业人员的身体厚度；l 为货物的最大长度；c 为作业人员活动余量。

如果是用手动叉车进入作业通道作业，则通道宽度应视手动叉车的宽度和作业特点而定。一般情况下，作业通道的宽度为 1 米左右。

检查通道是供仓库管理人员检查库存物品的数量及质量的行走通道，其宽度只要能使检查人员自由通过即可，一般为 0.5 米左右。

（2）墙间距。为了减少库存物品受到库外温湿度的影响，货垛、货架都应与墙体保持一定的距离，不允许货垛、货架直接靠墙堆码和摆放。

墙间距的作用一方面是使货垛和货架与库墙保持一定的距离，避免物品受潮，同时也可作为检查通道或作业通道。墙间距一般宽度为 0.5 米左右，当兼作作业通道时，其宽度需增加一倍。墙间距兼作作业通道是比较有利的，它可以使库内通道形成网络，作业方便。

（3）收发货区。收发货区是供收货、发货时临时存放物品之用的作业场地，可划分为收货区和发货区，也可以划定一个收发货区，收发货并用。

收发货区的位置应靠近库门和运输通道，可设在库房的两端或适中的位置，并要考虑到收货、发货互不干扰。对靠近专用线的仓库，收货区应设在专用线的一侧，发货区设在靠近公路的一侧。如果专用线进入库房，收发货区应设在专用线的两侧。

收发货区面积的大小应根据以下情况而定：

1）一次收发批量的大小。收发货区应能够容纳一个最大批量的订单。如有专用线进入库内的仓库，其收货区应能存放 1~2 个车皮的物品。

2）物品规格品种的多少。为了避免收发货时发生混淆，不同规格品种的物品应分开摆放，所以规格品种越多占用面积越大。

3）供货方和用户的数量。对于供货方的进货和不同用户的发货，都应单独存放，避免收发错误。因此，供货方和用户的数量越多，所占用的收发面积越大。

4）收发作业效率的高低。收发作业效率高能加速货位周转，可节省收发货区的面积。

5）仓库的设备情况。包括装卸、验收的设备的情况。库内如有桥式起重机可节省装卸机械作业所占的面积；若采用自动计量或采用自动识别与分拣系统，则可以边卸车、边码垛或边下垛、边装车，能大大节省收发货区的面积。

6）收发货的均衡性。当收发货在时间上比较均衡时，收发货区的面积能得到充分利用，从而相对节省收发货区的占地面积。

7）发货方式。采取送货制时，送货前需要根据各个用户的订单进行备货、包装等活动，通常需要有足够的备货场地；而采取提货制时，发货区面积可大大减小。

（4）库内办公区。仓库管理人员需要一定的办公区域，可设在库内也可设在库外。总的看来，管理人员的办公室设在库内特别是单独隔成房间是不合理的，既不经济又不安全，所以办公区最好设在库外，使仓库能存放更多的物品。

2.4.4 自动化立体仓库的结构

1. 自动化立体仓库概述

自动化立体仓库（Automatic Storage and Retrieval System，AS/RS）：由高层货架、巷道堆垛起重机（有轨堆垛机）、入出库输送机系统、自动化控制系统、计算机仓库管理系统及其周边设备组成，可对集装单元物品实现自动化存取和控制的仓库。

美国学者 J. A. White 将自动化技术在仓储领域（包括立体仓库）中的发展分为五个阶段：人工仓储技术阶段、机械化仓储技术阶段、自动化仓储技术阶段、集成自动化仓储技术阶段和智能自动化仓储技术阶段。

（1）人工仓储技术阶段。在这一阶段，物资的输送、存储、管理和控制主要靠人工实现。至今，国内外生产和服务行业中的许多环节都是这一技术的实例。迄今为止，我们经常见到的高度机械化和自动化场合，仍存在人工仓储技术的应用例子。例如，从传送带上取下货箱或把货物放在托盘上。人工仓储技术的实时性和直观性是其明显的优点，面对面地接触，比较直观，便于联系，减少了过程衔接之间的问题。在设计这种系统时，许多基本仓储规则可以不予考虑，结合我国情况，劳动力多而且便宜，更不宜片面追求过高的自动化程度。

（2）机械化仓储技术阶段。它包括通过各种各样的传送带、工业输送车、机械手、吊车、堆垛机和升降机来移动和搬运物料，用货架、托盘和可移动式货架存储物料，通过人工操作机械存取设备，用限位开关、螺旋机械制动和机械监视器等控制设备的运行。

对某些要求来说，机械化方式比人工方式要好一些，机械化满足了人们的许多要求：速度、精确度、重复存取和搬运、所达到的高度和提取的质量等。当然，机械化仓储也有其缺点：需要大量的资金投入和维护费用。

（3）自动化仓储技术阶段。自动化技术对仓储技术的发展起了重要的促进作用。20世纪50年代末和60年代，自动导引小车（AGV）、自动货架、自动存取机器人、自动识别和自动分拣等系统相继被研制出来并投入使用。20世纪七八十年代，旋转式货架、移动式货架、巷道式堆垛机和其他搬运设备都加入了自动控制的行列，但这时只是各个设备的局部自动化并各自独立应用，被称为"自动化孤岛"。随着计算机技术的发展，工作重点转向物资的控制和管理，要求实时、协调和一体化，信息自动化技术逐渐成为仓储自动化技术的核心。计算机之间、数据采集点之间、机械设备的控制器之间以及它们与主计算机之间的通信实现了及时汇总信息，仓库计算机及时地记录订货和到货时间，显示库存量，计划人员可以方便地作出供货决策，知道正在生产什么、定什么货、什么时间发什么货，管理人员随时掌握货源及需求。信息技术已成为仓储技术的重要支柱。

（4）集成自动化仓储技术阶段。20世纪70年代末和80年代，自动化技术被越来越多地用到生产和分配领域，显然，"自动化孤岛"需要集成化，于是便形成了"集成系统"的概念。在集成化系统中，整个系统的有机协作使总体效益和生产的应变能力大大超过各部分独立系统的总和。

集成化仓库技术作为计算机集成制造系统（Computer Integrated Manufacturing System，CIMS）中物资储存的中心受到人们的重视。虽然人们在20世纪80年代已经注意到系统集成化，但至今在我国已建成的集成化仓储系统还不多。在集成化系统里，包括了人、设备和控制系统，前述三个阶段的技术是基础。

（5）智能自动化仓储技术阶段。人工智能技术的发展推动了自动化技术向更高级的阶段——智能自动化仓储技术阶段发展。现在，智能自动化仓储技术还处于初级发展阶段，今后仓储技术的智能化将具有广阔的应用前景。

2. 自动化仓库结构

自动化仓库主要由三大部分组成：土建及公用工程设施、机械设备和电气与电子设备。

（1）土建及公用工程设施。要建一座仓库，就必须有能储存货物的库房以及其他配套设施。

1）库房。一般来讲，仓库的货物和自动化仓库中的所有设备都安放在库房规定的范围内，库存容量和货架规格是库房设计的主要依据。在我国的南方和北方，不同的地质地貌情况、不同的各种荷载情况对库房设计提出了不同的要求。土木建筑要根据实际情况因地制宜，切不可不考虑具体情况，大张旗鼓地兴建土木，造成不必要的人力、财力和时间的浪费。同时还要遵守国家的有关规定。

首先，要进行选址，并对地质情况进行勘探，确定厂房基础的形式。如根据货架区的沉降要求，基础可采用桩基或整片筏基等形式。其次，对墙体、屋面、地面、内墙、辅房、门窗、沟道等的形式、所用材料、施工方法进行选择，以达到实用、安全、方便和美观的效果，在这些方面国家和地方都有专门的标准和规定。

在库房中，还有中央控制室（机房）、办公室、更衣室、工具间等辅助区域。

2）消防系统。由于仓库库房一般都比较大，货物和设备比较多而且密度大，又由于仓库的管理和操作人员较少，自动化仓库的消防系统大都采用自动消防系统。它由传感器（温度、流量、烟雾传感器等）不断检测现场温度、湿度等信息，当超过危险值时，自动消防系统发出报警信号，并控制现场的消防机构喷出水或二氧化碳等，从而达到灭火的目的。这种消防系统也可以由人工强制喷淋，即手动控制。

在消防控制室内设置有火警控制器，能接收多种报警信号，它的副显示器一般设在工厂的消防站内，同时向消防站报警。

我国的《建筑设计防火规范》（GB 50016—2014）是消防系统设计的主要依据，同时还要根据所存物品的性质确定具体的消防方案。

3）照明系统。为了使仓库内的管理、操作和维护能正常地进行，必须有一套较好的照明系统，尤其是在外围的工作区和辅助区。

仓库中运行的各种设备可以不需要照明，考虑到人的工作和活动情况，库房内各区域应有适当的照明及相应的控制开关。自动化仓库的照明应有日常照明、维修照明和应急照明。对储存感光材料的黑暗库来说，由于不允许储存物品见光，因此照明系统应特殊考虑。

4）通风及采暖系统。通风和采暖的要求是根据所存物品的条件提出的。对设备而言，自动化仓库内部的环境温度一般在–5～45℃即可。其通风及采暖设施通常包括厂房屋顶及侧面的风机、顶部和侧面的通风窗、中央空调、暖气等。对散发有害气体的仓库可设离心通风机将有害气体排到室外。

5）动力系统。自动化仓库一般不需要气源，只需动力电源即可。

配电系统多采用三相四线制供电，中性点可直接接地，动力电压为交流 380V/220V，50Hz，根据所有设备用电量的总和确定用电容量。

配电系统中的主要设备有动力配电箱、电力电缆、控制电缆和电缆桥架等。在为具体设备供电时，可能还需增加稳压或隔离设备。

6）其他设施。其他设施包括给排水设施、避雷接地设施和环境保护设施等，这都是一个综合建筑系统中要考虑的。

给水主要指消防水和工作用水。

排水是指工作废水、清洁废水及雨水。雨水可采用暗管排放，经系统管线排入附近的河中。

立体仓库属于高层建筑，应设置避雷网防止直击雷，其引下线不应少于 2 根，间距不应大于 30m。

电气设备不带电的金属外壳及穿线用的钢管、电缆桥架等均应可靠接零；工作零线、保护零线均与变压器中性点有可靠的连接；为了防止静电积聚，所有金属管道应可靠接地。根据《中华人民共和国环境保护法》等有关法规，必须对生产过程中产生的污物及噪声采取必要的措施。

总之，在设计和施工时，以上各部分要与其他部分一起统筹考虑，以达到较好的施工效果。

（2）机械设备。自动化仓库的机械设备一般包括货架、货箱与托盘、巷道式堆垛机、其他机械设备等。

1）货架。理想的储存是根本不存在的，因为在实际中很难达到理想的储存。但是，库存应当尽量保持在最小状态。在一定的面积内建造一座仓库，为了提高货物的存放数量，采用堆垛方式无疑比平铺在地面要优越得多。由于货物堆积起来,出库时若需从底部或里面取出货物,必然要花费很多的时间和劳动来移开上部的货物,即做到"先进先出"是很困难的。但若将不同的货物均存放在标准托盘(或货箱)里,然后将其存放到立体的货架上,这就解决了以上困难。将不同的物品都放在货架上,货架越高,所占用的存储面积越少。同时,对货架的要求也越高。

a. 货架的形式。

悬臂货架。这种货架多用于储存长料,如金属棒、管等。

流动货架。货物可以从货架的一端进入,在重力作用下可从另一端取出。它有时适用于储存数量多、品种少、移动快的物品,如储存某些电子器件等的立体仓库。

货格式货架。这种货架最常见,在我国也比较多,多用于容量较大的仓库,如以托盘为单位储存的立体仓库。

水平或垂直旋转式货架。这种货架是一种旋转或循环的储存装置,它适用于储存体积小、质量轻的物品。

悬挂输送储存货架。它们多安放于车间的工作区或设备上方,由人工根据需要随时取下或放上货物,整个储存系统在不断低速运动。

b. 货架的材料。高层货架是立体仓库的主要构筑物,一般用钢材或钢筋混凝土制作。钢货架的优点是构件尺寸小,仓库空间利用率高,制作方便,安装建设周期短。而且随着高度的增加,钢货架比钢筋混凝土货架的优越性更明显。因此,目前国内外大多数立体仓库都采用钢货架。钢筋混凝土货架的突出优点是防火性能好,抗腐蚀能力强,维护保养简单。

c. 货架的尺寸。通常货架高度在 8～50m 之间。恰当地确定货格净空尺寸是立体仓库设计中一项极为重要的内容。对于给定尺寸的货物单元,货格尺寸取决于单元四周需留出的空隙大小,同时在一定程度上也受到货架结构造型的影响。这项尺寸之所以重要,是因为它直接影响着仓库面积和空间利用率。同时,因为影响因素很多,确定这项尺寸比较复杂。

d. 货架的刚度和精度。作为一种承重结构,货架必须具有足够的强度和稳定性。在正常工作条件下和在特殊的非工作条件下,都不至于破坏。同时,作为一种设备,高层货架还必须具有一定的精度和在最大工作荷载下的有限弱性变形。对于自动和半自动控制的立体仓库,货架精度更是仓库成败的决定因素之一。

自动和半自动控制的立体仓库对货架的精度要求是相当高的,包括货架片的垂直度和水平度等。为了达到设计要求,有必要对所设计的货架进行力学计算。目前货架设计常采用刚度假设,即认为地基在货架和货物作用下不会产生弹性变形。此种处理使设计计算大为简化。但与实际结构的力学特性相差甚远。弹性基础梁的假设可用于货架设计:将钢筋混凝土层视为弹性基础梁或板,其下的土层视为等效弹簧,这样可同时考虑土层与混凝土的影响,较好地反映实际情况。

2) 货箱与托盘。货物的载体可以是托盘、托板、滑板、专用集装箱、专用堆放架、硬纸板箱等。

货箱或托盘的基本功能是装物料,同时还应便于叉车和堆垛机的叉取和存放。托盘多由钢板、木板或塑料制成;托板一般由金属制成;滑板是由波状纤维或塑料制成,可将单元货物拉到滑板上;专用集装箱多由钢板制成;专用堆放架由钢材或木料制成,可盛放专用件或特殊形状的物品;硬纸板箱盛放相对密度较小的物品;盛放洗衣机和电冰箱一类的物品可利用其自身的包装箱。

3）巷道式堆垛机。搬运设备是自动化仓库中的重要设备，它们一般是由电力来驱动的，通过自动或手动控制，把货物从一处搬到另一处。设备形式可以是单轨的、双轨的、地面的、空中的、一维运行（水平直线运行或垂直直线运行）、二维运行、三维运行等。典型设备有升降梯、搬运车、巷道式堆垛机、双轨堆垛机、无轨叉车和转臂起重机等。

巷道式堆垛机是立体仓库中最重要的运输设备。巷道式堆垛机是随着立体仓库的出现而发展起来的专用起重机。它的主要用途是在高层货架的巷道内来回穿梭运行，将位于巷道口的货物存入货格；或者相反，取出货格内的货物运送到巷道口。这种使用工艺对巷道式堆垛机在结构和性能方面提出了一系列严格的要求。

4）其他机械设备。除上述几种常用的机械设备外，还有其他一些重要的设备。

输送设备是立体仓库中的辅助设备，它具有把各物流站衔接起来的作用。输送机有辊式、链式、轮式、皮带式、滑板式、悬挂式等多种形式，运输车有自动导引车、有轨小车、梭式小车及其他地面运输车。

此外，有的自动化仓库使用工业车等设备，并与铁路运输、船运、空运相衔接，直接接收各地的货物，或把货物发往各地。

常用的工业车有机械铲车、人工叉车、工业链式车、室内吊车、平板运输车和专用工业车。

（3）电气与电子设备。自动化仓库中的电气与电子设备主要指检测装置、信息识别设备、控制装置、通信设备、监控调度设备、计算机管理设备、数据通信设备以及大屏幕显示设备、图像监视设备等。

1）检测装置。为了实现对自动化仓库中各种作业设备的控制，并保证系统安全可靠地运行，系统必须具有多种检测手段能检测各种物理参数和相应的化学参数。

对货物的外观的检测及称重、对机械设备及货物运行位置和方向的检测、对运行设备状态的检测、对系统参数的检测和对设备故障情况的检测都是极为重要的。通过对这些检测数据的判断、处理，为系统决策提供最佳依据，使系统处于理想的工作状态。

2）信息识别设备。信息识别设备是自动化仓库中必不可少的，它完成对货物品名、类别、货号、数量、等级、目的地、生产厂，甚至货位地址的识别。在自动化仓库中，为了完成物流信息的采集，通常采用条形码、磁条、光学字符和射频等识别技术。条形码识别技术在自动化仓库中应用最普遍。

3）控制装置。控制系统是自动化仓库运行成功的关键。没有好的控制系统，自动化仓库系统运行的成本就会很高，而且效率很低。为了实现自动运转，自动化仓库内所用的各种存取设备和输送设备本身必须配备各种控制装置。这些控制装置种类较多，从普通开关和电器，到微处理器、单片机和可编程控制器，根据各自的设定功能，它们都能完成一定的控制任务，如巷道式堆垛机的控制要求就包括了位置控制、速度控制、货叉控制以及方向控制等。所有这些控制都必须通过各种控制装置去实现。

4）监控调度设备。监控系统是自动化仓库的信息枢纽，它在整个系统中起着举足轻重的作用，它负责协调系统中各个部分的运行。有的自动化仓库系统使用了很多运行设备，各设备的运行任务、运行路径、运行方向都需要由监控系统来统一调度，按照指挥系统的命令进行货物搬运活动。通过监控系统的监视画面可以直观地看到各设备的运行情况。

5)计算机管理设备。计算机管理系统(主机系统)是自动化仓库的指挥中心,相当于人的大脑,它指挥着仓库中各设备的运行。它主要完成整个仓库的账目管理和作业管理,并且负担与上级系统的通信和企业信息管理系统的部分任务。一般的自动化仓库管理系统多采用微型计算机为主的系统,对比较大的仓库管理系统也可采用小型计算机。随着计算机的高速发展,微型计算机的功能越来越强大,运算速度越来越快,微型计算机在这一领域中将日益发挥重要的作用。

6)数据通信设备。自动化立体仓库是一个复杂的自动化系统,它是由众多子系统组成的。在自动化仓库中,为了完成规定的任务,各系统之间、各设备之间要进行大量的信息交换。例如,自动化仓库中的主机与监控系统、监控系统与控制系统之间的通信以及仓库管理机通过厂级计算机网络与其他信息系统的通信。信息传递的媒介有电缆、滑触线、远红外光、光纤和电磁波等。

7)大屏幕显示设备。自动化仓库中的各种显示设备是为了使人们操作方便、易于观察设备情况而设置的。在操作现场,操作人员可以通过显示设备的指示进行各种搬运、拣选;在控制室或机房,人们可以通过屏幕或模拟屏的显示,观察现场的操作及设备情况。

8)图像监视设备。工业电视监视系统是通过高分辨率、低照度变焦摄像装置对自动化仓库中人身及设备安全进行观察,对主要操作点进行集中监视的现代化装置,是提高企业管理水平,创造无人化作业环境的重要手段。

此外,还有一些特殊要求的自动化仓库,比如,储存冷冻食品的立体仓库,需要对仓库中的环境温度进行检测和控制;储存感光材料的立体仓库,需要使整个仓库内部完全黑暗,以免感光材料失效而造成产品报废;储存某些药品的立体仓库,对仓库的温度、气压等均有一定要求,因此需要特殊处理。

本章案例

危险品仓库的选址问题

随着国内外由危险品储存引发的仓库爆炸和火灾等新闻的报道逐渐增多,人们对危险品仓库的关注度越来越高,下面重点介绍某公司在进行危险品仓库选址时的主要原则。

1. 危险品仓库库房不可设置的区域
(1)危险品库房不可设置在工厂、企业的中心地带。
(2)危险品库房不可设在人员密集的场所附近。
(3)危险品库房不可设在人员、车辆进出频繁的交通要道附近。
(4)危险品库房不可设在食堂、明火作业场所、变电所和电表间附近。

2. 危险品仓库库房建设要求
(1)仓库墙体应采用砌砖墙、混凝土墙及钢筋混凝土墙,并有隔热层。
(2)仓库应设置高窗,窗上应安装防护铁栏,窗的外边应设置遮阳板。
(3)仓库门应为具有防爆、防静电、不产生火花、防腐的材料(铁门或木质外包铁皮),采用外开式。
(4)有爆炸危险的化学品仓库应设置泄压设施。

（5）储存化学危险品的仓库必须单独建造，不得将化学危险品的储存场所设在地下室或半地下室内。

3. 危险品库房选择合适的建设地点

（1）危险品库房根据其具有危险性的特点，在选址时应依据政府的总体市政布局，选择合适的建设地点，一般选择较为空旷的地区，远离居民区、供水地、主要交通干线、农田、河流、湖泊等，处于当地长年主风向的下风位。

（2）如必须在市区内，大、中型的甲类仓库和大型乙类仓库与居民区和公共设施的间距应大于150米，与企业、铁路干线的间距大于100米，与公路的间距大于50米，在库区大型库房间距为20～40米，小型库房间距为10～40米。

（3）易燃商品应放置在地势低洼处，桶装易燃液体应放在库内。

（4）危险品库房应根据危险品的种类、特性，采用妥善的建筑结构，并取得相应的许可。

（5）同时设置相应的监测、通风、防晒、调温、防火、灭火、防爆、泄压、防毒、中和、防潮、防雷、防静电、防腐、防渗漏或隔离等安全设施和设备。

【资料来源：http://www.lanhai56.cn/】

结合案例思考：危险品仓库与传统仓库有哪些不同？

思考题

1. 仓库数量决策需要考虑哪些因素？
2. 仓库选址决策方法有哪些？
3. 仓储合理规划布局的要求有哪些？
4. 仓库总体布局的基本原则是什么？

第 3 章　库存管理与控制

惠普喷墨打印机的库存问题

惠普公司的喷墨打印机自上市后销售额稳步上升。但随着销售额的上升,库存也不断上升,惠普配送中心的货盘上放满了喷墨打印机。更糟糕的是,欧洲分公司声称,为了保证各种产品的供货让客户满意,要进一步增加库存水平。每个季度,来自欧洲、亚太地区和北美三地的生产部、物料部和配送部的代表们聚在一起,但他们相互冲突的目标,阻止了他们在库存这一话题上达成共识。

惠普公司温哥华分部物料部门的特殊项目经理布伦特看出,惠普当时主要存在两个问题:第一个问题是找出一种好方法,既能随时满足顾客对各种产品的需求,又可尽量减少库存;第二个问题更棘手,要在各部门之间就正确的库存水平达成一致意见。这需要开发一个设置和实施库存目标的持续方法,并让所有部门在上面签字,以便采纳。

【资料来源:https://www.shangxueba.com/ask/1167057.html】

3.1　库存管理概述

3.1.1　库存的含义和功能

1. 库存的含义

库存是指处于储存状态的商品物资,是储存的表现形态。通俗地说,库存是指企业在生产经营过程中为现在和将来的耗用或者销售而储备的资源。广义的库存还包括处于制造加工状态和运输状态的物品。

库存是仓储的最基本的功能,除了进行商品储存保管外,它还具有整合需求和供给、维持物流系统中各项活动顺畅进行的功能。企业为了能及时满足客户的订货需求,就必须经常保持一定数量的商品库存。配送中心为了维持配送的顺利进行就必须预先储存一定数量的商品来满足订货需求。企业存货不足,会造成供货不及时、供应链断裂、丧失市场占有率或交易机会;整体社会存货不足,会造成物资贫乏、供不应求。而商品库存需要一定的维持费用,同时会存在由于商品积压和损坏而产生的库存风险。因此,在库存管理中既要保持合理的库存数量,防止缺货和库存不足,又要避免库存过量,发生不必要的库存费用。

2. 库存的功能

在现实经济生活中,商品的流通并不是始终处于运动状态的,作为储存的表现形态的库存是商品流通的暂时停滞,是商品运输的必需条件。库存在商品流通过程中有其内在的功能。

(1) 调节供需矛盾、消除生产与消费之间时间差的功能。不同的产品(商品),其生产和消费情况是各不相同的。有些产品的生产时间相对集中,而消费则是均衡的;有些产品生产是均衡的,而消费则是不均衡的。比如粮食作物集中在秋季收获,但粮食的消费在一年之中是均衡消费的;清凉饮料和啤酒等产品一年四季都在生产,但其消费在夏季相对比较集中。这表明,生产与消费之间、供给与需求两方面在一定程度上存在时间上的差别。为了维护正常的生产秩序和消费秩序,尽可能地消除供求之间、生产与消费之间这种时间上的不协调性,库存起到了调节作用,它能够很好地平衡供求关系、生产与消费关系,起到缓冲供需矛盾的作用。

(2)创造商品的"时间效用"功能。所谓"时间效用"就是同一种商品在不同的时间销售(消费),可以获得不同的经济效果(支出),为了避免商品价格上涨造成损失或为了从商品价格上涨中获利而建立的投机库存恰恰实现了库存的"时间效用"功能。但也应该看到,在增加投机库存的同时,也占用了大量的资金和库存维持费用。但只要从经济核算角度评价其合理性,库存的"时间效用"功能就能显示出来。

(3)降低物流成本的功能。对于生产企业而言,保持合理的原材料和产品库存,可以消耗或避免因上游供应商原材料供应不及时而需要进行紧急订货而增加的物流成本,也可以消除或避免下游销售商由于销售波动进行临时订货而增加的物流成本。

3.1.2 库存分类

库存可以从库存物品的经济用途、存放地点、库存来源、生产过程、物品所处状态、经营过程等几个方面来分类。

1. 按经济用途分类

库存按其经济用途通常可以分为商品库存、制造业库存和其他库存三类。

(1)商品库存。商品库存是指企业购进后供转售的货物。其特点是在转售之前,保持其原有实物形态。

(2)制造业库存。制造业库存是指企业购进后直接用于生产制造的货物。其特点是在出售前需要经过生产加工,改变其原有的实物形态或使用功能。

(3)其他库存。其他库存是指除了以上库存外,供企业一般耗用的物品和为生产经营服务的辅助性物品,如包装物和低值易耗品等。其主要特点是满足企业的各种消耗性需要,而不是为了将其直接转售或加工制成产品后再出售。

2. 按存放地点分类

库存按其存放地点可分为库存存货、在途库存、委托加工库存和委托代销库存四类。

(1)在库库存。库存存货是指已经运到企业,并已验收入库的各种材料和商品,以及已验收入库的半成品和制成品。

(2)在途库存。在途库存包括运入在途库存和运出在途库存。运入在途库存是货款已经支付或虽未付货款但已取得所有权、正在运输途中的各种外购库存。运出在途库存是指按照合同规定已经发出或送出,但尚未转移所有权,也未确认销售收入的库存。

(3)委托加工库存。委托加工库存是指企业已经委托外单位加工,但尚未加工完成的各种库存。

(4)委托代销库存。委托代销库存是指企业已经委托外单位代销,但按合同规定尚未办理代销货款结算的库存。

3. 按库存来源分类

库存按其来源可分为外购库存和自制库存两类。外购库存是企业从外部购入的库存,如外购材料等。自制库存是由企业内部制造的库存,如自制材料、在制品和制成品等。

4. 按生产过程分类

库存按生产过程可分为原材料库存、零部件及半成品库存和成品库存。

5. 按物品所处状态分类

按物品所处状态,库存可分为静态库存和动态库存。静态库存指长期或暂时处于储存状态的库存,这是人们一般意义上认识的库存概念。实际上广义的库存还包括处于制造加工状态或运输状态的库存,即动态库存。

6. 按经营过程分类

按经营过程,库存可分为经常库存、安全库存、季节性库存、促销库存、时间效用库存、沉淀库存或积压库存。

(1)经常库存。经常库存也称周转库存,是指企业在正常的经营环境下为满足日常的需要而建立的库存。这种库存随着每日的需要不断减少,当库存降低到某一水平时(如订货点),就要进行订货来补充库存。这种库存补充是按一定的规则反复进行的。

(2)安全库存。安全库存是指为了防止由于不确定因素(如大量突发性订货、交货期突然延期等)而准备的缓冲库存。

(3)季节性库存。季节性库存是指为了满足特定季节中出现的特定需要(如夏天对空调机的需要)而建立的库存,或指季节性出产的原材料在出产的季节大量收购所建立的库存。

(4)促销库存。促销库存是指为了应付企业促销活动产生的预期销售增加而建立的库存。

(5)时间效用库存(投机库存)。时间效用库存是指为了避免商品价格上涨造成损失,或为了从商品价格上涨中获利而建立的库存。

(6)沉淀库存或积压库存。沉淀库存或积压库存是指因商品品质变差或商品损坏,或者是因没有市场而滞销的商品库存,还包括超额储存的库存。

3.1.3 库存管理及其目标

1. 库存管理的定义

库存控制是在保障供应的前提下,使库存物品的数量合理所进行的有效管理的技术经济措施[《物流术语》(GB/T 18354—2006)]。

库存管理也称库存控制,是指对制造业或服务业生产、经营全过程的各种物品、制成品以及其他资源进行管理和控制,使其储备保持在经济合理的水平上。它的重点在于确定如何订货、订购多少、何时订货等问题。传统的观念认为仓库里的商品多,表明企业兴隆,现在则认为零库存是最好的库存管理。库存多,占用资金多,利息负担加重。但是如果过分降低库存,则会加大短缺成本,造成货源短缺。

库存管理不当会导致库存的不足或过剩。前者将会错过销货机会,降低销售额,甚至失去客户,商誉下降;后者会加大库存的持有成本。

2. 库存管理的目标

为了保证企业正常的经营活动,库存是必要的,但库存同时又占用了大量的资金。既保证经营活动的正常进行,又使流动资金的占用达到最小,即在期望的顾客服务水平和相关的库存成本之间寻找平衡,是库存管理人员最关注的问题。若不对库存进行控制,可能既满足不了经营的需要,也会造成大量商品的积压,占用大量的库存资金。

库存管理涉及各个方面的管理，库存管理的目标就是防止超储和缺货，在企业现有资源的约束下，以最合理的成本为用户提供满意的服务。

对任何一种商品的仓储来说，这两者之间往往是矛盾的，存在着效益背反现象。为了提高服务水平，需要保持相当多的库存以适应需求的不确定性，这反过来又需要增加库存成本。最佳的库存管理就是平衡库存成本与库存收益的关系，从而确定一个合适的库存水平，使库存占用的资金带来的收益比投入其他领域的收益要高。

尽管企业库存会带来一系列的耗费，但是也不能因此无条件地降低库存，在平衡库存成本与顾客服务水平时，应该注意的是顾客所期望的服务水平。

提醒：库存管理的目的是在满足客户服务要求的前提下通过对企业的库存水平进行控制，力求降低库存水平、提高物流系统的效率，以提高企业的竞争力。

3.1.4 与库存管理有关的成本

对库存决策起重要作用的成本有三类：采购成本、库存持有成本和缺货成本。随着订货量的增加，库存持有成本会增加，采购成本会减少。因此，需要找到它们之间的平衡来确定最优的库存水平，如图3-1所示。

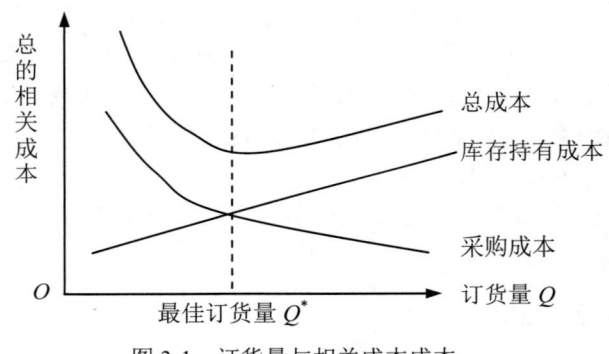

图 3-1 订货量与相关成本成本

1. 采购成本

采购成本由两部分组成：固定的订货成本和采购变动成本。固定的订货成本是指与订单处理相关的费用，如订单准备、订单传送及修改订单等费用，这部分费用与订货的多少无关。采购变动成本通常是指采购价格，这部分跟订货量的多少有关。一般订货量超过某一数额，就会获得一定的数量折扣。

$$采购成本 = 订货成本 + 单位产品价格 \times 订货数量$$

如果企业自行生产产品，则采购成本变为生产成本。生产成本同样由两部分组成：固定成本和变动成本。固定成本指生产准备成本，即装配费用，包括零部件的装配、设备的安装与调试等的费用。变动成本是指与人工成本、材料费和实际生产有关的管理费用。

2. 库存持有成本

库存持有成本是因一段时期内持有商品而导致的，它由保管费用和库存持有费用组成。保管费用是与存储空间、供电、供暖等有关的费用。库存持有费用是与存货利息有关的费用。通常情况下，保管费用相对于库存持有费用而言要低得多。为方便计算，往往忽略不计。有如下关系：

$$库存持有成本=保管费用+库存持有费用$$
$$保管费用=单位保管成本×平均库存量$$
$$库存持有费用=贷款利率×单位产品价格×平均库存量$$

当需求均匀时，平均库存量=(期初库存量+期末库存量)/2。

3. 缺货成本

当客户下达订单，但无法正常供货时，就产生了缺货成本。缺货成本有两种：失销成本和延期交货成本。当出现缺货时，如果客户选择收回购买要求，就产生了失销成本；如果客户愿意等待订单履行，就会产生延期交货成本。

$$失销成本=每产品单位的利润和信誉成本×销售损失的产品单位$$
$$延期交货成本=延期成本/(单位×时间)×延期的产品单位×延期时间长度$$

3.1.5 库存管理方式

根据对待库存物资态度的不同，可以将库存管理分成先进先出、后进先出以及零库存三种基本方式。

1. 先进先出的库存管理方式

先进先出是在库存管理中经常使用的方式，当使用时，先入库的物品先出库，又称为吐故纳新法。这种管理方式的优点是，先入库的物品先使用，剩下的物品都是新的。反之，先入库的物品不先用，剩下的物品必定都是旧的，就有可能发生变质或贬值现象。例如，某些饮料、酒在仓储中，会离析出纤细絮状的物质而出现浑浊沉淀的现象，从而引起商品的质量变化。其不足表现在，库存商品质量没有变化的同时库存增加，忽视了库存管理的根本任务。

2. 后进先出的库存管理方式

为了避免在采用先进先出的管理方式时忽视对库存数量进行管理的现象，可以采用后进先出方式。这是一种新型的管理方式，强制后入库的物品必须先发放，剩下的物品都是旧的。这就会促使有关人员设法改进工作，从而达到采用这种方式的目的。例如，当库存中旧物品增多时，管理人员就要倾听各方面意见，研究怎样改进工作，从而制定出调整库存量的好办法。这时，可以根据剩余量的具体情况，在做到物品不变质的同时，积极提出入库的适宜时间，或者提出调整库存量的意见。采用后进先出的管理方式的优点是，可以督促相关人员随时跟踪库存情况，杜绝呆滞物品存在。所以，这种方式已经开始受到库存管理人员的普遍重视。

3. 零库存的库存管理方式

零库存的提出可以解决库存管理中的部分浪费现象，零库存是一种特殊的库存概念，其含义是以仓库形式储存的某种或某些物品的数量为"零"，即不保持库存。不以库存形式存在就可以免去仓库存货的一系列问题，如仓库建设、管理费用，存货维护、保管、装卸、搬运等的费用，存货占用流动资金及库存物的老化、损失、变质等问题。库存管理是企业管理系统四大流中的物流部分，库存管理对物品的进、存、出进行台账管理，也就是既管理各物品供应和需求的关系以使之达到供需平衡，又要尽量压低物品的库存量。

3.2 ABC 管理

一般来说，企业库存的物料品种繁多，每种物料的价格都不一样，而且库存数量也不相等，有的物料库存数量不多但是占用的资金很多，而有的物料库存数量很多但占用的资金却很少。在这种情况下，对所有的库存物料不加区别地进行管理是不现实和不经济的，因为通过不断地盘点、发放订单、接收订货等工作来管理库存需要耗费大量的时间和资金。为了使有限的时间、资金、人力、物力等企业资源得到更有效的利用，企业应对库存物料进行分类，依据物料重要程度的不同，分别采用不同的库存管理策略，即实行 ABC 分类法管理库存。

3.2.1 ABC 分类法的基本思想

1951 年，美国通用电气公司的迪克在对公司的库存产品进行分类时，首次提出将公司的产品，根据销售量、现金流量、前置时间或缺货成本分成 A、B、C 三类。A 类库存为重要的产品，B 类和 C 类库存依次为次重要的产品和不重要的产品。

ABC 分类法的基本原理是，将库存物料按品种和占用资金的多少分为非常重要的物料（A 类）、一般重要的物料（B 类）和不太重要的物料（C 类），然后针对不同重要级别分别进行管理与控制。其核心是"分清主次，抓住重点"。

资料链接：1879 年，意大利经济学家帕累托在研究米兰的财富时发现，占人口总数少数比例的人口却拥有占财富总数很大比例的财富，而占人口总数很大比例的人口却只拥有占财富总数很少比例的财富，这一现象也广泛存在于社会的其他领域，被总结为"关键的少数和次要的多数"，称为帕累托原则，也叫 80/20 原则。例如，在库存管理中，一个仓库存放的物料品种成千上万，但是，在这些物料中，只有少数品种价值高、销售速度快、销售量大、利润高，构成仓库利润的主要部分，而大多数品种价值低、销售速度慢、销售量小、利润低，只能构成仓库利润的极小部分。

ABC 分类法的标准是：

A 类：品种数目占总品种数目的 10%左右，资金额占总库存资金额的 70%左右。
B 类：品种数目占总品种数目的 20%左右，资金额占总库存资金额的 20%左右。
C 类：品种数目占总品种数目的 70%左右，资金额占总库存资金额的 10%左右。

如果用累计品种数百分比曲线表示（又称帕累托曲线），可以清楚地看到 A、B、C 三类物料在品种和库存资金占用额上的比例关系，如图 3-2 所示。

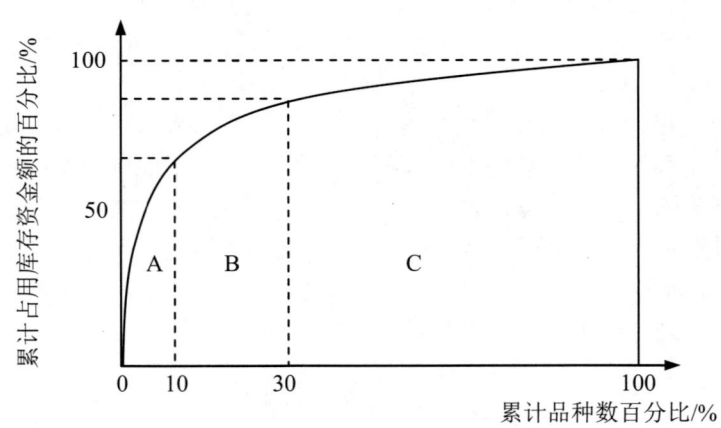

图 3-2　ABC 分类法曲线示意图

由图 3-2 可以看到，A 类物料的品种数量很少，但占用了大部分库存资金额，因此，物料品种数增加时，累计占用库存资金额百分比增长很快，曲线很陡；B 类物料的累计品种数百分比与累积占用库存资金额百分比基本相等，因此曲线较平缓；C 类物料品种数很多，但是累积占用库存资金额百分比很小，因此曲线十分平缓，基本呈水平状。

3.2.2 ABC 分类实施的步骤

（1）收集库存物料在某一段时间的品种数、购买单价、需求量等资料。
（2）将库存物料按占用资金的大小顺序排列，编制 ABC 分类汇总表。
（3）计算库存物料品种数的百分比和累计百分比。
（4）计算库存物料占用库存资金额的百分比和累计百分比。
（5）按照分类标准编制 ABC 分析表进行分类，确定 A、B、C 各类物料。

【例 3-1】某公司对上一年度的二十种库存物料统计了平均需求量和平均购买价格，见表 3-1。为了对这些库存物料进行有效的控制，公司决定采用 ABC 分类法。试用 ABC 分类法对该公司的库存物料进行分类。

表 3-1 物料需求信息表

物料编号	年需求量	单位价格/元	占用库存资金额/元	物料编号	年需求量	单位价格/元	占用库存资金额/元
W0001	5	210	1050	W0011	10	8	80
W0002	75	15	1125	W0012	25	60	1500
W0003	2	3010	6020	W0013	90	110	9900
W0004	2000	5	10000	W0014	200	950	190000
W0005	700	80	56000	W0015	50	80	4000
W0006	1	18000	18000	W0016	1500	140	210000
W0007	250	10	2500	W0017	150	10	1500
W0008	10000	5	50000	W0018	20	50	1000
W0009	400	30	12000	W0019	350	20	7000
W0010	650	25	16250	W0020	65	75	4875

解： 第一步，将库存物料按占用库存资金额的大小顺序排列，编制 ABC 分类汇总表，见表 3-2。

表 3-2 ABC 分类汇总表

物料编号	占用库存资金额/元	占用库存资金额的百分比/%	累计占用库存资金额/元	累计占用库存资金额的百分比/%	物料品种数	物料品种数百分比/%	累计物料品种数	累计物料品种数百分比/%
W0016	210000	34.84	210000	34.84	1	5	1	5
W0014	190000	31.52	400000	66.36	1	5	2	10
W0005	56000	9.29	456000	75.65	1	5	3	15

续表

物料编号	占用库存资金额/元	占用库存资金额的百分比/%	累计占用库存资金额/元	累计占用库存资金额的百分比/%	物料品种数	物料品种数百分比/%	累计物料品种数	累计物料品种数百分比/%
W0008	50000	8.29	506000	83.94	1	5	4	20
W0006	18000	2.99	524000	86.93	1	5	5	25
W0010	16250	2.70	540250	89.62	1	5	6	30
W0009	12000	1.99	552250	91.61	1	5	7	35
W0004	10000	1.66	562250	93.27	1	5	8	40
W0013	9900	1.64	572150	94.92	1	5	9	45
W0019	7000	1.16	579150	96.08	1	5	10	50
W0003	6020	1.00	585170	97.08	1	5	11	55
W0020	4875	0.81	590045	97.88	1	5	12	60
W0015	4000	0.66	594045	98.55	1	5	13	65
W0007	2500	0.41	596545	98.96	1	5	14	70
W0012	1500	0.25	598045	99.21	1	5	15	75
W0017	1500	0.25	599545	99.46	1	5	16	80
W0002	1125	0.19	600670	99.65	1	5	17	8S
W0001	1050	0.17	601720	99.82	1	5	18	90
W0018	1000	0.17	602720	99.99	1	5	19	95
W0011	80	0.01	602800	100.00	1	5	20	100

第二步，按照分类标准，编制 ABC 分析表进行分类，确定 A、B、C 各类物料，见表 3-3。

表 3-3　ABC 分析表

类别	占用库存资金额分类标准	品种数	品种数百分比/%	累计品种数百分比/%	占用库存资金额/元	占用库存资金额的百分比/%	累计占用库存资金额百分比/%
A	19000 元以上	2	10	10	400000	66.36	66.36
B	12000～190000 元	5	25	35	152250	25.25	91.61
C	12000 元以下	13	65	100	50550	8.39	100

第三步，确定 A、B、C 各类物料，即

A 类物料：占用库存资金额为 190000 元以上，物料编号为 W0016、W0014，品种数为 2。

B 类物料：占用库存资金额为 12000～190000 元，物料编号为 W0005、W0008、W0006、W0010、W0009，品种数为 5。

C 类物料：占用库存资金额为 12000 元以下，物料编号为 W0004、W0013、W0019、W0003、W0020、W0015、W0007、W0012、W0017、W0002、W0001、W0018、W0011，品种数为 13。

3.2.3 ABC 分类管理的措施

对库存物料进行 ABC 分类后,仓库管理人员应根据企业的经营策略和 ABC 三类物料各自不同的特点对其实施相应的管理和控制。ABC 分类管理的措施如下所述。

1. A 类

A 类物料品种数量少,但占用库存资金额多,是企业非常重要的物料,要重点管理。

(1) 在满足用户对物料需求的前提下,尽可能降低物料库存数量,增加订货次数,减少订货批量和安全库存量,避免浪费大量的保管费与积压大量资金。

(2) 与供应商建立良好的合作伙伴关系,尽可能缩短订货提前期和交货期,力求供应商供货平稳,降低物料供应变动,保证物料及时供给。

(3) 严格执行物料盘点制度,定期检查,严密监控,尽可能提高库存物料精度。

(4) 与用户勤联系多沟通,了解物料需求的动向,尽可能正确地预测物料需求量。

(5) 加强物料维护和保管,保证物料的使用质量。

2. B 类

B 类物料品种数量和占用库存资金额都处于 A 类与 C 类之间,是企业一般重要的物料,可以采取比 A 类物料相对简单而比 C 类物料相对复杂的管理方法,即常规管理方法。B 类物料中占用库存资金额比较高的品种要采用定期订货方式或定期定量相结合的方式。另外,对物料需求量的预测精度要求不高,只需每天对物料的增减加以记录,到达订货点时以经济订货批量加以订货。

3. C 类

C 类物料品种数量多,但占用库存资金额少,是企业不太重要的物料,可以采取简单方便的管理方法。

(1) 减少物料的盘点次数,对部分数量很大、价值很低的物料不纳入日常盘点范围,并规定物料最少出库的数量,以减少物料出库次数。

(2) 为避免缺货现象,可以适当提高物料库存数量,减少订货次数,增加订货批量和安全库存量,减少订货费用。

(3) 尽量简化物料出库手续,方便领料人员领料,采取"双堆法"控制库存。

3.2.4 ABC 分类管理的注意事项

ABC 分类控制的目标是把重要的物料与不重要的物料区分开来并且区别对待,企业在对 ABC 三类物料进行分类控制时,还需要注意以下几个方面:

(1) ABC 分类与物料单价无关。A 类物料占用库存资金额很高,可能是单价不高但需求量极大的组合,也可能是单价很高但需求量不大的组合。与此相类似,C 类物料可能是单价很低,也可能是需求量很小。通常对于单价很高的物料,在管理控制上要比单价较低的物料更严格,并且可以取较低的安全系数,同时加强控制,降低因安全库存量减少而引起的风险。

(2) 有时仅依据物料占用库存资金额的大小进行 ABC 分类是不够的,还需以物料的重要性作为补充。物料的重要性主要体现在缺货会造成停产或严重影响正常生产、缺货会危及安全和缺货后不易补充三个方面。对于重要物料,可以取较高的安全系数,一般为普通物料安全系数的 1.2~1.5 倍,提高可靠性,同时加强控制,降低缺货损失。

（3）进行 ABC 分类时，还要对诸如采购困难问题，可能发生的偷窃、预测困难问题、物料的变质或陈旧问题，仓容、需求量大小和物料在经营上的急需情况等因素加以认真考虑，进行适当的分类。

（4）可以根据企业的实际情况，将库存物料分为适当的类别，并不要求局限于 ABC 三类。

（5）分类情况不反映物料的需求程度，也不揭示物料的获利能力。

📚 知识链接

CVA 管理法

1. CVA 管理法（关键因素分析法）的含义

由于 ABC 分类法中 C 类货物得不到足够的重视，往往因此而导致生产停工，因此引进 CVA 管理法（Critical Value Analysis，关键因素分析法）来对 ABC 分类法进行有益的补充，它将货物分为最高优先级、较高优先级、中等优先级、较低优先级四个等级，对不同等级的物资允许缺货的程度是不同的。

2. CVA 库存种类及管理策略（表 3-4）

表 3-4　CVA 库存种类及管理策略

库存类型	特点	管理措施
最高优先级	经营管理中的关键物品，或 A 类重点客户的存货	不许缺货
较高优先级	生产经营中的基础性物品，或 B 类客户的存货	允许偶尔缺货
中等优先级	生产经营中比较重要的物品，或 C 类客户的存货	允许合理范围内缺货
较低优先级	生产经营中需要，但可替代的物品	允许缺货

3.3　库存控制技术

企业当然可以保持很多的库存，进而在任何可预见的需求水平都可以保证供应。但保持库存会导致费用支出和效率损失。为了让库存保持在一个合理的水平，企业要确定补什么货、补货量是多少、什么时间补货。通常使用的库存控制技术有以下两种：定量订货法，即固定订货数量，可变订货间隔；定期订货法，即固定订货间隔，可变订货数量。

3.3.1　定量订货法

定量订货法是指当库存量下降到预定的库存数量（订货点）时，以经济订货批量为标准进行订货的一种库存管理方式。

其基本原理是：预先确定一个订货点 ROL 和订货批量 Q^*（一般取经济批量 EOQ），在销售过程中，随时检查库存，当库存下降到 ROL 时，就发出一个订货批量 Q^*，如图 3-3 所示。

1. 订货点的确定

在定量订货法中，发出订货时仓库里该品种保有的实际库存量叫作订货点。它是直接控制库存水平的关键。

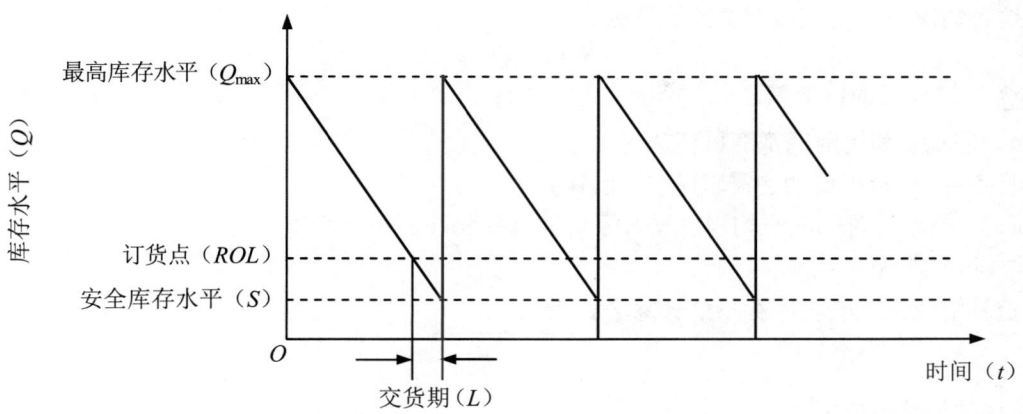

图 3-3　定量订货法原理

（1）在需求量和订货提前期都确定的情况下，不需要设置安全库存，可直接求出订货点。公式如下：

$$\text{订货点} = \text{订货提前期的平均需求量} = \text{每个订货提前期的需求量}$$
$$= \text{每天需求量} \times \text{订货提前期（天）}$$
$$= (\text{全年需求量}/360) \times \text{订货提前期（天）}$$

即 $ROL = R_d \times L$

式中：R_d 为需求或使用速度；L 为订货提前期。

（2）需求量变化，提前期固定时。

$$\text{订货点} = \text{订货提前期的平均需求量} + \text{安全库存}$$
$$= (\text{单位时间的平均需求量} \times \text{订货提前期}) + \text{安全库存}$$

即 $ROL = (\overline{R}_d \times L) + S$

式中：$\overline{R}_d$ 为单位时间的平均需求量；S 为安全库存量。

在这种情况下，安全库存量的计算公式为

$$S = zQ_d\sqrt{L}$$

式中：Q_d 为提前期内的需求量的标准差；L 为订货提前期（月/天/周）；z 为预定客户服务水平下需求量变化的安全系数，它可以根据预定客户服务水平，由表 3-5 查出。

表 3-5　预定客户服务水平与安全系数对应关系的常用数据

预定客户服务水平	0.9998	0.9900	0.9800	0.9500	0.9000	0.8000	0.7000
安全系数	3.50	2.33	2.05	1.65	1.29	0.84	0.53

（3）需求量固定，提前期变化时。

$$\text{订货点} = \text{订货提前期的需求量} + \text{安全库存}$$
$$= (\text{单位时间的需求量} \times \text{平均订货提前期}) + \text{安全库存}$$

即 $ROL = (R_d \times \overline{L}) + S$

式中：$\overline{L}$ 为平均订货提前期。

在这种情况下,安全库存量的计算公式为
$$S = zR_d Q_t$$
式中:Q_t 为提前期的标准差。

(4)需求量和提前期都随机变化时。

订货点 = 订货提前期的需求量+安全库存
　　　 =(单位时间的平均需求量×平均订货提前期)+安全库存

即 $ROL = (\overline{R_d} \times \overline{L}) + S$

在这种情况下,安全库存量的计算公式为
$$S = z\sqrt{Q_d^2 \overline{L} + \overline{R_t}^2 Q_t^2}$$

2. 订货批量的确定

经济订货批量(Economic Order Quantity,EOQ)是通过平衡采购进货成本和保管仓储成本核算,以实现总库存成本最低的最佳订货量[《物流术语》(GB/T 18354—2006)]。

订货批量就是一次订货的数量。它直接影响库存量的高低,同时也直接影响物资供应的满足程度。在定量订货中,对每一个具体的品种而言,每次订货批量都是相同的,通常以经济批量作为订货批量。

为便于讨论,模型假设如下:

(1)需求量确定并已知,整个周期内的需求是均衡的。
(2)供货周期固定并已知。
(3)集中到货,而不是陆续入库。
(4)不允许缺货,能满足所有需求。
(5)购买价格或运输费率等是固定的,并与订购的数量、时间无关。
(6)没有在途库存。
(7)只有一项商品库存,或虽有多种库存,但各不相关。
(8)资金可用性无限制。

在以上假设前提下,简单模型只考虑两类成本,即库存持有成本与采购订货成本。总库存成本与订货量的关系如图 3-4 所示。

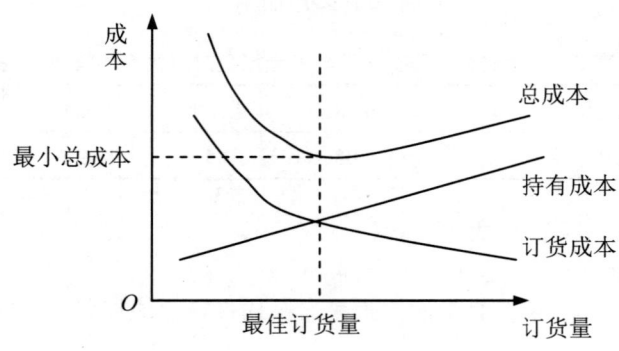

图 3-4　总库存成本与订货量的关系

基于上述假设，年总库存成本可由下面的公式表示：

$$TC = DP + \frac{DC}{Q} + \frac{QK}{2}$$

式中：TC 为年总库存成本；D 为年需求量；P 为单位产品价格；C 为每次订货成本；Q 为订货批量；K 为单位产品持有成本。

为了使总成本达到最小的 Q，即经济订货批量，将 TC 函数对 Q 微分

$$EOQ = \sqrt{\frac{2CD}{K}} \quad \text{或} \quad EOQ = \sqrt{\frac{2CD}{PF}}$$

式中：F 为年持有成本率。

【例 3-2】某仓库 A 商品年需求量为 30000 个，单位商品的购买价格为 20 元，每次订货成本为 240 元，单位商品的年保管费为 10 元，求：在保证供应的条件下，该商品的经济订货批量、每年的订货次数、平均订货间隔周期及最低年总库存成本。

解：由题意知，D=30000 个，P=20 元，C=240 元，K=10 元，代入公式得

经济批量：$EOQ = \sqrt{\frac{2CD}{K}} = \sqrt{\frac{2 \times 240 \times 30000}{10}} = 1200$ 个

每年的订货次数：N=30000/1200=25 次

平均订货间隔周期：T=365/25=14.6 天

最低年总库存成本：

$$TC = DP + \frac{DC}{EOQ} + \frac{QK}{2} = 30000 \times 20 + \frac{30000 \times 240}{1200} + \frac{1200 \times 10}{2}$$
$$= 606600 元$$

上述模型是较理想的假设，而在实际订货过程中，会涉及很复杂的情况，这样的假设条件也会越来越少，如在订货的过程中会有一定的价格折扣，补货的速度会有一定的变化等，对于不同的企业和不同的商品都会有一定的差别。

对于订购商品价格随批量不同有折扣时，有必要确定在各种减价水平的持有成本和订货成本。通过比较不同价格水平下发生的总成本的大小来确定批量。

当库存被连续逐渐补充时，库存一方面被逐渐地补充，一方面又在逐渐地被提取，以满足企业生产需求。此时要求库存供应速度必须高于内部及外部用户的需求速度。否则，易造成供应中断。其计算公式如下：

$$EOQ = \sqrt{\frac{2CD}{PF\left(1 - \frac{R_d}{R_s}\right)}}$$

式中：R_d 为需求速度；R_s 为合约约定供应速度。

【例 3-3】某仓库 A 商品年需求量为 30000 个，单位商品的购买价格为 20 元，每次订货成本为 240 元，单位商品的年保管费为 10 元。该仓库在采购中发现，A 商品供应商为了促销，采取以下折扣策略：一次购买 1000 个以上打 9 折；一次购买 1500 个以上打 8 折。若单位商品的仓储保管成本为单价的一半，求：在保证供应的条件下，甲仓库的最佳经济订货批量。

解：根据题意列出多重折扣价格表，见表 3-6。

表 3-6 多重折扣价格表

折扣区间	0	1	2
折扣点/个	0	1000	1500
折扣价格/（元/个）	20	18	16

（1）计算折扣区间 1 的经济批量。

$$EOQ_1^* = \sqrt{\frac{2CD}{K}} = \sqrt{\frac{2 \times 240 \times 30000}{18 \times 0.5}} = 1265 个$$

因为 1000<1265<1500，所以取 1265 个。

（2）计算折扣区间 2 的经济批量。

$$EOQ_2^* = \sqrt{\frac{2CD}{K}} = \sqrt{\frac{2 \times 240 \times 30000}{16 \times 0.5}} = 1342 个$$

因为 1342<1500，所以取 1500 个。

（3）计算 TC_1 和 TC_2 对应的年总库存成本

$TC_1 = DP_1 + DC/Q_1^* + Q_1^*K/2 = 30000 \times 18 + 30000 \times 240/1265 + 1265 \times 10/2$
     $= 552016.7$（元）

$TC_2 = DP_2 + DC/Q_2 + Q_2K/2 = 30000 \times 16 + 30000 \times 240/1500 + 1500 \times 10/2$
     $= 492300$（元）

由于 $TC_2 < TC_1$，因此在批量折扣的条件下，最佳订货批量 EOQ^* 为 1500 个。

3.3.2 定期订货法

定期订货法是按预先确定的订货间隔期进行订货的一种库存管理方式。

其基本原理是：预先确定一个订货周期 T 和最高库存量 Q_{max}，周期性地检查库存，根据最高库存量、实际库存、在途订货量和待出库商品数量，计算出每次订货批量，发出订货指令，组织订货，如图 3-5 所示。

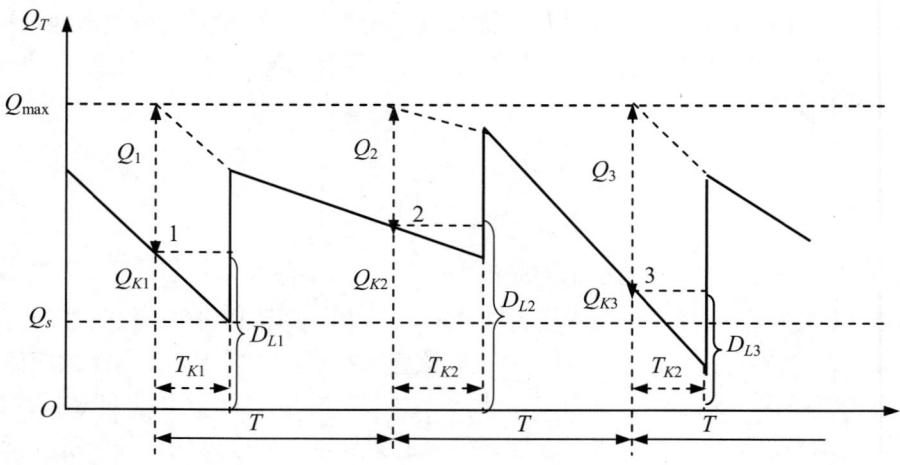

图 3-5 定期订货法原理

在系统运行之前，先确定好订货周期，假设为 T，也确定好仓库库存控制的最高库存量，假设为 Q_{max}，库存销售按正常规律进行。假设在时间轴的 O 点开始采用定期订货法，这时检查库存量，库存水平在 1 点，库存量假设为 Q_{K1}，则发出订货，订货量取 Q_{K1} 与 Q_{max} 的差值，即第一次的订货量 $Q_1=Q_{max}-Q_{K1}$。随后进入第一个订货提前期 T_{K1}，提前期结束，货物 Q_1 到达，实际库存一下升高了 Q_1，到达高库存。然后进入第二个周期的销售，销售仍然正常进行，销售过程中可以不管库存量的变化。经过一个订货周期 T 后，到了按订货周期该订货的时间，再检查库存量，假设这时（2 点）的库存量为 Q_{K2}，就又发出订货量 Q_2，Q_2 的大小等于 Q_{K2} 与 Q_{max} 的差值。随后进入第二个订货提前期 T_{K2}，T_{K2} 结束，所订货物 Q_2 到达，将实际库存量又一下提高到高库存。随后进入第三个销售周期，到了下一个订货日，又检查库存、发出订货。这样继续下去。

为什么这样操作能起到既控制了库存量又保证满足客户需要的作用呢？

控制库存量是很明显的。整个运行过程的最高库存量不会超过 Q_{max}。实际上，刚订货时，包括订货量在内的"名义"库存量最高就是 Q_{max}，经过一个订货提前期后，所订货物实际到达，实际最高库存量比 Q_{max} 还少一个提前期平均需求量，等于 Q_{max} 减去提前期平均需求量。所以 Q_{max} 实际上就是最高库存量的控制线，它是定期订货法用以控制库存量的一个关键性的控制参数。

定期订货法如何保证客户需求的满足程度呢？定期订货法在保证用户需求满足程度方面的方法原理与定量订货法不同。定量订货法以提前期用户需求量为依据，制定策略的目的是保证提前期内客户需求量的满足，它的决策参数 Q_T 只能按一定满足程度来保证满足提前期内客户的需求量。定期订货法不以满足提前期内的客户需求量为目的，而以满足订货周期内的需求量再加上满足提前期内客户需求量为目的，即以满足 $T+T_K$ 期间的客户总需求量为目的。它根据 $T+T_K$ 期间的客户总需求量来确定 Q_{max}。因为 $T+T_K$ 期间的总需求量也是随机变化的，所以也是一个随机变量。其值也是由两部分构成的，一部分是 $T+T_K$ 期间的平均需求量，另外一部分是为预防随机性延误而设置的安全库存量。而安全库存量的大小也是根据一定的库存满足率而设置的，库存满足率越高，则安全库存量也越多，Q_{max} 也越大，库存满足程度也越高。

定期订货法的实施主要取决于以下三个控制参数。

1. 订货周期（T）

定期订货法中，订货周期决定了订货时机，它就是定期订货法的订货点。订货间隔期的长短，直接决定了最高库存量的大小，也就是决定了仓库的库存水平的高低，因而决定了库存费用的大小。所以订货周期不能太大，太大了就会使库存水平过高，也不能太小，太小了，订货批次太多，会增加订货费用。其计算公式为

$$T = \frac{EOQ}{D} = \sqrt{\frac{2C}{KD}}$$

式中：T 为订货周期；D 为年需求量；C 为每次订货成本；K 为单位产品持有成本。

2. 最高库存量（Q_{max}）

定期订货法的最高库存量应该以满足订货时间间隔期间的需求量为依据。最高库存量的确定应满足三个方面的要求，即订货周期的要求、交货期或订货提前期的要求和安全库存。其

计算公式为

$$Q_{max}=R_d(T+L)+S$$

式中：R_d 为需求速度；L 为平均订购时间；S 为安全库存量。

其中 S 的计算方法同前，现归纳为表 3-7。

表 3-7 安全库存量（S）计算公式

计算参数	变化情况		
	需求量变化，提前期固定时	需求量固定，提前期变化时	需求量和提前期，都随机变化时
安全库存量（S）计算公式	$S = zQ_d\sqrt{L}$	$S = zR_dQ_t$	$S = z\sqrt{Q_d^2\overline{L} + \overline{R_t^2}Q_t^2}$

3. 订货量（Q）

定期订货法没有固定不变的订货批量，每个周期的订货量的大小都是由当时的实际库存量的大小确定的，等于当时的实际库存量与最高库存量的差值。其计算公式为

$$Q = Q_{max} - Q_0 - Q_1 + Q_2 = R_d(T+L) + S - Q_0 - Q_1 + Q_2$$

式中：Q_0 为现有库存量；Q_1 为在途库存量；Q_2 为已经售出但尚未提货的库存量。

3.3.3 定量订货法与定期订货法的区别

1. 提出订购请求时点的标准不同

定量订货法提出订购请求的时点标准是：当库存量下降到预定的订货点时，即提出订购请求。而定期订货法提出订购请求的时点标准则是：按预先规定的订货间隔周期，到了该订货的时点即提出订购请求。

2. 请求订购的商品批量不同

定量订货法每次订购商品的批量相同，都是事先确定的经济订货批量；而定期订货法每到规定的请求订购期，订购的商品批量都不相同，可根据库存的实际情况计算后确定。

3. 库存商品管理控制的程度不同

定期订货法要求仓库作业人员对库存商品进行严格控制和精心管理，经常检查、详细记录、认真盘点；而用定量订货法时，对库存商品只要求进行一般的管理、简单的记录，不需要经常检查和盘点。

4. 适用的商品范围不同

定量订货法适用于品种数量少、平均占用资金大的、需重点管理的 A 类商品；而定期订货法适用于品种数量大、平均占用资金少的、只需一般管理的 B 类、C 类商品。

3.4 MRP 与库存管理

资料链接：MRP 是物料需求计划（Material Requirements Planning）的简称，这种方法是由美国著名的生产管理和计算机应用专家欧·威特和乔·伯劳士在 20 世纪 60 年代对 20 多家企业进行研究后提出来的。由于该方法是生产管理专家在结合生产经验和计算机数据处理优

势的基础上研制的，适用性较好，因而得到美国生产与库存管理协会的大力推广，并迅速运用于美国的企业。与此同时，很快传播到日本、西欧和其他一些国家。MRP 被看作是以计算机为基础的生产计划与库存控制系统，是目前世界上推广使用最为普遍的现代化管理方法之一，在实践中已取得显著的经济效益。

3.4.1 MRP 基本原理

物料需求计划是制造企业内的物料计划管理模式。根据产品结构各层次物品的从属和数量关系，以每个物品为计划对象，以完工日期为时间基准倒排计划，按提前期长短区别各个物品下达计划时间的先后顺序。[《物流术语》(GB/T 18354—2006)]

在库存管理中，我们必须搞清独立需求与非独立需求的区别，库存系统决策的基础依赖于区分需求来自最终产品还是与该产品本身有关。

- 独立需求。当一个库存项目的需求与其他库存项目的需求无关时，称为独立需求。因此，独立需求是一种不能从上一级需求派生出下一级需求的需求类型。即需求项目之间没有任何联系，不会发生一个项目的需求对另一个项目的需求产生影响的需求形式，如对成品、备品备件等的需求。这种需求受市场等随机因素的影响，需求一般经过预测得到。
- 相关需求。当一个库存项目的需求与其他库存项目的需求直接相关时，称为相关需求。相关性包含两方面：一种是纵向的，即上一级需求项目派生出下一级需求项目；另一种是横向的，如随同产品发货的附件等。

EOQ 系统解决了独立需求物品的库存控制问题，而 MRP 则是为有效地适应相关需求物品而发展起来的。相关需求的物品（物料），指这些物品的需求与其他物品的需求有着直接的关系，即按产品结构，一个低层次物料的需求取决于上一层部件的需求，部件的需求又取决于其上一层次组装件的需求，依此类推直至最终产品的需求。对相关需求的物品，由于其需求取决于最终产品的生产数量和交货期，因此要采用 MRP 对其进行控制，按最终产品的需求量和需求时间来确定各种物资的需求数量和订购时间。因此，MRP 既是一种精确的排产（优先次序）系统，又是一种有效的物料控制系统，它的目标是将库存量保持在最低限度，而又能保证及时供应所需数量的物料。

MRP 依据最终产品的总生产进度计划，并按照产品结构确定所需零件的需求量，然后根据已有的库存资源及各种零件的前置时间与最终产品的交货期限展开成零件的生产进度日程和材料与外购件的订购时间和订购数量。在情况发生变化后，MRP 能根据新的情况调整生产的优先次序重新排产，它保证在需要的时间供应所需的物料，并同时使库存保持在最低水平。

3.4.2 MRP 系统的运行步骤

MRP 系统运行需要借助于电子计算机，其运行步骤大致如下：

（1）根据市场预测和客户订单，正确编制可靠的生产计划和生产作业计划，在计划中规定生产的品种、规格、数量和交货日期，同时，生产计划必须是同现有生产能力相适应的计划。

（2）正确编制产品结构图和各种物料、零件的用料明细表，产品结构图是从最终产品出发，把产品作为一个系统，其中包括多个零部件，每个产品从总装→部装→部件→零件可划分为几个等级层次，而每一层次的零部件又由多个小零件组成。

（3）正确掌握各种物料、零件的实际库存量，以及最高储备量和保险储备量等有关资料。

（4）正确规定各种物料和零件的采购交货日期，以及订货周期和订购批量。

（5）根据上述资料，通过 MRP 的逻辑运算确定各种物料和零件的总需要量（按产品结构图和明细表逐一计算）以及实际需要量。

（6）按照各种物料和零件的实际需要量，以及规定的订购批量和订货周期，向采购部门发出采购通知单或向本企业生产车间发出生产指令。

MRP 系统的整个工作流程如图 3-6 所示。

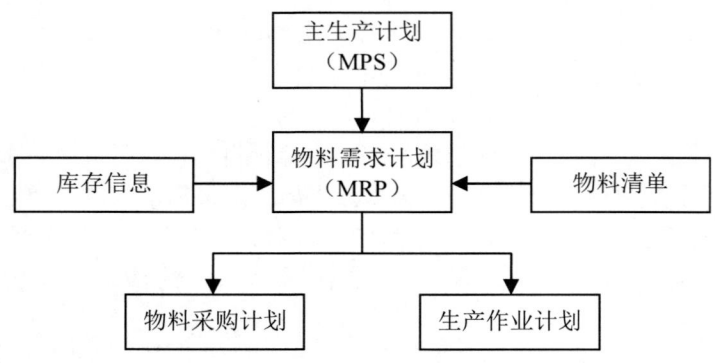

图 3-6　MRP 系统的整个流程

3.4.3　MRP 的计算方法

1. 产品结构与零件分解

产品结构是将组成最终产品的组件、部件、零件，按组装成品顺序合理地分解为若干个等级层次，从而构成产品的完整系统。产品结构越复杂，等级层次越多，零部件和材料明细表也就越复杂。以一个简单产品为例，其产品结构图如图 3-7 所示。

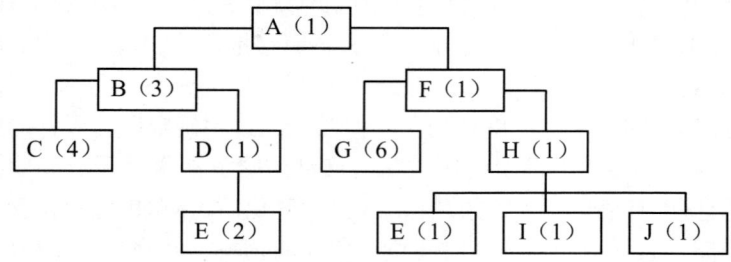

图 3-7　产品结构图

从图 3-7 可以看出，A 是最终产品，共有四个等级层次。第一层次，A 产品是由三个 B 和一个 F 零部件组成。第二层次，B 是由四个 C 和一个 D 零部件组成；F 是由六个 G 和一个 H 零部件组成。第三、四层次可依此类推，其中的 E 是 D 和 H 的通用件。

零件分解是指根据企业在规定时期内应生产的产品种类和数量，分析计算这些产品所需各种零部件的种类和数量，并计算出每一种零部件所需准备、加工及采购过程的全部时间。

2. 零部件需要量的计算方法

以图 3-7 的产品结构为例，已知 A 是最终产品，属于独立需求，其需求量是由客户或市场所决定的。若已知其需求量为 100 个，而其他各种零部件都属于相关需求，其需求量受 A 产品的数量影响，根据所有产品及零部件的库存量，可以计算出它们的实际需求量，计算结果见表 3-8。

表 3-8　A 产品及其零部件需求量计算表

名称	库存量/个	总需求量/个	实际需求量/个
A	0	100	100－0=100
B	250	3×100=300	300－250=50
C	14	4×50=200	200－14=186
D	20	1×50=50	50－20=30
E	40	(2×50)+(1×74)=134	134－40=94
F	16	1×100=100	100－16=84
G	54	6×84=504	504－54=450
H	10	1×84=84	84－10=74
I	6	1×74=74	74－6=68
J	40	1×74=74	74－40=34

3．MRP 采购订货的确定方法

当需求量确定之后，就要进一步明确各种货物的进货总需要量、每次订货批量，以及订货周期，一般可用表格法确定。

例如，假定某产品或零部件在一段时间内每周的总需要量分别如表 3-9 第二行所列；每次订货批量为 40 件；采购提前期为三周。

表 3-9　MRP 采购订货计算表

时间/周	1	2	3	4	5	6	7	8	9	10	……
总需要量/个	20	28	25	16	18	19	20	6	2	20	
计划到货量/个		40		40		40				40	
库存量（上期为35）/个	15	27	2	26	8	29	9	3	1	21	
计划订货量/个	40		40			40					

表 3-9 中，第一行表示间隔时间为一周。第二行为总需要量，如果是最终产品，主要是根据客户和市场需要确定；如果是零件或物料，应区分独立需求的零件与相关需求的零件。前者按市场预测确定，后者由最终产品数量确定。本例每周总需要量是不等的，因此，它的订货时间和到货时间应根据需要量的变化而变化。第三行为计划到货量，一般是根据实际需要时间来确定的，第二周到货 40 件，因订货周期为三周，所以它是上上期发出订货进厂的零件；第四周到货 40 件，是第一周订货进厂的零件；第六周和第十周各到货 40 件，分别是第三周和第七周订货进厂的零件。第四行为库存量，第一周的库存量是上期库存量 35－20=15；第二周的库存量是 15+40－28=27，即每周库存量=本周收货量+上周库存量－本周需要量，本例不考虑最

高和最低储备量。第五行为计划订货量，主要是根据计划到货期决定的，本例按每次计划到货期提前三周发出采购通知单，是定量不定期，而在实际工作中，也可以是定期不定量。

4. MRP 系统的发展

尽管 MRP 的目标之一是将库存保持在最低水平而又能保证及时供应所需的物品，但是 MRP 仍存在一些缺陷，其主要缺陷是没有考虑到生产企业现有的生产能力和采购的有关条件的约束。因此，计算出来的物料需求的日期有可能因设备和工时的不足而没有能力生产，或者因原料的不足而无法生产。同时，它也缺乏根据计划实施情况的反馈信息对计划进行调整的功能。

正是为了解决以上问题，MRP 系统在 20 世纪 70 年代发展为闭环 MRP 系统。闭环 MRP 系统除了物料需求计划外，还将生产能力需求计划、车间作业计划和采购作业计划纳入 MRP，形成一个封闭的系统。

随后闭环 MRP 系统中又加入了对制造范围的资金控制，计划方法的名称随着控制的对象的升级而改为"制造资源计划"（Manufacturing Resource Planning），即 MRPⅡ。在 MRPⅡ的概念产生后的 10 年间，企业计划与控制的原理、方法和软件都成熟和完善起来。在此期间又出现了许多新的管理方法（如 JIT），新的管理思想和战略（如 CIMS）和精益生产 LP 等。计算机和信息技术更是飞速发展。各个 MRPⅡ软件厂商不断地在自己的产品中加入新的内容，逐渐演变形成了功能更完善、技术更先进的制造企业的计划与控制系统。20 世纪 90 年代初，美国人总结当时 MRPⅡ软件在应用环境和功能方面主要发展的趋势，提出"企业资源计划"（Enterprise Resources Planning，ERP）的概念。ERP 在资源计划和控制功能上的进步：其一是计划和控制的范围从制造延伸到整个企业；其二是资源计划的原理和方法应用到非制造业。

MRP、MRPⅡ和 ERP 的发展反映了应用对象需求的不断提高，具有鲜明的时代特征。美国《制造系统》杂志于 1998 年 12 月公布的制造信息技术专业术语，就将 ERP 简单又笼统地说成"多数企业使用的当前一代的制造资源计划系统"。但同一个时期，特别是在国内，企业的功能各异，发展水平也是不均衡的，不可能都采用一种等级的应用系统。因此，MRP、MRPⅡ和 ERP 都分别有各自的功能和应用范围。

> 资料链接 [引自《物流术语》（GB/T 18354—2006）]：
>
> 制造资源计划：在 MRP 的基础上，增加营销、财务和采购功能，对企业制造资源和生产经营各环节实行合理有效的计划、组织、协调与控制，达到既能连续均衡生产，又能最大限度地降低各种物品的库存量，进而提高企业经济效益的管理方法。
>
> 企业资源计划：在 MRPⅡ的基础上，通过前馈的物流和反馈的信息流、资金流，把客户需求和企业内部的生产经营活动以及供应商的资源整合在一起，体现完全按用户需求进行经营管理的一种全新的管理方法。

3.5　JIT 与库存管理

3.5.1　JIT 基本原理

20 世纪 70 年代末，在石油危机的冲击下，为了降低成本，消除在生产过程中的一切浪费，日本丰田汽车公司首先推出准时制化的生产方式 JIT（Just in Time）。JIT 反映了生产制造业追求优秀的一种理念，是通过工厂的"拉动系统"进行管理的，它涉及产品设计、过程设计、设备选择、物料管理、质量保证等一系列的活动。其基本点是有计划地消除所有的浪费，持续不断地提高生产率。从原材料到产成品的所有过程消除一切浪费，强调零库存，以零缺陷为目标改善产品质量。通过减少准备时间、队列长度和批量，达到缩短提前期、改进操作过程的目标，并且以最小成本来达到这些目标。

资料链接：JIT 是由日本的丰田汽车公司成功应用而使之闻名于世界的先进管理体系。1973 年以后，这种方式对丰田公司度过第一次能源危机起到了突出的作用，后来引起其他国家生产企业的重视，并逐渐在欧洲和美国的日资企业及当地企业中推行开来，现在这一方式与源自日本的其他生产、流通、管理方式一起被西方企业称为"日本化模式"。近年来，JIT 不仅作为一种生产方式，也作为一种物流模式在欧美的物流领域得到推行。至今，JIT 管理体系的采纳已经被视为那些具有世界领先地位的企业成功的关键。

丰田对 JIT 系统的定义是：只在必要的时间以必要的数量生产必要的物料。JIT 是一组活动的集合，其目的在于在原材料、在制品及产成品保持最小库存的情况下实现大批量生产，零件准时到达下道工序并被下道工序迅速加工和转移。准时制基于任何工序只在需要时才生产必要的制品的逻辑。生产的需要产生于对产品的实际需求。理论上讲，当有一件产品卖出时，市场就从系统的终端拉动一个产品，于是形成对生产线的订货。总装配线上的工人从物流的上游工位拉动一个新产品补充被取走的产品。这个上游工位又从更上游的工位拉动产品。重复这一过程，直到原材料投入工序。为了保证该拉动过程平稳工作，JIT 要求全过程各阶段都要具有高水平的质量、良好的供应商关系以及对最终产品需求的准确预测。

3.5.2　JIT 生产系统与传统物流系统的不同

在 JIT 生产方式被倡导以前，世界汽车生产企业包括丰田公司均采用福特式的"总动员生产方式"。即一半时间人员和设备、流水线等待零件，另一半时间等零件一运到，全体人员总动员，紧急生产产品。这种方式造成了生产过程中的物流不合理现象，尤以库存积压和短缺为特征，生产线要么不开机，要么一开机就大量生产，这种模式造成了严重的资源浪费。丰田公司的 JIT 在这种情况下问世了，它采用的是多品种、少批量、短周期的生产方式，大大消除了库存，优化了生产物流，减少了浪费。

JIT 生产系统与传统生产系统主要的不同之处如下所述。

1. **生产流程化**

传统生产系统是一种生产由前向后推动式的生产系统，即由原材料仓库向第一个生产程序供应原材料，把它们加工成在产品、半成品转入第一生产程序的在产品、半成品仓库，然后再由此仓库向第二个生产程序供应半成品，进行深加工，如此向后推移，直到制成成品转入产成品仓库，等待销售。在传统生产系统中，大量原材料、在产品、产成品的存在，必然导致生产费用的占用和浪费，而 JIT 生产系统则与此相反，需求拉动产品的生产。因比，JIT 系统也称为拉动式生产系统。企业以订单的要求为出发点，即要求企业由后向前全面安排生产，后一道生产程序决定前一道生产程序的内容，JIT 系统要求企业的供、产、销各环节紧密配合，大大降低了库存，从而降低了成本，提高了生产的效率和效益。

2. **生产的均衡化**

生产均衡化即将一周或一日的生产量按分秒时间进行平均，所有生产流程都按此来组织生产，这样一条流水线上每个作业环节上单位时间必须完成多少作业就有了标准定额，所在环节都按标准定额组织生产，因此要按此生产定额均衡地组织物质的供应、安排物品的流动。因为 JIT 生产方式的生产是按周或按日平均的，所以与传统的大生产、按批量生产的方式不同，JIT 的均衡化生产中无批次生产的概念。

3.5.3　JIT 中的库存控制策略

JIT 在最初引起人们注意时，曾被称为"丰田生产方式"。JIT 从诞生以来，经过几十年的发展，已由最初作为库存管理的工具，演变到今天可以说已形成了一个复杂的、涉及控制企业生产全过程的管理体系，它的基本思想是"只有在需要的时候，按需要的量生产所需的产品"。核心是追求一种无库存生产系统，或使库存达到最小，它的出发点是减少或消除从原材料投入到产成品的产出全过程中的库存及各种浪费，建立起平滑而更有效的生产过程。

JIT 对减少库存提出了一种新思路：把库存看成一条河水的深度，将库存中存在的问题看成河底的石头，水深时，就必须潜入水中调查石块，如果减少水量，石块就会自动显现出来。对于库存来说，若减少库存，存在的问题和浪费就会突出显露出来，进而可以针对问题提出解决方法，使问题得以全面解决。

另外，JIT 实现的是适时、适量生产，即在需要的时候按需要生产所需的产品，也就是说产品生产出来的时间就是顾客所需要的时间，同样，材料、零部件到达某一工序的时刻，正是该工序准备开始生产的时候，没有不需要的材料被采购入库，也没有不需要的制品及产成品被加工出来。

JIT 实行生产同步化，使工序间在制品库存接近于零，工序间不设置仓库，前一工序加工结束后，使其立即转移到下一工序去，装配线与机械加工几乎同时进行，产品被一件件连续地生产出来。在制品库存的减少可使设备发生故障、次品及人员过剩等问题充分暴露，此时可针对问题提出解决方法，从而带来生产率的提高。

在原材料库存控制方面，若仅考虑价格与成本之间的关系，依照传统的库存控制策略就可能为赢得一定的价格折扣，而大量地购入物品。JIT 在采购时不仅考虑价格与费用之间的关系，还考虑了许多非价格的因素，如与供应商建立良好的关系，利润分享且相互信赖，以减少价格波动给企业带来的不利影响，选择能按质、按时提供货物的供应商，保证 JIT 生产的有效进行。这样，JIT 就有效地控制了原材料库存，从根本降低了库存。

3.5.4　JIT 生产方式消除库存、改善物流的关键做法

1. 生产准备耗费与储存成本控制

传统观念是生产准备耗费或订购成本与储存成本为必然存在且为既定的。因而控制的方法是找到一个理想的储量，使其成本之和为最低。与此相反，JIT 的理念是这两类成本并不是既定的，可以寻求方法和采取措施使之下降，或者趋于零。具体方法如下：

（1）引进先进的机器设备，计算机化的控制与操作已使得生产准备阶段所耗时间变得很短，从而使准备耗费大幅度下降。

（2）仅选择几个可靠的供应商，且与他们建立起长期的订购关系，采购业务仅由电话或是传真的方式进行。由此采购费用大幅度下降。

（3）选定的供应商可按时、按量及按质将材料运到，因此企业的库存可以压低到极限，因此储存成本也可降低到最低水平。

2. 保证交货期

能否按期交货是衡量企业是否有能力满足顾客需求的关键标准之一。传统处理方式是储存一定量的产成品来满足顾客需求。然而，JIT 却采用改善企业内部机制，大幅度缩短"提前期"的方式实现。这里的提前期是指顾客提出要货至拿到货物所需的时间。提前期越短，企业满足市场变化的需求的能力也越高。JIT 在这方面的改革包括：

（1）降低生产准备时间以缩短"提前期"。

（2）提高材料、零部件和产成品的质量。消除生产废品及事后检验的时间耗费。

（3）改革生产过程的布局方式，由部门型或职能型转化为以产品为中心的生产布局方式，由此缩短了原材料—零部件—产品转移过程的路途。

（4）库存方式由集中型转化为小而分散式，减少了库存空间和资金的占用。

3. 避免事故损失

JIT 的理念是正是由于允许存货的存在而遮盖了急需管理的问题，如同河里的石头，水深是看不见的，要解决问题必须让石头露出水面。JIT 的方法是：

（1）追求设备失灵为零的目标。强调全员参与设备的日常保养与维修。

（2）从采购到内部生产进行全过程的全面质量控制。

（3）利用看板管理法保证生产过程物流畅通。

看板管理即把工厂中潜在的问题或需要做的工作显现或写在一块显示板或标示板上，让任何人一看看板就知道出何种问题或应采取何种措施。看板管理需借助一系列的手段来进行，比如告示板、带颜色的灯、带颜色的标记等。不同的手段表示不同的含义，例如：

- 红条。在物品上贴上红条表示该种物品在日常生产活动中不需要。
- 看板。看板是为了让每个人容易看出物品放置地点而制作的标示板，在该板上标明什么物品在什么地方，库存数量是多少。
- 警示灯。警示灯可让现场管理者随时了解生产过程中何处出现了异常情况，某个环节的作业进度，何处请求供应零件等。
- 标准作业表。标准作业表是将人、机械有效地组合起来以决定工作方法的表。
- 错误的示范。错误的示范是为了让员工了解何谓不良品，而把不良品陈列出来的方法。
- 错误防止板。错误防止板是为了减少错误而做的自我管理的防止板。
- 红线。红线是表示仓库及储存场所货物堆放的最大值标记，以此简便方法来控制物品的最大库存量。

4. 消化价格的影响

JIT 系统订货与传统的订货有不同的方式和要求。物料购买过程也就是与供应商打交道以获取企业生产产品或提供劳务所需的材料，购买的关键就是要选择供应商，需要考虑价格、质量、及时交货等问题。传统的购买最关心的是价格，而忽视了质量和及时交货的要求。在这种购买方式下，企业一般有许多供应商。日本 JIT 采购系统的成功经验极大地影响了现代采购方式。JIT 的理念是，从较少的供应商那里采购比从许多供应商那里采购有许多优势，从长远的角度来看，厂商与供应商建立合作关系将有利于厂商和供应商达成共识，促进双方共同获得成功，尽管价格仍然是一个不容忽视的因素，但质量和可靠性已成为现代购买方式中越来越重要的因素。在 JIT 系统中，如果物料质量和可靠性出现问题，将导致整个系统处于停滞状况。为消化价格的影响，JIT 的做法是：

（1）选择较近的供应商，降低运输成本。

（2）选择能按时、按量及按质提供货物的供应商，保证 JIT 生产的有效运行。

（3）与供应商建立良好的关系，利益分享且相互信赖，以此减少价格变动给企业带来的压力。

 **本章案例**

实践案例——如何降低库存

随着市场竞争的不断加剧以及消费市场的逐渐饱和，产品的生命周期越来越短，大部分企业都在想方设法降低库存，以避免造成更大的损失，请结合本章所讲内容，帮助某电器公司确定合理的订货点与订货批量，帮助某工厂确定物料需求和库存记录表中的数据。

（1）某电器公司为了降低库存成本，采用了定量订货法控制库存。该公司对电磁炉的年需求量为 735 个，每次订货成本为 60 元，每年每个电磁炉的持有成本为 0.5 元。如果安全库存为 2 天，订货提前期为 5 天，请确定该产品的订货点与订货批量。

（2）某工厂物料需求和库存记录文件见表 3-10，请用 MRP 方法计算并填表（采购提前期为 2 周，订货批量为 30）。

表 3-10 某工厂物料需求和库存记录文件

时间/周	1	2	3	4	5	6	7	8	9	10
需求量/t	5	20	0	15	5	0	30	10	20	15
库存量（上期为25）/t										
计划到货量/t										
计划订货量/t										

 思考题

1. 简述库存在物流运作中的作用。
2. 什么是库存管理？其目标是什么？
3. 简述 ABC 分类法的原理和主要步骤。
4. 什么是 JIT？其消除库存、改善物流的关键做法是什么？

第 4 章 商品养护与安全管理

苹果、梨的裹纸

在异彩缤纷的果品市场上，人们常常可以看到苹果、梨等水果外面有一层裹纸或泡沫塑料网，其目的是减轻苹果、梨在仓储配送过程中的碰撞和损伤，以确保水果质量。分析证明，裹纸防潮性差，易吸湿，而泡沫网则不能保持水果水分，从而易引起商品发烂、发霉或发蔫萎缩，甚至影响到整件商品的品质。为提高商品的养护水平，人们研制出了新型涂蜡纸，将其裹于水果外表，既能保护水果自身的水分，又能起到防潮和防震的作用。它相当于把水果分割储存，即使个别水果变质发烂，也不会影响整件水果的质量，从而提高了商品仓储质量，降低了水果在储运环节的损耗。

商品养护是指商品在储运过程中所进行的保养和维护。从广义上说，商品从离开生产领域而未进入消费领域之前这段时间的保养与维护工作，都称为商品养护。商品只能在一定的时间内，一定的条件下，保持其质量的稳定性。商品经过一定的时间，则会发生质量变化，这种情况在运输和储存中都会出现。而且商品不同，其质量变化的快慢程度也不同。商品本身和储运条件决定了商品质量的变化程度，同时也决定了商品流通的时间界限。商品越容易发生质变，它对储运条件的要求就越严格，它的空间流通就越狭窄，它的销售市场就越带有地方性。因此，越易变质的商品，对流动时间限制就越大，就越需要商品养护。

商品养护的目的在于维护商品的质量，保护商品的使用价值。因此，商品养护的内容主要有两个方面：一方面是研究商品在仓储配送过程中受内外因素的影响，质量发生变化的规律；另一方面是研究商品在仓储配送过程中的科学养护方法，以保证商品的质量，避免和减少经济损失。

4.1 商品的质量变化

【小思考 4-1】

商品在物流过程中会发生哪些变化？

物品在仓储过程中的变化形式归纳起来有物理机械变化、化学变化、生化变化及其他生物引起的变化等。

4.1.1 物理机械变化

物理变化是指只改变物质本身的外表形态，不改变其本质，没有新物质的生成，并且有可能反复进行的质量变化现象。机械变化是指物品在外力的作用下,发生形态变化。物理机械变化的结果不是数量损失,就是质量降低,甚至使物品失去使用价值。物品常发生的物理机械变化主要有挥发、溶化、熔化、渗漏、串味、沉淀、沾污、破碎与变形等。

1. 挥发

挥发是低沸点的液态物品或经液化的气体物品在空气中经汽化而散发到空气中的现象。液态物品的挥发不仅会降低有效成分、增加物品损耗、降低物品质量,一些燃点很低的物品还容易引起燃烧或爆炸,一些物品挥发的蒸气有毒性或麻醉性,会对人体造成伤害。常见易挥发的物品有酒精、白酒、香精、花露水、香水以及化学试剂中的各种溶剂,医药中的一些试剂,部分化肥农药、杀虫剂、油漆等。

挥发的速度与气温的高低、空气流动速度的快慢、液体表面接触空气面积的大小成正比关系。防止物品挥发的主要措施是增强包装、控制仓库温度。高温季节要采取降温措施,保持较低温度条件。

2. 溶化

溶化是指某些固态物品在保管过程中,吸收空气或环境中的水分,当吸收达到一定程度时,就溶化成液态。易溶性物品具有吸湿性和水溶性两种性能。

物品溶化与空气温度、湿度及物品的堆码高度有密切关系。虽然溶化后物品本身的性质并没有发生变化,但形态改变给储存、运输及销售部门带来很大的不便。对易溶化物品应按物品性能,分区分类存放在干燥阴凉的库房内,不适合与含水分较大的物品存放在一起。在堆码时要注意底层物品的防潮和隔潮,垛底要垫高一些,并采取吸潮和通风相结合的温、湿度管理方法来防止物品吸湿溶化。

3. 熔化

熔化是指低熔点的物品受热后发生软化乃至化为液态的现象。物品的熔化,除受气温高低的影响外,还与物品本身的熔点、物品中杂质的种类和含量高低密切相关。熔点越低,越易熔化;杂质含量越高,越易熔化。常见的易熔化物品有百货中的香脂、发蜡、蜡烛;文化用品中的复写纸、蜡纸、打字纸和圆珠笔芯;化工物品中的松香、石蜡、粗茶、硝酸铸;医药物品中的油膏、胶囊、糖衣片等。

物品熔化有的会造成物品流失、粘连包装、沾污其他物品,有的因产生熔解热而体积膨胀,使包装爆破,有的因软化而使货垛倒塌。预防物品的熔化应根据物品的熔点高低,选择阴凉通风的库房储存。在保管过程中,一般可采用密封和隔热措施,加强库房的温度管理,防止日光照射,尽量减少温度的影响。

4. 渗漏

渗漏主要是指液态物品,特别是易挥发的液态物品,由于包装容器不严密,包装质量不符合物品性能的要求,或在搬运装卸时碰撞震动破坏了包装,而发生跑、冒、滴、漏的现象。

物品渗漏与包装材料性能、包装容器结构及包装技术优劣有关,还与仓库温度变化有关。如金属包装焊接不严,受潮锈蚀;有些包装耐腐蚀性差;有的液态物品因气温升高,体积膨胀而使包装内部压力增大,胀破包装容器;有的液态物品在降温或严寒季节结冰,也会发生体积膨胀引起包装破裂而造成物品损失。因此,对液态物品应加强入库验收和在库物品检查及温、湿度控制和管理。

5. 串味

串味是指吸附性较强的物品吸附其他气体、异味，从而改变本来气味的变化现象。具有吸附性、易串味的物品，它的成分中含有胶体物质，以及疏松、多孔性的组织结构。常见易被串味的物品有大米、面粉、木耳、食糖、饼干、茶叶、卷烟等。常见的引起其他物品串味的物品有汽油、煤油、桐油、腊肉、樟脑、卫生球、肥皂、化妆品以及农药等。

物品串味与其表面状况，与异味物质接触面积的大小、接触时间的长短，以及环境中异味的浓度有关。为预防物品的串味，应对易被串味的物品尽量采取密封包装，在储存和运输中不将易被串味物品与有强烈气味的物品同车、船混载或同库储藏。

【小思考 4-2】

如何储存茶叶？

6. 沉淀

沉淀是指含有胶质和易挥发成分的物品，在低温或高温等因素影响下，部分物质凝固，进而发生沉淀或膏体分离的现象。常见的物品有墨汁、墨水、牙膏、化妆品等。某些饮料、酒在仓储中，也会离析出纤细絮状的物质而出现混浊沉淀的现象。

为预防物品的沉淀，应根据不同物品的特点，防止阳光照射，做好物品冬季保温工作和夏季降温工作。

7. 沾污

沾污是指物品外表沾有其他物质，或染有其他污秽的现象。物品沾污主要是因生产、储运中卫生条件差及包装不严所致。对一些外观质量要求较高的物品，如绸缎呢绒、针织品、服装等要注意防沾污，精密仪器、仪表类也要特别注意。

8. 破碎与变形

破碎与变形是常见的机械变化，是指物品在外力作用下所发生的形态上的改变。物品的破碎主要发生于脆性较大物品的仓储中，如玻璃、陶瓷、搪瓷制品，铝制品等因包装不良，在搬运过程中受到碰、撞、挤、压和抛掷而破碎、掉瓷、变形等。物品的变形则通常发生于塑性较大物品的仓储中，如铝制品和皮革、塑料、橡胶等制品由于受到强烈的外力撞击或长期重压，丧失回弹性能，从而发生形态改变。

对于容易发生破碎和变形的物品，主要注意妥善包装，轻拿轻放，在库堆垛高度不能超过一定的压力限度。

4.1.2 化学变化

物品的化学变化与物理变化有本质的区别，它是构成物品的物质发生变化后，不仅改变了物品的外表形态，也改变了物品的本质，并且有新物质生成，且不能恢复原状的变化现象。物品化学变化过程即物品质变过程，严重时会使物品失去使用价值。物品的化学变化形式主要有氧化、分解、水解、化合、聚合、裂解、老化、风化等。

1. 氧化

氧化是指物品与空气中的氧或其他能放出氧的物质化合的反应。容易发生氧化的物品品种比较多，如某些化工原料、纤维制品、橡胶制品、油脂类物品等。棉、麻、丝、毛等纤维织品,长期受阳光照射会变色,这是织品中的纤维被氧化的结果。

物品在氧化过程中会产生热量。如果产生的热量不易散失,就能加速其氧化过程,从而使反应的温度迅速升高;当达到自燃点,就会发生自燃现象。桐油布、油布伞、油纸等桐油制品,在还没有干透时就进行打包储存,容易发生自燃。这是由于在桐油中含有的不饱和脂肪酸在氧化时放出的热量不易尽快散失时,便会促使其温度升高,当达到纤维的燃点时,就会引起自燃事故。除了桐油制品外,还有其他植物性油脂类或含油脂较多的物品,如豆饼、核桃仁等,也会发生自燃现象。因此,此类物品要储存在干燥、通风、散热和温度比较低的库房,才能保证其质量安全。

2. 分解

分解是指某些性质不稳定的物品,在光、电、热、酸、碱及潮湿空气的作用下,由一种物质生成两种或两种以上物质的变化。物品发生分解反应后,不仅数量减少、质量降低,有的还会在反应过程中,产生一定的热量和可燃气体,而引发事故。如过氧化氢(双氧水)是一种不稳定的强氧化剂和杀菌剂,在常温下会逐渐分解,如遇高温能迅速分解,生成水和氧气,并能放出一定的热量。漂白粉呈白色粉末状,其外观与石灰相似,故又称氧化石灰,也是一种强氧化剂和杀菌剂,当漂白粉遇到空气中的二氧化碳和水汽时,就能分解出氯化氢、碳酸钙和次氯酸。在反应过程中,所生成的新生态氧具有很强的氧化能力,既能够加速对其他物品的氧化,还能破坏物品的色团。因此,过氧化氢和漂白粉都具有漂白作用。但在保管过氧化氢和漂白粉的过程中,一旦发生上述变化,就会减少其有效成分,还会降低其杀菌能力。电石遇到潮气,能分解生成乙炔和氢氧化钙,并能放出一定的热量,乙炔气体易于氧化而燃烧,要特别引起注意。这类物品的储存要注意包装物的密封性,库房中要保持干燥、通风。

3. 水解

水解是指某些物品在一定条件下,遇水发生分解的现象。不同物品在酸或碱的催化作用下发生水解的情况是不相同的。如肥皂在酸性溶液中,能全部水解,而在碱性溶液中却很稳定;蛋白质在碱性溶液中容易水解,在酸性溶液中却比较稳定,所以羊毛等蛋白质纤维怕碱不怕酸;棉纤维在酸性溶液中,尤其是在强酸的催化作用下,容易发生水解。强酸能使纤维的大分子链节断裂,从而大大降低纤维的强度,而棉纤维在碱性溶液中却比较稳定,所以棉纤维怕酸而耐碱。易发生水解的物品在物流过程中,要注意包装材料的酸碱性,要清楚哪些物品可以或不能同库储存,以便防止物品的人为损失。

4. 化合

化合是指物品在储存期间,在外界条件的影响下,两种或两种以上的物质相互作用,从而生成一种新物质的反应。化合反应通常不是单一存在于化学反应中,而是两种反应(分解、化合)依次先后发生。如果不了解这种情况,就不能很好地保管和养护此类物品,造成损失。如化工产品中的过氧化钠,如果储存在密闭性好的桶里,并在低温下与空气隔绝,其性质非常稳定。但如果遇热,就会发生分解放出氧气。过氧化钠如果同潮湿的空气接触,在迅速地吸收水分后,便发生分解,会减少有效成分。

5. 聚合

聚合是指某些物品,在外界条件的影响下,能使同种分子互相加成而结合成一种更大分子的现象。例如,由于桐油中含有高度不饱和脂肪酸,在日光、氧和一定温度的作用下,能发生聚合反应,生成 B 型桐油块,浮在其表面,而使桐油失去使用价值。所以,储存和保管养护此类物品时，要特别注意日光和储存温度的影响，以便防止发生聚合反应，造成物品质量的降低。

6. 裂解

裂解是指高分子有机物（如棉、麻、丝、毛、橡胶、塑料、合成纤维等），在日光、氧、高温的作用下，发生了分子链断裂、分子量降低，从而强度降低，机械性能变差，产生发软、发黏等现象。例如，天然橡胶在日光、氧和一定温度的作用下，就会变软、发黏而变质。另外，在塑料制品中的聚苯乙烯，在一定条件下，也会同天然橡胶一样，发生裂变。所以，这类物品在保管养护过程中，要防止受热和日光的直接照射。

7. 老化

老化是指含有高分子有机物成分的物品（如橡胶、塑料、合成纤维等），在日光、氧、高温等的作用下，性能逐渐变差的过程。物品发生老化，其化学结构被破坏、物理性能被改变，机械性能降低，出现变硬发脆、变软发黏等现象，而失去使用价值。容易老化的物品，在保管养护过程中，要注意防止日光照射和高温的影响，不能在阳光下曝晒。物品在堆码时不宜高，以防止在底层的物品受压变形。橡胶制品切忌同各种油脂和有机溶剂接触，以防止发生粘连现象。塑料制品要避免同各种有色织物接触，以防止由于颜色的感染，发生串色。

8. 风化

风化指含有结晶水的物品，在一定温度和干燥空气的作用下，失去结晶水而使晶体崩解，变成非结晶状态的无水物质的现象。

4.1.3 生化变化及其他生物引起的变化

生化变化是指有生命活动的有机体物品，在生长发育过程中，为了维持生命，本身所进行的一系列生理变化。如粮食、水果、蔬菜、鲜鱼、鲜肉、鲜蛋等有机体物品，在储存过程中，受到外界条件的影响和其他生物作用，往往会发生这样或那样的变化。这些变化主要有呼吸、发芽、胚胎发育、后熟作用、霉腐、虫蛀等。

1. 呼吸作用

呼吸作用是指有机物品在生命活动过程中，不断地进行呼吸，分解体内有机物质，产生热量，维持其本身生命活动的现象。呼吸作用可分为有氧呼吸和无氧呼吸两种类型。不论是有氧呼吸还是无氧呼吸，都要消耗营养物质，降低食品的质量。有氧呼吸热量的产生和积累，往往使食品腐败变质。特别是粮食的呼吸作用，产生的热不易散失，如积累过多，会使粮食变质。同时由于呼吸作用，有机体分解出来的水分，又有利于有害微生物生长繁殖，加速物品的霉变。无氧呼吸则会产生酒精积累，引起有机体细胞中毒，造成生理病害，缩短储存时间。对于一些鲜活物品，缺氧呼吸往往比有氧呼吸要消耗更多的营养物质。保持正常的呼吸作用，维持有机体的基本生理活动，物品本身会具有一定的抗病性和耐储性。因此，鲜活物品的储藏应保证它们正常而最低的呼吸，利用它们的生命活性，减少物品损耗、延长储藏时间。

2. 发芽

发芽指有机体物品在适宜条件下，冲破"休眠"状态，发生的发芽、萌发现象。

发芽会使有机体物品的营养物质转化为可溶性物质，供给有机体本身的需要，从而降低有机体物品的质量。在发芽萌发过程中，通常伴有发热、生霉等情况，不仅增加损耗，而且降低质量。因此对于能够萌发、发芽的物品，必须控制它们的水分，并加强温、湿度管理，防止发芽、萌发现象的发生。

3. 胚胎发育

胚胎发育主要指的是鲜蛋的胚胎发育。在鲜蛋的保管过程中，当温度和供氧条件适宜时，胚胎会发育成血丝蛋、血环蛋。经过胚胎发育的禽蛋新鲜度和食用价值大大降低。为抑制鲜蛋的胚胎发育，应加强温、湿度管理，最好是低温储藏或截止供氧条件。

4. 后熟作用

后熟是指瓜果、蔬菜等类食品在脱离母株后继续其成熟过程的现象。瓜果、蔬菜等的后熟作用，将改进色、香、味以及适口的硬脆度等食用性能。但当瓜果、蔬菜的后熟过程完成后，则容易腐烂变质，难以继续储藏甚至失去食用价值。因此，对于这类鲜活食品，应在其成熟之前采摘并采取控制储藏条件的办法，来调节其后熟过程，以达到延长储藏期、均衡上市的目的。

5. 霉腐

霉腐是物品在霉腐微生物作用下发生的霉变和腐败现象。在气温高、湿度大的季节，如果仓库的温、湿度控制不好，储存的针棉织品、皮革制品、鞋帽、纸张、香烟以及中药材等许多物品就会生霉，肉、鱼、蛋类就会腐败发臭，水果、蔬菜就会腐烂。

无论哪种物品发生霉腐，都会受到不同程度的破坏，甚至完全失去使用价值。食品发生霉腐会产生引起人畜中毒的物质。对易霉腐的物品在储存时必须严格控制温、湿度，并做好物品防霉和除霉工作。

6. 虫蛀

物品在储存期间，常常会遭到仓库害虫的蛀蚀。经常危害物品的仓库害虫有多种，仓库害虫在危害物品的过程中，不仅破坏物品的组织结构，使物品破碎和出现孔洞，而且排泄各种代谢废物污染物品，影响物品质量和外观，降低物品使用价值，因此害虫对物品危害性也是很大的。凡是含有有机成分的物品，都容易遭受害虫蛀蚀。

商品在仓储配送过程中，由于其本身的性质、自然条件等的影响、计量工具的合理误差，或人为的原因，均会发生损耗。

4.2 影响商品发生质量变化的因素

物品发生质量变化是由一定因素引起的。为了保养好物品，确保物品的安全，必须找出变化原因，掌握物品质量变化的规律。通常引起物品变化的因素可分为内因和外因两种，内因决定了物品变化的可能性和程度，外因是促进这些变化的条件。

4.2.1 影响库存物品变化的内因

物品本身的组成成分、分子结构及其所具有的物理性质、化学性质和机械性质，决定了其在储存期发生损耗的可能程度。通常情况下，有机物比无机物易发生变化，无机物中的单质比化合物易发生变化；固态物品比液态物品稳定且易保存保管，液态物品又比气态物品稳定并易保存保管；化学性质稳定的物品不易变化、不易产生污染；物理吸湿性、挥发性、导热性都差的不易变化；机械强度高、韧性好、加工精密的物品易保管。

1. 物品的物理性质

物品的物理性质主要包括吸湿性、导热性、耐热性、透气性等。

（1）吸湿性。吸湿性是指物品吸收和放出水分的特性。物品吸湿性的大小、吸湿速度的快慢，直接影响该物品含水量的增减，对物品质量的影响极大，是许多物品在储存期间发生质量变化的重要原因之一。物品的很多质量变化都与其含水的多少以及吸水性的大小有直接关系。

（2）导热性。导热性是指物体传递热能的性质。物品的导热性与其成分和组织结构有密切关系，物品结构不同，其导热性也不一样。同时物品表面的色泽与其导热性也有一定的关系。

（3）耐热性。耐热性是指物品耐温度变化而不致被破坏或显著降低强度的性质。物品的耐热性，除与其成分、结构和不均匀性有关外，也与其导热性、膨胀系数有密切关系。导热性大而膨胀系数小的物品，耐热性良好，反之则差。

（4）透气性。物品能被水蒸气透过的性质称为透气性，物品能被水透过的性质叫透水性。这两种性质在本质上都是指水的透过性能，所不同的是前者指气体水分子的透过，后者是指液体水的透过。物品透气、透水性的大小，主要取决于物品的组织结构和化学成分。结构松弛、含有亲水基团的物品，其透气、透水性都大。

2. 物品的机械性质

物品的机械性质是指物品的形态、结构在外力作用下的反应。物品的这种性质与其质量关系极为密切，可体现物品的适用性、坚固耐久性和外观，它包括物品的弹性、可塑性、韧性、脆性等。这些物品的机械性质对物品的外形及结构变化有很大的影响。

3. 物品的化学性质

物品的化学性质，是指物品的形态、结构以及物品在光、热、氧、酸、碱、温度、湿度等作用下，本质发生改变的性质。与物品储存紧密相关的物品的化学性质包括物品的化学稳定性、毒性、腐蚀性、燃烧性、爆炸性等。

（1）化学稳定性。化学稳定性是指物品受外界因素作用，在一定范围内，不易发生分解、氧化或其他变化的性质。化学稳定性不高的物品容易丧失使用性能。物品的稳定性是相对的，稳定性的大小与其成分、结构及外界条件有关。

（2）毒性。毒性是指某些物品能破坏有机体生理功能的性质。具有毒性的物品，主要是用作医药、农药以及化工物品等。有的物品本身有毒，有的蒸气有毒，有的本身虽无毒，但分解化合后，产生有毒成分等。

（3）腐蚀性。腐蚀性是指某些物品能对其他物质产生破坏作用的化学性质。具有腐蚀性的物品，本身具有氧化性和吸水性，因此，不能把这类物品与棉、麻、丝、毛织品以及纸张、皮革制品等同仓储存，也不能与金属制品同仓储存。盐酸可以与钢铁制品发生化学作用，使其遭受破坏；烧碱能腐蚀皮革、纤维制品和人的皮肤；硫酸能吸收动植物物品中的水分，使它们炭化而变黑；漂白粉的氧化性，能破坏一些有机物；石灰有强吸水性和发热性，能灼热皮肤和刺激呼吸器官等。因此在保管时要根据物品不同的性能，选择储存场所，安全保管。

（4）燃烧性。燃烧性是指有些物品性质活泼，发生剧烈化学反应时常伴有热、光同时发生的性质。具有这一性质的物品被称为易燃物品。常见的易燃物品有红磷、火柴、松香、汽油、柴油、乙醇、丙醇等低分子有机物。易燃物品在储存中应该特别注意防火。

（5）爆炸性。爆炸是物质由一种状态迅速变化为另一种状态，并在瞬间以机械功的形式放出大量能量的现象。能够发生爆炸的物品要专库储存，并应有严格的管理制度和办法。

4. 化学成分

（1）无机成分物品。无机成分物品的构成成分中不含碳，但包括碳的氧化物、碳酸及碳酸盐，如化肥、部分农药、搪瓷、玻璃、五金及部分化工物品等。无机成分物品，按其元素的种类及其结合形式，又可以分为单质、化合物、混合物三大类。

（2）有机成分物品。有机成分物品指以含碳的有机化合物为其成分的物品，但不包括碳的氧化物、碳酸与碳酸盐。这类物品种类繁多，如棉、毛、丝、麻及其制品，化纤、塑料、橡胶制品、石油产品、有机农药、有机化肥、木制品、皮革、纸张及其制品，蔬菜、水果、食品、副食品等。这类物品成分的结合形式也不相同，有的是化合物，有的是混合物。

单一成分的物品极少，多数物品含杂质，而成分绝对纯的物品很罕见。所以，物品成分有主要成分与杂质之分。主要成分决定着物品的性能、用途与质量，而杂质则影响着物品的性能、用途与质量，给储存带来不利影响。

5．物品的结构

物品的种类繁多，各种物品又有各种不同形态的结构，所以要求用不同的包装盛装。如气态物品，分子运动快、间距大，多用钢瓶盛装，其形态随盛器而变；液态物品，分子运动比气态慢，间距比气态小，其形态随盛器而变；只有固态物品，有一定外形。

虽然物品形态各异，概括起来，可分为外观形态和内部结构两大类。物品的外观形态多种多样，所以在保管时应根据其体形结构合理安排仓容，科学地进行堆码，以保证物品质量。物品的内部结构即构成物品原材料的成分结构，属于物品的分子及原子结构，是人的肉眼看不到的结构，必须借助于各种仪器来进行分析观察。物品的微观结构对物品性质往往影响极大，有些分子的组成和分子量虽然完全相同，但由于结构不同，性质就有很大差别。

总之，影响物品发生质量变化的因素很多，这些因素主要包括物品的性质、成分、结构等内在因素，这些因素相互联系、相互影响，工作中决不能孤立对待。

4.2.2 影响物品质量变化的外因

物品储存期间的变化虽然是物品内部活动的结果，但与储存的外界因素有密切关系。这些外界因素主要包括自然因素、人为因素和储存期。

1．自然因素

自然因素主要指温度，湿度，大气中的有害气体，日光、尘土、虫鼠雀蚁等。

（1）温度对库存物品的影响。除冷库外，仓库的温度直接受天气温度的影响，库存物品的温度也就随天气温度同步变化。一般来说，绝大多数物品在常温下都能保持正常的状态。大部分物品对温度的适应都有一定范围。低沸点易挥发的物品，在高温下易挥发；低熔点的物品，温度高时易熔化变形及粘连流失；具有自燃性的物品，在高温下因氧化反应而放出大量的热，当热量聚积不散时，导致自燃发生。温度过低，也会对某些物品造成损害。

普通仓库的温度控制主要是避免阳光直接照射物品，因为有阳光直接照射的地表的温度要比气温高很多，午间甚至高近一倍。仓库遮阳采用仓库建筑遮阳和苫盖遮阳。不同建筑材料的遮阳效果不同，混凝土结构遮阳效果最佳。怕热物品要存放在仓库内阳光不能直接照射的货位。

对温度较敏感的物品，在气温高时可以采用洒水的方式降温，包括直接对物品洒水，对怕水物品可以对其苫盖或仓库屋顶洒水。在日晒降低的傍晚或夜间，将堆场物品的苫盖适当揭开通风，也是对露天堆场物品降温保管的有效方法。

物品自热是物品升温损坏的一个重要原因，对容易自热的物品，应经常检查物品温度，当发现升温时，可以采取加大通风、洒水等方式降温，也可以翻动物品散热降温，必要时，可以采取在货垛内存放冰块、释放干冰等措施降温。

此外，仓库里的热源也会造成温度升高，应避开热源，或者在高温季节避免使用仓库内的热源。

在严寒季节，气温极低时，可以采用加温设备对物品加温防冻。对突至的寒潮采取寒潮到达前为物品覆盖保暖苫盖，也具有短期保暖效果。

（2）湿度对库存物品的影响。不同物品对环境湿度（相对湿度）要求有很大差别。霉菌、微生物和蛀虫在适宜的温度和高于60%的相对湿度下繁殖迅速，可在短时期内使棉毛丝制品、木材、皮革、食品等霉变、腐朽。具有吸湿性的物品，在湿度较大的环境中会结块。绝大多数金属制品、电线、仪表等在相对湿度达到或超过80%时锈蚀速度加快。但是某些物品的储存环境却要求保持一定的潮湿度，如木器、竹器及藤制品等，在相对湿度低于50%的环境中会因失水而变形开裂，但是当相对湿度大于80%时又容易霉变。纯净的潮湿空气对物品的影响不大，尤其是对金属材料及制品，但如果空气中含有有害气体时，即使相对湿度刚达到60%，金属材料及制品也会迅速锈蚀。

资料链接： 潮湿大气锈蚀是在金属制品表面形成的水膜下发生的电化学锈蚀过程。因此，相对湿度的大小直接影响着金属锈蚀的快慢。当空气中相对湿度较小时，制品只会发生化学锈蚀。当相对湿度逐渐增大直到在金属表面形成的水膜足以满足电化学锈蚀的需要时，锈蚀的速度则明显加快。

（3）大气中的有害气体对库存物品的影响。大气中有害气体主要来自燃料，如煤、石油、天然气、煤气等燃料放出的烟尘以及工业生产过程中的粉尘、废气。对空气的污染主要是二氧化碳、二氧化硫、硫化氢、氯化氢和氮等气体。物品储存在有害气体浓度大的空气中，其质量变化明显。例如：二氧化硫气体溶解度很大，溶于水中能生成亚硫酸，当它遇到含水量较大的物品时，能强烈地腐蚀物品中的有机物。在金属电化学腐蚀中，二氧化硫也是构成腐蚀电池的重要介质之一。空气中含有0.01%的二氧化硫，能使金属锈蚀增加几十倍，使皮革、纸张、纤维制品脆化。特别是金属物品，必须远离二氧化硫发源地。目前，主要通过改进和维护物品包装或物品表面涂油涂蜡等方法，减少有害气体对物品质量的影响。

（4）日光、尘土、虫鼠雀蚁等对库存物品的影响。适当的日光可以去除物品表面或体内多余的水分，也可抑制微生物等的生长。但长时期在日光下暴晒会使物品或包装物出现开裂、变形、变色、褪色、失去弹性等现象。尘土、杂物能加速金属锈蚀，影响精密仪器仪表和机电设备的精密度和灵敏度；虫鼠雀蚁不仅能毁坏物品和仓库建筑，还会污染物品。

自然灾害主要有雷击、暴雨、洪水、地震、台风等。

2. 人为因素

人为因素是指人们未按物品自身特性的要求或未认真按有关规定和要求作业，甚至违反操作规程而使物品受到损害和损失的情况。这些情况主要包括：

（1）保管场所选择不合理。由于物品自身理化性质决定了不同库存物在储存期要求的保管条件不同，因此，对不同库存应结合当地的自然条件选择合理的保管场所。一般条件下，普通的黑色金属材料、大部分建筑材料和集装箱可在露天货场储存；怕雨雪侵蚀、阳光照射的物品放在普通库房及货棚中储存；要求一定温、湿度条件的物品应相应存放在冷藏、冷冻、恒温、恒温恒湿库房中；易燃、易爆、有毒、有腐蚀性危险的物品必须存放在特种仓库中。

（2）包装不合理。为了防止物品在储运过程中受到可能的冲击、压缩等外力而被破坏，应对库存物进行适当的捆扎和包装，如果捆扎不牢，将会造成倒垛、散包，使物品丢失和损坏。某些包装材料或形式选择不当不仅不能起到保护的作用，还会加速库存物受潮变质或受污染霉烂。

（3）装卸搬运不合理。装卸搬运活动贯穿于仓储作业过程的始终，是一项技术性很强的工作。各种物品的装卸搬运均有严格规定，如平板玻璃必须立放挤紧捆牢，大件设备必须在重心点吊装，胶合板不可直接用钢丝绳吊装等。实际工作表明，装卸搬运不合理，不仅给储存物造成不同程度的损害，还会给劳动者的生命安全带来威胁。

（4）堆码苫盖不合理。垛形选择不当、堆码超高超重、不同物品混码、需苫盖而没有苫盖或苫盖方式不对都会导致库存物损坏变质。

（5）违章作业。在库内或库区违章明火作业、烧荒、吸烟，则会引起火灾，造成更大的损失，带来更大的危害。

3. 储存期

物品在仓库中停留的时间越长，受外界因素影响发生变化的可能性就越大，而且发生变化的程度也越大。

物品储存期的长短主要受采购计划、供应计划、市场供求变动、技术更新，甚至金融危机等因素的影响，因此仓库应坚持先进先出的发货原则，定期盘点，将接近保存期限的物品及时处理，对于落后产品或接近淘汰的产品限制入库或随进随出。

4.3 商品养护方法

对库存物品进行保管保养不仅是一个技术问题，更是一个综合管理问题。由于 JIT 理念的广泛运用，库存的时间在不断缩短，现代仓库管理的重点也从静态管理转变为动态管理。又由于现代物流技术不断提高，物品养护技术也不断简单化，因而在这个阶段，制定必要的管理制度和操作规程并严格执行，显得更为重要。

4.3.1 仓库作业过程管理措施

仓库应高度重视物品保管工作，以制度的方式确定保管保养工作责任，并针对各种物品的特性制订保管方法和程序，充分利用现有的技术手段开展针对性的保管、维护。

"以防为主、防治结合"是保管保养的核心，要特别重视物品损害的预防，及时发现和消除事故隐患，防止损害事故的发生。特别要预防发生爆炸、火灾、水浸、污染等恶性事故和造成大规模损害事故。在发生、发现损害现象时，要及时采取有效措施，防止损害扩大，减少损失。

仓库保管保养的措施主要有：经常对物品进行检查测试，及时发现异常情况；合理地对物品通风；控制阳光照射；防止雨雪水湿物品，及时排水除湿；除虫灭鼠，消除虫鼠害；妥善进行湿度控制、温度控制；防止货垛倒塌；防霉除霉，剔出变质物品；对特殊物品采取针对性的保管措施等。

这些措施具体体现在仓库以下几个方面的工作中：

1. 严格验收入库物品

要防止物品在储存期间发生各种不应有的变化，首先在物品入库时要严格验收，弄清物品及其包装的质量状况。对吸湿性物品要检测其含水量是否超过安全水平，对其他有异常情况的物品要查清原因，针对具体情况进行处理和采取救治措施，做到防微杜渐。

2. 适当安排储存场所

由于不同物品性能不同，对保管条件的要求也不同，分区分类、合理安排存储场所是物品养护工作的一个重要环节。如怕潮湿和易霉变、易生锈的物品，应存放在较干燥的库房里；怕热易溶化、发黏、挥发、变质或易发生燃烧、爆炸的物品，应存放在温度较低的阴凉场所；一些既怕热又怕冻且需要较大湿度的物品，应存放在冬暖夏凉的楼下库房或地窖里。此外，性能相互抵触或易串味的物品不能在同一库房混存，以免相互产生不良影响。尤其是对化学危险物品，要严格按照有关部门的规定，分区分类安排储存地点。

3. 科学进行堆码苫垫

阳光、雨雪、地面潮气对物品质量影响很大，要切实做好货垛遮苫和货垛垛下苫垫隔潮工作，如利用石块、枕木、垫板、苇席、油毡或采用其他防潮措施。存放在货场的物品，货区四周要有排水沟，以防积水流入垛下，货垛周围要遮盖严密，以防雨淋日晒。

货垛的垛形与高度，应根据各种物品的性能和包装材料，结合季节气候等情况妥善堆码。含水率较高的易霉物品，热天应码通风垛；容易渗漏的物品，应码间隔式的行列垛。此外，库内物品堆码留出适当的距离，俗称"五距"。顶距：平顶楼库顶距为50cm以上，人字形屋顶以不超过横梁为准。灯距：照明灯要安装防爆灯，灯头与物品的平行距离不少于50cm。墙距：外墙50cm，内墙30cm。柱距：一般留10～20cm。垛距：通常留10cm。对易燃物品还应适当留出防火距离。

4. 控制好仓库温度、湿度

应根据库存物品的保管保养要求，适时采取密封、通风、吸潮和其他控制与调节温、湿度的措施，力求把仓库温、湿度保持在适宜物品储存的范围内。

5. 定期进行物品在库检查

由于仓库中保管的物品性质各异、品种繁多、规格型号复杂，进出库业务活动每天都在进行，而每一次物品进出库业务都要检斤计量或清点件数，加之物品受周围环境因素的影响，可能发生数量或质量上的损失，对库存物品和仓储工作进行定期或不定期的盘点和检查非常必要。

（1）检查。检查工作主要包括：检查物品保管条件是否满足要求；检查物品质量的变化动态；检查各种安全防护措施是否落实、消防设备是否正常。检查应特别注意物品温度、水分、气味、包装物的外观、货垛状态是否有异常。

（2）盘点。盘点是检查账、卡、物是否相符，把握库存物数量和质量动态的手段。盘点的主要方法有账面盘点法和现货盘点法。

6. 搞好仓库清洁卫生

储存环境不清洁，易引起微生物、虫类寄生繁殖，危害物品。因此，对仓库内外环境应经常清扫，彻底铲除仓库周围的杂草、垃圾等物，必要时使用药剂杀灭微生物和潜伏的害虫。对容易遭受虫蛀、鼠咬的物品，要根据物品性能和虫、鼠生活习性及危害途径，及时采取有效的防治措施。

【小思考 4-3】

如何储存巧克力？

4.3.2 仓库温、湿度控制的方法

1. 温、湿度控制的相关概念

（1）温度。温度是表示物质冷热程度的物理量，具体指温标上的标度。目前工作中都采用 1968 年的国际实用温标，即国际实用摄氏度。

摄氏（C）与华氏（F）的换算：
$$C=(F+32)\times 5/9$$
$$F=9/5\times C+32$$

（2）湿度。湿度是表示大气干湿程度的物理量，常用绝对湿度、饱和湿度、相对湿度等表示。

1）绝对湿度。绝对湿度（e）指单位体积空气中所含水蒸气的质量，一般用一立方米空气中所含水蒸气克数（g/m^3）表示。实际工作中通常用空气中水汽压力（P）表示，即毫米汞柱（mmHg）。气象工作中则统一用毫巴（mb）表示。

2）饱和湿度。饱和湿度（E）指在一定的温度下，与液态水相平衡时空气中水蒸气的含量，单位为 g/m^3，或 mmHg，或 mb。有常压下"饱和水汽压表"可查。

3）相对湿度。相对湿度（r）指绝对湿度 e 与其同温度下饱和湿度 E 的百分比。通常用干湿球温度计测量，以百分数计算。

$$r = e/E\times 100\%$$

式中：r 为相对湿度（%）；e 为绝对湿度（即水汽压力）；E 为饱和湿度（即饱和水汽压力）。

相对湿度表示的是空气的潮湿程度，是仓库湿度管理中的常用标度。相对湿度越接近 100%，说明绝对湿度越接近饱和湿度，空气越潮湿；反之，空气越干燥。在气温和气压一定的情况下，绝对湿度越大，相对湿度也越大。

（3）露点。露点是指保持空气的水汽含量不变而使其冷却，直至水蒸气达到饱和状态而将结出露水时的温度。

当库内温度低于露点温度时，空气中的水汽会结露使物品受潮，因此在采用通风方式调节库内温、湿度时，应避免露点温度出现。

（4）临界湿度。临界湿度是指使物品发生变化的相对湿度范围。对于金属材料及制品来说，就是引起金属锈蚀的相对湿度范围。一般情况下，铁的临界湿度为 65%~70%，钢的临界湿度为 70%~80%，如果空气中含有大量的炭粒、二氧化硫、氨和氯等杂质，则钢和铁的临界湿度范围将缩小到 60% 左右。

2. 温、湿度测量

仓库的温、湿度管理是一项基本工作，仓库员工要定时观测并记录绝对湿度、相对湿度、温度、风力、风向等。

在库房内放置温湿度计时，温湿度计应放置在库房的中央，离地面约 1.4 米处，不可放在门窗附近或墙角。

库外测量时应设置百叶箱，内放温湿度计。百叶箱应置于空旷通风的地方，距地面约 1 米，

箱门向北。风向标和风速仪应高于附近建筑物。

（1）温度的测定方法。测量库内外温度时需要使用温度计。经常使用的温度计都是根据水银或酒精热胀冷缩的原理制成的，构造简单。此外还有自记温度计，它是连续测量并自动记录气温变化的仪器，主要由感应部分和自动记录部分组成。感应部分利用双金属片膨胀系数的不同来测定温度，自动记录部分由筒形的自动记录钟构成。

（2）湿度的测定方法。测定湿度主要使用干湿球温度计和自动记录湿度计。

1）干湿球温度计。干湿球温度计是把两支同样的温度计平行固定在一块板上，其中一支温度计的球用纱布包裹，纱布的一端浸泡在一个水盂里，利用水分蒸发时吸热的原理，两个温度计显示一定的温度差。在测得两支温度计温度的同时，可以查"温湿对照表"，获得此时库内或大气的相对湿度值。

2）自动记录湿度计。自动记录湿度计可以连续记录空气中的湿度变化，它也是由感应部分和自动记录部分组成的。其中感应部分用脱脂的毛发制成，毛发属于纤维组织，有许多毛细孔，当空气中湿度增大时毛发吸收水分而膨胀，当空气中的水分减少时毛发失去部分水分而收缩。自动记录部分与自动温度记录计相同。

3. 温、湿度变化规律

（1）大气温、湿度的变化规律。

1）大气温度变化规律。温度的日变化规律通常为单峰型，即大气温度从上午8点开始迅速升高，到下午2～3点达最高，过后随着日照减弱而逐渐下降，到次日凌晨2点左右为最低。

温度的年变化规律因各地区地理位置和地形地貌不同而有所差异。如云贵高原四季如春，四季温差不大；东南沿海和海南无明显冬季，只有雨季和旱季之分；内陆地区及其他地区四季分明，年最低温度在1月中旬至2月中旬，5月后气温显著升高，7月中旬至8月中旬为气温最高时期。物品保管中，1～2月份须防低温冻坏，7～8月份须防高温；结合地理位置来看，淮河以南地区以防高温为主、防冻为辅，淮河以北广大地区及东北、西北地区以防冻为主、防高温为辅。

2）大气湿度变化规律。绝对湿度反映空气中水蒸气的实际含量，由于在不同的自然地理条件下，或在不同的季节中，绝对湿度的日变化规律不完全相同，因此在我国有一高一低（单峰型）和两高两低（双峰型）绝对湿度日变化形式。

所谓单峰型是指绝对湿度在一日内出现一次最高值和一次最低值。这种类型出现在沿海地区及江湖一带，内陆地区的秋冬季节也常表现为这种类型。这种变化为每日日出前气温最低时，绝对湿度最低，日出后随着气温增高绝对湿度增大，至14～15时达到最高值，而后随日照减弱绝对湿度降低。所谓双峰型是指绝对湿度在一日内出现两次最高值和两次最低值。一般内陆地区春夏季节绝对湿度日变化属这种类型。这种变化为日出前绝对湿度最低，日出后随气温上升，绝对湿度迅速增加，至8～9时，出现第一次绝对湿度最高；随即大气垂直运动加快，热交换运动开始，地面热湿空气上升，空中干冷空气下降，干湿空气混合使绝对湿度开始下降，至14～15时左右热交换运动相对停止时绝对湿度达到第二次最低；之后水蒸气又在不断蒸发，至20～21时左右绝对湿度达到第二次最高。

绝对湿度的年变化受降雨雪量的影响最大，一般情况下雨季绝对湿度高。北方地区7～8月份为雨季，绝对湿度最高，东北地区冬季绝对湿度最高，南方地区4～5月份进入梅雨季节，此时绝对湿度最高。

相对湿度也有日变化和年变化的一般规律。相对湿度的日变化基本上由气温变化决定，气温上升，由于饱和湿度增大，于是相对湿度减小；而气温下降，饱和湿度降低，相对湿度增大。

（2）库内温、湿度变化的特点。除特殊仓库外，库内温、湿度的变化主要受库外温、湿度变化的影响，因而其变化规律是基本一致的，但变化的程度不同。

1）库内温度的变化。库内温度的变化与库外温度的变化大致相同。但由于仓库建筑物的防护作用，库内温度与库外温度又有差别，库内温度的日差比较小。另外，库外温度对库内温度产生影响需要一定时间，所以库内温度的变化滞后于库外温度。库内温度的变化受多种因素的影响，如仓库建筑物的结构特性、结构材料、密封性以及库存物品的性质等。所以，不同仓库隔热保温性能不同，库内温度变化的实际情况也就不同。

2）库内湿度的变化。库内绝对湿度的变化直接受库外湿度的影响，在没有密封的情况下库内外湿度不会有太大的差别。但是由于库内外气温不同，在绝对湿度相同的情况下，库内外的相对湿度会有差别，即当库内温度高于库外温度时，其相对湿度低于库外，而当库内温度低于库外温度时，其相对湿度高于库外。

除此之外，同一时点库内不同的位置的温、湿度也不相同。一般情况下地面附近温度较低、湿度较大，屋顶附近温度较高、湿度较小；向阳面温度较高、相对湿度较小，背阴面温度较低、相对湿度较大；库房四角温度较高，但因通风受阻其相对湿度也就偏高，而库房门、窗附近受库外温、湿度影响较大，所以与库外温、湿度比较接近。

4. 温、湿度控制的常用方法

控制库房温、湿度方法很多，如人工吸潮、排潮、加热、降温和密封库房等，特别是利用自然通风办法调节库内温、湿度，对仓库保管更具有应用价值。

（1）通风。通风是根据大气自然流动的规律，有计划、有目的地组织库内外空气的对流与交换的重要手段，是调节库内温、湿度，净化库内空气的有效措施。

1）通风方式。仓库通风按通风动力可分为自然通风和强迫通风两种方式。

a. 自然通风。自然通风是利用库内外空气的压力差，实现库内外空气交流置换的一种通风方式。这种通风方式不需要任何通风设备，因而也就不消耗任何能源，而且通风换气量比较大，是一种最简便、最经济的通风方式。自然通风按通风原理可分为风压通风和热压通风。

风压通风是利用风的作用来实现库内外空气的交换。当库房的一侧受到风的作用时，气流首先冲击库房的迎风面，然后折转绕过库房，经过一段距离后，又恢复到原来的状态。在库房的迎风面，由于气流直接受到库房一侧的阻挡，动压降低，而静压增高。若设气流未受到干扰前的压强为零，则库房迎风面的压强为正值，形成正压区。气流受阻后一部分通过库房迎风面的门窗或其他孔洞进入仓库，而大部分则是绕过库房（从库房的两端和上部），由于库房占据了空间的一部分断面，使得气流流动的断面缩小，从而导致风速提高，空气的动压增加，静压相应地减少。这时在库房的两端和背风面的压强为负值，形成负压区，对库内产生一种吸引的力量，使库内空气通过库房两端的背风面的门窗或其他孔洞流出库外。

热压通风主要是利用库内外空气的温度差所形成的压力差实现的。因为空气的容重与空气的温度成反比关系，温度越高空气的容重越小，温度越低空气的容重越大。当库内外温度不同时，库内外空气的容重也不一样，库内外截面积相同、高度相等的两个空气柱所形成的压力也不相等。例如，当库内空气温度高于库外时，库内空气的容重小于库外。在库房空间的下部，库外空气柱所形成的压力要比库内空气柱形成的压力大,库内外存在着一定的压力差。这时如果打开门窗,库外温度较低而容重比较大的冷空气就从库房下部的门窗或通风孔进入库内。同时库内温度较高、容重较小的热空气就会从库房的上部窗口或通风孔排出库外,于是便形成了库内外空气的自然交换。

在实际情况中,仓库通风通常是在风压和热压同时作用下进行的,有时是以风压通风为主,有时则以热压通风为主。

为了更有效地利用自然通风,库房建筑本身应为自然通风提供良好的条件。

b. 强迫通风。强迫通风又称机械通风或人工通风。它利用通风机械所产生的压力或吸引力,即正压或负压,使库内外空气形成压力差,从而强迫库内空气发生循环、交换和排除,达到通风的目的。强迫通风又可分为三种方式,即排出式、吸入式和混合式。

- 排出式通风是在库房墙壁的上部或库房顶部安装排风机械,利用机械产生的推压力,将库内空气经库房上方的通风孔道压迫到库外,从而使库内气压降低,库外空气便从库房下部乘虚而入,形成库内外空气的对流与循环。
- 吸入式通风是在仓库墙壁的下部安装抽风机械,利用其产生的负压区,将库外空气吸入库内,充塞仓库的下部空间,压迫库内空气上升,经库房上部的排气口排出,形成库内外空气的对流和交换。
- 混合式通风则是将上述两种方式结合起来运用,安装排风和抽风机械,同时吸入库外空气并排出库内空气,对库内空气起到一拉一推的作用,使通风的速度更快,效果更好。

2) 通风时机。仓库通风必须选择最适宜的时机,如果通风时机不当,不但不能达到通风的预期目的,而且有时甚至会出现相反的结果。例如,想通过通风降低库内湿度,但由于通风时机不对可能反而会造成库内湿度的增大。因此,必须根据通风的目的确定有利的通风时机。

a. 通风降温。对于库存物品怕热而对大气湿度要求不严的仓库,可利用库内外的温差,选择适宜的通风时机进行通风,只要库外的温度低于库内,就可以通风。对于怕热又怕潮的物品,在通风降温时,除了要满足库外温度低于库内温度的条件外,还必须同时考虑库内外湿度的情况,只有库外的绝对湿度低于库内时,才能进行通风。由于一日内早晨日出前库外气温最低,绝对湿度也最低,所以是通风降温的有利时机。

b. 通风降湿。仓库通风多数情况下是为了降低库内湿度。降湿的通风时机不易掌握,必须对库内外的绝对湿度、相对湿度和温度等进行综合分析。最后通风的结果应使库内的相对湿度降低,但相对湿度是绝对湿度和温度的函数,只要绝对湿度和温度有一个因素发生变化,相对湿度就随之发生变化。如果绝对湿度和温度同时变化,情况就比较复杂了。在温度一定的情况下,绝对湿度上升,相对湿度也随着上升,若温度也同时上升,则饱和湿度上升,相对湿度又会下降,这时上升和下降的趋势有可能互相抵消。如果因温度关系引起相对湿度的变化,大于因绝对湿度关系而引起的相对湿度的变化,其最终结果是相对湿度将随温度的变化而变化。反之,如果因绝对湿度关系引起的相对湿度的变化大于因温度关系而引起的相对湿度的变化,其最终结果是相对湿度将随着绝对湿度的变化而变化。

一般情况下,可参照"通风降湿条件参考表",掌握通风时机。在通风降湿过程中,还要注意防止库内出现结露现象,即对露点温度应严加控制。当库外温度等于或低于库内空气的露点温度,或库内温度等于或低于库外空气的露点温度时,都不能进行通风。

3) 仓库通风应注意的几个问题。

a. 在一般情况下，应尽可能利用自然通风，只有当自然通风不能满足要求时，才考虑强迫通风。一般仓库不需要强迫通风，但有些仓库，如化工危险品仓库，必须考虑强迫通风。因库内的有害气体，如不及时排除，就有发生燃烧或爆炸的危险，有的还会引起人身中毒，酿成重大事故。

　　b. 在利用自然通风降湿的过程中，应注意避免因通风产生的副作用。如依靠风压通风时，一些灰尘杂物容易随着气流进入库内，对库存物资造成不良影响，所以当风力超过五级时不宜进行通风。

　　c. 强迫通风多采用排出式，即在排气口安装排风扇。但对产生易燃、易爆气体的仓库和产生腐蚀性气体的仓库，则应采用吸入式通风方式。因为易燃、易爆气体经排风口向外排放时，如排风扇电机产生火花，就有引起燃烧爆炸的危险；而腐蚀性气体经排风扇向外排放时，易腐蚀排风机械，降低机械寿命。若采用吸入式通风方式，可使上述问题得到解决。

　　d. 通风机械的选择，应根据实际需要与可能，并要考虑经济实用性。通风机械分为轴流式和离心式两种。一般仓库可采用轴流式通风机，因为它通风量比较大、动力能源消耗少，其缺点是产生的空气压力差小，适合在阻力较小的情况下进行通风。离心式通风机产生的空气压力差大，但消耗能量多，适合在阻力大的情况下进行通风。

　　e. 通风必须与仓库密封相结合。当通风进行到一定的时间，达到通风目的时，应及时关闭门窗和通风孔，使仓库处于相对密封的状态，以保持通风的效果。所以不但开始通风时应掌握好时机，而且停止通风时也应掌握好时机。另外，当库外由于天气的骤然变化，温、湿度大幅度变化时，也应立即中断通风，将仓库门窗紧闭。

　　f. 库外温、湿度都低于库内温、湿度，或库内外温度相同，而库外湿度低，或库内外湿度相同，库外温度低时，都可以通风。但需防止温差过大，通风时间过长，造成结露。库内商品水分低于当时温、湿度条件下的商品安全水分时，不宜通风。库外温度高而相对湿度低或库外温度低而相对湿度高时，应比较库内外的绝对湿度，如果库内绝对湿度高于库，可以通风。怕干的商品以保证商品处于安全相对湿度范围为目的，进行增湿或降湿。

　　总之，库房通风方式的选择与运用，取决于库存材料的性质所要求的温、湿度；取决于库房条件，如库房大小、门窗、通风洞的数量，以及地坪的结构等；同时还取决于地理环境和气象条件，如库房位于城市、乡村、高原、平地或江、河、湖和海畔等。因此必须根据不同地区、不同季节和不同库房条件等，从物品安全角度出发，选择通风方式，因地、因物、因时制宜，正确地掌握与运用库房通风这一手段，以达到确保库存物品质量的目的。

　　(2) 密封。密封是将储存物品在一定空间，使用密封材料，尽可能严密地封闭起来，使之与周围大气隔离，防止或减弱自然因素对物品的不良影响，创造适宜的保管条件。

　　密封的目的主要是防潮，但同时也能起到防锈蚀、防霉、防虫、防热、防冻、防老化等综合效果。密封是相对的，不可能达到绝对严密的程度。密封可用不同的介质在不同的范围内进行。

　　1) 不同介质的密封。由于介质不同，密封可以分为大气密封、干燥空气密封、充氮密封和去氧密封等。

　　a. 大气密封。大气密封就是将封存的物品，直接在大气中密封，其间隙中充满大气，密封后基本保持密封时的大气湿度。

　　b. 干燥空气密封。干燥空气密封是在密封空间内充入干燥空气或放置吸湿剂，使空气干燥，防止物品受潮。干燥空气的相对湿度应为40%～50%。

c. 充氮密封。充氮密封是在密封空间内充入干燥的氮气，造成缺氧的环境，减少氧的危害。

d. 去氧密封。去氧密封是在密闭空间内，放入还原剂，如亚硝酸钠，吸收空气中的氧，造成缺氧的气氛，为封存物品提供更有利的储存条件。

2）不同范围的密封。按照密封的范围不同，可分为整库密封、小室密封、货垛密封、货架密封、货箱（容器）密封、单件密封等。

a. 整库密封。对储存批量大、保管周期长的仓库（如战备物资仓库、大批量进口物资仓库），可进行整库密封。整库密封主要是用密封材料密封仓库门窗和其他通风孔道。留作检查出入的库门，应加装两道门，有条件的可采用密闭门。

b. 小室密封。对于储存数量不大、保管周期长、要求特定保管条件的物品，可采用小室密封。即在库房内单独隔离出一个小的房间，将需要封存的物品存入小室内，然后将小室密封起来。

c. 货垛密封。对于数量较少、品种单一、形状规则而长期储存的物品，可按货垛进行密封。货垛密封所用的密封材料，除应具有良好的防潮、保温性能外，还应有足够的韧性和强度。

d. 货架密封。对于数量少、品种多、不经常收发、要求保管条件高的小件物品，可存入货架，然后将整个货架密封起来。

e. 货箱（容器）密封。对于数量很少、动态不大，需要在特殊条件下保管，且具有硬包装或容器的物品（如精密仪器仪表、化工原料等），可按原包装或容器进行密封。可封严包装箱或容器的缝隙，也可以将物品放入塑料袋，然后用热合或黏合的方法将塑料袋封口，放入包装箱内。

f. 单件密封。对于数量少、无包装或包装损坏、形状复杂、要求严格的精加工制品，可按单件密封。最简便且经济的方法是用塑料袋套封，也可用蜡纸、防潮纸或硬纸盒封装。

3）密封储存应注意以下问题：

a. 选择好密封时机。在一般情况下进行的密封，多为以大气为介质的密封。因此，密封时必须首先选择好密封时机。在进行以防潮为主要目的的密封时，最有利的时机是春末夏初，潮湿季节到来之前，空气比较干燥的时节。在一日之内，也应选择绝对湿度最低的时刻。对整库密封来说，不但要选择好适宜的密封时间，而且要选择好有利的启封时间。过早密封将会失去宝贵的自然通风机会，过晚密封则可能使库内湿度上升。一般选择在库外绝对湿度大于库内绝对湿度，而库内相对湿度较低的情况下进行密封。启封时间应选择在库外温、湿度下降，绝对湿度低于库内的时刻。

b. 做好密封前的检查。物品封存前，应进行一次全面的检查，看其是否有锈蚀、发霉、生虫、变质、发热、潮湿等异常情况，检查其包装是否良好，容器有无渗漏。如发现异常情况，应及时采取救治措施，待一切正常后，方可密封。

c. 合理选用密封材料。由于密封方式不同，所需要的密封材料也不同。按其作用可分为两大类：一是主体材料，包括油毛毡、防潮纸、牛皮纸、塑料薄膜等；二是涂敷粘结材料，如沥青、胶粘剂等。在选用上述材料时应注意其是否性能良好、料源充足、使用方便、价格低廉。

d. 密封必须同通风和吸湿相结合。密封储存不能孤立地进行，为了达到防潮的目的，必须与通风和吸湿结合运用。一般情况下，应尽可能利用通风防潮，当不适合通风时，才进行密封，利用吸湿剂吸湿。密封能保持通风和吸湿的效果，吸湿为密封创造适宜的环境。

e. 做好密封后的观察。因为一切密封都是相对的，不可能达到绝对严密。密封后，外界因素对封存物品自然会产生一定的影响，仍有发生变异的可能。因此，必须经常注意观察密封空间的温、湿度变化情况及出现的某种异状，及时发现问题，分析原因，并采取相应的措施进行处理。

（3）除湿。空气除湿是利用物理或化学的方法，将空气中的水分除去，以降低空气湿度的一种有效方法。除湿的方法主要有：利用冷却法使水汽在露点温度下凝结分离；利用压缩法提高水汽压，使之超过饱和点，成为水滴而被分离除去；使用吸湿剂吸收空气中的水分。

1）冷却法除湿。这种方法是利用制冷的原理，将潮湿空气冷却到露点温度以下，使水汽凝结成水滴分离排出，从而使空气干燥的一种方法，也称为露点法。通常采用的是直接蒸发盘管式冷却除湿法。其原理是在冷却盘管中，直接减压蒸发来自压缩制冷机的高压液体冷媒，以冷却通过盘管侧的空气，使之冷却到所要求的露点以下，水汽凝结成水被除去。冷却除湿装置主要由压缩机、冷凝器、膨胀阀、冷却盘管等组成。

2）压缩法除湿。这种方法是将空气压缩再冷却，空气中的水汽即凝结成水，将凝结的水排除再加热即可获得低湿度的空气。这种方法适合小风量、低露点除湿，压缩动力费支出较大，适合在需要高压少量除湿的环境中使用。

3）吸湿剂吸湿。这种除湿方法是最常用的方法之一，可分为静态吸湿和动态吸湿。

a. 静态吸湿。这种方法是将固体吸湿剂静止放置在被吸湿的空间内，使其自然与空气接触，吸收空气中的水分，达到降低空气湿度的目的。常用的吸湿剂的特征分别如下：

- 氧化钙（CaO）：即生石灰，有很强的吸湿性，它吸收空气中的水分后，发生化学变化，生成氢氧化钙。其化学反应方程式为

$$CaO+H_2O \rightarrow Ca(OH)_2+Q（热量）$$

但由于生石灰在储运过程中已吸收了一定量的水分，实际上 1kg 生石灰可吸收水分 0.25kg 左右，而且吸湿速度较快。另外，生石灰料源充足，价格便宜，使用方便。其缺点是在吸湿过程中放出热量，生成具有腐蚀性的碱性物质，对库存物有不良影响。当库存物品中有毛丝织品和皮革制品等时，不能使用。生石灰吸湿后必须及时更换，否则生成的 $Ca(OH)_2$ 会从空气中吸收 CO_2，而放出水分。

- 氯化钙（$CaCl_2$）：分为工业无水氯化钙和含有结晶水的氯化钙。前者为白色多孔无定型晶体，呈块粒状，吸湿能力很强，1kg 无水氯化钙能吸收 1～1.2kg 的水分；后者为白色半透明结晶体，吸湿性略差，1kg 吸收 0.7～0.8kg 左右的水分。氯化钙吸湿后即溶化为液体，但经加热处理后，仍可还原为固体，供继续使用。其缺点是对金属有较强的腐蚀性，吸湿后还原处理比较困难，价格较高。

- 硅胶（$mSiO_2 \cdot nH_2O$）：又称砂胶、硅酸凝胶，分为原色硅胶和变色硅胶两种。原色硅胶为无色透明或乳白色粒状或不规则的固体，变色硅胶是原色硅胶经氯化钴和溴化铜等处理，呈蓝绿色、深蓝色、黑褐色或赭黄色。吸湿后视其颜色的变化，判断是否达到饱和程度。1kg 硅胶可吸收水分 0.4～0.5kg。吸湿后仍为固体，不溶化、不污染，也无腐蚀性，而且吸湿后处理比较容易，可反复使用。其缺点是价格高，不宜在大的空间中使用。

- 术炭（C）：具有多孔性毛细管结构，有很强的表面吸附性能，若精制成活性炭，还可以大大提高其吸湿性能。普通木炭的吸湿能力不如上述几种吸湿剂。但因其性能稳定，吸湿后不粉化、不液化、不放热、无污染、无腐蚀性。吸湿后经干燥可反复使用，

而且价格比较便宜，所以仍有一定的使用价值。

静态吸湿的最大特点是简便易行，不需要任何设备，也不消耗能源，一般仓库都可采用，是目前应用最广泛的除湿方法。它的缺点是吸湿比较缓慢，吸湿效果不够明显。

b．动态吸湿。这种方法是利用吸湿机械强迫空气通过吸湿剂进行吸湿。通常是将吸湿剂（$CaCl_2$）装入特制的箱体内，箱体有进风口和排风口，在排风机械的作用下，将空气吸入箱体内，通过吸湿剂吸收空气中的水分，从排风口排出比较干燥的空气。这样反复循环吸湿可将空气干燥到一定的程度。这种吸湿方法的吸湿效果比较好，但需要不断补充 $CaCl_2$，吸湿后的 $CaCl_2$ 需要及时得到脱水处理。比较理想的情况是设置两个吸湿箱体，每个箱体内都有脱水装置。一个箱体利用干燥的吸湿剂吸收空气中的水分，而另一个箱体内的饱和状态的吸湿剂进行脱水再生。两个箱体交互吸湿，达到吸湿的连续性。这种连续式的吸湿方法只需花费较少的运转费，就能进行大容积的库内吸湿，因为4~8小时即可使吸湿剂再生一次，因此需要的吸湿剂量较少。两个箱体可实现自动切换，不需要人工操作，但这种设备的结构相对比较复杂，成本比较高。

吸潮剂用量是根据库房内空间总含水量和所使用的吸潮剂的单位质量的最大吸水量确定的。

（4）空气调节自动化。空气调节自动化简称空调自动化。它是借助于自动化装置，使空气调节过程在不同程度上自动地进行，其中包括空调系统中若干参数的自动测量、自动报警和自动调节等。自动调节装置是由敏感元件、调节器、执行及调节机构等，按照一定的连接方式组合起来的。

敏感元件是具有一定物理特性的一系列元件的总称，它能测量各种热工参数，并变成特定的信号。调节器根据敏感元件送来的信号与空气调节要求的参数相比较，测出差值，然后按照设计好的运算规律算出结果，并将此结果用特定的信号发送出去。执行机构接收传送来的信号，去改变调节机构的位移，改变进入系统的冷热能量，实现空气的自动调节。

为了保证保管质量，除了温度、湿度、通风控制外，仓库应根据物品的特性采取相应的保管措施。如对物品涂刷油漆，涂刷保护涂料，除锈、加固、封包、密封等，发现虫害及时杀虫，释放防霉药剂等针对性保护措施。必要时采取转仓处理，将物品转入具有特殊保护条件的仓库，如冷藏。

5．温、湿度管理方法

（1）监测温、湿度。指定专人每天按时观察干湿温度计，并填写记录表，如表 4-1 所列的"温、湿度记录表"。

表 4-1 温、湿度记录表

序号：　　　　主要物资：　　　　仓号：　　　　年　　月

检查时间			干表温度	湿表温度	绝对湿度	相对湿度	气候	检查人
日	时	分						
1								
2								

续表

检查时间			干表温度	湿表温度	绝对湿度	相对湿度	气候	检查人
日	时	分						
…								
30								
31								

月温度最高　　　℃；最低　　　℃；平均　　　℃。
相对湿度最高　　　%；最低　　　%。
气候：晴天"○"，雨天"川"，阴天"●"，风天"≈"，雪天"△"

（2）按月、季、年分析记录，统计该时期内最高、最低和平均温、湿度，以便积累资料。

（3）当发现库内温、湿度超过要求时，应立即采取相应措施，以达到安全仓储配送目的。

4.3.3　商品锈蚀的防治

金属制品在仓储配送期间发生锈蚀，不仅影响外观质量，造成商品陈旧，而且使其机械强度下降，从而降低其使用价值，严重者甚至报废。因此，在仓储配送期间需要对金属制品进行防锈处理。

金属制品的防锈，主要是针对影响金属锈蚀的外界因素进行的。

1. 控制和改善仓储配送保管条件

金属制品储存的露天货场，要尽可能远离工矿区，特别是化工厂，应选择地势高、补给水少、干燥的场地。

较精密的五金工具、零件等金属制品必须在库房内储存，并禁止与化工商品或含水量较高的商品同库储存。

2. 涂油防锈

在金属制品表面涂（或浸，或喷）一层防锈油脂薄膜。防锈油分为软膜防锈油和硬膜防锈油两种。

3. 气相防锈

一些具有挥发性的化学药品，在常温下迅速挥发，并使空间饱和，且这些挥发出来的气体物质吸附在金属制品表面，可以防止或延缓其锈蚀。

4.3.4　虫害的防治

仓储配送商品中发生虫害如不及时采取措施杀灭，常会造成严重损失。仓库害虫防治的方法如下所述。

1. 杜绝仓库害虫来源

要杜绝仓库害虫的来源和传播，必须做好以下几点：

（1）商品原材料、商品包装物的杀虫、防虫处理。
（2）入库商品的虫害检查和处理。
（3）仓库的环境卫生及备品用具的消毒。

2. 物理防治

物理防治就是利用物理因素（光、电、热、冷冻、原子能、超声波、远红外线、微波及高频振荡等）破坏害虫的生理机能与机体结构，使其不能生存或抑制其繁殖。

常用的方法有：灯光诱集、高温杀虫、低温杀虫、电力辐射杀虫和微波杀虫等。

3. 化学防治

化学防治就是使用各种化学杀虫剂，通过胃毒、触杀或熏蒸等作用杀灭害虫，是当前防治仓库害虫的主要措施。常用的防虫、杀虫药剂有驱避剂、杀虫剂和熏蒸剂等。

4.3.5 霉变的防治

1. 加强仓储配送商品的管理

加强仓储配送商品管理主要从以下几个方面入手：

（1）加强入库验收。易霉商品入库，应先检验其包装是否潮湿，商品的含水量是否超过安全标准。

（2）加强仓库温、湿度管理。根据商品的不同性质，正确地运用密封、吸潮及通风相结合的方法，管好库内温、湿度。

（3）选择合理的储存场所。易霉商品应尽量安排在空气流通、光线较强、比较干燥的库房，并应避免与含水量大的商品同储。

（4）合理堆码，下垫隔潮物。商品堆垛不应靠墙靠柱。

（5）做好日常的清洁卫生工作。

2. 化学药剂防霉

防霉最主要的方法是使用防霉剂。有实际应用价值的防霉剂应具有以下特点：低毒、广普、高效、长效、使用方便和价格低廉，适应商品加工条件和使用环境，与商品其他成分良好的相容性，不降低商品性能，在储存、运输中稳定性好。常用的有水杨酰苯胺、五氯酚钠、氯化钠、多菌灵、托布津等。

3. 气相防霉

气相防霉即利用气相防霉剂散发出的气体，抑制或毒杀商品上的霉菌。这是一种较先进的防霉方法。用法是把挥发物放在商品的包装内或密封垛内。

对已经发生霉变但可以救治的商品应立即采取措施，根据商品性质可选用晾晒、加热消毒、烘烤、熏蒸等方法，以减少损失。

4.4 仓库安全管理

仓库安全管理是物流管理的重要组成部分，安全工作贯穿于仓储管理的各个作业环节。因此，应严格执行安全制度，及时发现问题，采取科学方法，消除各种危险隐患，有效防止安全事故的发生，保证物流管理中人、财、物的安全。

4.4.1 治安保卫管理

仓库的治安保卫工作是为了防范、制止恶性侵权行为、意外事故对仓库及仓储财产的侵害和破坏，维护仓储环境的稳定，保证仓储生产经营的顺利开展所进的管理工作。治安保卫管理的原则是：坚持预防为主、确保重点、严格管理、保障安全和谁主管、谁负责。

仓库的治安保卫工作主要有防火、防盗、防破坏、防抢、防骗、员工人身安全保护、保密等工作。治安保卫工作不仅有专职保安员承担的工作，如门卫管理、治安巡查、安全值班等，还有大量的工作有相应岗位的员工承担，如办公室防火防盗、财务防骗、商务保密、仓库防火、锁门关窗等。

1. 仓库主要的治安保卫工作

（1）守卫大门和要害部位。仓库需要通过围墙或其他物理设施隔离，设置一至两个大门。仓库大门是仓库与外界的连接点，是仓库地域范围的象征，也是仓储承担货物保管责任的分界线。大门守卫是维持仓库治安的第一道防线。

对于危险品仓、贵重物品仓、特殊品储存仓等要害部位，需要安全专职守卫看守，限制人员接近、防止危害、防止破坏和失窃。

（2）巡逻检查。有专职保安员不定时、不定线、经常地巡视整个仓库区的每一个位置的安全保卫工作。巡逻检查一般安排两名保安同时进行，携带保安器械和强力手电筒。查问可疑人员，检查各部门的防卫工作，关闭确实无人的办公室、仓库门窗、电源，制止消防器材挪作他用，检查仓库内有无发生异常现象，停留在仓库内过夜的车辆是否符合规定等。在巡逻检查中发现不符合治安保卫制度要求的情况，应采取相应的措施处理或通知相应部门处理。

（3）防盗设施、设备的使用。仓库的防盗设施大到围墙、大门，小到门锁、防盗门窗，仓库应根据法规规定和治安保管的需要设置和安装。仓库具有的防盗设施，如果不加以有效使用，就不能达到防盗的目的。承担安全设施操作的仓库员工应该按照制度要求，有效使用配置的防盗设施。

仓库使用的防盗设备除了专职保安员的警械外，主要有视频监控设备、自动警报设备、报警设备，仓库应按照规定使用所配置的设备，由专人负责操作和管理，确保设备的有效运作。

（4）治安检查。治安责任人员应经常检查治安保卫工作，督促照章办事。治安检查实行定期检查与不定期检查相结合的制度，班组每日检查、部门每周检查、仓库每月检查，及时发现治安保卫漏洞、安全隐患，及时采取有效措施予以消除。

（5）治安应急。治安应急是仓库发生治安事件时，采取紧急措施，防止和减少事件所造成的损失的制度。治安应急需要通过制定应急方案，明确应急人员的职责，发生事件时的信息（信号）发布和传递规定，以及经常的演练来保证实施。

2. 仓库防盗

（1）内盗与偷窃。几乎所有仓库正面临的一个问题就是偷窃，尤其是内盗——雇员偷窃。内盗物品往往是雇员自己所用，而偷盗往往被认为是外部人员所为，内部雇员也可能会参与。偷盗往往是有组织地进行的，所盗货物很可能用于再销售。有一个有意思的比喻"偷盗是个别的包裹，或者是整个包裹的丢失，而内盗则是包裹被打开，里面的一部分被拿走"。

由于内盗涉及企业内部职员，从开始雇佣就必须加以控制并且不断地进行监督，这里存在一个双重标准，仓库雇员将公司产品拿出仓库被抓后将受到处分，甚至可能被解雇，而仓库主管可以使用公司的车和汽油,去干私活。内盗广泛存在且很难杜绝。从事内盗的低层次雇员将此看作获得隐性收入的一种机会。一些企业发现,容忍一些少量的内盗比安置全方位的控制系统花费更少,许多雇员不愿意在严格的监控之下工作。

有组织的偷盗是外部人员对企业销售渠道中的商品进行盗窃。如果商品是在公共承运人或仓库人员的监护之下而被盗窃和内盗,在这种情况下,公共承运人和仓库员是要进行赔偿的。大多数国际化货物会上保险,一旦丢失,保险公司将支付损失。CIGNA 是一家大型的保险公司,预测因为盗窃超过 20% 的货物会丢失。但是,即使货主得到赔偿,该事件发生对托运人而言也有一些不利因素:

1)在渠道中货物按计划流动会被中断,并可能导致后期阶段出现缺货现象。
2)承运人或仓库员不可能赔偿所有的货物价值。
3)时间、电话和文书工作的成本也无法弥补。
4)掌握货物运输路线和时间的雇员可能会受到怀疑。
5)被盗产品可能以低价出现在市场上,与合法渠道流通的货物竞争。

(2)防止仓库的内盗与偷窃。

1)建筑物安全。可以在仓库内装入电子安全设备。电子设备具有三种不同的功能。第一,闭路电视镜头能够被用来探看不同的地方,保安可以随时观察到监视屏上的图像。对一些货物不移动的区域,可以让监视设备将不移动的数字图像储存起来,一旦图像发生变化——如有人进入货物储存区域,就会报警。第二,电子设备被用来控制进入。例如,每个雇员可以将磁性数码卡片插入一个灵敏设备,记录有关信息并决定是否开门。第三,不可见的光电束和多种形式的侦听设备,能记录未经许可的物品移动。

2)车辆安全。方法的改进和设备的发展降低了车辆的盗窃率,提高了车辆的安全性。在车辆顶上漆上数字,一旦车辆被盗,可以很容易地从空中发现车辆。

另一种方法就是在有可能被劫持的车辆上安置一台发射机应答器。全球定位设备也有助于确定车辆位置。

3)计算机和文件安全。当工作人员(一般是雇员)知道公司的各类计算机和文件系统如何运行并诈骗公司时,计算机和文件方面的安全就很难得到保证。这些人员可能会操作这些系统装运附加产品,获得未经许可的款项等。当企业采用计算机系统来处理他们的物流功能时,必须采取措施来确保系统可以抵挡未经授权者的进入和防止诈骗发生。

4)产品识别号安全。依靠产品序列号和产品批号的库存管理系统在阻止盗窃和内盗方面具有一定的优势,如果发现货物丢失,就可通过号码识别它们。一旦发现就很容易收回,并对占有这些货物的人员进行起诉。对盗窃者和内盗者来说,改变或销毁序列号或批号是相当费时的,同时也会引起合法购买者的怀疑。

5)系统安全。保护货物的最有效方式之一是让货物在系统内流动,货物待在仓库、目的地或清关时比货物在流动中更容易遭到偷窃。

4.4.2 仓库消防

1. 仓库防火

从危害的程度来看,火灾造成的损失最大,它可以在极短的时间内,使整个仓库及其周围的建筑变成废墟。由此造成的损失不仅表现为直接财产的损失和人员的伤亡,更重要的是将影响货主的采购计划、生产计划和供应计划等的实施，这种间接的损失有时要比直接损失大得多。因此，各种类型的仓库都把仓库防火和消防放在重要位置上。仓库消防的工作重点在于预防火灾的发生，同时更要做好消火的准备以及通过投保火灾险来减少损失。

（1）火灾原因。中华人民共和国成立以来，我国仓库发生火灾的案例不计其数，以下根据这些案例共总结出几种仓库火灾发生的重要原因。

1）严重违反防火规章制度，用火不慎引起的火灾最多。一是在库房内吸烟用火。如某金属仓库，搬运工人违章在库房内吸烟而引起火灾，损失35万余元；某棉花仓库搬运工人思想麻痹大意，在搬运棉花入库的过程中，将烟头丢在棉花包上引起火灾，造成重大损失。具体原因如下：

一是在汽油库用打火机打火，引起油库燃烧或爆炸的事例多起。

二是在库房内生火煮饭。如某厂临时仓库的保管员违章在库房内用汽油代煤油烧煤油炉煮饭引起火灾，损失10多万元。

三是汽油库内住人。某汽车队油库保管员违章住在油库区内，又让其妻子烧柴火炒菜引起火灾。

四是违章携带儿童入库，儿童在库内玩火。某厂保管员违章将儿童带进仓库办公地点玩耍，后来该名儿童点着蜡烛进库找东西引起火灾，损失10多万元。

2）物资不按性质分类、分堆储存而乱堆乱放。某化工仓库将赛璐珞与其他危险物品存放一起引发火灾；某仓库将赛璐珞与回收物资放在一起引发火灾；某设计院将赛璐珞放在大楼的闷顶内引发火灾。上述三次火灾均由赛璐珞自燃引起，损失达上百万元。某厂用箩筐装油棉纱放进物资仓库内，后由于油棉纱自燃引起重大火灾；某保管纸火和火炮的仓库，由于保管员违章作业引起纸火燃烧和火炮爆炸。

3）电气设备安装使用不符合规定。

一是某厂运输科库房违章安装电气设备造成短路引起火灾，损失18万余元；又如某厂将电开关直接安装在席棚库房内，由于用电超负荷引起火灾，损失10万余元。

二是库房内吊灯的灯泡接近可燃物资，由于灯泡表面温度过高引起火灾。

三是某百货仓库库房由于没有避雷设备，以致雷击起火，加之值班人员不负责任，当库房起火后未及时发现，抢救不力，以致造成损失60万元的重大火灾。

4）仓库建筑结构差，防火安全间距不够，也是仓库发生重大火灾的一个重要因素。

如某基建公司工地和某煤矿工地的棚房仓库，均与住宅棚房连成一片，由于职工生活用火不慎起火，致使库房被蔓延成灾，损失40余万元。

5）故意纵火。某棉花仓库，由坏人纵火引起重大火灾；又由于火势蔓延，该工厂的工具仓库发生重大火灾，损失300余万元。

6）仓库中的火源。仓库中存在可能引发火灾的火源，例如：

a. 明火。如使用蜡烛、电石灯照明，利用炭炉、煤炉、电炉取暖，在库房内或库区焚烧树叶、杂草、包装物，打火吸烟等。

b. 火花。如内燃式装卸搬运机械及运输车辆排烟管排出的火花，库区及周围烟筒带出的火花，金属撞击产生的火花，静电放电产生的火花等。

c. 热能。如来自日光的热能，物质发生化学反应放出的热能，供暖及照明设备放出的热能，物体相互摩擦产生的热能等。

d. 其他。如雷电、爆炸、配电线短路等。

上述情况足以说明仓库火灾的严重性。为了保障国家物资的安全，要参照国家有关规定从组织上、制度上、技术上采取安全措施。广大人民群众特别是仓库保管人员必须要了解和认真贯彻落实这些措施。

（2）火灾的类型。火灾种类根据燃烧物质及其燃烧特性来划分。

1）A类火灾：指含碳固体可燃物（如木材、棉、毛、麻、纸张等）燃烧的火灾。
2）B类火灾：指液体（如汽油、煤油、乙醇等）燃烧的火灾。
3）C类火灾：指可燃气体（如煤气、天然气、甲烷、氢气等）燃烧的火灾。
4）D类火灾：指可燃金属（如钾、钠、锂、铅等）燃烧的火灾。
5）带电火灾：指带电设备燃烧的火灾。

（3）仓库的防火措施。根据上述可能引起火灾的原因，应采取相应的防火措施。

1）严格遵守仓库防火安全管理规则。
2）按货物性质合理放置。
3）合理安装仓库设备。
4）管理好附近火种火源。
5）做好安全、保卫工作。

2. 仓库消防管理

（1）组织管理。仓库的消防组织管理应按国家的有关规定，并根据库场规模、存储货物的数量和性能以及周围环境、气候等因素确定。一般应设置防火安全领导机构、专职消防队伍和职工义务消防组织。防火安全领导机构负责执行有关消防法规和上级部门的指示，按分级管理的原则制定本库场的有关消防安全制度和相应规程，划分责任，明确各自职责，向职工普及防火安全知识，及时消除火灾隐患。专职消防队伍负责向职工宣传防火安全知识，检查防火安全情况，严格控制货源，积极消除隐患，经常性地进行消防演习以提高消防技能，专职消防人员不得擅自离开岗位。

（2）储存管理。依据国家《建筑设计防火规范》的规定，将仓库储存的商品按火灾危险程度进行不同的分类，采取有效的措施，做好消防工作。

1）商品入库前应当派专人负责检查，确保无火种隐患后，方可入库。
2）露天存放的商品应当分类、分堆、分组和分垛，并留出必要的防火间距。堆场的总储量以及建筑物之间的防火距离，必须符合建筑设计防火规范的规定。一般情况下，每垛占地面积不宜大于 $100m^2$，垛与垛的间距不小于1m，垛与墙的间距不小0.5m，垛与梁、柱的间距不小于0.3m，主要通道的宽度不小于2m。
3）易自燃或遇水分解的商品，应在温度较低、通风良好和空气干燥的场所储存，并安装专用仪器定时检测，严格控制温、湿度。
4）不同种类的易燃、易爆商品的包装容器应当牢固、密封，严防跑、冒、滴、漏。存放时必须分间、分库，并在醒目处标明储存商品的名称、性质和灭火方法。同时库房内不准设办公室、休息室。
5）使用过的油棉纱、油手套等沾油纤维物品以及可燃包装，应当存放在安全地点，定期处理。

（3）装卸管理。装卸管理应做到以下几点：

1）机动车辆装卸商品后不准在库区、库房、货场停放和修理；装卸作业结束后，应当对库区、库房进行检查确认安全后，方可离人。

2）进入库区的所有机动车辆必须安装防火罩；蒸汽机车进入库区时，应当关闭灰箱和送风器，不能在库区清炉；进入易燃、易爆商品库房的电瓶车、铲车必须是防爆型的或必须装有防止火花溅出的安全装置。

3）装卸不同种类易燃、易爆商品时，操作人员不得穿戴易产生静电的工作服、帽和使用易产生火花的工具，严防振动、撞击、重压、摩擦和倒置。对易产生静电的装卸设备采取消除静电的措施。

4）库区内不得搭建临时建筑物，因装卸作业确需搭建时，必须经单位防火负责人批准，装卸作业结束后立即拆除；库房内固定的吊装设备需要维修时，应当采取防火安全措施，经防火负责人批准后，方可进行。

（4）电气设置管理。仓库的电气装置必须符合国家现行的有关电气设计和施工安装验收标准规范的规定。

1）库房内不准设置移动式照明灯具。照明灯具下方不准堆放商品，其垂直下方与储存商品水平面的高差不得小于 0.5m；不准使用电炉、电烙铁、电熨斗等电热器具和电视机、电冰箱等家用电器；库内敷设的配电线路需穿金属管或用非燃硬塑料管保护。

2）储存有同种类易燃、易爆商品库房的电气装置必须符合国家现行的有关爆炸危险场所电气安全规定；不准使用碘钨灯和超过 60W 的白炽灯等高温照明灯具。当使用日光灯等低温照明灯具和其他防燃型照明灯具时，应当对镇流器采取隔热、散热等防火保护措施，确保安全。

3）应当在库区的每个库房外单独安装开关箱，保管人员离库时，必须拉闸断电；禁止使用不合规格的保险装置。

4）仓库电气设备的周围和架空线路的下方严禁堆放商品，对提升、码垛等机械设备易产生火花的部位，要设置防护罩；仓库必须按照国家有关防雷设计安装规范的规定，设置防雷装置，并定期检测，保证有效；仓库的电气设备必须由持合格证的电工进行安装、检查和维修保养，电供应严格遵守各项电气操作规程。

（5）火源管理。

1）库房内严禁使用明火。库房外动用明火作业时，必须办理动火证，经仓库或单位防火负责人批准，并采取严格的安全措施。动火证应当注明动火地点、时间、动火人、现场监护人、批准人和防火措施等内容。库房内不准使用火炉取暖，在库区使用时，应当经防火负责人批准，防火负责人在审批火炉的使用地点时，必须根据储存商品的分类，按照有关防火间距的规定审批，制定防火安全管理制度并落实到人。

2）仓库应当设置醒目的防火标志。进入易燃、易爆商品库区的人员必须登记，并交出携带火种。

3）库区以及周围 50m 内，严禁燃放烟花爆竹。

（6）消防设施和器材管理。仓库应当按照国家有关消防技术规范，设置、配备消防设施和器材。

资料链接：仓库消防设施和器材管理的有关规定［《建筑设计防火规范》（GB 50016—2014）］

- 消防器材应当设置在明显和便于取用的地点，周围不准堆放商品和杂物。

- 对消防水池、消防栓、灭火器等消防设施、器材,应当经常进行检查,保持完整好用。
- 仓库的消防设施、器材应当由专人管理,负责检查、维修、保养、更换和添置,保证完好有效,严禁圈占、埋压和挪用。
- 库区的消防车和仓库的安全出口、疏散楼梯等消防通道,严禁堆放商品。

4.4.3 仓库防雨防汛

雨水是造成仓库货物损害的一个重要原因,仓库防雨防汛主要做好以下几个方面的工作:

1. 要有足够的防雨设施设备

仓库规划时,就要根据仓库经营的定位预计仓库货物的防雨需要,建设、购置足够的防雨设施设备。保证怕水湿的货物都能得到安全的仓储配送。

2. 仓库设施设备要具有良好的排水能力

仓库设施设备都具有良好的排水能力,不会积水。整个库区有良好的排水沟渠网络,能保证具有一定余量的正常排水需要。同时加强日常管理,随时保证排水沟渠不堵塞、不淤积;暗渠的入水口附近的一定范围内不能堆放货物和杂物。

3. 做好货垛衬垫工作

货场堆放货物、低洼地的仓库或者地面较低的仓库内,雨季时仓库入口的货位都要采用防水湿垫垛。垫垛要有足够的高度,场地垫垛为30～50cm,仓库防水湿垫垛为10～30cm。尽可能将货场建设成平台货位,高出地面30～50cm。

4. 及时苫盖货物

在货场存放需防湿的货物时,在入库作业开始就要在现场准备好苫盖物料,在作业过程中若因下雨、天气不稳定而停工休息或让作业人员离开,都要用苫盖材料盖好;天气不好时,已堆好的货垛端头也要及时苫盖;货垛堆好后,必须苫盖妥当,然后堆垛作业人员才能离开。无论天气怎样,怕水湿货物都不能露天过夜。

4.4.4 仓库安全作业管理

1. 安全作业管理制度化

安全作业管理应成为仓储配送日常管理的重要项目,通过制度化的管理保证管理的效果。制定各种科学合理的作业安全制度、操作规程和安全责任制度,并通过严格的监督,确保管理制度得以有效和充分执行。

2. 加强劳动安全保护

劳动安全保护包括直接和间接施行于员工人身的保护措施。仓库管理要遵守《劳动法》的劳动时间和休息规定,依法安排上班、加班时间,保证员工有足够的休息时间,包括合适的工间休息。提供合适和足够的劳动防护用品,如高强度工作鞋、安全帽、手套、工作服等,并督促作业人员使用和穿戴。

采用较高安全系数的作业设备、作业机械,作业工具适合作业要求,作业场地必须具有适合作业的通风、照明、防滑、保暖等条件。不进行冒险作业和不安全环境的作业,在大风、雨雪影响作业时暂缓作业。避免人员带伤病作业。

3. 重视作业人员资质管理和业务培训、安全教育

新参加仓库工作和转岗的员工,应接受仓库安全作业教育,对所从事的作业进行安全作

业和操作培训，确保熟练掌握岗位的安全作业技能和规范。

安全作业宣传和教育是仓库的长期性工作，作业安全检查是仓库安全作业管理的日常性工作，通过不断宣传、严格检查，对违章和忽视安全的行为进行严厉的惩罚，强化作业人员的安全责任心。

4.4.5 仓库事故处理

仓库事故是管理人员与商品之间或环境与商品之间发生了异常的接触或影响的结果。仓库事故的发生是由多方面因素造成的，一旦发生事故，就会带来不应有的损失或产生不良的社会影响，主要表现为物品直接受损（爆炸、设备损坏等）、人员伤亡、信息失控等。

仓库事故的发生是由各种原因引起的，归纳起来主要是人的不安全行为和物品的不安全状态。仓库事故发生后应组织事故调查小组，根据事故的性质、后果拟订调查计划，确定调查步骤，做好调查记录，采用科学的方法对事故的萌芽、产生、发展、后果四个阶段进行分析，并严格按照事故责任确定的原则，确定责任类别（全部责任、主要责任、一定责任和领导责任），而后进行处理。

1. 相关人员的处理

事故相关人员主要有事故中的伤亡人员、责任人、有功人员。根据相关的抚慰政策对事故中的伤亡人员给予妥善的安置和处理；依照相关法律、规章和纪律的有关规定，根据其责任轻重，予以处罚或处理；按照有关规定对事故中表现突出的有功人员进行表彰和奖励。

2. 事故损失的处理

事故发生后，会造成不同程度的损失。应按照有关的规定和程序进行处理：可修复的，制订计划报请有关部门批准，予以修复；报废的，报请有关部门审批；涉及责任人的应按相关规定进行赔偿；已入保险的，向保险公司进行索赔。

3. 总结教训

事故发生后，应认真总结教训。根据事故发生的原因、后果及各种影响因素，进行分析、总结，找出薄弱环节，提出相应改进措施，不断提高认识，以便更好地指导今后的工作。

4. 建立预警机制

在总结教训的基础上，有针对性地采取防范措施，提出预防事故发生的目标和要求，制定有关规章制度，加强人员的思想教育，提高安全意识，使得各项措施落到实处，一旦发生事故，能够及时应对。

仓库发生事故后应建立、健全事故报告制度，使得上级业务部门及时了解情况，掌握动态。依据相关资料进行分析，为安全决策提供依据。事故报告的程序一般可分为首次报告、后续报告和调查报告三个阶段。事故报告是事故处理的凭证，复审考核的依据，也是进行事故统计分析的最原始资料。

本章案例

仓库消防安全案例

案例1：2018年10月13日13时01分，位于浙江省杭州市余杭经济技术开发区的华润雪花啤酒（杭州）有限公司一露天啤酒仓库起火，过火面积为300平方米左右，未造成人员伤亡。

案例2：2018年10月8日7时56分，广东省广州市荔湾区花地大道南海南村四社工业区一仓库发生火灾，过火面积约200平方米，无人员伤亡。

仓库消防安全工作十要点：

（1）应当在法定代表人和行政领导中，确定一人为防火安全负责人。负责人应全面负责仓库的消防安全管理工作，组织职工学习消防法规等，对职工进行消防宣传、业务培训，提高职工的消防安全素质，并定期开展防火检查，消除火灾隐患。

（2）定期检查消防工具，保证其能够正常使用。灭火器要保证压力在正常范围内，每个灭火器上应该有检验标识，并且要摆放在固定位置。消防水压力要足够，消防水带应该整齐地摆放在消防箱内，每次使用完消防带后，要将其通风晾干。

（3）仓库内物资按规划区域整齐排列，每个区域必须留有消防通道，任何物资不能占用消防通道，同时也不能遮挡住该区域消防水箱，以保证人员能非常方便地使用。

（4）在仓库醒目位置要挂上禁烟标志，特殊仓库还应有禁油等相应的禁止事项标志。任何人员进入仓库不准吸烟。

（5）动用明火的人员必须到安全部门办理相关手续。

（6）各类危险物品不准堆放在一般货物仓库内。物品入库前，应有专人负责检查。

（7）仓库内电气设备必须由持有合格证的电工进行安装、检查和维修，电工作业时应严格遵守各项操作规定。

（8）在装卸物品完成后，各类机动车不准在库内停放及维修。

（9）不准私搭乱接线路，不准违规用电。照明设备要符合仓库安全规定。不使用大功率电器。

（10）下班前要及时关闭好门窗及电源，并严格检查是否存在其他火灾隐患。

【资料来源："衢江应急管理"官方微信公众号】

结合案例思考：联系实际谈谈如何进行仓库安全管理。

思考题

1. 商品养护的任务是什么？
2. 怎样防止仓储配送商品发生霉变？
3. 发生仓储配送事故后应如何处理？

第 5 章　运输实务

住久物流运输优化案例

住久物流公司正在整车物流领域推广多式联运模式,虽然随着多式联运比例的提升,整体降本的收益越来越明显,但是也随之带来了问题:

(1) 由于多式联运物流模式的环节增多、交接次数增加、道路运输的复杂性增加,因此在多式联运的物流模式中实现在途商品车的轨迹追踪难度极大,而且整车运输单据的交接和回收难度也变大。

(2) 由于多式联运会设立中转库,库存节点增加,周期变长,车辆在中转库的储存时间会增加,对在途车辆运输的倒板、装车、中转、入库等是否合规,在库时长等进行实时控制难度增大。

基于以上问题,在整车物流多式联运模式下开发使用在途可视化系统是十分必要的。通过对问题和相关市场技术设备进行分析,将智能小设备和现有系统相结合,对原 STR 系统模块进行重新构建,在各个周转节点和公路运输段实现整车多式联运的在途可视化系统的应用。

1. 在途轨迹追踪

公路运输通过上述 GPS 货联网设备获取在途信息,承运商责任人通过 VL 的网上填报系统填报最新车辆在途信息,中转库使用扫描枪入库,在水运和铁运段通过船运/铁路系统官网查询追踪商品车的在途信息是否无误,与在途可视化系统相结合实现全程透明可视。

2. 电子回单功能实现

STR 系统能够解决单据的实时回传问题,4S 店经销商收车人在系统上确认收车之后系统会生成电子回单。

3. 实时事件记录

STR 系统是对事件及发生时间和异常事件进行记录的系统,VL 网上填报系统的功能是记录时间和地点。所有的操作信息录入系统后的唯一索引为每辆商品车的 VIN 码,真正实现了对每一台车的在途跟踪。

在途可视化系统在整车多式联运中的应用是整车物流发展的一个重要进步,提升了整车物流的服务质量,提高了公司整车物流的市场竞争力。

【资料来源:"长安民生住久物流",企业官方微信公众号】

运输活动及其载体所构成的运输系统是物流管理系统中最重要的组成部分,通过运输活动,物流系统的各环节有机地联系起来,物流系统的目标才得以实现。可以说,稳定可靠、灵活快捷的运输系统支持是每一个物流系统成功运作的关键之所在。运输与物流管理系统的其他各方面都有着千丝万缕的联系,运输的成本直接影响企业、车间、工厂、仓库、供货商及顾客等的选址决策；企业的存货水平很大程度上受所选运输方式的影响（高速、高价运输系统可以降低距离客户较近地点的存货水平）；所选运输方式决定所使用的包装；集中运输可以为企业赢得运费折扣，节约物流成本等。

5.1 运输概述

5.1.1 运输的地位和原则

1. 运输

运输是用设备和工具，将物品从一地点向另一地点运送的物流活动，其中包括集货、分配、搬运、中转、装入、卸下、分散等一系列操作。

运输是人和物的载运及输送，有时专指物的载运和输送。它是在不同地域范围内（如两个城市、两个工厂之间），以改变物品的空间位置为目的的活动，对物品进行空间位移。运输和搬运的区别在于，运输是较大空间范围的活动，而搬运是在同一地域之内的活动。

2. 运输的地位

（1）运输是物流的主要功能要素之一。按物流的概念，物流是"物"的物理性运动，这种运动不但改变了物的时间状态，也改变了物的空间状态。而运输承担了改变空间状态的主要任务，运输是改变空间状态的主要手段，运输再配以搬运、配送等活动，就能圆满完成改变空间状态的全部任务。

（2）运输是社会物质生产的必要条件之一。运输是国民经济的基础性和先行性产业。马克思将运输称为"第四个物质生产部门"，将运输看成生产过程的继续，这个继续虽然以生产过程为前提，但如果没有这个继续，生产过程则不能最后完成。所以，虽然运输这种生产活动和一般生产活动不同，它不创造新的物质产品，而只变动其所在的空间位置，但这一变动使生产能继续下去，使社会再生产不断推进。

（3）运输可以创造"场所效用"。通过运输，将"物"运到场所效用最高的地方，就能发挥"物"的潜力，实现资源的优化配置。从这个意义来讲，也相当于通过运输提高了物的使用价值，因此也具有增值的作用。

（4）运输是"第三个利润源"的主要源泉。随着市场竞争日益激烈，企业能够占有的市场份额也是有一定限度的，当达到一定限度不能再扩大利润的时候，就要寻找新的利润增长点，而如果能有效降低在企业成本中占据相当高比例的物流费用，就可提高企业的利润。

3. 运输管理的原则

运输是实现物品空间位移的手段，也是物流活动的核心环节。随着物流需求的高度化发展，多品种、小批量物流成为现代物流的重要特征，因此对货物运输的质量要求也越来越高。做好运输管理工作是保证高质量物流服务的重要环节。就物流而言，组织运输工作应该贯彻"及时、准确、经济、安全"的基本原则。

（1）及时。按照产、供、销的实际需要，及时把货物送达指定的地点，尽量缩短物品在途时间。

（2）准确。在货物运输过程中防止各种差错的发生，准确无误地将物品送达收货人手中。

（3）经济。通过合理的运输手段和运输线路以及配货方案，提高运输效率，降低运输成本。

（4）安全。在货物运输前做好运输包装工作，保证在货物运输过程中不发生霉烂、碰撞、挤压、残损以及丢失现象。对于危险品要防止燃烧、爆炸。

5.1.2 运输手段的选择

运输手段的选择是物流合理化的重要内容，因此，对于进出货物必须选择最适合的运输手段。这种选择不仅限于单一的运输手段，而是通过复杂运输手段的合理组合实现物流的合理化。

选择运输手段的判断标准主要包括如下一些要素：货物的性质、运输时间、交货时间的适应性，运输成本、批量的适应性，运输的机动性和便利性，运输的安全性和准确性等。对于货主来说，运输的安全性和准确性、运输费用的低廉性以及缩短运输总时间等因素是其关注的重点。从业种来看，制造业重视运输费用的低廉性，批发业和零售业重视运输的安全性和准确性以及运输总时间的缩短等运输服务方面的质量。

具体来说，在选择运输手段时：第一要考虑运输物品的种类；第二要考虑运输量；第三要考虑运输距离；第四要考虑运输时间；第五要考虑运输费用。

在运输物品种类方面，物品的形状、单件质量、容积、危险性、变质性等都成为选择运输手段的制约因素。在运量方面，一次运输的批量不同选择的运输手段也会不同，一般来说，原材料等大批量的货物运输适合铁路运输或水运。货物运输距离的长短直接影响到运输手段的选择，一般来说中短距离运输比较适合汽车运输。货物运输时间长短与交货期有关，应该根据交货期来选择适合的运输手段。物品价格的高低关系到承担运费的能力，也成为选择运输手段的重要考虑因素。

虽然货物运输费用的高低是选择运输手段时要重点考虑的内容，但在考虑运输费用时，不能仅从运输费用本身出发，必须从物流总成本的角度联系物流的其他费用综合考虑。物流总成本除了包括运输费用外，还包括包装费用、保管费用、库存费用、装卸费用以及保险费用等。运输费用与物流其他费用之间存在着相互作用的效益背反关系。以此为原则，在选择最为适宜的运输手段时，在成本方面应该保证物流总成本最低。

当然，在具体选择运输手段的时候，往往要受到当时运输环境的制约，而且也没有一个固定的标准。必须根据运输货物的各种条件，通过综合判断来加以确定。

5.2 货物运输实务

5.2.1 货物运输的运作

1. 运输的关系方

物流运作过程中运输决策的制定，受到直接参与或间接影响运输活动的各关系方的影响。运输服务与普通商品的买卖关系不同，往往涉及更多的关系方，包括托运人（发运地）、收货人（目的地）、承运人、政府和公众，常常还包括联系托运人与承运人的运输代理人。

（1）托运人和收货人（Consignor & Consignee）。托运人和收货人的共同目的是在规定的时间内以最低的成本将货物从起始地移动到目的地。其在选择运输服务时考虑的因素包括预计的移交时间、运输频率、货物运送时间、货物损失比率、装运信息的可得性和运输单证。

（2）承运人（Carrier）。承运人作为运输合同的另一方，其目的是以最低的成本提供运输服务，获得最大的运输收入。因此，在进行运输服务时，他要收取托运人（或收货人）所愿意支付的最高费率，并尽量降低货物移动的人工、燃料和运输工具成本。此外，承运人还力争提货和交货时间的灵活性，以便将零担货物集中成整车进行运输。

承运人可分为自营承运人（Private Carrier）、公共承运人（Public Carrier）、契约承运人（Contract Carrier）。自营承运人是自己拥有运输工具运输自己产品的企业。公共承运人在经营权范围内运输货物，并有责任以非歧视价格面向社会公众提供服务。契约承运人则仅向与其订有契约的顾客提供合同规定的运输服务，且可以按合同向不同的顾客索取不同运价。

（3）货运代理人（Freight Forwarder）。货运代理人是接收贸易双方的委托，代表他们进行与货物移动相关的活动并负责相关程序或单据手续（例如，装卸、储存货物、订舱、清关等）的代理服务机构。货运代理人可以代表托运人也可以代表收货人，其服务主要包括：组织货物运输（包括选择运输路线、方式、承运人等）；全程监控货物运输；就运费、包装、单证、结关、领事要求、金融等方面提供咨询；为市场销售提供建议；把小批量货物集中为成组货物进行集中托运等。货运代理人在承运人与货主之间起着重要的桥梁作用。

常见的货运代理主要有：租船订舱代理、货物报关代理、转运及理货代理、仓储代理、集装箱代理、多式联运代理等。

（4）政府有关机构。政府机构主要通过制定各种规章制度和法律对运输各参与方的资格、运输交易、费率加以管理，维护整个运输行业的竞争秩序。此外，世界许多国家的运输设施仍然主要由政府提供，一些公共运输的经营也由政府负责。

（5）公众。公众对货物运输的影响通过两方面来体现：一是公众对商品需求产生影响，最终影响运输需求；二是公众对环境、安全的关注，并通过影响有关法律法规的制定对运输行业产生影响。总的来看，公众对运输的影响都是间接的，但其影响力却不容忽视。

2. 货物运输的运作形式

在物流运作过程中，货物运输因所运货物的类型或批量不同，在具体运输运作中的特点也各不相同。常见的几种货物运输的运作形式包括：包裹运输、零担运输、集中托运、整车运输、大宗散货运输、项目货物运输、超大货物运输、危险品运输。

（1）包裹（Parcel）运输。最小的货物运输恐怕当属信件、包裹的运输。目前，世界各国的包裹运输服务主要可分为两类：普通包裹运输服务和快递服务。

一般而言，包裹运输具有门到门运输的特点，通常客户只需将包裹送到邮局或包裹公司遍及各地的营业点，填写一张委托单，就可将包裹运到指定的地点。通常包裹公司对包裹的质量及体积有一定限制。除此之外，许多客运公司为旅客提供的随行包裹托运业务也属该类运输。一般各运输公司对旅客随身携带的行李托运都提供一定量的免费服务，超过免费部分则向旅客收取费用（通常也是按质量计算）。

快递业务对包裹一般也有一定要求，但随着快递行业竞争加剧，各公司为吸引客户，对包裹大小要求有所放松，提供的业务种类也越来越多，包括门、桌到门、桌，加快服务，专人专递，预约服务等。

（2）零担运输（Less-than-Truck Load，LTL）。零担运输的货物较包裹运输的货物体积和质量更大，通常质量从几十千克到几百千克不等。这些货物体积较大，通常需要专门的搬运装卸工具来搬运，但货物的数量往往不足以装满一卡车，相对于整车运输，是零散的运输，承运人常将多个零担托运人的货物拼在一起进行运输。

随着生产方式逐渐向小批量、多品种转变，物流运输中的零担货物也越来越多。零担运输主要使用的方式包括：航空、公路（卡车）、铁路。与整车运输相比，其货物特点是：小批量、单位价值高、时效性强。主要货物包括各地特产的新鲜蔬菜、水果、鲜花、鲜活水产品等鲜活易腐货物，以及时新服装、电子原配件、照相器材、唱片、磁带等。距离较远的运输常用航空运输，而较近距离的地区则多是用卡车或铁路运输方式。

（3）集中托运（Consolidation）。在零担运输的情况下，货主常会将零担的货物交给货运代理进行集中托运。集中托运是将几个托运人从同一发运地发往同一目的地的几个收货人、单独托运的小件货物集中起来进行托运。集中托运的关系人包括单个托运人（卖方）、货运代理（集中托运人）、承运人、收货人（买方）。通常，货主（托运人）仅需将货物委托给货运代理（集中托运人），由货运代理（集中托运人）向每件货物的托运人签发运单或收货单，而货运代理（集中托运人）则负责将货物运至机场或车站交付承运人，并办理托运、保险等一切手续，承运人将货物运至目的地时，由集中托运人在目的地的代理接货。单个托运人或收货人不直接与承运人联系。

提供集中托运服务的货运代理人从承运人那里"批发"舱位，然后"零售"给单个的货主。在"批发"交易中，他能够从承运人那里获得较低的费率，并将部分折扣利益传递给单个的货主。同时，集中托运可以节省货主和承运人双方的大量精力，使各方都能有所获益。

（4）整车（Truck Load，TL）运输。当企业需运输的货物数量较大，可以装满一卡车（或火车车厢、集装箱、飞机机舱）时，就可以采用整车运输的运作方式。一般而言，整车运输的单位运输成本比零担运输要低，主要原因有：

1）货物一般无需经过中转，装卸环节较少，降低了与此相关的费用。

2）整车运输的单据、文件等批次相关费用与零担运输的成本基本相同。

企业的货物需要整车运输时，通常可采取两种方式：租车（车厢、集装箱、飞机）运输；自备工具进行运输。租车运输可以是程租（即承租方与出租方仅就一个车次或航次签订合同），也可以是期租（双方就运输工具和辅助设施的一段时间的租用签订合同）。

通常，货主在租用运输工具的同时还要租用装卸设备。有些货量比较大的企业会选择自备工具运输自己的产品，大多数机械制造商（如汽车、农用机械、装卸设备等的生产商）、燃料生产商以及一些家用电器（如冰箱）的生产商常常自备专门的运输车辆和装卸设施为买方提供运输服务。有些大的买主（超级市场和百货商场）也自备车辆购买产品。

（5）大宗散货（Bulk）运输。散货是没有具体形状和特定包装的货物。在运输过程中，散货的装卸、搬运都具有不同于其他货物的特点，包括：

1）其搬运需使用专用设备，如气泵、挖斗、传送带，一般不能用于其他货物的搬运。

2）其体积因包装或容器而变化，在运输过程中，是否能最大程度利用货舱，节约成本，取决于其具体包装和容器。

3）使用空气压缩设备或浆质输送设备运输货物（如水泥、煤浆），还需将散货粉碎至统一大小的颗粒。

散货可以使用卡车、火车、船舶、管道多种方式进行运输。卡车的散货运载量在几种方式中最小，通常在 3～5 吨之间。火车的散货运载量大于卡车。最大运载量的铁路散货运输是使用单元列车进行运输。单元列车运输散货提高了车厢利用率、可以用传送带搬运货物，因此，运输服务更廉价、可靠。目前世界大多数国家的煤炭运输都使用单元化列车。水上运输因其低成本、大运量的特点成为最适合散货运输的方式之一。目前，世界各国大多数的内河运输网络每天穿梭往返着许多散货运输船。在美国，内河驳船运输货物中，约 36%是石油及其制成品，28%为煤炭。内河运输的其他主要散货有：谷物及其制品、化工原料、铁矿石及钢材、木材及其制品、水泥、化肥、纸制品、沙砾等。国际大宗散货运输几乎全部使用海上运输。液体散货运输常常使用管道运输系统，目前世界各发达国家和产油大国的石油管道运输都十分发达。有些国家还兴起了运输固体粉状散货的水浆管道。

（6）项目货物（Project Cargo）运输。项目货物运输是专门为完成一个大项目需要的所有货物所进行的运输。例如：为建设水电站运输的发电设备、为建设炼油厂运输的管道设备等。项目货物运输具有不同于其他货物运输的特点，包括：

1）对整个工程项目的全部或部分货物进行运输，运输所涉及的货物种类繁多。

2）由于大型项目所需的工程设备，大多通过全球采购实现，所以常常涉及国际运输，其运输线路、方式、单据、运输关系方也繁多复杂。

3）承运人通常派专人对该类货物进行专项管理。

（7）超大货物（Oversize Goods）运输。所谓超大货物，是指质量或体积超过正常标准的货物。通常有两种情况：超重和超高、超长。超重货物可以采用重载汽车、火车进行运输。此外，在运输线路选择的过程中，还需考虑公路及经过桥梁的承重能力。超高、超长货物是指高度和长宽超出正常范围，但并不超重的货物，如大型管道、建筑模型等。在运输这类货物时则需考虑公路铁路设施的空间通过能力，有时可能还需要与途经的公路、铁路管理部门进行协商。

精心选择运输工具和路线是成功运输超大货物的关键。有些产品（如一些大型机械设备）在生产地完成装配后就成为超大货物。传统的运输方式往往难以解决此类货物的运输问题。为了方便运输，有时不得不将其拆成小件，运到目的地后再将其组装起来。这样不但增加了其拆卸、装配成本，而且产品质量性能难以保证，成为传统运输方式难以逾越的一道难关。随着运输技术的迅速发展，已有一些运输公司为迎合客户运输需要，设计出了专门运输大型机械设备的新型运输工具，例如飞艇，这样运输超重设备、超大机械不必再为方便运输而牺牲质量。

（8）危险品（Hazardous Goods）运输。危险品是可能对运输设备、其他货物、人与环境造成潜在危害的货物，如易爆、易燃物品，剧毒品，放射性物品及需控温的有机过氧化物等。无论用何种方式进行运输，都需要注意各种限制条件。通常，危险品运输需要使用专用设备，采用特殊的运输包装。在运输过程中，首要考虑的是运输安全问题，因此，安全可靠性较高的铁路运输在危险品运输中占的份额较大。

5.2.2 运输费率

1. 运输费率结构的影响因素

运输费率是承运人在两地之间运输一定货物所收取的单位运输费用。费率结构是承运人计收运费的一整套方法体系。目前，在运输实际运作过程中，承运人所采用的费率结构主要考虑三方面的影响因素——货物批量、运输距离、运输供求状况。

（1）批量费率结构。根据货物批量制订的费率结构能够较真实地反映运输成本的特性，即在一定范围内,单位运输成本随运输批量增大而下降。通常,在由批量决定的运输费率体系中,承运人对不足一定质量的货物收取一个起码费率,在此基础上按货物质量收取运费,一次运输货物批量越大,运输费率就越低。譬如,整车费率低于零担费率。此外,承运人有时会根据货主托运的货物批量大小给予费率折扣。

(2) 距离费率结构。目前,承运人所使用的大多数费率不同程度地体现了费率与运输距离变化之间的关系,主要有四种情况:

1) 单一费率。这是一种极端的情况,即费率完全不随距离变化而改变。普通国内邮件和包裹就采用此种计费模式。

2) 比例费率。货物费率与运距成正比,每吨公里的单位费率固定不变。汽车运输中这种情况较常见。

3) 递减费率。递减费率是按照递远递减的原则制定的费率,即运输距离越长,单位费率越低,运输费率是运距的减函数。这是由于运输成本中有很大一部分费用是不随距离变化的,运距越长,这部分费用分摊到单位运距的成本就越少。在端点费用较高的铁路、水上、航空、管道运输中,这种费率都十分普遍。

4) 简化的递减费率。这是一种价格歧视。总的来看,费率结构是呈现递远递减的趋势,但在一定的运距区间内,为了应对竞争、方便计费,承运人采取统一费率。

(3) 需求费率。有些情况下,承运人会根据货主对运输服务的需求价格制定费率。这种费率偏离了按成本定价的原则。通常,货主对运输服务的需求价格会受到经济环境和替代方式的影响,从而大大增加了费率体系的不确定性。

2. 运输费率种类

在实际运输经营中,公共承运人(或契约承运人)在确定费率时,会考虑货物特性(如货物密度、积载能力、搬运难易程度)、货物的包装、装运地点、运量等,依据一定标准(如定期公布的运价本或计费软件)确定货物所使用的费率。主要包括以下种类。

(1) 等级费率。公共承运人对其所运输的货物进行等级划分,并制订各等级货物的费率标准,通常在分类货物运价表中对外公布。承运人向托运人收取运费时,即按照所托运的货物等级确定其基本费率。货物的费率等级确定之后,就需要确定计费基础(如运距、运量、体积等)以计收运费。此外,公共承运人还向托运人收取起码运费和附加费。起码运费是不论所托运货物的质量是多少,托运人都必须支付的最低运费金额。附加费是为了弥补承运人在运输中发生的特殊费用,向托运人收取的公布运价表中未包括的额外费用。例如,燃油附加费等。

(2) 例外费率(Exception Rate)。例外费率,或称等级例外,是一种特殊的费率。该费率通常低于等级费率。在某些情况下(例如,在竞争性运输市场或者大批量托运),承运人对特定地区、特定线路或特定的货物提供特定的优惠费率。例外费率的一种形式是,承运人为提高载货量而向托运人提供的累积托运折扣,在现行等级运价表中的费率基础上给予多次托运货物托运人的费率折扣,例如,美国 UPS 公司就按照累积的质量或体积来计算多次小包裹托运,向顾客提供费率折扣;此外,托运人愿意承担部分应由承运人承担的活动时,可以使用较低的有限服务费率,也是一种例外费率。通过托运人与承运人双方的合作,例外费率降低了双方的成本。

(3) 综合(FAK)费率。综合费率指承运人对所运输的不同货物按单一计费方法收取运费,如集装箱运输中针对不同规格集装箱制定的费率。综合费率是一种平均费率,简化了货物运费的计算，这种形式在产品供应链的配送环节上具有特殊的重要意义。

（4）特殊服务费率。随着各种运输技术的发展，以及货主需求越来越多样化，承运人所提供的运输服务种类也越来越多样化，并对应货主要求而特别提供服务，收取特殊服务费率，其中包括转运服务费率，这是一种允许所托运的货物在起讫点之间的中途站点停留，进行装卸、储存、加工、包装，之后再运到最终目的地的运输服务的费率。

变更卸货地或收货人的特别费率。在货物抵达最终目的地或实际交付之前，托运人改变目的地或收货人，承运人向其收取的服务费用。

分批交付是将托运人的一批货物按托运人的要求分别送到不同的地点。此时承运人可能按运到最远目的地的费率进行收费，同时还要收取每一次交付的中途停留费用。

承运人对托运货物超期占用运输工具，还要向托运人或收货人收取滞期费或延误费。随着运输业内竞争日益激烈，承运人可为顾客提供的各种特殊服务越来越多样化，例如，写字楼内递送服务、给产品加贴标志和标签等，也按照特殊的费率计收费用。

5.2.3 运输管理

随着物流管理观念在经济各领域的普遍渗透，运输部门在企业中的作用逐步提升，运输管理的基本责任和内容也随之发生了变化。运输管理（Traffic Management）是一项复杂、细致、富有挑战性的工作，是成功物流系统的重要保障。本节主要从运输服务使用者的角度，对企业运输管理部门的职责范围进行确定，并对费率确定、承运人和线路选择等职责进行简要介绍。

1. 运输部门在企业物流中的职责

物流系统中的运输部门除了做好各项与运输相关的本部门内的工作，还要协助企业内其他部门进行运营和作出决策，包括协助市场营销部门向销售人员报出准确的运费，就可能的运输费用节约为销售折扣的数量提供依据，选择合适的线路、确保产品的配送；帮助生产制造部门对包装和原料搬运提供建议，同时确保随时提供充足的运输能力；为外向运输提供运输方式和线路选择方面的指导，填发运输单据，促进集运的使用；就如何控制内向配送的成本、提高质量向采购部门提出建议，并协助追踪和催促重要投入品的运输。

企业对运输部门的职责和使命，是这样描述的：确保以最低的成本为企业提供所需要的运输服务，以及为企业提供有关原材料、供应品和产成品移动方面的技术支持。运输部门的目标是确保所有的原材料在恰当的时间，以良好的状态到达工厂或客户，通过高效率、低成本的线路和信息管理以及对紧急要求的快速反应获得最大的内部、外部客户满意度。运输部门应以获得总体客户的满意为目标，同时注重提高运作水平以便以更低的总成本为企业提供更好的服务。

2. 承运人选择

不同的运输方式和运作类型会有各自的特点和优劣。运输管理者必须对这些运输方式和运作类型进行分析之后，选择恰当的方式和运作类型。然后在初步圈定的运输方式和运作类型范围内选出合适的承运人。

初步范围确定后，要在运输能力指标相近的承运人中进行选择，就需要对可能影响承运人服务质量的多项指标进行比较，其中比较重要的指标依次为：货运过程中处理破损的经验、处理索赔的程序、运输时间的可靠度、有无货物跟踪服务、门到门运输时间、上门取货和配送服务的质量、是否只提供单向运输服务、运输设备状况等。

上述是一些可供参考的通常标准。不同企业应结合自身情况，综合考虑选择评判指标。例如，通用汽车的运输经理列出的选择承运人的标准及各标准的权重见表 5-1。

表 5-1 标准和权重

标准	权重
承运人的地域覆盖面	0.5
承运人的市场影响力	0.4
承运人的运输业绩	1.8
设备可用性和清洁状况	1.1
客户服务水平（是否有货主与承运人之间的计算机接口，运输状态报告等）	1.4
定价水平	1.4
账单的准确性和报送的及时性	1.2
货物破损索赔的处理	1.2
承运人的财务稳定性	1.0

3. 运输方式与线路选择

对货主而言，通常运输方式和线路选择与承运人的选择是一同作出的。尤其对于使用公共承运人的零担货物运输来说，货主在选定承运人之时，运输的线路也就自动地确定了。

在与承运人进行商谈的过程中，货主可能会对运输线路的选择提出要求。根据 Nelson-Wood 公司对各企业运输管理者的调查，企业的运输管理人员参与运输线路选择主要有以下几种情况：使用铁路运输、多式联运时；为了促进集运或增加回程运输的货物时；国际货物运输中；危险品运输中。

其中，危险品运输在选择路线时需考虑的因素最多。不仅在国际上，各国政府作出了多项关于危险品运输的规定，而且许多地方政府对危险品运输也规定了诸多限制条件，因此在线路制定时，要考虑避开一些有禁令的地区。

此外，运输途经地区或城市的道路状况、地形、天气条件、季节性因素等都对线路选择有影响。例如，美国密西西比河的水位季节性差异十分大，在 20 世纪 90 年代初期水位过低的时候，美国的各种谷物出口不得不改由铁路运往东海岸各港口。而到了 1993 年，水位回升，船舶可以直接通过圣劳伦斯河口将谷物从中部各州运往海外出口。运输线路选择的方法很多，包括直线图法、线性规划法等。目前，运输线路选择方面的计算机软件越来越多。计算机也随之成为制定运输线路的首选工具。

4. 费率确定

随着各国运输业自由化和市场化的进程加速，运输费率体系越来越复杂，要达到运输的低成本，企业的运输管理人员必须对各种运输费率体系十分了解，并据以确定企业可利用的最低费率。

对于运输量较小的企业，运输费率主要是根据承运人公布的运价来计收，运输部门就要尽量搜集多家承运人的运价信息，从中选取适合企业的最低运费。

适用例外费率体系的企业则需要与承运人共同商讨所适用的费率。通常，货主（托运人）和承运人双方的代表组成费率等级确定小组进行商谈，然后确定费率。运输管理人员应通过各种途径对该小组人员施加影响，使其确定尽量低的费率和较小的等级。对于货物运输量常年较高的企业而言，往往适用需要与承运人进行单独谈判的特殊费率。运输部门管理人员的最主要精力花费在与承运人就运输合同进行的商谈上。随着企业生产方式的改变，越来越多的企业使用即时生产方式（Just in Time, JIT）。企业对"准时"配送的要求越来越高。从以前平均2~3天的到货误差时间（Delivery "Windows"）已经缩短到4小时。企业的生产方式影响到与承运人商谈的中心内容，通常包括合同期限、运输服务范围和水平、费率和运费表、预计运输量、付款程序、承运人保险、运货提前期（Lead Times）、免责条款、破损赔偿的处理、保密协议、争议解决条款等。

5. 单据准备

填写运输单据也是运输管理部门的职责。现在，有许多承运人向货主提供相应的软件，以便通过计算机输出通用的运输单据。也有些货主运用其订单处理软件输出运输单据。

6. 其他职责

运输部门将企业的产品交给承运人之后，还需要负责监督和跟踪货物在运输中的情况，以确保货物安全、及时、准确、完好无损地送到客户手中或指定的地点。因此，除了上述主要职责外，运输管理部门还承担着其他许多运输相关的责任。

（1）改道与再托运（Diversion and Reconsignment）。改道，是指货主在货物到达指定目的地之前，通知承运人改变目的地。而再托运，则是在货物到达指定目的地后，货主再通知改变目的地。一般在进行改道或再托运时需要更改提单。有些承运人会就此收取一定费用。同时，还要视更改后的目的地、是否需要重新装卸货物等情况加收其他附加费用。因此，运输管理部门对改变目的地的成本费用必须进行充分考虑。通常，托运时鲜货物的货主容易改变目的地，以便货物在运输中途就地销售，减少损失，提高利润。

（2）货物追踪及加速运输（Tracing and Expediting）。追踪，一般是指寻找丢失或延误货物的行动。如果运输部门发现货物没有及时到达指定目的地，就必须与承运人取得联系以确定货物的状况，并尽快采取相应措施。货物追踪服务通常是承运人免费提供的。目前，随着地理信息系统（GIS）和全球卫星定位系统（GPS）的发展，大多数的大型货运公司都建立了计算机系统对货物运输进行实时监控。货物在运输途中的状况，公司尽收眼底，并可通过企业之间的计算机接口或互联网络通报给托运人或收货人。企业也可以通过互联网络随时查询货物的在途情况。加速运输，是指在一定的期限内提前通知承运人加快货物的运输。有些承运人也免费提供该项服务。接到指令后，承运人会尽一切努力加速运货。但是企业运输部门必须在一定的提前期内通知承运人，使得承运人有时间通知其员工和各有关方面。

（3）灭失及损坏的索赔（Loss and Damage Claims）。货物运输过程中经常会出现货物灭失和损坏的情况。Nelson-Wood的调查显示，在美国，货物运输中灭失和损坏的比重约为货运量的1.1%，占货物总价值的2.7%。索赔过程中最难以处理的问题是货物损失价值的确定和破损责任的认定。为了避免双方出现分歧，运输管理人员应注意，在运输合同中加列索赔时货物价值确定条款，同时提醒生产部门提供适当运输包装，并对货物装运过程进行适当的监督，尽量避免责任界定不清的情况发生。

7. 自营运输管理

自营运输指企业自己拥有运输工具，并负责运输工具的运营管理。随着第三方物流日益完善，企业从各种经营活动的外包（outsourcing）中获得的利益越来越显著，自营运输的企业越来越少。

然而，仍有部分企业出于各种原因，自己来经营自己的运输业务。

（1）自营运输的好处。

1）公司能完全控制车辆的运营，并对驾驶人员进行监控。

2）运输在公司的控制之下，具有高度灵活性。

3）可以将车辆外观喷涂上公司的徽标及名称，从而达到良好的广告效应，树立公司的形象。

4）成本事先明确，便于企业进行预算和销售部门对外报价。

（2）自营运输的弊端。自营车队会对企业运输管理部门的车辆调度水平、管理水平提出更高要求，为承担相应管理责任还需要投资更多的设施。例如，维修保养的车库，储油和加油所需的设施，以及司机和编组人员所需的设施等。由此可能带来的不利之处主要有：

1）需要自筹资金来购买和更新车辆。

2）由于有些成本隐藏在一般性支出项（工资和薪金部分）下，难以确切地评估自营运输的成本。

3）车辆的使用效率通常较低。

4）不论是否使用车辆，都发生费用。

5）由于难以获得回程货物，更容易出现不平衡载货，甚至回空问题。

（3）自营运输的成本。所有与承担运输职能的部门有关的费用都应计入自营运输的成本。自营运输的经营成本可以分为与拥有运输工具相关的持有成本和与运输运作相关的运营成本。持有成本大部分发生在企业成立车队之时，这些费用与运输工具是否运营无关，主要包括资金利息，车辆购进价格减去残值和轮胎成本基础上计算出的折旧费用，营业执照、公路运营执照和达标证书成本，各种保险费用、管理费、车库等设施费以及车队人员工资等。

5.3 整车运输管理

5.3.1 整车运输概述

1. 整车货物运输的含义

整车货物运输是指一次托运的货物在 3t（含 3t）以上，或虽不足 3t，但其性质、体积、形状需要一辆 3t 以上货车运输的，均为整车货物运输。

为了明确运输责任，整车货物运输通常是一车一张货票、一个发货人。为此，公路货物运输企业应选派额定载质量（以车辆管理机关核发的行车执照上标记的载质量为准）与托运量相适应的车辆装运整车货物。一个托运人托运整车货物的质量（毛重）如果低于车辆额定载质量时，为合理使用车辆的载重能力，可以拼装另一托运人托运的货物，即一车两票或一车多票，但货物总质量不得超过车辆额定载质量。

整车货物多点装卸，按全程合计最大载重量计重，最大载重量不足车辆额定载重量时，按车辆额定载重量计算。

托运整车货物的办理由托运人自理装车，不足车辆标记载重量时，按车辆标记载重量核收运费。

整车货物一般不需中间环节或中间环节很少，送达时间短，相应的货运集散成本较低。涉及城市间或过境贸易的长途运输与集散，如国际贸易中的进出口商通常乐意采用以整车为基本单位签订贸易合同，以便充分体现整车货物运输的快速、方便、经济、可靠等优点。

2. 整车货物运输的生产过程及组织的原则

（1）整车货物运输生产过程的构成。整车货物运输的生产过程由四部分组成，这是一个多环节、多工种的联合作业系统，是社会物流必不可少的、重要的服务过程。这四个部分相互联系，相互作用，通过这四个部分的协同，把运输对象从始发地运送到目的地。这四个组成部分是：运输准备过程、基本运输过程、辅助运输过程和运输服务过程。

1）运输准备过程。这个过程又称运输生产技术准备过程，包括车型选择、线路选择、装卸设备配置、运输过程的装卸工艺设计等内容，是货物进行运输前所做的各项技术性准备工作。

2）基本运输过程。这个过程包括起始站装货、车辆运行、终点站卸货等作业过程，是运输生产过程的主体，主要是用来完成货物由起运地到目的地的空间位移。

3）辅助运输过程。这个过程主要包括车辆、装卸设备、承载器具、专用设施的维护、保护与修理作业，以及各种商务事故、行车事故的预防与处理工作和营业收入结算工作等，是为保证基本运输过程的正常进行所进行的各种辅助性生产活动的总称。辅助运输过程本身不直接构成货物位移的运输活动。

4）运输服务过程。这个过程为了基本运输过程和辅助运输过程中工作的顺利开展而进行的各种服务工作和活动的总称，例如，各种行车材料、配件的供应，代办货物的储存、包装、保险业务。

以上四个过程的划分是相对的，它们四者之间既相对独立，又相互关联。通过以上四个过程的衔接，把基本运输过程与物流过程的各个功能环节有机地协调、统一起来，以使整个运输过程的质量得以提高。

（2）运输生产过程组织的原则。整车货物运输生产过程的组织与企业的服务项目、经营规模、车型结构、营运范围、经营组织、经营方式，以及市场货源充沛程度、货流在时间上和空间上的分布、服务要求等有密切关系。尽管企业有各自的特点，但就运输生产过程组织而言，最基本的原则有以下几点：

1）连续性。连续性是指在运输过程的各个生产环节、各项作业之间不能中断，在时间上要紧密衔接和连续进行，不以各种不合理的事项而出现中断现象。只有保持继续性，才能使货物在接受运输服务过程中的各项作业能够很好地衔接起来，不发生或少发生不必要的停留和等待现象。连续性可以缩短货物的在途时间，提高运送速度；可以有效地利用车辆、站场和仓库，提高设备利用率；可以改善运输服务质量、节约运输时间与费用。它是提供较高的运输服务水平、获得较高劳动生产率的重要影响因素。

2）协调性。协调性是指运输过程中的各个环节、各项作业之间，在时间上尽可能保持平行关系，在生产能力上保持比例关系。这两方面关系的实现就可以在确保运输服务质量的前提下，使所配备的生产人员、车辆、运输设施在数量上协调配合，不致发生失调、脱节等现象。

运输过程的协调性是现代大生产的客观要求，是劳动分工与协作的必然结果。将运输过程的各个环节、各项作业，在安排生产能力上保持协调性，既可以提高货物的运送速度，又可以提高车辆、设备、站场等设施设备、工具的利用率和劳动生产率，进一步提高运输过程的连续性。

3）均衡性。均衡性是指企业内部各个生产环节在同一时期内工作量上要保持均衡，即同一时期内，完成大致相等的工作量或稳步递增的工作量，避免出现时松时紧、前松后紧等情况。均衡性要求是保障运行安全、可靠的重要基础。保持运输过程的均衡性有利于企业保证正常的生产秩序，有利于提高车辆、站场、设备、仓库的利用率；有利于提高行车安全和提高运输服务质量。这里需要指出的是，运输过程要充分体现其服务过程，其均衡性要求只能是相对的，是以满足货主的要求为前提的，但是，作为运输过程的组织者应当尽量做到使车辆、人员负荷相对均衡。

为了做到运输过程的均衡性，物流运输企业应当运用现代市场营销观念，采用合同运输等方式，与货主建立长期、稳定的运输服务合作关系。

综上所述，组织运输生产过程的连续性、协调性、均衡性要求，是以整车货物运输企业服务于社会、货主的现代市场营销思想为指导的。因此，必须以系统观念看待运输生产过程的各项基本要求，不能片面地强调某一项要求，而放弃其他各项要求。物流运输企业应按照组织运输生产过程的基本要求，以所承担的运输业务量和拥有的运输能力相适应为基础，即考虑以企业配备的车辆、装卸机具、维修设备、站场设施、职工数量及构成情况与企业承担的运输业务量相适应为前提条件，否则，片面地追求某一个原则，往往适得其反。

5.3.2 整车货物运输业务

【小案例 5-1】

汽车滚装船——汽车出口的市场主流

汽车出口必须依靠海运来实现。目前，经海运进出口的整车运输方式主要有两种：一是通过集装箱运输，二是通过汽车滚装船运输。由于集装箱运输成本比滚装船高，如果使用集装箱船运输，成本要高 20%~30%，而且容易损伤车辆，没有成为主流。通过专用的汽车滚装船运输已成为市场主流。

【资料来源：根据中国商务新闻网 http://www.comnews.cn/资料整理】

整车货物运输过程简称货运过程。它是指托运货物从受理开始，到交付收货人为止的生产过程。货运过程一般包括货物装运前的准备工作、装车、运送、卸车、保管和交付等几个环节。只有在完成了上述各项环节的作业后，才能实现货物空间位置的转移。车站是开始货物运输和结束货物运输的营业场所。

整车货物运输站务工作有发送、途中和到达三个阶段。其内容包括：货物的托运与承运，货物装卸、起票、发车、货物运送与到达交付、运杂费结算、商务事故处理等。

1. 整车货物运输的发送站务工作

货物在始发站的各项货运作业称为发送站务工作。发送站务工作主要由受理托运、组织装车和核算制票三部分组成。

（1）受理托运。受理托运必须做好货物包装、确定质量和办理单据等项作业。

1）货物包装。货物的包装属物资部门的职责范围之内的工作。为了保证货物在运输过程中的完好和便于装载，发货人在托运货物之前，应按国家标准以及有关规定进行包装，凡在"标准"内没被列入的货物，发货人应根据托运货物的质量、性质、运距、道路、气候等条件，按照运输工作的需要做好包装工作。车站对发货人托运的货物，应认真检查其包装质量，发现货物包装不合要求时，应建议并督促发货人将其货物按有关规定包装，然后再进行承运。

凡在搬运、装卸、运送或保管过程中，需要加以特别注意的货物，托运方除必须改善包装外，还应在每件货物外包装物明显处，贴上货物运输指示标志。

2）确定质量。货物的质量不仅是企业统计运输工作量和核算货物运费的依据，而且与车辆载重量的充分利用，保证行车安全和货物完好有很大关系。

整车货物运输以吨为单位，尾数不足 10 千克时，四舍五入。零担货物运输以千克为单位，起码计费重量为 10 千克，不足 10 千克者按 10 千克计费，超过 10 千克者，以实际重量计费；尾数不足 1 千克时，四舍五入。

货物重量分为实际重量和计费重量，货物重量的确定必须做到无误。

货物有轻浮货物与实重货物之分。轻浮货物是指 1 千克重的货物，体积超过 4 立方分米或每立方米质量不足 250 千克的货物。反之为实重货物。公路货物运输经营者承运有标准质量的整车实重货物，一般由发货人提出质量或件数，经车站认可后承运。

货物质量应包括其包装质量在内。

3）办理单据。发货人托运货物时，应向货物起运地车站办理托运手续，并填写货物托运单（或称为运单），作为书面申请。

（2）组织装车。货物装车前必须对车辆进行技术检查和货运检查，以确保其运输安全和货物完好。装车时要努力改进装载技术，在严格执行货物装载规定的前提下，以充分利用车辆的载重量和容积。货物装车后，应严格检查货物的装载情况是否符合规定的技术条件。

（3）核算制票。发货人办理货物运输时，应按规定向车站交纳运杂费，并领取承运凭证即货票，它标志着企业对发货人托运的货物开始承担运送义务和责任。

2. 整车货物运输的途中站务工作

途中站务工作是货物在运输途中发生的各项货运作业的统称，主要包括途中货物交接、货物整理或换装等内容。

（1）途中货物交接。货物在运输途中如发生装卸、换装、保管等作业，驾驶员之间、驾驶员与站务员之间，应认真办理交接手续。这样做的目的，一是保证货物运输的安全与完好，二是便于划清企业内部的运输责任。一般情况下，交接双方可按货车现状及货物装载状态来进行，必要时，可按货物件数和质量交接。如接收方发现有异常情况，应由交出方编制记录备案。

（2）途中货物整理或换装。货物在运输途中如发现有异常情况出现（如装载偏重、超重、货物撒漏、车辆技术状况不良、货物装载状态有异状、加固材料折断或损坏、货车篷布遮盖不严或捆绑不牢等），有可能危及行车安全和货物完好时，应采取及时措施，对货物加以整理或换装，必要时调换车辆，同时登记备案。

为方便货主，整车货物还允许中途拼装或分卸，考虑到车辆周转的及时性，对整车拼装或分卸应加以严密组织。

3. 整车货物运输的到达站务工作

货物在到达站发生的各项货运作业统称为到达站务工作，主要包括货运票据的交接、货物卸车、保管和交付等内容。

车辆装运货物抵达卸车地点后，收货人或车站货运员应组织卸车。卸车时，对卸下的货物的品名、件数、包装和货物状态等应进行必要的核查。

整车货物一般直接卸在收货人仓库或货场内，由收货人自理。收货人确认卸下货物无误并在货票上签收后,货物交付即完毕,货物在到达地由收货人办完交付手续后,全部运输过程才告完。

5.3.3 整车货物运输结算

1. 货物托运单

货物托运单是货物托运的单据,载明了托运货物的名称、规格、件数、包装、质量、体积,货物保险价和保价,发收货人姓名和地址,货物装卸地点,以及与承托双方有关的货运事项。它是发货人托运货物的原始依据,也是车站承运货物的原始凭证,上面明确规定了承托双方在货物运输过程中的权利、义务和责任等事项。车站在接到发货人提出的货物托运单后,应进行认真审查,确认无误后办理登记手续。

2. 货票与运杂费核算

【小思考 5-1】

货物运费是何时清算的?

货票是一种财务性质的票据,它是根据货物托运单据填制的。公路货物运输货票内载明了货物装卸地点、发收货人姓名和地址、货物名称、包装、件数和质量、计费里程和计费质量、运费与杂费等事项。在发站,它是向发货人核收运费的收费依据;在到站,它是与收货人办理货物交付的凭证之一。此外,货票也是企业统计完成货运量、核算营运收入及计算有关货运工作指标的原始凭证。

发货人办理货物托运时,应按规定向车站交纳运杂费,并领取相应的货票。

始发站在货物托运单和货票上加盖承运日期之时即算承运,承运标志着企业对发货人托运的货物开始承担运送义务和相应的责任。

货主向运输部门支付托运货物的基本费用称为运费;公路货物运输部门向货主收取除运费以外的其他费用称为杂费;运费和杂费总称为运杂费。

一般情况下,运杂费的核算可按如图 5-1 所示的作业程序进行。

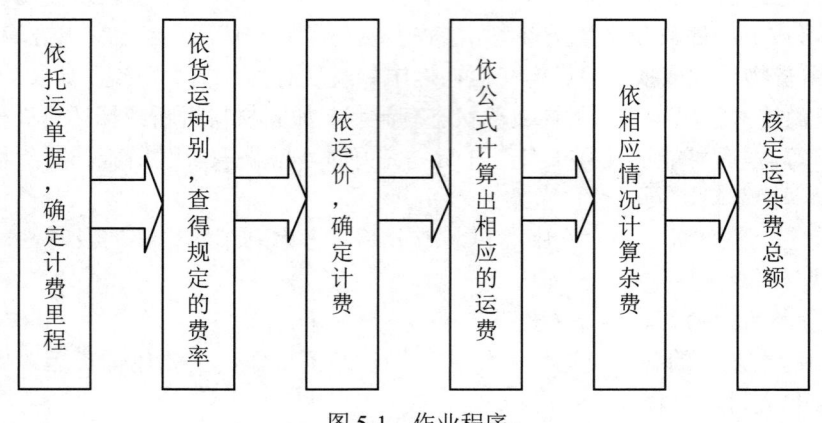

图 5-1 作业程序

图 5-1 中第四步所依的公式是

$$F=WLP$$

式中：F 代表运费（元）；W 代表计费质量（t）；L 代表计费里程（km）；P 代表运价[元/(t·km)]。

3. 行车路单的管理

【小思考 5-2】

行车路单的作用是什么？

行车路单是整车货物运输营运车辆据以从事运输生产的凭证，是整车货物运输生产中一项最重要的原始记录，它是企业调度机构代表企业签发给汽车驾驶员进行生产的指令。当前，不少省、区所使用的行车路单还是省（区）各专业公路货物运输企业加注燃料、进行修理或紧急救援、供应住宿的依据。因此，行车路单除具有原始记录、工作指令的作用之外，还在各专业公路货物运输企业之间结算有关费用、免费服务等方面起着"有价证券"的作用。所以，对行车路单的管理，是整车货物运输企业生产管理和经济管理中一项非常重要的工作。

从以上行车路单所起的作用来分析，它的管理工作应采用"分工协作"的方法进行，即由企业的计划统计部门、业务调度部门、物资供应部门与车队、车站领导共同负责，管理好行车路单。

行车路单的使用程序为：首先，由计划统计部门负责行车路单的印制、发放，对路单所包含的内容进行设计和规定填写要求；其次，将印制好的行车路单（分固定车号使用的或不固定车号使用的）发给各车队统计人员，按车号定量分发给同号单车；第三，行车路单由车队调度员签发执行运输业务的车辆；最后，等车辆完成任务归队后，由车队调度员将审核无误的行车路单交车队统计员进行复核、统计，计算运输工作量及运行消耗和各项经济技术指标。

由此可知，行车路单管理的重点在车队，即车队调度员、统计员必须严格按照要求，切实做好行车路单的管理工作。

行车路单的管理必须坚持做到以下几个方面：

（1）行车路单必须严格按顺序号使用，要采取有效措施防止空白路单的丢失。

（2）每一运次（或每一工作日）归队后必须将完成运输任务的路单交回，不允许积压、拒交。

（3）行车路单内各项记录必须按要求填准、填全，车队调度员对交回的行车路单各项记录负初审责任。

（4）企业规定的行车路单使用程序、管理方法必须严格执行。

对行车路单的管理工作是整车货物运输企业一项重要的日常工作，行车路单管理制度执行的好坏还在于人，因此整车货物运输企业的各级领导应加强责任心，企业各级负责人都应严格执行企业公布的行车路单管理制度，对各级业务员职责范围内的工作应大力支持，同时，不断听取群众的合理化建议，改革管理工作中的薄弱环节，切实地做好行车路单管理工作。

5.4 零担货物运输管理

5.4.1 零担货物运输概述

随着国民经济的发展和人民物质文化生活水平的提高，特别是现代物流理念和技术的飞速发展，货物的流动无论在时间还是空间上都发生了根本的变化。目前，零星用户、零星货物、零星整车的"三零"货急剧增加，普通零担货物运输已成为货物运输的重要形式之一。

1. 零担货物运输的特点

凡同一托运人一次托运货物的计费重量不足 3 吨者，称为零担货物。人类利用运输工具使零担货物产生位置移动的活动称为零担货物运输。

零担货物运输只是货物运输方式中相对独立的一个组成部分，由于其货物类型和运输组织形式的独特性，衍生出其独有的特点。一般而言，公路承运的零担货物具有数量小、批次多、包装不一、到站分散的特点，并且品种繁多，许多商品价格较高。另一方面，经营零担货运又需要库房、货棚、货场等基本设施以及与之配套的装卸、搬运、堆码机具和苫垫设备。所以这些基本条件的限定，使零担货物运输形成了自己独有的特点，主要表现在以下方面。

（1）货源的不确定性和来源的广泛性。零担货物运输的货物流量、货物数量、货物流向具有一定的不确定性，并且多为随机性发生，难以通过运输合同方式将其纳入计划管理范围。货物的来源涉及社会的方方面面。

（2）组织工作的复杂性。零担货物运输货物来源、货物种类繁杂，因此面对如此繁杂的货物和各式各样的运输要求必须采取相应的组织形式，才能满足人们货运的需求，这样就使得零担货物运输货运环节多，作业工序细致，设备条件繁杂，对货物配载和装载要求较高。因此，作为零担货物作业的主要执行者——货运站，要完成零担货物质量的确认、货物的积载等大量的业务组织工作。

（3）单位运输成本较高。为了适应零担货物运输的需求，货运站要配备一定的仓库、货棚、站台，以及相应的装卸、搬运、堆置的机具和专用厢式车辆。此外，相对于整车货物运输而言，零担货物周转环节多，更易于出现货损、货差，赔偿费用较高，因此，零担货物运输成本较高。

（4）适用于千家万户的需要。零担货物运输具有品种繁多、小批量、多批次、价格较高、时间紧迫、到站分散的特点，因此，它能满足各层次商品流通的要求，方便物资生产和流通。

（5）运输安全、迅速、方便。零担货物运输由于其细致的工作环节和业务范围，可承担一定行李、包裹的运输。零担班车一般都有固定的车厢，所装货物不会受到日晒雨淋，一方面为客运工作提供有力支持，另一方面体现了安全、迅速、方便的优越性。

（6）零担货物运输机动灵活。零担货物运输都是定线、定期、定点运行，业务人员和托运单位对运输情况都比较清楚，便于沿途各站点组织货源，往返实载率高，经济效益显著。对于竞争性、时令性和急需的零星货物运输具有尤为重要的意义。

2. 零担货物运输的发展趋势

商品经济的发展为零担货物运输业的发展提供了充足的货源。零担货物运输业要取得持续、良好的发展，必须依据零担货物运输量小、批量多、流向分散、品种繁多的特点，建立零担货物运输网络，充分发挥零担货物运输网络化规模经营的优势，取得最大的企业效益与社会效益。零担货物运输网络是指由零担货运站（点）、零担货运班线组成的供零担货物流通的循环网络系统。根据我国情况，发展零担货物运输网络应根据地区经济发展状况、产业构成、公路网状况等确定零担货运站数量、分布状况、货运班线等，依托行政区域，建立相应的各层次零担货运网，进而形成全国范围内的零担货物运输网络。

（1）建立县内网络。建立县内网络，是指以县城为中心，以乡镇村零担货运站为网点的网络，对区域内企业产品、日用消费品进行集结和疏散。

（2）建立城市（地区）网络。建立城市（地区）网络指以中心城市为中心，以县内网络为基础，以市县、县城间交通干线为脉络形成市（地区）内的网络系统。它对于发挥中心城市的作用，加快流通速度具有一定作用。

（3）省（自治区）网络。省（自治区）网络指以省（自治区）、直辖市或经济中心城市为中心，依托公路干道，形成省（自治区）内完整的循环系统。

（4）片区网络。片区网络是指跨越数省（市、自治区）以片区内的经济中心城市为连接点，以沟通城市之间的干线为脉络组成的网络。片区网络的建立为发展远距离的零担货物运输创造了必要条件。

（5）建立全国网络。建立全国网络指以大城市为中心，以干线为骨干形成的四通八达的全国范围内的零担货物运输网。只有建立全国零担货物运输网络，才能最大限度地方便货主，使零担货物在全国范围内流通，实现零担货物运输现代化。

5.4.2 零担货物运输组织

既然零担货物运输是现代货物运输的重要组成部分，在国民经济生产和社会生活中起着不可替代的作用，那么这一运输方式一定有其存在的物质基础，我们从开展这一运输方式的基础工作着手，逐步说明零担货物运输的组织形式。

1. 零担货物运输的基础工作

汽车零担货运开办和发展必须具备一定的前提条件，这些前提条件一方面是宏观经济社会发展的大环境，另一方面就是零担货运的微观物质条件。从汽车运输企业开办和发展零担货运实际工作看，零担货运的基础工作主要是指其物质条件，汽车运输企业要开办和发展零担运输就必须做好下述基础工作。

（1）建立零担货物仓库是开办零担货运的首要条件。零担货物自身的特点决定了多数零担货物不可能在业务受理后即行装车，也不可能在货物运达卸车后即行交付，它有一个"集零为整""化整为零"的过程，同时有些货物还需要中转，必须在货运站进行短期堆存保管，所以，必须根据吞吐量的大小，建设一定面积的零担货物仓库。

（2）零担货运站是开办零担货运业务的中介。货运站是货源货流的直接组织者，它一方面起着为社会集结和疏散货物的作用，另一方面为运载工具包揽运输业务，是建立在运载工具和货物之间的纽带。

（3）班车开辟和建立零担货运网络是开办和发展零担货运的基础。零担货运网络是指由若干站点和运行线路组成的具有巡回功能的运输系统。班车是零担货运网络的基本组成部分。班车的开辟应以满足货流需要，尽量减少中转环节为原则，并在货源货流调查的基础上确定和制定车辆运行方案。

（4）零担货车配备是开办和发展零担货运的保证。零担货车是公路运输零担货物的工具，没有它，即使其他条件都已成熟也不能实现零担货物的运输。

（5）组织零担货物联运是增强零担货运活力的关键。联运是指通过两种以上不同运输方式或虽属同种运输方式但需经中转换装的接力运输。由于零担货物运距长短不一，车船不可能每点都到、各线都跑，因此，必须与铁路、水路、航空搞好联运。这样才能满足托运人多方面的需要。

2. 零担货物货源组织

在完成零担货物运输的基础工作以后，零担货物运输便进入货源组织阶段。零担货物货源组织工作，始于货源调查，终止于货物受理托运，其主要的目的是寻找、落实货源。

获得货源货流信息并进行有效处理，开展零担货运货源的市场实际调查，是零担货物运输经营管理的基础性工作。由于零担货物运输是货物运输的一个组成部分，因此其市场调查的内容、方式、方法基本相同。零担货运货源的调查，其实质就是通过有效的市场调查方法，获取货运货源的基本信息，并对获取的信息进行进一步分析，用于指导零担货运的过程。

（1）货源货流的概念。货源即货物的来源，货物的发生地；货流是指一定时间、一定区段内货物的流动情况，它包括货物的流量、流向、流时、流程四个要素。公路货物在一定时间、一定区段内流动的数量称为货物流量；公路货物流动的方向称为货物流向，货物流向分为顺向货流和反向货流。路段上货流量大的方向的货流称为顺向货流，路段上货流量小的方向的货流称为反向货流。零担货物运输的货源货流信息是指与零担货物的发生地、流量、流向、流时、流程及其变化有关的各种情报的总称。

（2）零担货运中货源货流信息的收集。收集零担货运的货源货流信息不仅可为零担货运经营决策提供重要依据，而且是提高零担货运应变能力的重要手段。零担货运货源货流信息的收集一般通过下述方法进行。

1）开展零担货运的市场调查。零担货运的市场调查按调查方式分为全面调查、典型调查和专题调查。全面调查是在一定时期内，对零担货运企业活动区内的自然资源（矿山、土地、森林、土特产等）、人口、企事业单位、学校、机关等的基本概况，对工农业、农副产品的产量、规格、供给流通，对工业生产所需原材料、燃料、辅助材料的品种、消耗量、自产量、流入量；对商品流通的数量、范围、时间，对交通运输网络布局和竞争对手的发展变化等，进行全面的综合调查分析。典型调查是根据需要选择一些具有代表性的地区、单位或运输线路，进行解剖，用"由此及彼"的推理方法，了解同类事物的共同规律。专题调查是为研究零担货运的某些特殊问题，如新辟零担货运线路，而专门进行的市场调查。

2）整理分析资料。整理分析零担货运企业近期承托运资料、地区发出运量统计资料等，从中分析货源货流信息。

3）实时情报的收集。实时情报的收集指在固定的货运站点，在代办业务、取货送货等承运业务活动中，通过咨询、交谈了解、获取货源货流信息。

（3）零担货源组织方法。

1）实行合同运输。合同运输是公路运输部门行之有效的货源组织形式，它具有以下特点：①有利于稳定一定数量的货源；②有利于合理安排运输；③有利于加强企业责任感，提高运输服务质量；④有利于简化运输手续，减少费用支出；⑤有利于改进产、运、销的关系，优化资源配置。

2）设立零担货运代办点（站）。零担货物具有零星、分散、品种多、批量小、流向广的特点，零担货物运输企业可以自行设立货运站（点），也可以与其他社会部门或企业联合设立零担货运代办站（点），这样，既可以加大零担货运站的密度，又可以有效利用社会资源，减少企业成本，弥补企业在发展中资金、人力的不足。设立零担货运站的前提是广泛的市场调查，只有通过细致的调查分析，才能了解货源情况，有的放矢地建立起零担货运网络。

3）委托社会相关企业代理零担货运业务。零担货运企业还可以委托货物联运公司、日杂百货打包公司、邮局等单位代理零担货运受理业务，利用社会的资源，即这些单位现有的设施和营销关系网络，取得相对稳定的货源。委托代理关系是现代市场经济出现的一种有效的经营管理模式，这种模式可以充分调动社会各方面的经济资源，将有利于零担货运的经济资源重新配置。这一方面可以扩大联运公司、日杂百货打包公司、邮局等单位的商品营业额；另一方面，方便了购物者，扩大了自己的零担货源，实现了企业效益和社会效益的双赢。

4）聘请货运信息联络员，建立货源情报网络。在有较稳定的零担货源的物资单位聘请货运信息联络员，可以随时掌握货源信息，以零带整，组织整车货源。

5）设立信息化的网络受理业务。可以利用现代信息技术，创建数字化的零担货运受理平台，形成虚拟的零担货运业务网络，进行网上业务受理和接单工作。

3. 零担货物运输的组织形式

社会生产和人民生活对零担货物运送时间和方式、收发和装卸交接等有不同需要，零担货物运输需采取不同的营运组织方式，这些组织方式形成了零担货物运输的基本组织形式。零担货物的运输采用何种组织方式，一方面受制于用户的需求，另一方面决定于零担货运所使用的车辆。零担车指装运零担货物的车辆，按照零担车发送的时间的不同可将零担货物运输的组织形式划分为固定式和非固定式两大类。

（1）固定式零担货物运输的组织。固定式零担车是指车辆运行采取定线路、定班期、定车辆、定时间的一种零担车，也叫"四定运输"，通常又称为汽车零担货运班车（简称"零担班车"）。固定式零担货物运输的组织，实际上就是固定式零担车的组织，固定式零担车通常称为汽车零担货运班车，这种零担货运班车一般是以营运范围内零担货物流量、流向，以及货主的实际要求为基础组织运行的。运输车辆主要以厢式专用车为主。零担货运班车主要采用以下几种方式运行：

1）直达式零担班车。直达式零担班车是指在起运站将各个发货人托运的一同到站且性质适宜配载的零担货物，同车装运后直接送达目的地的一种货运班车，其货运组织形式如图 5-2 所示。

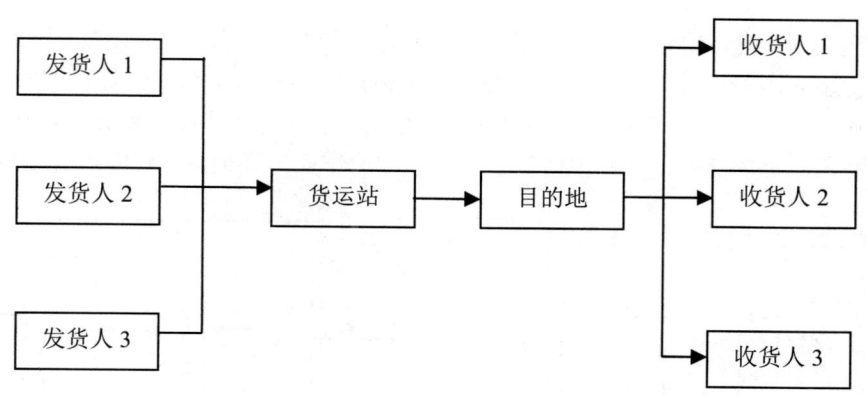

图 5-2　直达式零担班车货运组织形式

2）中转式零担班车。中转式零担班车是指在起运站将各个发货人托运的同一线路、不同到达站且性质允许配载的各种零担货物，同车装运至规定中转站，卸后复装，重新组成新的零担班车运往目的地的一种货运班车，其货运组织形式如图 5-3 所示。

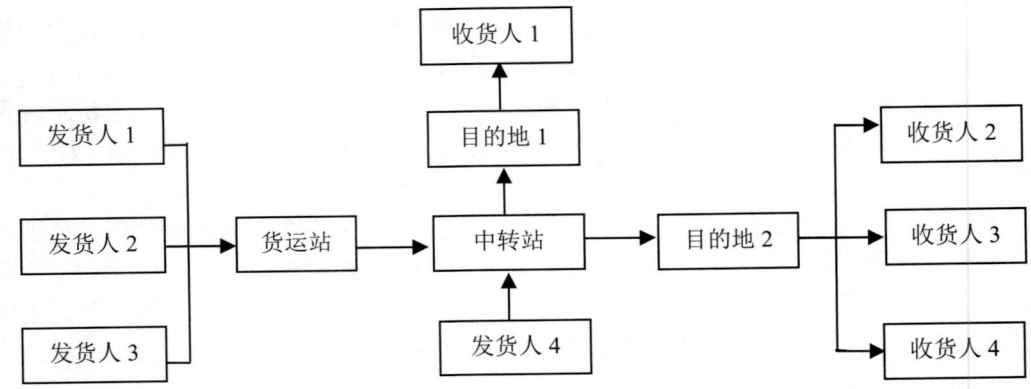

图 5-3 中转式零担班车货运组织形式

3）沿途式零担班车。沿途式零担班车是指在起运站将各个发货人托运的同一线路不同到达站，且性质允许配装的各种零担货物，同车装运后。在沿途各计划停靠站卸下或装上零担货物再继续前进，直到最后终点站的一种货运班车。

在上述三种零担班车运行模式中，以直达式零担班车最为经济，是零担货运的基本形式，这种形式具有无法代替的特点：

　　a. 避免了不必要的换装作业，节省了中转费用，减轻了中转站的作业负担。
　　b. 减少了货物在中转站的作业，有利于运输安全和货物完好，减少事故，确保质量。
　　c. 减少了在途时间，提高了零担货物的运送速度，有利于加速车辆周转和物资调拨。
　　d. 在仓库内集结待运时间少，充分发挥仓库货位的利用程度。

（2）非固定式零担货物运输的组织。非固定式零担货运的完成是通过非固定式零担车的组织来实现的。非固定式零担车是指按照零担货流的具体情况，临时组织而成的一种零担车，通常在新辟零担货运线路或季节性零担货物线路上使用。

5.4.3 零担货物运输作业程序

零担货运企业承托、仓储、配装、发送、交接零担货物，按照相关规定办理业务手续，统称为零担货物运输商务作业。零担货运商务作业是根据零担货运工作的特点，按照流水作业形式构成的一种作业方式，它的内容及其程序是：受理托运、检货司磅与起票、验收入库、开票收费、配载装车、货物交付、货物中转、零担货运到达作业。零担货运作业流程如图 5-4 所示。

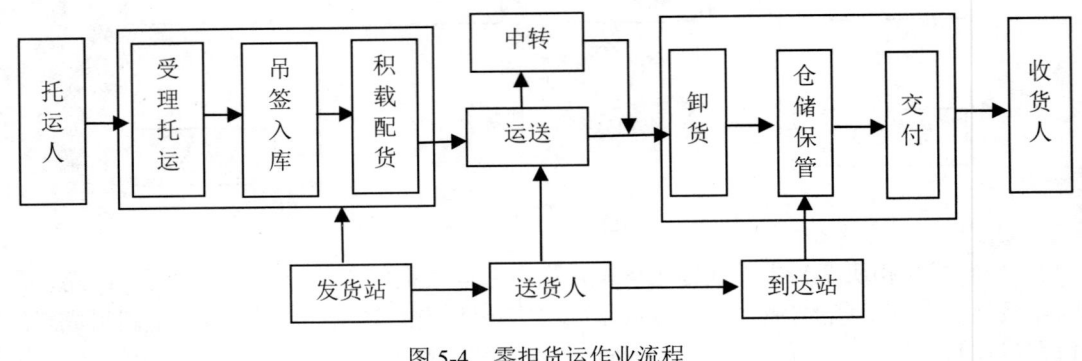

图 5-4 零担货运作业流程

1. 受理托运

受理托运指零担货物承运人根据营运范围内的线路、站点、运距、中转范围、各车站的装卸能力、货物的性质及收运限制等业务规则和有关规定接收零担货物,办理托运手续。受理托运是零担货物运输作业中的首要环节。由于零担货运线路站点多、货物品类繁杂、包装形状各异、性质不一,因此受理人必须熟知营运线路范围内的线路、站点、运距、中转范围、车站装卸能力、货物的理化性质及收运限制等一系列业务及有关规定。

(1) 受理托运的必备条件。

1) 公布办理零担的线路、站点(包括联运、中转站点)、班期及里程运价。

2) 张贴托运须知、包装要求和限运规定。

(2) 受理托运的方法。在受理托运时,可根据受理零担货物数量、运距以及车站作业能力采用不同的受理制度和方法,如随时受理制、预先审批制、日历承运制等,或站点受理、上门受理、预约受理等。

1) 随时受理制。这种受理制度对托运日期无具体的规定,在营业时间内,发货人均可随时将货物送到托运站办理托运。这一制度为货主提供了很大的方便。但这种受理制度也有其局限性,如事先不能组织货源,缺乏计划性。因此货物在库时间长,设备利用率低。在实际零担货物运输中,这一受理制度常被作业量小的货运站、急运货运站,以及始发量小、中转量大的中转货运站采用。

2) 预先审批制。预先审批制要求发货人事先向货运站提出申请,车站再根据各个发货方向及站点的运量,结合站内设备和作业能力加以平衡,分别指定日期进货集结,组成零担班车。

3) 日历承运制。日历承运制指运站根据零担货物流量和流向规律,编写承运日期表,事先公布,发货人则按规定日期来站办理托运手续。采用日历承运制可以有计划、有组织地运输零担货物,便于将去向和到站比较分散的零担货物合理集中,组织直达零担班车,可以均衡安排货运站每日承担零担货物的数量,合理使用货运设备,便于物资部门安排生产和物资调拨计划,提前做好货物托运准备工作。

(3) 托运单的填写与审核。受理托运时,必须由托运人认真填写托运单,承运人审核无误后方可承运。

零担货物托运单一式两份,一份起运站仓库存查,一份开票后随货同行。凡货物到站在零担班车运行线路范围以内的,称为"直线零担",可填写"零担货运托运单";需通过中转换装的,称为"联运零担",可填写"联运零担货物托运单"。零担货物托运单格式如图5-5所示。

托运单的填写原则上由发货人填写,承运方不予代填,对托运人填写的托运单还必须认真审核。审核托运单的要求是:

1) 检查核对托运单的各栏有无涂改。对涂改不清的应重新填写。

2) 审核到站与收货人地址是否相符,以免误运。

3) 对货物的品名和属性进行鉴别,注意区别普通零担货物和笨重零担货物(同时注意它们的长、宽、高能否适应零担货车的装卸及起运站、中转站、到达站的装卸能力等)、普通物品与危险品(如属危险品则应按《道路危险货物运输管理规定》办理)。

4) 对一批货物多种包装的应认真核对,详细记载,以免错提、错交。

5) 对托运人在声明事项栏内填写的内容应特别注意货主的要求是否符合有关规定,能否承担。

```
托运日期      年    月    日
起运站_____           到达站_____
托运单位_____         详细地址_____        电话_____
收货单位（人）_____       详细地址_____        电话_____
货物名称_____  包装_____  件数_____  实际质量_____  计费质量_____
托运人注意事项：
  （1）托运单填写一式两份；（2）托运货物必须包装完好、捆扎牢固；（3）不得瞒报货物名称，否则在运输过程中发生一切损失，均有托运人负责赔偿；（4）托运货物不得夹带易燃危险品；（5）以上各栏，由托运人详细填写。
  合计
  发货人记载事项_____        起运站记载事项_____
  进货仓位_____             仓库理货验收员_____        发运日期_____
  到站交付日_____           托运人（签章）_____
```

图 5-5　公路汽车零担货物托运单

2. 检货司磅与起票

检货司磅与起票的作业就是零担货物受理人员在收到托运单后，审核托运单填写内容与货物实际情况是否相符，检查包装，过磅量方，扣、贴标签和标志。

（1）核对运单。核对货物品名、件数、包装标志是否与托运单相符。注意是否夹带限制运输货物或危险货物，做到逐件清点件数，防止发生差错。对长大、笨重的零担货物要区别终点站，长大件不超过零担班车车厢的长度和高度；中途站，长大件不超过零担车后门宽度和高度；笨重零担货物，不超过发站和到站的自有或委托装卸能力。单件重量，一般在人力搬运装卸的条件下，以不超过 40kg 为宜，笨重零担货物应按起运、中转、到达站的起重装卸能力受理。

（2）检查货物包装。货物包装是货物在运输、装卸、仓储、中转过程中保护货物质量必须具备的物质条件。货物包装的优劣，直接关系到运输质量和货物自身的安全，因此必须按货物的特性和要求进行包装，要达到零担货运关于货物包装的规定。如发现应包装的货物没有包装或应有内包装而只有外包装的，应请货主重新包装。对包装不良或无包装但不影响装卸及行车安全的，经车站同意可予受理，但应请货主在托运单中注明包装不良状况及损坏免责事项。对使用旧包装的应请货主清除旧标志、旧标签。

检查货物虽然是一项十分琐碎的工作，但却是较为重要的工作。如果在接收货物时检查疏忽，就会使原来已经残破短少或变质的货物进入运送过程，不仅加剧货物的损坏程度，而且不能保证承运期间的安全，甚至会转化为运输部门的责任事故，影响企业信誉，造成不应有的损失。

【小思考 5-3】

如何检查货物包装？

（3）过磅量方。货物质量是正确装载，凭以核算运费和发生事故后正确处理赔偿费用的重要依据。因此必须随票过磅（量方），确保准确无误。货物质量分实际质量、计费质量和标定质量。

1）实际质量。货物的实际质量是根据货物过磅后（包括包装在内）的毛重来确定的。

2）计费质量。计费质量可分为不折算质量和折算质量，不折算质量就是货物的实际质量。关于折算质量的计算可参考相关规定。

3）标定质量。标定质量是对特定的货物所规定的统一计费标准。同一托运人一次托运轻泡和实重两种货物至同一到站者，可以合并称重或合并量方折重计费（不能拼装者例外）。过磅或量方后，应将质量或体积填入托运单内。一张托运单的货物分批过磅、量方时，应将质量和长、宽、高体积尺寸记在托运单内，以备查考，然后将总质量和总体积填入托运单告知货主。零担货物过磅量方后，过磅、收货人员应在托运单上签字证明并指定货位将货物搬入仓库，然后在托运单上签注货位号，加盖承运日期戳，将托运单留存一份备查，另一份交还货主持其向财务核算部门付款开票。

4）扣、贴标签和标志。零担标签、标志是建立货物本身与其运输票据间的联系，是标明货物本身性质，也是理货、装卸、中转、交付货物的重要识别凭证。标签的各栏必须认真详细填写，在每件货物的两端或正、侧两面明显处各扣（贴）一张。

3. 验收入库

零担货物验收入库是车站对货物履行运输、保管责任的开始。把好验收关，就能有效地杜绝差错。验收时必须逐件查收，按指定货位堆放。零担货物仓库应严格划分货位，一般可分为待运货位、急运货位、到达待交货位等。堆码整齐，经复点无误后在托运单上注明货位，经办人签章后生效。零担仓库的货位配置可根据通道位置，分成一列式排列和双列式排列。此外，零担货物仓库要具备良好的通风能力、防潮能力、防火和灯光设备及安全保卫能力。

（1）验收入库必须做到：

1）凡未办理托运手续的货物，一律不准进入仓库。

2）认真核对运单、货物，坚持照单验收入库。

3）货物必须按流向堆码在指定的货位上。

4）一批货物不要堆放两处，库内要做到层次分明，留有通道，互不搭肩，标签向外，箭头向上。

5）露天堆放的货物要注意下垫上盖。

（2）经常检查仓库四周，不可将有碍货物安全的物品堆放在仓库周围，保持仓库内外整洁。

（3）货物在仓库待运期间，要经常进行检视核对，以票对货、票票不漏。

4. 开票收费

零担货物运输的开票收费作业，是在零担货物托运收货后，根据司磅人员和仓库保管人员签字的零担货物托运单进行的。开票收费环节包括运费和杂费的计算。运费的计算有既定计算公式，在计算时可以套用。

（1）零担货运的杂费项目。

1）渡费。零担运输车辆如需要过渡运行，由起运站代收渡费。

2）标签费。

3）标志费。

4）联运服务费。若通过两种以上的运输工具的联合运输以及跨省（市）的公路联运，则核收联运服务费。

5）中转包干费。联运中转换装所产生的装卸、搬运、仓储、整理包装劳务等费用，实行全程包干，起运站一次核收。

6）退票费。受理承运后货主要求退运，按规定收取已发生的劳务费用及消耗票证的印制成本费用。

7）保管费。

8）快件费。应货主要求办理快件运输，收取快件费。

9）保价（保险）费。对贵重物品实行保价运输，制定收费标准，按货物价值的百分比核收。

（2）营收报解与营收审核。营收人员每日工作完毕，必须将当天开出货票核联中的营收进款累计数与所收的现金、支票金额进行核对。

5. 配载装车

零担货物装车是起运的开始。装车前必须根据车辆吨位、体积、货物性质和货物运送方向、中转、直达等，做好货物配载工作。

（1）零担货物的配载。

1）零担货物的配载必须遵循以下原则：

a. 中转先运、急件先运、先托先运、合同先运的原则；对一张托运单和一次中转的货物，须一次运清，不得分批运送。

b. 凡是可以直达运送的货物，必须直达运送；必须中转的货物，应按合理流向配载，不得任意增加中转环节。

c. 充分利用车辆的载重量和容积进行轻重配装，巧装满装。

d. 认真执行货物混装限制规定，确保运输安全。

e. 加强预报中途各站的待运量，并尽可能使同站卸装的货物在吨位和容积上相适应。

2）货物装车前必须做好以下准备工作：

a. 按车辆的容载量和货物的长短、大小、性质进行合理配载，填制配装单和货物交接清单。填单时应按货物先远后近、先重后轻、先大后小、先方后圆的顺序填写，以便按单顺次装车。对不同到达站和中转的货物要分单填制，不得混填一单。

b. 整理各种随货单证，分附于交接单后面。整理各种随货同行单据，包括提货联、随货联、托运单、零担货票及其他附送单据，按中转、直达分别整理。在组织中转时应考虑发运到中转次数最少的中转站进行中转，不得任意中转，更不能迂回中转。凡中转货物一律不得分批运送。

c. 根据车辆核定吨位、车厢容积和起运货物的重量、理化性质、长度、大小、形状等合理配载，编制货物交接清单。按单核对货物堆放位置，做好装车标记。

（2）装车组织。

1）备货。货运仓库接到"货物装车交接清单"后，应逐批核对货物台账、货位、货物品名、到站、点清件数，检查包装标志、标签或贴票。

2）交待装车任务。货物装车前，仓库保管人员要将待装货物按货位、按批量向承运车辆的随车理货员或驾驶员和装车工人交代货物品名、件数、性能及具体装车次序、装载要求、防护要领、消防方法等。

3）监装。实际装车时，可采用"点筹对装法"，由仓库保管员发筹，随车理货员或驾驶员收筹，按筹点数核对。零担货物配运员与随车理货员（或驾驶员）根据零担货物配运计划监

装,并以随货同行的托运单及附件为凭证按批点交。装车时应注意如下几点:

  a. 检查零担车车体、车门、车窗是否良好,车内是否干净。

  b. 将贵重物品放在防压、防撞的位置,保证其运输安全。

  c. 根据车辆容积,均衡地分布货物,防止偏重;对某些集重货物和畸形偏重货物,下面应垫以一定厚度的木板或钢板,并使其重心尽可能位于车辆纵横中心线的交叉点。

  d. 紧密地堆放货件,充分利用车辆载重量和容积,巧装满载,防止车辆运行中因振动造成的货物倒塌、破损。

  e. 货物装妥后,要复查货位,防止错装、漏装、误装;确认无误后,驾驶员(或随车理货员)要清点随货单证并在交接清单上签章。

  f. 每批货物要堆放在一起,并按公铁联运、公水联运、公航联运、公公联运中转零担和直线零担次序装车,为到站和中转快速卸货提供便利。

  g. 检查车辆关锁及遮盖捆扎等情况。

  中途站装卸零担货物,应先卸后装,依次进行,避免货物混乱,产生差错。无论卸货进仓或装货上车均按起点装卸作业程序办理。在装车前还应将车上的货物按到达远近适当整理,以减少下一站卸货的困难。

  中转站应积极组织车辆发运,减少货物在中转站滞留的时间。对破散受潮、包装污染的货物除在卸车交接时如实编制记录外,应先进行整理加固,然后再换装,严禁破来破去。如遇票货不齐或串件情况,除在交接清单中签注外,应立即通知起运站查找和纠正,待货票完全相符后再转运,严禁错来错转。

  6. 货物交付

  起运站与承运车辆,依据"零担货物装交接清单"办理交接手续,按交接清单有关栏目,逐批点交,逐批接收。交接完毕后,由随车理货员或驾驶员在交接清单上签收。交接清单应一站一单,以利于点交和运杂费结算,如图 5-6 所示。

```
车属单位:_____    编号:    字第    号
车号:
吨位:_____    202  年    月    日
原票记录_____  中转记录_____  票号
收货单位(或)收货人
品名_____  包装_____  承运路段_____  备注
原票起站_____  到达站_____  里程_____  中转站_____  到达站
件数_____  里程_____  计费质量_____  运费
合计
附件  零担货票  发票  证明  上列货物已于    月    日经点件验收所随带附件,收讫无误。
中转站:(盖章)
到达站:(盖章)                           月        日
填发站:_____  填单人:_____  驾驶员盖章:
```

图 5-6 公路汽车零担货物交接及运费和运杂费结算清单

  货物入库后,应及时用电话或书面通知收货人凭"提货单"提货,并做好通知记录,逾期提取的按有关规定办理。对预约"送货上门"的货物，则由送货人按件点交收货人签收。货物交付要按单交付，件检件交，做到票货相符。货物点交完毕后，应及时在提货单上加盖"货物交讫"戳记。

零担货运通常由多个运输企业（或站、点）连续作业才能完成，因此在零担运输作业的全过程中，每个环节都必须严格办理交接手续，否则，就会产生手续不清、责任不明等问题，甚至无法查明原因，形成混乱状况。

7. 货物中转

零担货运班车必须严格按期发车，按规定线路行驶，在中转站要由值班人员在行车路单上签证。对于需要中转的货物需以中转零担班车或沿途零担班车的形式运到规定中转站进行中转。中转作业主要将来自各个方向仍需继续运输的零担货物卸车后重集结待运，继续运至终点站。零担货物中转作业一般有以下三种基本方法。

（1）落地法。落地法是将到达车辆上的全部零担货物卸下入库，按方向或到达站在货位上重新集结，再重新装配。这种方法简便易行，车辆载货量利用较好，但装卸作业量大，作业速度慢，仓库和场地的占用面积也较大。

（2）坐车法。坐车法即将到达车辆上运往前面同一到站，且中转数量较多或卸车困难的那部分核心货物留在车上，将其余货物卸下后再加装同一到站的其他货物。这种方法其核心货物不用卸车，减少了装卸作业量，加快了中转作业速度。节约了装卸劳动力和货位。但对留在车上核心货物的装卸情况和数量不易检查和清点，在加装货物较多时也难免发生卸车和倒装等附加作业。

（3）过车法。过车法是当几辆零担车同时到站进行中转作业时，将车内部分中转货物由一辆车直接换装到另一辆车上。组织过车时，可以向空车上过，也可以向留有核心货物的重车上过。这种方法在卸车作业的同时即完成了装车作业，减少了零担货物的装卸作业量，提高了作业效率，加快了中转速度，但对到发车辆时间衔接要求较高，容易遭受意外因素的干扰。零担货物中转站除了承担货物的保管工作外，还需进行一些与中转环节有关的理货、堆码、整理、倒载等作业，因此，中转站应配备一定的仓库或货棚等设施。零担货物的仓库或货棚，应具备良好的通风、防潮、防火、采光、照明等条件，以保证货物的完好和适应各项作业的需要。零担货物中转作业是按货物流向或到站进行分类整理，先集中再分散的过程。中转站的选择必须建立在充分的运输经济调查基础上，结合货源和货流的特点，中转站的硬件设施要求与仓库的相同。

8. 零担货运到达作业

（1）到站卸货。

【小思考5-4】

发现货票不符时，应如何处理？

零担班车到站后，对普通到货零担及中转联运零担应分别理卸。根据仓库情况，除将普通到货按流向卸入货位外，对需要中转的公公联运货物，应办理驳仓手续，填制"货物驳运、拼装、分运交移凭证"，分别移送有关货组，其他公转铁、公转水、公转航空货物，接托后分送有关仓库，办理仓储及中转作业。零担货运到达作业应注意以下各点：

1）要认真办好承运车与车站的交接工作。班车到站时，车站货运人员应向随车理货员或驾驶员索阅货物交接清单以及随附的有关单证，两者要注意核对，如有不符，应在交接清单上注明不符情况。

2）要检查车门、车窗及敞车的篷布覆盖、绳索捆扎有无松动、漏雨等情况，确认货物在运送过程中的状态和完整性，以便在发生货损货差时划清责任并防止误卸。

（2）到货通知。零担到货理验完毕后，到达本站的货物，应登入"零担货物到货登记表"，并迅速以"到货布告"形式和"到货通知单"或电话发出通知，催促收货人提货，一面将通知的方式和日期记入货物登记簿内备查。对合同运输单位的货物，应立即组织送货上门。

（3）收票交货。收票交货是零担货物运输的最后一道工序，货物交付完毕，收回货票提货联，公路汽车的责任运输才告结束。它包括内交付（随货同行单证交付）和外交付（现货交付）。为了防止误交，应做到：

1）不得白条提货，信用交付。

2）凭货票提货联交付者，由收件人在提货联上加盖与收货人名称相同的印章并提供有效的身份证件交付。

3）凭到货通知单交付的，由收货人在到货通知单上加盖与收货人名称相同的印章并验看提货经办人的有效身份证件，在货票提取联签字交付。

4）凭电话通知交付的，凭收货单位介绍信经车站认可后由提货经办人在货票提货联上签字交付。

5）委托其他单位代提的，应有收货人盖有相同印章向车站提出的委托书，经车站认可后，由代提单位在货票提货联上签章交付。

6）零担货物交付时，应认真核对货物品名、件数和票签号码，如货件较多，要取货后集中点交，以免出错。

本章案例

UPS 公司装车方案——实践案例

UPS 公司是一家大型的国际快递公司，每天的运输量达 1000 多件。UPS 公司在世界上建立 10 多个航空运输的中转中心，在 200 多个国家和地区建立了几万个快递中心，年营业额可达几百亿美元，在世界快递公司中享有很高的声誉。UPS 公司是从事信函、文件及包裹快速传递业务的公司，它在世界各国和地区取得了进出的航空权，在中国，它建立了许多快递中心。

现 UPS 公司有汽车集装箱一辆，箱体内壁尺寸为：2.5m × 1.6m × 1.3m。现需将两批货运送。一批为酒，160 件，每件的尺寸为：0.25m × 0.2m × 0.1m。另一批为铝盆，200 件，每件的尺寸为：0.35m × 0.3m × 0.2m。

结合案例思考：这一辆车能否装下？如果能装下，如何装？

1. 在物流运作过程中，运输环节主要涉及哪些关系方？它们对运输系统有何影响？

2. 零担货物运输具有什么特点？
3. 自营运输与外购运输相比有何特点？企业选择自营运输通常出于何种考虑？
4. 什么是四就直拨运输？
5. 调度车辆的基本原则有哪些？
6. 常见的海上运输单证有哪些？
7. 集装作业法包括哪些具体的方法？
8. 如何进行合理化运输？
9. 整车货物运输的主要业务有哪些？

第 6 章 配送中心规划

服装物流中心典型案例

位于江苏昆山的耐克物流中心、位于浙江慈溪东的太平鸟物流中心和位于福建泉州的柒牌物流中心都是服装物流中心的典范。

耐克昆山物流中心建设较早,自动化水平也比较高,是典型的 B2B 配送中心。其最大特点是完全按照现代物流的理念设计的,采用 VNA 完成储存批量,设计了 3 套分拣系统,分别用于预分拣、件分拣和订单箱分拣。其中预分拣采用滑块式分拣机,件分拣采用交叉带分拣机,订单箱分拣则采用托盘式分拣机。耐克昆山物流中心在拆零拣选、货架设计方面都是开拓性的,为后来的服装物流中心设计提供了很好的样板。

太平鸟慈东物流中心是国内已经建成的最大的服装物流中心之一,建筑面积达 13 万平方米。由于不适合采用 AS/RS 系统储存,其储存大量采用 VNA 技术,而分拣则采用两套分拣设备分别完成件分拣和订单箱分拣。太平鸟慈溪物流中心的最大特点是首次在一个物流中心中完成 B2B 和 B2C 业务。其 B2C 业务在应对双十一的突发高峰时取得了很好效果。

柒牌服装物流的一个特点是采用了全自动悬挂输送系统,这也是我国服装物流领域的第一个全自动悬挂输送系统。此外,该项目还采用自动化立体库储存货物,并采用高速分拣设备完成分拣。

【资料来源:"伍强智能科技"官方微信公众号】

6.1 配送中心概述

6.1.1 配送中心的定义及其形成

配送中心:从事配送业务且具有完善信息网络的场所或组织,应基本符合下列要求:①主要为特定客户或末端客户提供服务;②配送功能健全;③辐射范围小;④多品种、小批量、多批次、短周期。

配送中心的形成及发展是有其历史原因的,它是社会生产和流通系统化、大规模化的必然结果。正如《变革中的配送中心》一文所指出的:"由于客户在服务处理的内容上、时间上和服务水平上都提出了更高的要求,为了顺利地满足客户的这些要求,就必须引进先进的分拣设施和配送设备,否则就不可能建立正确、迅速、安全、廉价的作业体制。因此,不少企业都建造了配送中心。可见配送中心是基于物流合理化和拓展市场两个需要而逐步发展起来的。"

从图 6-1 我们可以看到,传统企业在没有配送中心的情况下,物流通路的混杂局面。图

6-2 是建立配送中心后，尤其是大批量、社会化、专业化配送中心建立以后物流配送的局面，它使现代物流通路简捷，显得非常合理和有序。

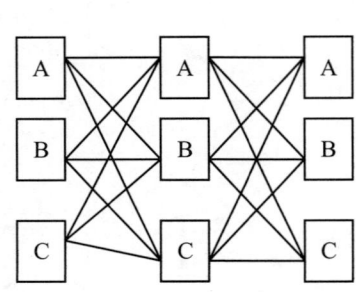

图 6-1　无配送中心的物流通路

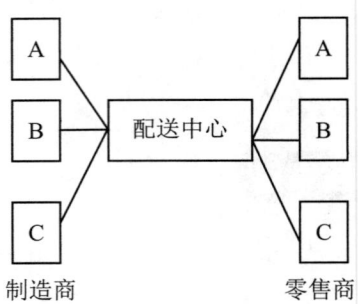

图 6-2　有配送中心的物流通路

配送中心是物流领域中社会分工、专业分工进一步细化之后产生的。应该看到，在新型配送中心没有建立起来之前，不少物流企业承担的是某些转运的职能，以后再逐步向更高级"配"的方向发展。

【小思考 6-1】

配送中心与物流中心的联系与区别？

6.1.2　配送中心的分类

对配送中心的适当划分，是深化及细化认识配送中心的必然结果，根据不同的划分标准，配送中心可以划分为不同的类型，见表 6-1。

表 6-1　配送中心的分类

配送中心的分类标准	配送中心的类别
按配送中心的经济功能划分	1. 供应型配送中心 2. 销售型配送中心 3. 流通型配送中心 4. 储存型配送中心 5. 加工型配送中心
按配送中心的运营主体划分	1. 以制造商为主体的配送中心 2. 以大型经销商为主体的配送中心 3. 以零售业为主体的配送中心 4. 以仓储、运输业为主体的配送中心 5. 社会化的配送中心
按配送中心的辐射服务范围划分	1. 城市配送中心 2. 区域配送中心
按配送中心的物流设施的归属划分	1. 自有型配送中心 2. 公共型配送中心
按配送中心的服务的适应性划分	1. 专业配送中心 2. 柔性配送中心

1. 按配送中心的经济功能划分

（1）供应型配送中心。供应型配送中心，顾名思义，就是向某些客户供应商品以行使供应职能的配送中心，主要是针对组装、装配型生产企业，配送中心为其提供零部件、原材料或半成品的配送服务，如我国上海地区六家造船厂的配送钢板中心，就属于此类供应型配送中心。其特点是：配送的用户稳定，用户的要求明确、固定。因而，配送中心集中库存的品种范围固定，进货渠道稳固，都建有大型现代化仓库，占地面积大，采用高效先进的机械化作业。

（2）销售型配送中心。销售型配送中心是指以商品销售为目的，以配送为手段的配送中心。这种配送中心按其所有权来划分可分为三种类型：一是生产企业为自身产品直接销售给消费者，以提高市场占有率而建的配送中心，如我国海尔集团所建的配送中心，在国外，这种类型的配送中心更多；二是流通企业为扩大销售而自建或合建的配送中心，我国目前拟建或在建的配送中心大多属于这种类型，国外的例子也很多；三是流通企业和生产企业联合建立的协作性配送中心，这是一种公用型配送中心，这种配送中心的特点是用户不确定，用户多，每个用户购买的数量少，因此不容易实行计划配送，集中库存的库存结构比较复杂。销售型配送中心只有采用共同配送，才能取得较好的经营效果。比较起来看，国外和我国的发展趋向，都向以销售型配送中心为主的方向发展。

（3）流通型配送中心。流通型配送中心是只以暂存或随进随出方式运作的配送中心，基本上没有长期储存功能。这种配送中心的典型方式是，大量货物整进，并按用户订单要求零星出货，一般采用大型分货机，进货时直接进入分货机传送带，分送到各用户货位或直接分送到汽车上，货物在配送中心仅做少许停滞。如阪神配送中心，该中心内只有暂存，大量储存则依靠一个大型补给仓库。

（4）储存型配送中心。储存型配送中心是具有很强储存功能的配送中心，主要是为了满足三方面的需要而建造的。第一是企业在销售产品时，难免会出现生产滞后的现象，要满足买方市场的需要，客观上需要一定的产品储备；第二是在生产过程中，生产企业也要储备一定数量的生产资料，以保证生产的连续性和应付急需；第三是在配送范围较大，距离较远时，或者需满足及时配送需要时，客观上也要求储存一定数量的商品。可见储存型配送中心是为了保障生产和流通得以正常进行而出现的。其特点是储存仓库规模大、库型多、储存量大。如美国福莱明公司的食品配送中心，建筑面积达 70000 平方米，其中包括 40000 平方米的冷冻库和冷藏库，30000 平方米的杂货库，所经营的商品品种达 89000 种。我国目前拟建的配送中心，都采用集中库存形式，库存量较大，多为储存型。

（5）加工型配送中心。加工型配送中心是根据用户需要对配送物品进行加工，而后实施配送的配送中心。其加工活动主要有：分装、改包装、集中下料、套裁、初级加工、组装、剪切、表层处理等。闻名于世的麦当劳、肯德基的配送中心就是提供加工服务后向其连锁店配送的典型。在工业、建筑、水泥制品等领域的配送中心同样属于这种类型。如石家庄水泥配送中心，既提供成品混凝土，又提供各种类型的水泥预制件，直接配送到用户。

2. 按配送中心的运营主体划分

（1）以制造商为主体的配送中心。规模较大、流通管理较好的制造商，在建立销售体制的同时，通常还要建立快捷的配送中心，以降低流通费用和提高售后服务的质量。例如：青岛海尔在每个省会城市都会有配送中心，个别规模较大的非省会城市也有，只要有海尔的销售公司，就有配送中心，同时海尔还建立了两个国际化物流中心，改储存物资的仓库为过站式（X-DOCKING）物流配送中心，改革了传统仓库，减少了20万平方米的平面仓库，向JIT采购、JIT原材料配送、JIT成品分拨物流方向发展。

（2）以大型经销商为主体的配送中心。一般按行业或商品类别的不同，把相关制造商的商品集中起来，然后，由配送中心或零售店、连锁店等进行配送。对于不具备建立自己配送中心条件的制造商或本身不能备齐各种商品的零售商，往往利用这种类型的配送中心实现商品的配送。

（3）以零售业为主体的配送中心。以专业商品为主的零售店、超级市场、百货商店、家用电器商场、建材市场、粮油食品商店、宾馆饭店等的商品配送业务一般是通过这类配送中心的服务来满足的。一般城市的商店或服务企业，都没有仓库和运输设备，因此这类配送中心的发展更为迫切和迅速。例如：北京食品配送中心储存各种各样的冷冻食品（各种鱼、虾、肉类）等，每天接受各大宾馆、饭店的订货，并准时迅速配送、到达。

（4）以仓储、运输业为主体的配送中心。仓储企业具有成为配送中心的天然优势，因为它是物流节点，拥有土地、库房、站点和装卸设备，功能的扩展使它演变为配送中心。运输企业设立配送中心是因为它需要物流节点以整理、配载、换载货物，达到扩大功能、节约物流成本的目的。

各主要城市中心邮局的配送中心，必须将随机、无序收集到的包裹、邮件，通过高速分拣装置进行按目的地的分拣，并按航班、车次进行配送。同时，从国内外到达的包裹、邮件，也要通过高速分拣装置进行按城市街区的分拣，并向收件人配送。

各铁路货场、公路货场，过去往往是等待用户自行提取的仓库。现在开始根据路程的方向和远近进行拣选和分类，将若干用户的货物，使用一辆卡车，依次分别送达用户，从而降低了货场的仓库面积，提高了车辆装载率，降低了物流费用。因此，轮船公司、邮政部门、铁路运营公司、机场及航空运输企业都可拥有自己的配送中心。

（5）社会化的配送中心。社会化的配送中心往往为中小工商企业服务或为物流公司服务。此类配送中心或由政府出资，或由众多企业集资建成。该类配送中心拥有公共使用的装卸货物平台、设备设施，拥有可以分割产权或分割成单元的库房。西班牙马德里内陆港配送中心拥有几十栋独立仓库，由众多的物流企业在经营，经营的品种有原料、工业品、生活用品、邮件、包裹、报纸等。东京和平岛配送中心也是由多家物流企业、生产企业、商业企业共同使用的配送中心。

3. 按配送中心的辐射服务范围划分

（1）城市配送中心。城市配送中心是指向城市范围内的用户提供配送服务的配送中心。这类配送中心有两个明显特征：一是采用汽车将货物直接送达用户，因为运距短，符合汽车的经济里程；二是开展少批量、多批次、多用户的配送，实行"门到门"式的送货服务，充分发挥汽车送货机动性强、供应快、调度灵活的优势。大多数的配送中心都属于城市配送中心，如北京食品配送中心也属于这种类型。城市配送中心所服务的对象大多是零售商、连锁店和生产企业，大多采用和区域配送中心联网的方式运作，以"日配"的服务方式配送。

（2）区域配送中心。区域配送中心是指以较强的辐射能力和库存准备，向省（自治区）际、全国乃至国际范围的用户配送的配送中心。这种配送中心配送规模较大，一般而言，用户也较大，配送批量也较大，而且，往往是配送给下一级的城市配送中心，也配送给营业所、商店、批发商和企业用户，虽然也从事零星的配送，但不是主体形式。这种类型的配送中心在国外十分普遍，如前面提到的阪神配送中心就属于这种类型。

4. 按配送中心的物流设施的归属划分

（1）自有型配送中心。自有型配送中心是指隶属于某一个企业或企业集团，通常只为本企业提供配送服务的配送中心。连锁经营的企业常常建有这类配送中心，如美国沃尔玛公司所属的配送中心，就是公司独资建立并专门为本公司所属的连锁企业提供商品配送服务的自有型配送中心。

（2）公共型配送中心。公共型配送中心是以盈利为目的，面向社会开展后勤服务的配送组织。其特点是服务范围不限于某一企业。在配送中心总量中，这种配送组织占有相当大的比例，并随着经济的发展其比例还会提高。

5. 按配送中心服务的适应性划分

（1）专业配送中心。专业配送中心大体上有两个含义。一是配送对象、配送技术是属于某一专业范畴，在某一专业范畴有一定的综合性，综合这一专业的多种物资进行配送，例如，多数制造业的销售配送中心，我国目前在石家庄、上海等地建的配送中心大多采用这一形式。二是以配送为专业化职能。基本不从事经营的服务型配送中心，如《国外物资管理》杂志介绍的蒙克斯帕配送中心。

（2）柔性配送中心。这种配送中心不向固定化、专业化方向发展，而是能随时变化，对用户要求有很强适应性，不固定供需关系，不断向发展配送用户和改变配送用户的方向发展。

6.1.3 配送中心的功能

配送中心是一种多功能、集约化的物流据点。作为现代物流方式和优化销售体制手段的配送中心，它把收货验货、储存保管、装卸搬运、拣选、分拣、流通加工、配送、结算和信息处理，甚至包括订货等作业，有机地结合起来，形成多功能、集约化和全方位服务的供货枢纽。通过发挥配送中心的各项功能，大大压缩整个企业的库存费用，降低整个系统的物流成本，提高连锁企业的服务水平。图 6-3 是配送中心的功能示意图。

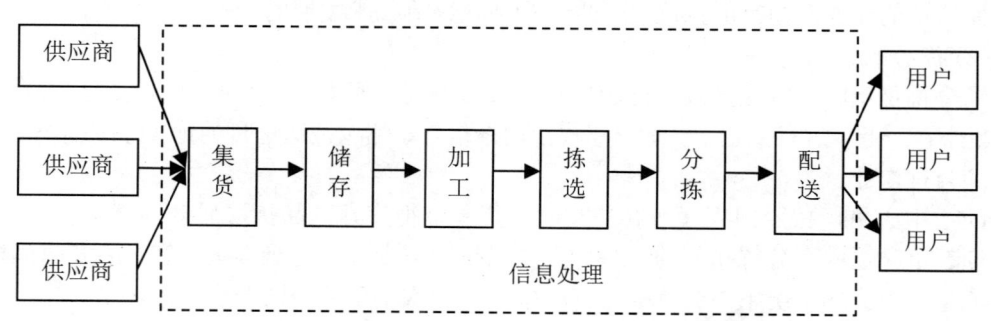

图 6-3 配送中心的功能示意图

作为一个专业化、集约化的配送中心，通常应具备以下功能。

1. 集货功能

为了满足门店"多品种、小批量"的要货和消费者要求在任何时间都能买到所需的商品，配送中心必须从众多的供应商那里按需要的品种较大批量地进货，以备齐所需商品，此项工作称为集货。

2. 储存功能

利用配送中心的储存功能，可有效地组织货源，调节商品的生产与消费、进货与销售之间的时间差。虽然配送中心不以储存商品为目的，但是为了保证市场的需求，以及配货、流通加工等环节的正常运转，也必须保持一定的库存。这种集中储存，较之商场"前店后库"的分散储存，可大大降低库存总量，增强促销调控能力。这就是为什么配送中心一定要在达到相当规模后才能获得良好效益的缘故。由于配送中心按照客户或网点反馈的需求信息，及时组织货源，始终保持最经济的库存量，因此既保证了客户及门店的要货，将缺货率降低到最低点，又减少了流动资金的占用和利息的支付。

3. 加工功能

它是物品从生产领域向消费领域流动的过程中，为了促进销售、维护产品质量和提高物流效率，而对物品进行的加工。例如，以往所有商品均由批发、制造商向零售商店直送，使店内的验货工作极其繁重，操作人员要花大量时间来验货、交接。有了配送中心，可以把验货工作集中转移给配送中心承担。又如，配送中心可根据各商店的不同需求，按照销售批量大小，直接进行集配分货；可拆包分装、开箱拆零。再如，以食品为主的连锁超市配送中心，还增加了食品加工的功能，设有肉、鱼等生鲜食品的切分、洗净、分装等小包装生产流水线，并在流通过程的储存、运输等环节进行温度管理，构筑冷藏链和冷冻链供货系统，直接产生经济效益。

4. 拣选功能

在品种繁多的库存中，根据各客户的订货单，将所需品种、规格的商品，按要货量挑选出来，并集中在一起，这种作业称为拣选。拣选工作在现代物流中占有重要地位，这是因为现代化配送中心要求迅速、及时、正确无误地把订货商品送到客户及门店。而规模较大的配送中心往往是：门店数和商品的种类数都是十分繁多的。如百货批发商的配送中心，商品品种可达十几万种，客户遍及全国，甚至世界各地；客户要货的批量又十分零星（有的甚至要开箱拆零）；要货时间十分紧迫，必须限期送到；总的配送量又很大。在这种情况下，货物的拣选已成为一项复杂而繁重的作业，商品的拣选技术也成为现代物流技术发展的一个专门领域。

5. 分拣功能

所谓分拣是指将一批相同或不同的货物，按照不同的要求（如配送给不同的门店），分别拣开、集中在一起，进行配送。例如，邮政部门把信件、邮包按送达目的地（邮政编码）分开，是典型的分拣作业。

在配送中心里，按照门店（或客户）的订货单，把库存商品拣选后分别集中待配送，这就是连锁超市配送中心分拣作业的任务。在商品批次很多、批量极零星、客户要货时间很紧，而且物流量又很大的情况下，分拣任务十分繁重，成为不可缺少的一个物流环节。

6. 配送功能

所谓配送，是按客户的订货要求，在物流结点进行分货、配货作业，并将配好的商品交给收货人。与运输相比，配送通常是在商品集结地，完全按照客户对商品种类、规格、品种搭配、数量、时间、送货地点等各项要求，进行分拣、配货、集装、合装整车、车辆调度、路线安排的优化等一系列工作，再运送给客户的一种特殊的送货形式。配送具有不同于传统送货的现代特征。它不单是送货，在活动内容中还有"分货""配货""配车"等项工作，必须具有发达的商品经济和现代交通运输工具的经营管理水平；配送是分货、配货、进货等活动的有机结合体，同时还和订货系统紧密相连，这就必须依赖现代信息技术，使配送系统得以建立和完善。

7. 信息处理功能

配送中心要有相当完整的信息处理系统，能有效地为整个流通过程的控制、决策和运转提供依据。无论在集货、储存、加工、拣选、分拣、配送等一系列物流环节的控制方面，还是在物流管理和费用、成本、结算方面，均可实现信息共享。而且，配送中心与零售商店进行信息直接交流，可及时得到商店的销售信息，有利于合理组织货源，控制最佳库存。同时，还可将销售和库存信息迅速、及时地反馈给制造商，以指导商品生产计划的安排。配送中心成了整个流通过程的信息中枢。

8. 商品采购功能

需要说明的是由于配送中心的性质不同、类型不同，其功能也有侧重。只有商流、物流合一（如连锁企业）的配送中心才具备商品采购功能，单纯的仓储运输型配送中心不具备这种功能。商物合一的配送中心，商品采购是第一个环节；配送中心需根据各连锁店提出的要货计划，及时进行整理、汇总（一般通过计算机处理），并结合市场情况（季节变化等），制定合理的采购计划，统一向生产者或批发商采购商品。在采购商品时除按照各连锁店铺确定的品种目录进行采购外，还要经常进行分析，并根据季节变化，找出那些处于衰退期的商品品种予以淘汰，同时选择适销对路的新产品进行更新换代。

【小思考 6-2】

为什么连锁超市的配送中心需要具备采购功能？

6.1.4 配送中心的物流流程

1. 综合配送中心的物流流程

流程化管理是现代企业管理的最佳方式，也是现代物流管理的显著特征。配送中心的基本作业流程如图 6-4 所示。

如图 6-4 所示，从供应货车到仓库的码头，确认货品"进货"作业的开始，便依序将货品"储存"入库。为了良好地管理在库商品，则定期或不定期地进行"盘点"检查。当收到用户订单后，首先将订单按其性质进行"订单处理"，之后根据处理后的订单信息，进行从仓库中取出用户所需货品的"拣选"作业。拣选完成后一旦发现拣选区所剩余的存货量过低，则必须由储存区进行"补货"作业。如果储存区的存货量低于规定标准，便向供应商采购订货。从仓库拣选出的货品经过整理之后即可准备"发货"，等到一切发货准备就绪，司机便可将货品装在配送车上，向各用户进行"配送"交货作业。另外，在所有作业进行的过程中，可以发现只要涉及物的流动作业，其间的过程就一定有"搬运"的作业。所以"搬运"也是重要的作业流程。

综合上述作业流程，可归纳为以下九项作业，即进货作业、搬运作业、储存作业、盘点作业、订单处理作业、拣选作业、补货作业、分拣作业、配送作业。

2. 几种不同的配送中心的物流流程

配送中心的功能不同，其物流流程不同。并且配送的商品的种类、数量、价值高低、进出库频率等不同，其使用的库房、堆放位置、养护方法及出入库时间不同，其物流流程通路也不同。

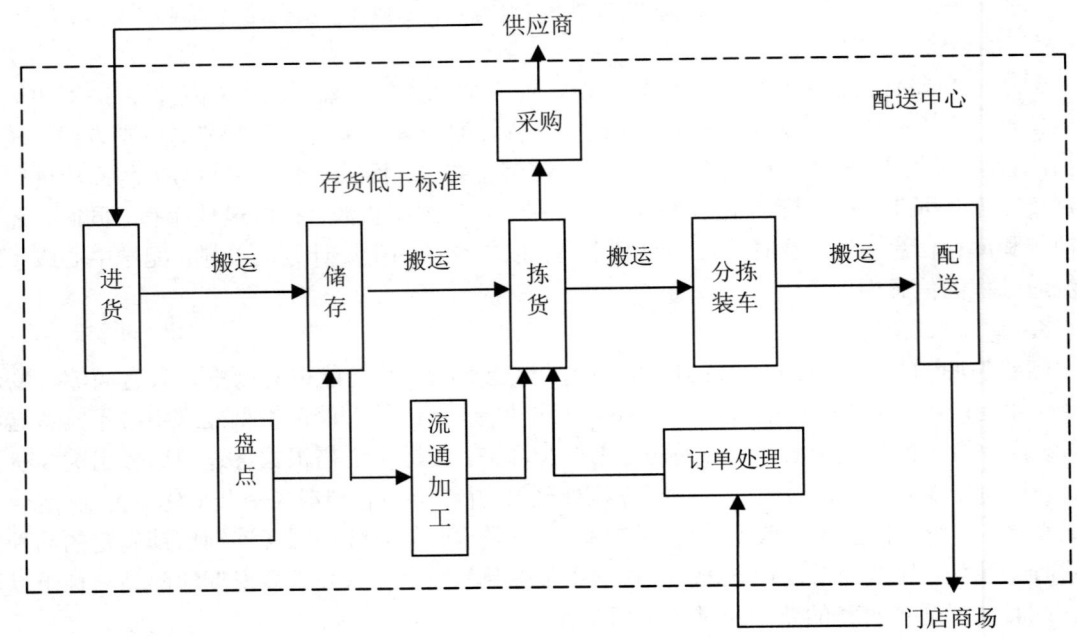

图 6-4 配送中心的基本作业流程

从商品的分类管理来看，商品 ABC 分类不同，其物流流程不同。

（1）使用频率（进出库频率）较高的零售商品（属 A 类商品）。在流通过程中，整批进货和储存，然后，按客户的订货单配货，送到零售店。由于这类商品进货批量大，因此以较低的价格购入，再以零售价出售给消费者，既减少了流通环节，又使企业加倍获利。所以，这类商品的储存，本身是"创利"的，其物流流程如图 6-5 所示。

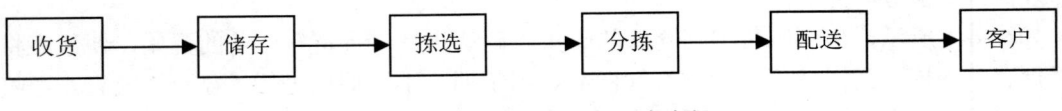

图 6-5 综合配送中心的物流流程

（2）通过联机系统和商品信息管理系统订购的商品（属 B 类商品）。即配送中心按照客户的订单汇总后统一向工厂整箱订货，收到货后，不需储存，直接进行分拣、组配，再送到客户手中。这样可以节约储存费用，加速流通。其物流流程如图 6-6 所示。

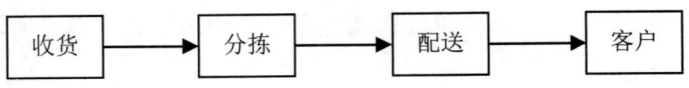

图 6-6 中转型配送中心的物流流程

（3）直送商品（属 C 类商品）。即不经过配送中心的储存，直接从工厂送往客户。如牛奶、面包、豆腐等，有一定的保鲜要求，通常不经过配送中心，直接从生产厂配送到零售店。或根据客户运送要求，不经过配送中心结点，直接从生产厂配送到客户手中。这样的配送则更加节省成本、快捷。其物流流程如图 6-7 所示。

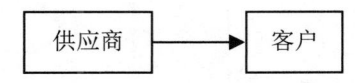

图 6-7 运输型配送中心的物流流程

实践证明,这几类物流流程是最成功、最经济、最高效的配送中心物流流程。

这种根据不同商品类型进行配送的模式,在海尔叫分拨物流体系:其物流配送体系分为中心城市配送、区域配送、全国主干线配送。海尔物流公司与全国 300 多家运输公司紧密合作,可调配车辆 1.6 万辆,全国共建立了 300 多万平方米的仓库,做到了中心城市 6~8 小时配送到位,区域配送 24 小时到位,全国主干线 4 天以内到位(全国直送);并且还为雀巢、伊利奶粉进行社会配送。海尔物流成为了海尔集团发展的核心竞争力。

6.2 配送中心规划

配送中心是一种物流结点,它不是具有单一的储藏功能的仓库,而是发挥配送职能的流通仓库,配送中心的目的是降低运输成本,减少销售机会的损失。配送中心的设置和建设要考虑一个区域范围内物流系统的整体规划,同时还要满足其经营上的要求,是一项建设规模大、投资额高、涉及面广的系统工程。

6.2.1 配送中心规划的意义

货物配送活动包含着备货、理货和送货三大流程。作为物流运动枢纽的配送中心,欲发挥其集中供货的作用,首先,必须采取各种方式(如零星集货、批量进货)去组织货源。其次,必须按照用户的要求及时分拣(分装)和配备各种货物。为了更好地满足客户需要及提高配送水平,配送中心还必须有比较强的加工能力及开展各种形式的流通加工。从这个意义上说,配送中心实际上是集货中心、分货中心和流通加工中心为一体的现代化的物流基地,也是能够发挥各种功能作用的物流组织。物流配送中心在现代商品流通中具有三大主要作用:一是保证流通顺利进行;二是保证企业产品分销;三是提供专业化的配送服务。

6.2.2 配送中心规划的内容

配送中心是以组织配送式销售和供应,执行实物配送为主要机能的流通型物流结点。配送中心的建设是基于物流合理化和发展市场两个需要而发展的。所以配送中心就是从事货物配备(集货、加工、分货、拣选、配货)和组织对用户的送货,实现高水平销售和供应服务的现代流通设施。

配送中心是一个系统工程,其系统规划包括许多方面的内容,如图 6-8 所示,可以从物流系统规划、功能规划、运营系统规划等方面进行规划。其中物流系统规划包括设施布置设计、物流设备规划设计和作业方法设计;功能规划也就是对配送中心信息管理与决策支持系统的规划;运营系统规划包括组织机构、人员配备、作业规范等的设计。通过系统规划,实现配送中心的高效化、信息化、标准化和制度化。

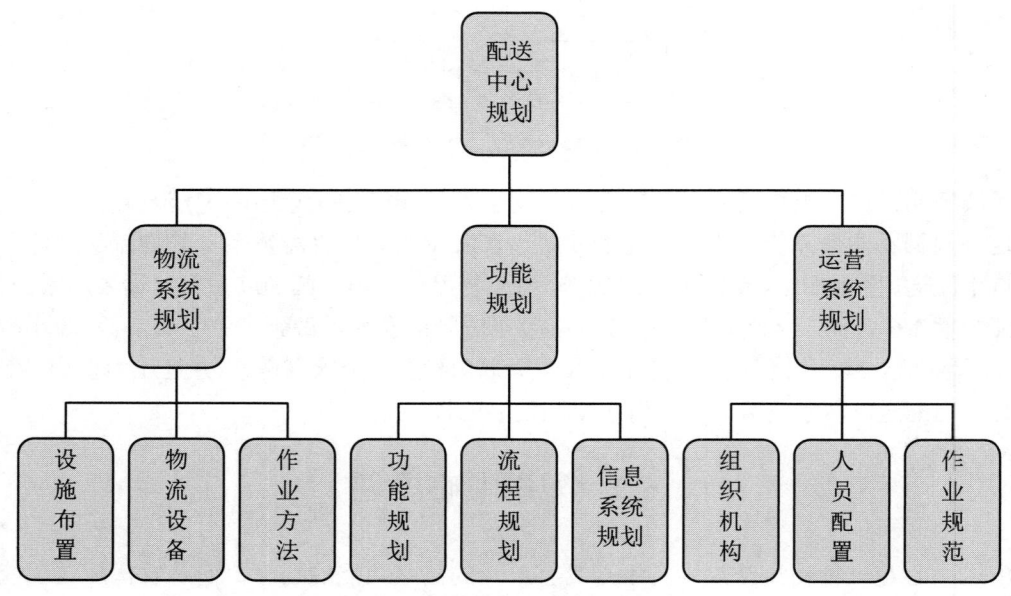

图 6-8 配送中心规划的基本内容

6.2.3 规划的制约因素

在决定配送中心的执行目标、基本定位与策略功能后，还需考虑在实际规划时的限制因素。因为有许多因素均将影响系统规划运作的方向，具体如下所述。

1. 预定时间进程

在配送中心初建时，并没有运作经验，时间进程只能是在考虑现有建设能力和规划水平的基础上估算，并没有考虑选址过程出现的问题、建设中突来的恶劣天气影响施工及其他意外情况的干扰，因此工期可能缩短或延长。

2. 预期可使用的人力资源

配送中心规划时所设定的人力资源结构未经过实际运营的考验，这会影响到系统规划的运作方向。例如，一个有品牌力的企业要规划新配送中心招募的新员工跟一个小型配送中心招募新员工的标准和选择余地就大不相同，其公司文化对员工的影响力也不同；再如，配送中心所处位置不是中心城市而是较为偏远的内陆县城，尽管整个人力资源供给状况较为充足，但这样的地理位置仍会使企业的人力资源需求受到较大的抑制，而规划内部管理人员、规划人员、业务人员、行政人员之间的比例也会影响到配送中心的运作和管理。

3. 计划预算资金限制及来源

资金来源的不同会影响配送中心规划。若是自筹资金，需要企业具有很雄厚的实力，这种企业往往是国内外著名连锁企业，若是招商引资，则投资者会要求配送中心按照已备案规划设计方案来进行，这有可能与原来的规划设计方向有差别。若是申请银行贷款，需考虑贷款利率、还款年限以及经营盈亏平衡期的长短。此外，资金若不能及时到位、原计划投资与实际投资有差别等也会影响配送中心的规划设计内容。

4. 计划使用年限

配送中心规划建设时的计划使用年限会影响建设成本，以及以后的运营情况。所以必须考虑建筑物的设计使用年限,设计使用年限是指结构或结构构件不需进行大修即可按其预定目的使用的时期,设计年限可以按国家标准确定,或者按配送中心规划者自己的要求确定。更高的年限使用标准会增加成本,较低的年限使用标准会影响运营,比如地面单位负荷不能超过某个数值等。此外,计划使用年限跟租用或者购买地皮也有关系,租用地皮,按照租用合同规定的租用年限来设计,自行购买,按照地产证使用期限来设计。

5. 预定的设置地点及土地取得的可行性

配送中心预定设置地点及土地取得的可行性,需要仔细考虑。如果盲目求大求全,结果只能是华而不实,所以,建设配送中心一定要结合实际、量力而行,并非投入越多、规模越大越好,应根据企业自身的能力和周围的环境,适当建设物流中心。比如物流中心在选址时,应考虑城市人口增长率、产业结构与布局等因素,结合配送中心本身的商品定位进行规划设计。因为配送中心一旦建好投入使用,就不得不考虑这样几个因素:成本、效率、服务。

6. 预期投资效益的水平

投资效益是指投资活动所取得的成果与所占用或消耗的投资之间的对比关系。配送中心预期投资效益的水平跟先期的投资决策密切相关,也会影响到未来一段时间配送中心投资的方向。投资决策失误肯定不会有好的投资效益。为了真正实现科学决策,我们必须做到:

(1)从实际出发,制定正确的企业发展战略。
(2)优化资金进入结构,合理安排各模块投资占用资金。
(3)选好投资目标,重视配送中心规划建设和配套管理流程。

在配送中心的规划分析过程中,相关的考虑因素及决策条件均应以企业所提出的物流策略、规划目标和限制因素为依据,它决定了配送中心预期的功能与规划方向。

【小思考 6-3】

连锁超市在规划时应注意哪些因素?

6.2.4 配送中心规划的基本程序

配送中心规划的基本程序如图 6-9 所示。

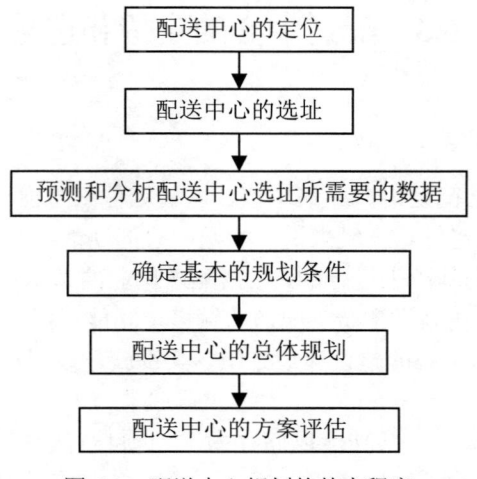

图 6-9 配送中心规划的基本程序

在配送中心的筹建准备阶段，首先应该明确建设配送中心的任务、目标以及有关的背景条件。当然一个配送中心的成立可能有多方面目标，但需分清主次以便设计时更好地体现既定方针。在分析了配送中心建设的必要性和可行性之后，就应该成立筹建小组进行具体规划。此外，为了防止出现片面和盲目的情况，筹建小组的成员应该包括物流专家组、本企业业务人员、设备维修操作人员、基建部分人员等。

筹建小组应根据企业经营决策的基本方针，进一步确认配送中心建设的必要性，确定配送中心的定位，确认配送系统的背景条件，包括配送对象的地点和数量，配送中心的位置，配送商品的类型，库存标准，配送中心的作业内容等。应进行实际调研或具体构想，把握物流系统的状况以及商品的特性，如商品的规格、品种、形态、重量，各种商品进出库数量，每天进货、发货总数量，以及供货时间要求、订货次数、订货费用和服务水平等。

在进行配送中心总体方案设计之前，要进行大量的调研工作，之后利用调研所得的资料进行科学分析，如果分析的结果跟原来筹备小组的决策相违背，则整个配送中心的规划方案可能被停止，必须进行新的规划。一般情况下，筹建准备的基本步骤如图6-10所示。

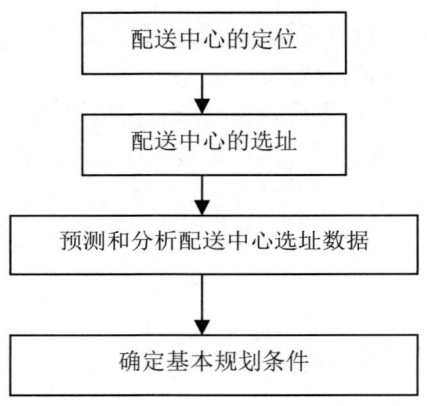

图6-10　筹建准备的基本步骤

6.3　配送中心的定位和选址

6.3.1　配送中心的定位

配送中心的定位包括功能定位、商品定位、区域定位三方面。

（1）配送中心的功能定位。一般来说，配送中心的功能定位是以其开展的配送服务的内容和相应的配送作业环节为基础来进行的，根据配送作业的基本环节和作业流程，配送中心一般具有采购、储存、加工、分拣、配货、配送运输多项功能。但不同类型的配送中心其核心功能有所不同，因此，在配送中心的建设和规划中，其设施建设、平面布局，以及组织管理等会产生差异。

对于储存型配送中心来说，其功能以储存为主，须具有较强的库存调节能力，因此，在建设中应规划较大规模的仓储空间和设施；流通型配送中心则以快速转运为核心，大批进货，快速分装或组配，并及时地分发到各客户指定的地点，所以在建设中应配备适应货物高速流转的设施；加工型配送中心以对商品进行如拆包、分解、整理、再包装等加工为主，在规划建设中应适应加工的需要，配备必要的加工设施、场地，引进相应的加工技术；而专业型配送中心主要针对商品特性，体现处理专项商品的技术与特色，因此在建设中必须配备特定商品的处理设施，开发适用于特定商品的物流技术。

因此，在进行配送中心系统规划前，应根据市场物流服务的需求不同，科学决策配送中心类型，做好配送中心建设前的功能定位工作，以便以后配送业务的正常开展。可以说，配送中心的功能定位基本上确定了配送中心的业务市场范围。

（2）配送中心的商品定位。配送中心处理商品种类是有一定限制的。比如，目前有专门的服装配送中心、电器配送中心、食品配送中心、干货配送中心、生鲜商品配送中心、图书配送中心等，有的甚至是专门处理某一更小类别商品的配送中心。由于不同的商品配送所需的配送作业场地、设施设备是不一样的，作业流程也有较大区别，因此，试图建立一个满足所有商品物流需要的配送中心是不实际的。一个配送中心没有必要也不可能配备能处理所有商品的物流设施和设备。设施设备的配置除了要考虑需求外，还要考虑物流的平均价格及作业批量等因素。

配送商品定位主要是根据企业使命、市场需求来确定的。对于一般商业连锁体系来说，通常以经营一般消费品为主，其配送中心主要是负责连锁体系内大部分商品的内部供应配送，并以统一采购、统一库存、统一配送形成规模效应，获得规模经济效益，最终形成销售商品的低价优势；一些由传统批发机构改组而形成的配送中心，通常以其批发经营的传统商品为主，开展专业配送业务，其品种较为单一，批量较大。

配送中心配送商品的类型通常在配送中心规划时须与配送中心的功能结合在一起考虑。

（3）配送中心的区域定位。配送区域是指配送中心辐射的范围，即以某一点为核心建立配送中心。其配送的距离和区域的大小不仅关系到配送中心的投资规模，也影响到配送中心的运作方式。

通常对于连锁商业体系来说，配送中心的辐射区域和配送能力取决于其零售店铺的分布范围和数量多少。连锁商业体系组建配送中心时，可以按照适当的比例，即根据商圈范围内顾客分布、分店数量与配送中心的适当比例，来确定配送中心的位置、规模与数量。对于生产企业的自营供应配送，则配送中心数量有限，一般配送区域也主要在生产厂区。生产企业的销售配送，首先要根据客户分布的远近、销售量的大小及其运行的成本来综合考虑是自营还是外包，如是自营配送中心，则需再考虑配送服务区域的大小，分别决策配送中心的级别与规模。

配送中心的服务对象所形成的区域是选择任意一种配送中心区位的前提和基础。一般配送中心建设规模越大，经营能力越强，其辐射范围越广，服务的范围也就越大。在配送中心的区位选择中，除了考虑配送商品种类与数量外，还应该详细分析和论证交通运输条件、用地条件等问题，以确定配送的区域和范围。

6.3.2 配送中心的选址

配送中心位置的选择，将直接影响到实际营运的效率与成本，以及日后配送中心规模的扩充与发展。因此企业在决定配送中心的设置位置时，必须谨慎参考相关因素，并按适当步骤进行。一般来说、如有预定地点或区位方案，可在系统规划进行之前提出，并作为规划过程的限制因素；如果事先没有预定的地点，则可在系统规划方案成形后，进行位置方案的选择。必要时修正系统规划方案，以配合实际土地及区域面积的限制。

1. 配送中心选址的原则

配送中心的选址，实际上是一个多种因素平衡和协调的过程，从中选择出投资少、占地少、建设快、运营费用低，具有最佳经济效益、社会效益和环境效益的方案，是配送中心选址的基本原则。在具体选址过程中应遵守以下原则：

（1）适应性原则。配送中心布点必须与国家及省市的经济发展方针、政策相适应；与我国物流资源分布和需求分布相适应；同时还要与一个地区或区域的经济发展特征和主产品特征相适应；既要考虑配送中心本身经营运作上的可行性，又要与区域物流系统规划相适应。

（2）协调性原则。配送中心布点要将国家的物流网络作为一个大系统来考虑，要确立自身在网络中的位置，与整个系统相协调。同时在配送中心的规模、设施与设备的选择、生产作业能力、配送商品的特性等方面保持协调性、一致性。

（3）经济性原则。配送中心布点中的费用主要包括建设费用和经营费用两大部分。前者涉及的面广，一次性投入较大，比如规划费用、设计费用、使用费用、基本建设材料费用、人工费用、设施与设备的选择与安装费用等；后者主要是配送中心建成后，经营配送中心所需的费用，比如运输费用、设备、设施使用费用和维护费用等。配送中心布局时，既要充分考虑各种技术、经济因素，进行功能比较，又要进行价值分析；既要考虑企业效益，又要兼顾社会效益；总的原则是求得综合成本最低。

（4）前瞻性原则。配送中心建设是一项长期投资，所以，配送中心布点要有全局观念和长远考虑，要有前瞻性。应结合国家物流系统的长期规划和现实状况，以及国家经济长期发展规划来考虑，既要符合目前需要，又要考虑日后发展的可能。这个原则有三层含义：一是选址要节约土地；二是注意尽量不影响周边的居民生活、城市景观、城市交通等，将环境污染等负面影响降到最低；三是既要考虑目前的实际需要，又要考虑日后的发展，用地的可扩展性等。

2. 配送中心选址的影响因素

（1）社会经济因素。

1）交通运输。交通运输是影响配送成本及效率的重要因素之一，配送中心选址必须考虑对外的运输通路、交通便利、进出通畅，才能够提高配送效率，降低配送成本。对于一般的配送中心，可选择在高速公路、国道、快速道路及城市主干道路附近的地方；对于综合性物流配送中心，一定要选择在两种以上运输方式的交汇地，如公路、铁路、水运或航空等运输方式的交汇处。

2）产业布局。生产企业、流通企业、各类开发区和大市场等，是物流配送服务需求的直接拉动者和货源产生地，因此配送中心选址要考虑周边的产业布局和商业布局。如为制造业服务的配送中心选址应在生产制造企业集中的工业园区和高新技术开发区附近，农副产品配送中心选址应在农副产品生产及其加工基地附近，商贸类配送中心选址应着眼于大型交易市场和批发市场附近。

3）货物流向。对于供应物流来说，配送中心主要为生产企业提供原材料、零部件，应当选择靠近生产企业的地点，便于降低生产企业的库存，随时为生产企业提供服务。对于销售物流来说，配送中心的主要职能是将产品集结、分拣、配送到门店或用户手上，故应选择靠近客户的地方。

4）人力资源。确定配送中心位置时必须考虑员工的来源、技术水准、工作习惯、工资水准等因素。配送中心不但需要懂技术、会管理的"白领"人才，还需要很多能熟练操作的"蓝领"人才。配送中心选址要考虑到各类人才的可得性、易得性和廉价性。

5）城市规划和发展。配送中心的选址不但要符合城市规划，而且要考虑城市扩张的速度和方向。譬如中国物资储运总公司的许多仓库20世纪70年代以前处于城乡接合部，不对城市产生交通压力，但随着城市的发展，这些仓库逐渐被包围于闹市之中，大型货车的进出受到管制，专用线的使用也受到限制，在这种情况下就需要考虑外迁。

6）政策法规。包括产业政策、环保政策、土地政策、优惠措施（如用地、税收）等，这些都会对配送中心的运作发展产生重大影响，也是配送中心选址过程中常常关注的因素。如在有优惠措施的地方，配送中心的建设投资与运作成本都会降低。

7）社会影响。配送中心生产运作过程中产生的噪声、尾气、粉尘等环境污染，会给周边居民的生活带来很多负面影响，还会对周边道路的交通秩序产生较大干扰，易引起车流紊乱、交通拥挤、交通阻塞等。配送中心的建设还要考察与周边人文环境和城市景观的协调程度，不能够破坏周边的人文环境和城市景观。这些因素选址时必须予以充分考虑，以免给社会带来负面影响。

（2）自然环境因素。

1）用地。土地是最宝贵的资源，配送中心的位置、面积、地价等都是十分重要的因素。配送中心的用地，既要考虑到现在的发展情况和市场需求，又要考虑到今后的扩展空间。

2）地质条件。配送中心一般应设置在地形高的地段，容易保持物资干燥，减少物资保管费用；临近河海地区，必须注意当地水位，不得有地下水上溢；土壤承载力要高，注意防止地面以下存在的淤泥层、流沙层、松土层等不良地质条件可能对配送中心产生的不良影响。

3）气候条件。配送中心周边不应有产生腐蚀性气体、粉尘和辐射热的工厂，至少应处于这些企业的上风方向。还应与易发生火灾的单位保持一定的安全距离，如油库、加油站、化工厂等。

除此之外，有些配送中心建设还要考虑水资源、温度、湿度、能源利用、地质灾害等因素。

（3）经营环境因素。

1）经营环境。配送中心所在地区的物流产业政策对物流企业的经济效益将产生重要影响。本地区物流发展水平、行业内竞争情况等也是影响选址的重要因素。

2）客户需求分布。配送中心服务对象的分布，经营配送的商品及客户对配送服务的要求等是配送中选址必须考虑的因素。经营不同类型商品的配送中心最好能分别布局在不同区域，因为客户分布状况、配送商品数量的增加和客户对配送服务要求的提高等都会给配送中心的经营和管理带来影响。

3）物流费用。配送中心选址必须考虑物流费用，应综合考虑总费用的合理性，大多数配送中心选址接近附近服务需求地，以便缩短运距、降低运费。

3. 配送中心选址的方法

如果一个配送中心为多个用户配送货物，配送中心的位置应选在运输费用最小的位置，如图6-11所示。

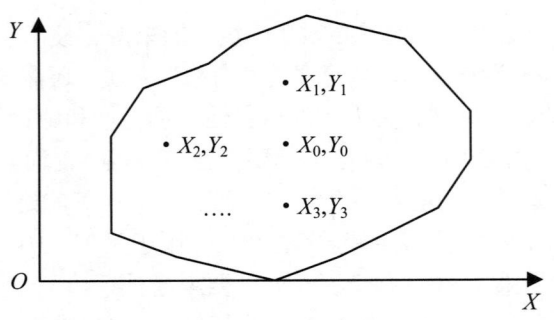

图 6-11　单一配送中心与多个用户分布图

（1）重心法。重心法是以商品销售量为出发点来考虑配送中心的位置。由于配送量是影响运输费用的主要因素之一，因此重心法就是从到各点配送量的不同出发，通过合理地选择配送中心的位置，以使总运输费用为最小。

假设配送中心负责向五个连锁商店运送商品，以补充连锁商店的库存。由于连锁商店的销售量不同，配送中心需要运送的商品量也就不同。各连锁商店的销售量和坐标见表 6-2。

表 6-2　销售量与坐标

连锁商店	商品销售量	坐标	
		X_i	Y_i
A	100	−60	50
B	500	−80	0
C	200	0	0
D	700	30	−50
E	1000	60	20

如果不考虑其他因素，配送中心应当设置在哪个位置上才能保证总运输费用最小呢？一般的经验是应当使配送中心尽可能靠近销售量比较大的那些连锁商店，以便使配送中心到这些商店的路程较短，由表 6-2 画坐标图，如图 6-12 所示。

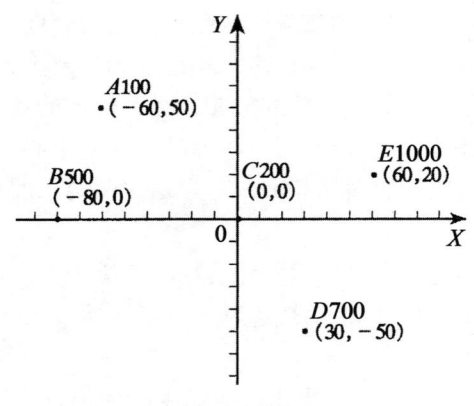

图 6-12　坐标图

重心法就是按照从配送中心到各个网点的运输量，求出这些网点之间运输量的重心所处的位置，以使从配送中心到各网点的距离与所需运送商品的重量相平衡。所以这种方法称为重心法。重心的坐标可以通过下式求得

$$X = \frac{\sum_{i=1}^{n}(X_i, T_i)}{\sum_{i=1}^{n} T_i}$$

$$Y = \frac{\sum_{i=1}^{n}(Y_i, T_i)}{\sum_{i=1}^{n} T_i}$$

式中：(X,Y)为重心坐标，即配送中心位置坐标；(X_i,Y_i)为第 i 个网点坐标；T_i 为第 i 个网点的配送量。

【例 6-1】根据表 6-2 给出的数据，应用重心法求配送中心的坐标。

$$X = \frac{\sum_{i=1}^{n}(X_i, T_i)}{\sum_{i=1}^{n} T_i} = \frac{-60 \times 100 - 80 \times 500 + 0 \times 200 + 30 \times 700 + 60 \times 1000}{100 + 500 + 200 + 700 + 1000} = \frac{35000}{2500} = 14$$

$$Y = \frac{\sum_{i=1}^{n}(Y_i, T_i)}{\sum_{i=1}^{n} T_i} = \frac{50 \times 100 - 50 \times 700 + 20 \times 1000}{2500} = \frac{-10000}{2500} = -4$$

应用重心法获得的仓库坐标为(14,-4)。将这一结果标在坐标图上，如图 6-13 所示。

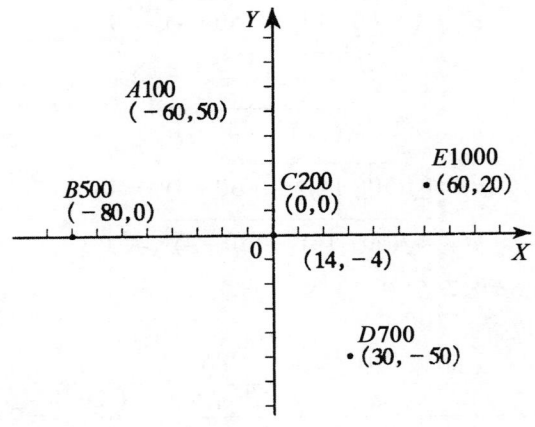

图 6-13　仓库坐标图

（2）最短距离法。最短距离法是从商品运输距离出发来考虑配送中心的设置位置。它的目的是通过选择一个配送中心的设置位置，以使从这一点到各个网点的直线距离之和为最小，从而节省运输费用。最短距离法的计算公式为

$$X = \frac{\sum_{i=1}^{n} \frac{X_i}{d_i}}{\sum_{i=1}^{n} \frac{1}{d_i}}$$

$$Y = \frac{\sum_{i=1}^{n} \frac{Y_i}{d_i}}{\sum_{i=1}^{n} \frac{1}{d_i}}$$

式中：(X,Y) 为仓库的坐标；(X_i,Y_i) 为第 i 个网点的坐标；d_i 为仓库到第 i 个网点的直线距离，即

$$d_i = \sqrt{(X_i - X)^2 + (Y_i - Y)^2}$$

最短距离法的计算过程比较复杂。按迭代法进行计算的过程如下：
1）首先假设一个仓库的初始位置坐标 (X_0, Y_0)。
2）以初始位置计算到各网点的距离 d_i。
3）将 d_i 代入最短距离法公式计算，求出改善的仓库位置坐标 (X_i, Y_i)。
4）比较 (X_i, Y_i) 和 (X_0, Y_0)，如果它们的差等于零，则说明已经找到配送中心的最佳位置。否则重新计算 d_i，并返回到步骤3）进一步计算。

这个过程需要反复进行下去，直至配送中心的位置不再需要变动为止，即获得配送中心的最佳位置。

【例 6-2】根据表 6-2 中零售商店的坐标，应用最短距离法求配送中心的位置。

第一步：首先需要假设配送中心的初始位置。初始位置可以任意选择某一点。但一般选择在由重心法求出的位置。在本例中初始位置的坐标设为 (14, -4)。从这个位置计算到各零售商店的距离如下：

$$d_A = \sqrt{(-60-14)^2 + (50+4)^2} = 91.6$$
$$d_B = \sqrt{(-80-14)^2 + 4^2} = 94.1$$
$$d_C = \sqrt{(-14)^2 + 4^2} = 14.6$$
$$d_D = \sqrt{(30-14)^2 + (-50+4)^2} = 48.7$$
$$d_E = \sqrt{(60-14)^2 + (20+4)^2} = 51.9$$

总距离=91.6+94.1+14.6+48.7+51.9=300.9

第二步：计算仓库的位置。

$$X_1 = \frac{-\frac{60}{91.6} - \frac{80}{94.1} + \frac{30}{48.7} + \frac{60}{51.9}}{\frac{1}{91.6} + \frac{1}{94.1} + \frac{1}{14.6} + \frac{1}{48.7} + \frac{1}{51.9}} = \frac{0.2671}{0.13} = 2.05$$

$$Y_1 = \frac{\frac{50}{91.6} - \frac{50}{48.7} + \frac{20}{51.9}}{0.13} = \frac{0.0953}{0.13} = -0.73$$

经过改善的仓库位置坐标为(2.05,–0.73)。

第三步：比较改善的配送中心位置和初始配送中心位置。由于 X_1-X_0 和 Y_1-Y_0 不等于零，所以需要继续进行计算。

以下的迭代步骤省略了，仅将各次计算的结果列入表 6-3。

表 6-3 仓库位置表

计算次数	仓库位置(X,Y)	总距离
0	(14,–4)	300.90
1	(2.05,0.73)	282.58
2	(–0.42,0.13)	279.96
3	(–0.14,0.05)	279.96

从以上结果可以看出，随着配送中心位置的变动，总距离逐渐缩短。在实际工作中并不要求精确地求出最佳位置。这是因为在确定了配送中心位置之后，还需要进行实地勘察，并根据其他方面的要求具体选定配送中心位置。因此，在计算过程中，当两次计算结果的差在允许范围之内时，计算便可结束。在本例中，配送中心的设置位置也可以取在(0,0)点上，即与网点 C 重合。

（3）最小吨公里法。在以上两种方法中分别考虑了运输数量和运输距离。当同时考虑运输数量和距离时，可以把两个计算公式合并，得到最小吨公里法的计算公式：

$$X = \frac{\sum_{i=1}^{n} \frac{X_i \cdot T_i}{d_i}}{\sum_{i=1}^{n} \frac{T_i}{d_i}}$$

$$Y = \frac{\sum_{i=1}^{n} \frac{Y_i \cdot T_i}{d_i}}{\sum_{i=1}^{n} \frac{T_i}{d_i}}$$

最小吨公里法的计算过程与最小距离法基本相同。利用最小吨公里法可以使从配送中心到各个网点运输的总吨公里为最小。

（4）最小吨公里小时法。运输时间对商品库存量和在途商品量都有重要影响。当确定配送中心的位置时往往还需要考虑到时间因素。增加了时间因素的计算公式为

$$X = \frac{\sum_{i=1}^{n} \frac{X_i \cdot T_i}{m_i}}{\sum_{i=1}^{n} \frac{T_i}{m_i}}$$

$$Y = \frac{\sum_{i=1}^{n} \frac{Y_i \cdot T_i}{m_i}}{\sum_{i=1}^{n} \frac{T_i}{m_i}}$$

式中：$m=d/t$，$t=$从仓库到各网点的运输时间。

在实际问题中，还有许多其他因素影响配送中心的位置选择。但是某些因素的影响相对较小，往往复杂的计算并不会明显地改变简单计算的结果。在多数情况下采用比较简单的方法，用较短的时间和较少的费用就可以获得满意的结果。对于具体问题可以根据实际需要考虑到某些因素的影响，对计算方法做一些简单的修改和调整。例如，对不同的点进行运输可能采取不同的运输方式。这时运价率就是一个需要考虑的重要因素。在解决此类问题时，可以按不同运输方式的特点和运价的实际差别，赋予不同地点不同的权数。对于运量较小、运费较高的地点赋予较大的权数，使配送中心尽可能接近这些运输成本较高的地点，缩短到这些地点的距离。同时充分利用集中大量运输运价较低的特点使其在较长的距离上运输。

以上讨论的方法在实际工作中运用受到的主要限制是不能反映条件的变化。它们假定配送中心的外部环境是不变的。然而各种因素总是不断发展变化的，因此在确定配送中心位置时还应考虑到各种变化可能的影响。制订方案之前应经过周密的调查和分析，对各种因素在近期、中期和长期的发展变化情况作出预测。当条件变化仅仅限于局部或小范围内时，可以在预测的基础上适当变动计算方法，如增加或减少某些因素，或者采用某些因素的预算值等。当涉及复杂的环境变化时，例如某一地区的大规模开发和建设，各种因素都在迅速变化，这在客观上要求配送中心的位置随时间不断移动。确定配送中心位置时，要在各个时期不同的最佳位置之间作出选择，处理这类问题需要使用更复杂的规划方法。

6.4 配送中心组织设计与岗位操作流程

6.4.1 配送中心的组织类别

配送中心在设定组织结构时面临了许多新的挑战。例如：物流的经营需要更有效率，才能满足顾客的需要，适应激烈的竞争环境；配送中心的经营成本的逐渐升高；顾客对服务需求不断扩大。因此，各物流公司不得不调整自己的发展策略以适应新的环境。而各公司的发展策略又受公司本身条件及组织目标的影响，而这些又决定了公司的形态与组织类型（图6-14）。

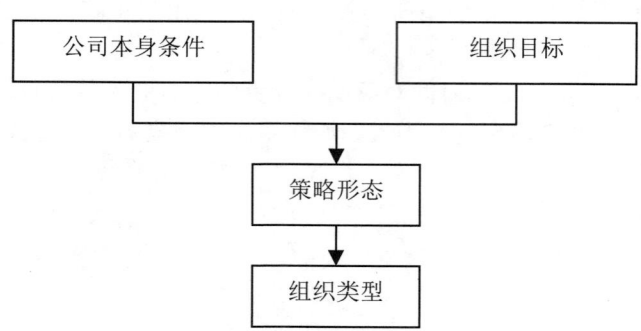

图6-14　组织类型的决定流程

配送中心的组织结构主要有四种形式：功能型物流组织、地区型物流组织、混合型物流组织。

1. 功能型物流组织

配送中心初建时，一般考虑的都是功能性物流组织。由总经理统一领导，以下分几个职能部门，职能部门分别负责公司的配送中心规划与改进、配送方案设计、配送业务设计等模块。

这些公司的特点是系统初建，许多组织需要完善和加工，处于试运行阶段。它们的主要目标是顺畅平稳地完成目前的配送业务，故其组织结构在设计上偏传统，主要是方案设计和配送具体业务的实施功能。它们以后的发展方向是引进多产品、多品牌；代理与开发知名品牌、创建自己的品牌，如图 6-15 所示。

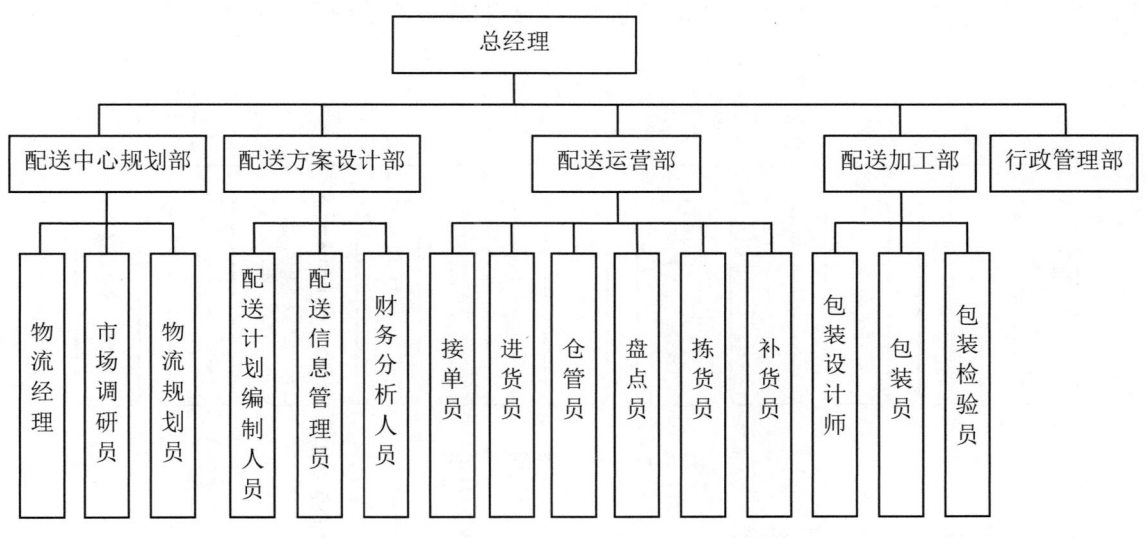

图 6-15　功能型物流组织

2. 地区型物流组织

有许多配送中心是从传统的运输、仓储业发展而来的，在业务上以运输储存为主。这样的配送中心强调的是网络，对企业的机动性要求强，要求配送中心能够立即适应变动的环境，有较高的任务协调能力及明确的绩效责任。所以这些配送中心主要根据服务的产出，按照地域设定组织结构，由各地区分别组织机动性的揽货，如图 6-16 所示。

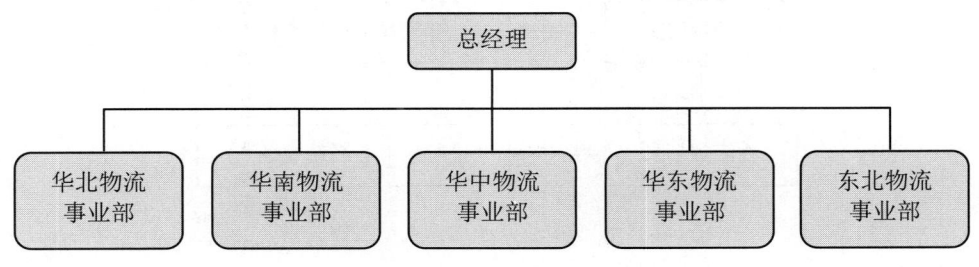

图 6-16　地区型物流组织

3. 混合型物流组织

目前市场上成立了越来越多的专业配送中心，它们属于第三方物流。这些公司是将商品从制造商或进口商运至零售商的中间流通业者，提供企业的物流支援活动，收取商品价格的百分比作为收入来源。这些公司大多数由仓储或货运公司转变而来,因此在先天条件上具有以下优势:①专业、熟练的物流技术;②区域性的配送能力;③分布全国的各主要省份的配送网络。因此专业物流公司的策略形态是:①通过全程配送能力的建立,以增强分布全国的配送网络;②通过中立性的角色,强化商品的配送弹性。因此,这样的物流组织强调构建全国性或区域性的配送网络,其功能的实现以全程运输和短途配送结合为主。所以其在组织设计上多采用混合式的结构,如图 6-17 所示,强调地区性物流中心的独立性与跨区域性物流服务的联结,以一体化系统的物流组织作为服务架构。所以混合型物流组织就是指综合功能型物流组织与地区型物流组织的设计要素,利用二者的优点来设定物流组织,它的特点是部门间及部门内的协调可以同时进行,结合了功能型物流组织的效率及地区型物流组织适应环境的优点。

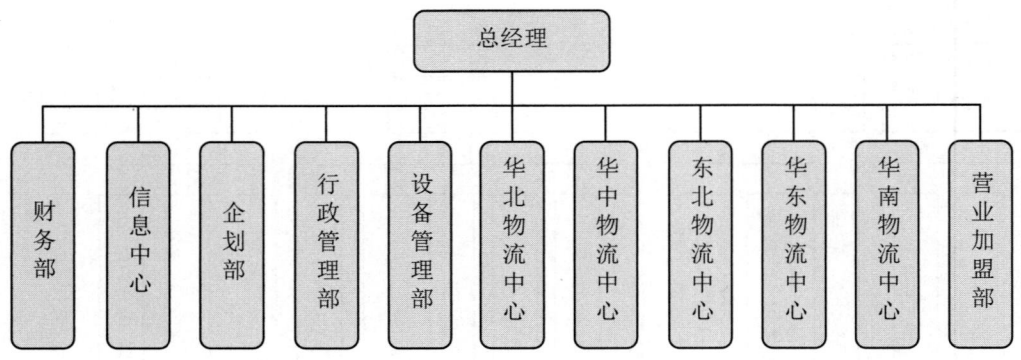

图 6-17　混合型物流组织

6.4.2　配送中心岗位规划设计

1. 规划人员

配送中心系统规划人员工作关系如图 6-18 所示。

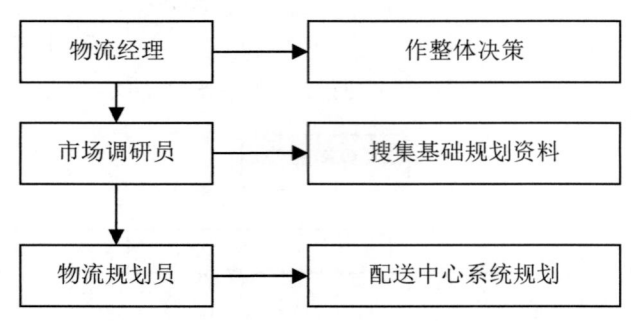

图 6-18　配送中心系统规划人员工作关系

(1)物流经理。

职责范围:

1)对配送中心的规划作整体战略决策。

2)组织并要求市场调研员进行相关资料与信息的调查与收集。

3）聘请物流咨询专家及物流策划师对配送中心的规划作相关分析与投资论证。

4）确定配送中心的规划条件，进行人员调遣与资源配置，着手进行配送中心的系统规划。

物流经理岗位操作流程如图 6-19 所示。

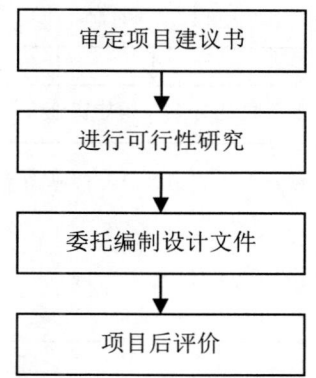

图 6-19　物流经理岗位操作流程

（2）市场调研员。

职责范围：应用科学的方法和手段，系统地搜集、整理有关市场情报资料，对市场现象进行深刻分析，了解现有市场和未来市场的发展趋势，为配送系统的建设规划和经营决策提供科学依据。

市场调研员岗位操作流程如图 6-20 所示。

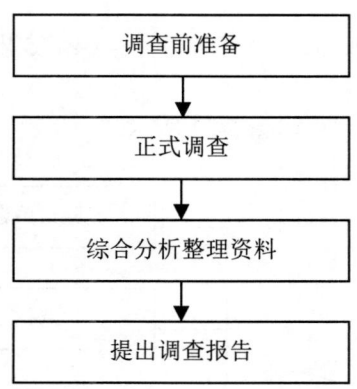

图 6-20　市场调研员岗位操作流程

（3）物流规划员。

职责范围：根据企业发展目标、市场需要、国家政策，对配送中心信息管理与决策支持系统、运管系统等进行规划，以实现配送中心的高效化、信息化、标准化和制度化。

物流规划员岗位操作流程如图 6-21 所示。

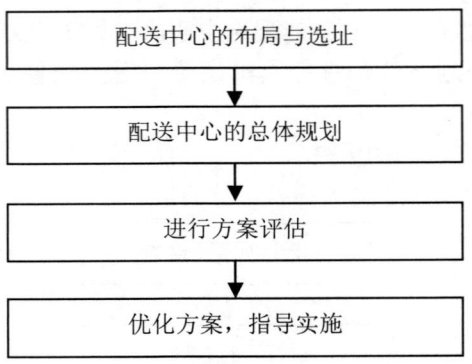

图 6-21　物流规划员岗位操作流程

2. 配送方案设计人员

配送方案设计人员工作关系如图 6-22 所示。

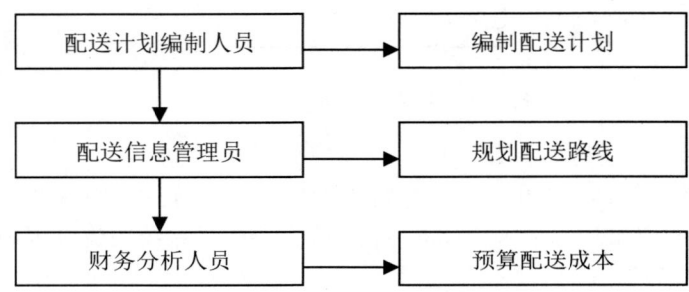

图 6-22　配送方案设计人员工作关系

（1）配送计划编制人员。

职责范围：按照客户需求与时间以及任务量，组织拟定出切实可行的配送计划，并协助配送作业人员具体执行该计划。

配送计划编制人员岗位操作流程如图 6-23 所示。

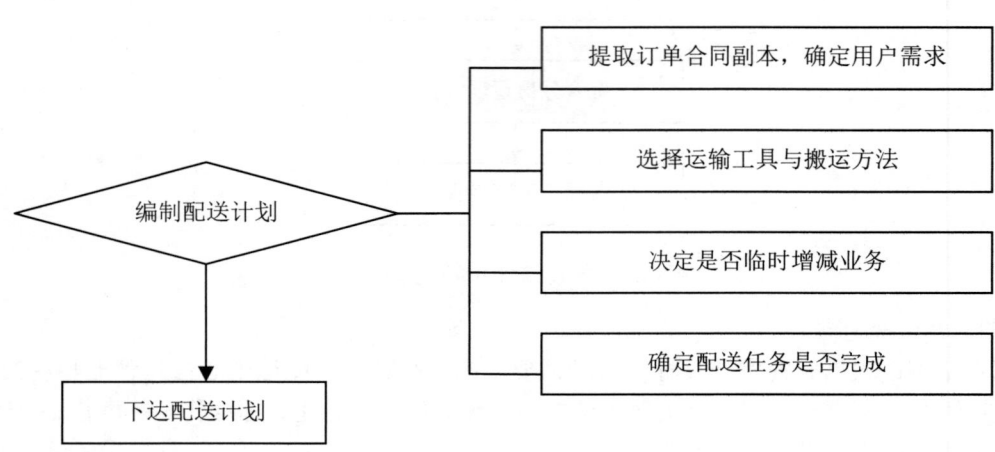

图 6-23　配送计划编制人员岗位操作流程

（2）配送信息管理员。

职责范围：认真分析配送计划，根据客户的不同要求，各种车辆的特点不同以及载重量的不同，设计既能满足客户要求，又能使车辆充分利用，且总费用最低的配送路线，以合理、有效地调配与利用资源。

配送信息管理员岗位操作流程如图6-24所示。

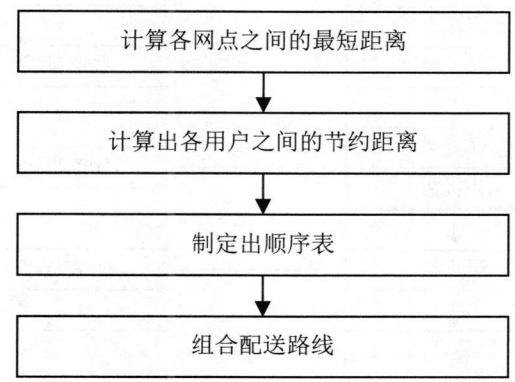

图6-24　配送信息管理员岗位操作流程

（3）财务分析人员。

职责范围：对配送成本进行计算与分析，了解配送过程中的实际状态，找出有可能造成成本浪费的环节，并给予相应的节约建议与解决措施。

财务分析人员岗位操作流程如图6-25所示。

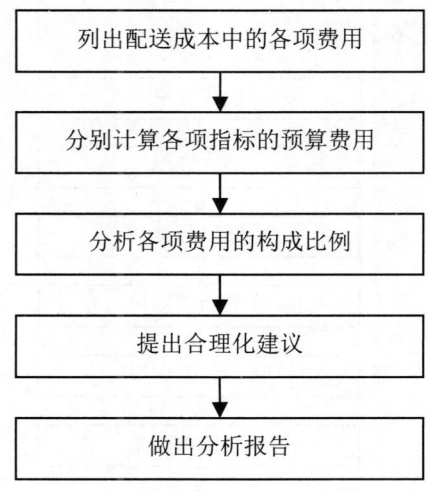

图6-25　财务分析人员岗位操作流程

3．配送具体作业人员

配送具体运作人员工作关系如图6-26所示。

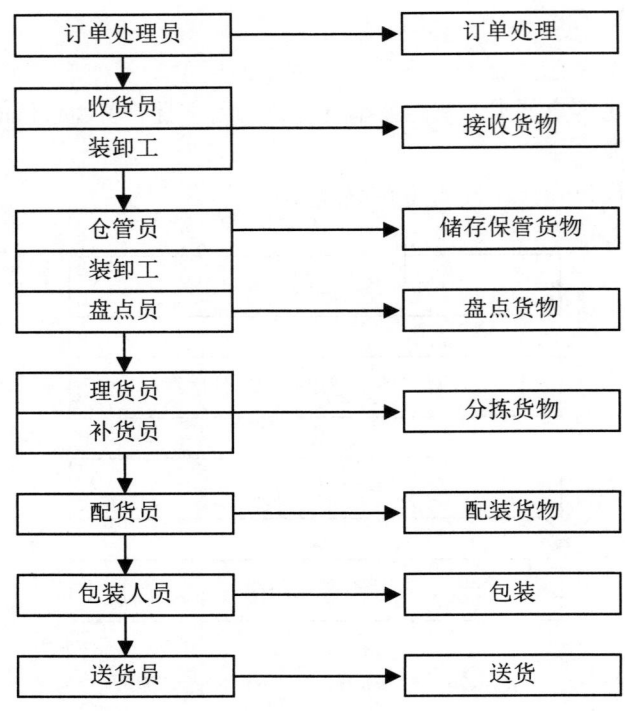

图 6-26 配送具体运作人员工作关系

(1) 接单员。

职责范围：接收订单资料，在规定的时间内，将客户的订单进行确认和分类，并由此判断与确定所要配送货物的种类；建立用户订单档案；对订货进行存货查询，并根据查询结果进行库存分配；将处理结果打印输出，如拣货单、出货单等；根据输出单据进行出货物流作业。

接单员岗位操作流程如图 6-27 所示。

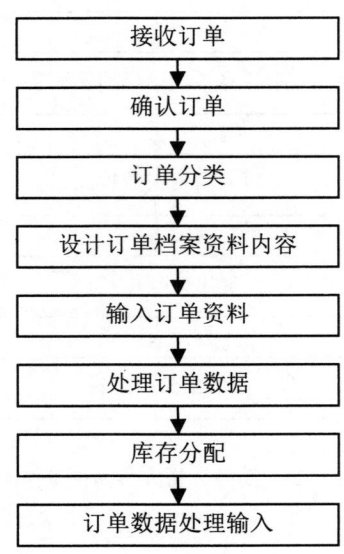

图 6-27 接单员岗位操作流程

（2）进货员。

职责范围：组织人员卸货；检验商品条形码，核对商品件数以及商品包装上的品名规格等，对于件数不符的商品，查明原因，按照实际情况纠正差错；签盖回单。

进货员岗位操作流程如图 6-28 所示。

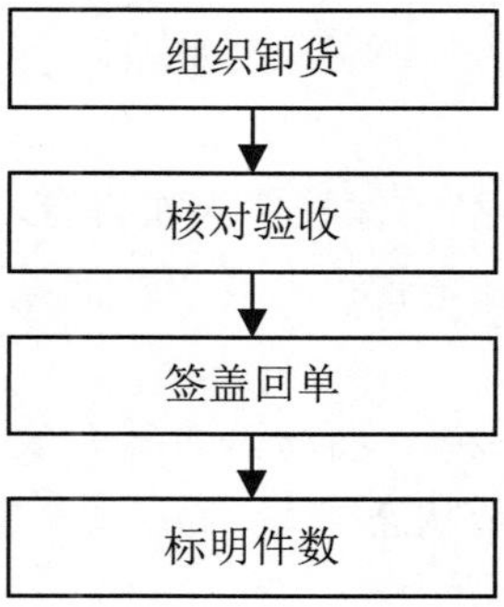

```
组织卸货
  ↓
核对验收
  ↓
签盖回单
  ↓
标明件数
```

图 6-28　进货员岗位操作流程

（3）仓储管理员。

职责范围：熟悉物料品种、规格、型号、产地及性能，对物料标明标记、分类排列；按规定做好出库验收、记账、发放手续，及时搞好清仓工作，做到账账相符、账物相符；随时掌握库存动态、保持材料及时供应，提高周转效率；搞好安全管理工作，检查防火、防窃、防爆设施，及时纠正不安全因素。

仓库管理员岗位操作流程如图 6-29 所示。

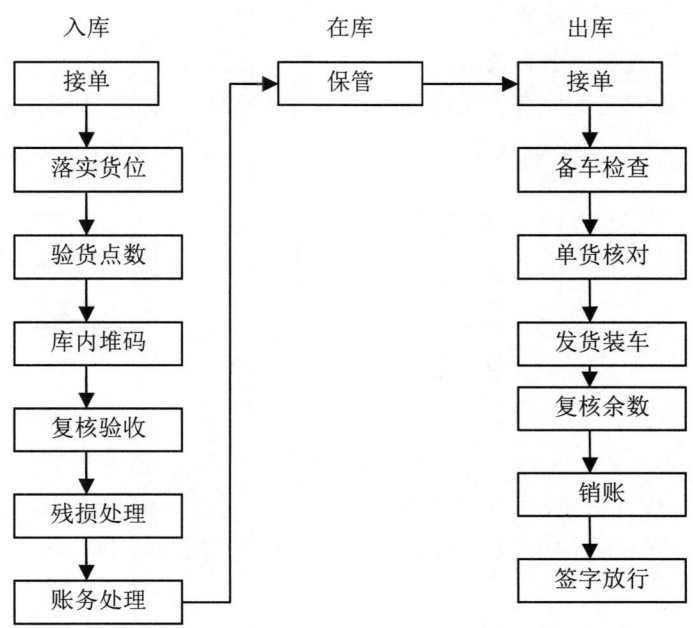

图 6-29　仓库管理员岗位操作流程

（4）盘点员。

职责范围：

1）通过点数计数查明商品在库的实际数量，核对库存账面资料与实际库存数量是否一致。

2）检查在库商品质量有无变化，有无超过有效期和保质期，有无长期积压等现象，必要时还必须对商品进行技术检验。

3）检查保管条件是否与各种商品的保管要求相符合，如堆码是否合理稳固，库内温、湿度是否符合要求，器具是否准确等。

4）检查各种安全措施和消防设备、器材是否符合安全要求，建筑物和设备是否处于安全状态。

盘点员岗位操作流程如图6-30所示。

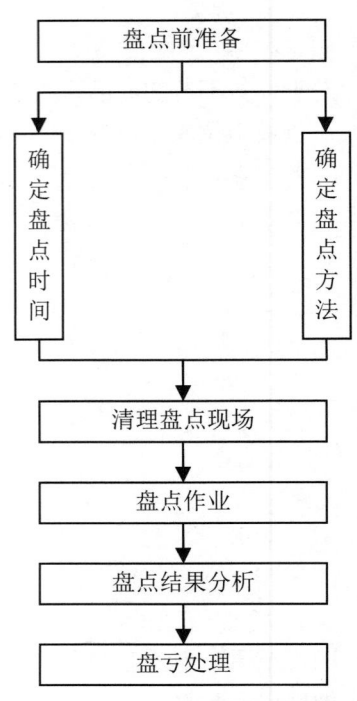

图6-30 盘点员岗位操作流程

【小思考6-4】

ABC库存分类管理法的基本思想是什么？

（5）拣货员。

职责范围：

1）根据客户的订单要求，从储存的商品中将用户所需的商品分拣出来，放到发货场指定的位置，以便发货。

2）熟练操作拣货作业，认真完成每日的拣货作业任务。

3）做出拣货出库实绩总结和报告。

4）做好拣货设备的定期检查，当设备出现不良状况时及时向保养人员报告。

拣货员岗位操作流程如图6-31所示。

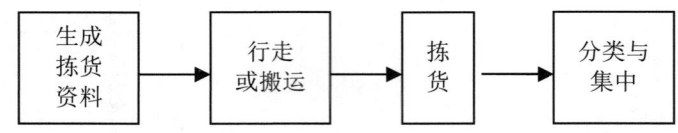

图6-31 拣货员岗位操作流程

（6）补货员。

职责范围：根据以往的经验，或者相关的统计技术方法，或者计算机系统的计算结果确定最优库存水平和最优订货量，并根据所确定的最优库存水平和最优订购量，在库存低于最优库存水平时发出存货再订货指令，以确保存货中的每一种产品都在目标服务水平下达到最优库存水平。

补货员岗位操作流程如图6-32所示。

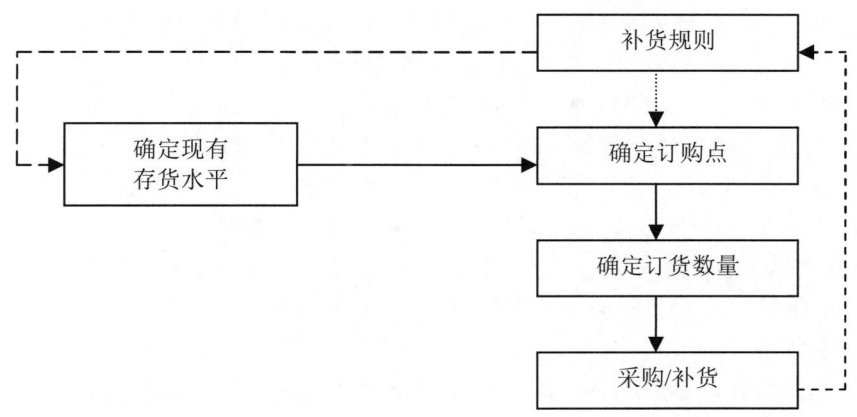

图 6-32　补货员岗位操作流程

7-11 的物流配送系统

7-11 是世界最大的连锁便利店,其名字的来历是表示店铺的营业时间是从早上 7 点到晚上 11 点。当然,现在便利店已经将营业时间改为一周 7 天,每天 24 小时全天候营业,但是最初这个具有象征意义的名字却延续下来。

7-11 在全球 20 多个国家拥有 2 万多家分店。每家店铺面积大约 $100\sim200m^2$,它们从总部推荐的 4000 多种商品中选择适合自己需求的商品,大约 $2000\sim3000$ 多种,且每年要对这些商品中的 70% 进行更换。这样一来,店铺就能够保证陈列更多的畅销商品,保持自己的新鲜度。但是,对于每家店铺来说,运送和保存的商品种类、数量和要求各不相同,每一种商品既不能短缺又不能过剩,而且还要根据顾客的不同需要随时调整货物的品种,因此,其背后也要有一个完善的配送系统来支撑其正常运转,有效运作和管理便利店的这种物流配送系统,就成为便利店成功的关键。

7-11 便利连锁店的物流管理模式先后经历了三个发展阶段。

第一阶段,7-11 并没有设立自己的专业配送中心,它的货物配送依靠批发商来完成,批发商直接将商店所订的货物送入便利店。

第二阶段,随着 7-11 连锁业务的迅速拓展,这种分散化的由各个批发商分别送货的方式无法再满足规模日渐扩大的 7-11 便利店的需要。7-11 开始和批发商及合作生产商构建统一的集约化的配送和进货系统。在这种系统之下,7-11 改变了以往由多家批发商分别向各个便利店送货的方式,改由一家在一定区域内的特定批发商统一管理该区域内的同类供应商,然后向 7-11 统一配货,这种方式称为集约化配送。集约化配送有效地降低了批发商的数量,减少了配送环节,为 7-11 节省了物流费用。

第三阶段,7-11 建立了自己的配送中心,代替了特定批发商,分别在不同的区域统一集货、统一配送。配送中心有一个计算机网络配送系统,分别与生产商及 7-11 店铺相连。为了保证不断货,配送中心一般会根据以往的经验保留 4 天左右的库存,同时,中心的计算机系统每天都会定期收到各个店铺发来的库存报告和要货报告，配送中心把这些报告集中分析，最后形成一张张向不同供应商发出的订单，由计算机网络传给生产商，而生产商则会在预定时间之内向中心派送货物。7-11 配送中心在收到所有货物后，将各个店铺所需要的货物分别打包，等待发送。第二天一早，配送车辆就会择路向自己区域内的店铺送货。整个配送过程就这样每天循环往复，为 7-11 连锁店的顺利运行打下了坚实的基础。

配送中心的优点还在于 7-11 从批发商手上夺回了配送的主动权，7-11 能随时掌握在途商品、库存货物等的数据，对财务信息和生产商的其他信息也能及时掌握。有了自己的配送中心，生产商原来让给批发商的利润空间就有可能成为 7-11 价格谈判的筹码，同时集中式采购也为价格谈判创造了条件。

随着店铺的扩大和商品的增多，7-11 的物流配送越来越复杂，配送时间和配送种类的细分势在必行。如 7-11 对食品的分类是：冷冻型（–20℃），如冰淇淋等；微冷型（5℃），如牛奶、生菜等；恒温型和暖温型（20℃），如罐头、饮料、面包、饭食等。不同类型的食品会用不同的方法和设备配送，如各种保温车和冷藏车。由于冷藏车在上下货时经常开关门，容易引起车厢温度的变化和冷藏食品的变质，7-11 还专门用一种两仓式货运车来解决这个问题，一个仓中温度的变化不会影响到另一个仓，需冷藏的食品就始终能在需要的低温下配送了。

除了配送设备，不同食品对配送时间和频率也会有不同要求。对于有特殊要求的食品如冰淇淋，7-11 会绕过配送中心，由配送车早中晚三次直接从生产商门口拉到各个店铺。对于一般的商品，7-11 实行的是一日三次的配送制度，早上 3 时到 7 时配送前一天晚上生产的一般食品，早上 8 时到 11 时配送前一天晚上生产的特殊食品，如牛奶，新鲜蔬菜也属于其中，下午 3 时到 6 时配送当天上午生产的食品，这样一日三次的配送频率在保证了商店不缺货的同时，也保证了食品的新鲜度。为了确保各店铺供货的万无一失，配送中心还有一个特别配送制度来和一日三次的配送相搭配。每个店铺都会随时碰到一些特殊情况造成缺货，这时只能向配送中心打电话告急，配送中心则会用安全库存对店铺紧急配送，如果安全库存也已告罄，中心就转而向供应商紧急要货，并且在第一时间送到缺货的店铺中。

【资料来源：搜狐网，https://www.sohu.com/】

结合案例思考：7-11 为什么要建立自己的配送中心？

思考题

1. 配送中心的选址原则是什么？
2. 数据交换的单据有哪些？
3. 一个水果配送中心应包括哪些区域？试对这些区域进行布局，画出布局图。

第 7 章 配送组织与运输管理

美国合丰集团 HFFoods Group（HFFG）——细分领域里的突围者

由福建华裔倪周敏于1997年创立的合丰集团，总部位于美国北卡罗来纳州，在群雄争霸的美国食材配送领域，找到了自己擅长的细分市场——中餐配送，从而成功突围。

中餐馆在美国遍布大街小巷，根据华裔餐馆协会（Asian American Restaurant Association）的数据显示，在美国，中餐馆的数量是麦当劳门店的3倍，年营业额超过150亿美元。而美国主要的餐饮配送商，其服务对象是美国主流的西餐行业，而中餐在食材和烹饪方式上与之有很大区别，以调味料为代表，中餐所需的一些食材在美国市场上并不多见，这恰恰成为了细分市场的机会。

合丰集团的定位是以最合理的价格和最便捷的送货服务为美国东南部超过3200多家亚洲及中国餐馆提供高品质一站式全面服务，提供极具中国特色并且在当地市场不易采购的中国食品和用品，涵盖新鲜肉类、海鲜、家禽、蔬菜、水果、干货、面食、调味品、环保餐具等多个类别。

作为美国最早为亚洲餐馆提供食品配送服务的企业，经过20多年的深耕与发展，已经成为目前美国亚洲食品配送领域最庞大的龙头企业，在北美地区拥有3个配送中心，仓储面积总计超过40万平方英尺，同时拥有完善的运输团队，其分销网络覆盖美国东南部的十个州。

同时，合丰集团对客户管理与服务高度重视，花费数年时间开发出专属的客户管理系统，并由集团在中国的分部负责运营，全天候24小时为顾客提供优质客服，从而大大降低了集团的运营成本。

【资料来源：https://baijiahao.baidu.com/】

7.1 配送组织

7.1.1 配送组织工作的基本程序和内容

配送作业的对象、品种、数量等较为复杂，为了做到有条不紊地组织配送活动，物流经理应当遵照一定的工作程序对配送业务进行安排与管理。一般情况下，配送组织工作的基本程序和内容主要有以下几个方面。

1. 物流作业配送线路的选择

配送中心送货路线合理与否直接关系和影响到配送的速度、成本和效益。因此，采用科学的方法确定合理的配送路线是配送中的一项非常重要的工作。确定配送运输的路线可以应用相关的数学方法，以及在数学方法的基础上发展和演变出来的经验方法。但是无论采用哪种方法，都应该首先确定要达到的目标，然后再考虑实现此目标所存在的各种限制因素，在有约束条件的情况下去寻求最佳的解决方案。

2. 拟定配送计划

物流经理应组织拟定配送计划，供具体负责配送作业的员工执行。现在主要用计算机编制配送计划。

3. 下达配送计划

配送计划确定之后，物流经理要向各配送点下达任务。依据计划调度运输车辆、装卸机械及相关作业班组与人员，并指派专人将商品送达时间、品种、规格、数量通知客户，使客户按计划准备好接货工作。

4. 配货和进货组织工作

物流经理应按计划做好配送组织工作，要求各配送点按配送计划审定库存商品的保存程度，若有缺货情况应立即组织进货。同时要求各配送点按计划进行配货、分货、包装、配装等。

5. 配送发货管理

配送发货管理是指制定发货计划，要求理货人员按计划将各种所需的商品进行分类，标明到达地点、客户名称、配送时间、商品明细等，并按流向、流量、距离将各类商品进行配装，将发货明细表交给司机或随车送货人。发货车辆应按指定路线运达目的地。

6. 费用结算管理

费用结算是整个配送业务的最后一个环节。物流部门的车辆按计划到达客户接货点，由客户在回执上签字，表明货物已送达客户。之后，物流经理即可通知财务部门进行费用结算，完成整个配送过程。

7.1.2 配送组织的模式

随着物流概念的成熟和日益被人们所接受，在大多数企业，产品配送越来越多地由独立的配送部门完成。但是在不同的企业，配送业务的组织模式不同，主要可分为以下两种模式。

1. 集权式组织模式

集权式组织模式是指在整个企业中只有一个配送部门，对整个公司的配送业务实行集中管理，统一调配各个仓库、配送节点和供货厂商的供需关系。例如，在一些连锁经营企业中，所有门店的商品配送是由公司统一组织货源并送货的。

2. 分权式组织模式

分权式组织模式是指配送业务由企业的各分部或产品组，或不同地区分别管理和执行的。这种模式在大型的企业集团或跨国公司中更为常见。

这两种配送组织模式各有利弊。集权式组织模式能够把公司整体的需求、生产以及原材料供应的工作联系在一起，尤其是在公司自己承担运输工作时，能够有效地利用运力，平衡输入与输出的运量，也更便于采用某种形式的货物联合运输。随着信息技术的发展和计算机的普及，信息传递的迅捷性和实时性，使企业，即使是生产和销售遍布全球的企业，也可能对遍布全球的配送工作实施高效的统一管理。

分权式组织模式下，各地区分公司或各分部生产的产品的配送职能由各个分部去完成，这样能够对本地区或本分部产品配送的需求做出快速反应，满足客户的需求。如果各分部的产品共同之处很少，这种组织模式更能发挥作用。但是这种配送组织模式不利于公司总体的平衡，比如会造成库存的增加、运力的浪费，尤其是当各分部的产品同质性较强时，这种情况更为突出。

总体看来，集权式组织模式对市场反应速度和柔性较差，但能够有效地控制配送成本；分权式组织模式对客户的要求反应迅速，但是成本较高。配送是一项对时效性要求非常高的业务，顾客要求的配送时间往往是 24 小时或 48 小时。因此企业在选择配送组织模式时需要综合考虑以下几个因素：

（1）公司的规模。

（2）产品特点及产品的销售地区。

（3）生产所需物资的采购地区。

（4）集权式组织模式提供的顾客服务标准能否达到所要求的水平。

现在有很多企业采用的是适当的集权与分权相结合的方式。同质性高、需求量大的产品或原材料由企业统一组织配送；而各分部之间差异较大的产品或是需求量波动大的零星产品，以及配送时间短和临时要求配送的产品，则由各分部自行组织货源及配送。

7.1.3 配送的方法

在不同的市场环境下，为了满足不同产品、不同客户、不同的流通环境的要求，在配送组织活动过程中，可以采取不同的配送形式来满足用户的需要。根据配送组织过程的两大要素，即配送的时间和配送货物的数量不同，将配送活动分为定时配送、定量配送、定时定量配送、定时定线路配送和即时配送等几种不同的组织形式。

1. 定时配送

定时配送是配送企业根据与用户签订的配送合同，按照约定的时间间隔进行的配送组织形式。在实践活动中，配送的货物可以是数天或数小时不等，而且每次配送之前以商定的联络方式，比如电话或通过配送信息管理系统等，通知配送中心或配送企业需要的商品品种及数量。

这种配送形式的时间比较固定，且具有一个循环周期，因此便于安排配送计划和配送调度，对于用户来讲，也便于安排接货和组织生产。但是由于配送的商品种类、数量不确定。配货、配装、运输的难度较大，在具体实施时，也会给运力的合理安排带来困难。定时配送有两种形式。

（1）日配形式。日配是定时配送中被较为广泛采用的一种形式，尤其是在城市内的配送活动中，日配占了绝大比例。一般地，日配的时间要求大体是：上午的配送订货下午送达，下午的配送订货第二天送达，即实现在订货发出后 24h 之内将货物送到用户手中。或者是用户下午的需求保证上午送到，上午的需求保证前一天下午送到，即实现在用户实际投入使用前 24h 之内送到。

广泛而稳定地开展日配方式，可使用户基本上无须保持库存，做到以配送日配方式代替传统的库存来实现生产的准时和销售经营的连续性（无缺货）。一般日配形式较适合下述几种情况。

1）保鲜要求较高的商品，如蔬菜、水果、肉类、点心、鲜花等。

2）用户是多个小型商店，如街区的零售店或便利店，它们的资金实力小，追求资金、货物周转快，随进随销。

3）由于用户的条件限制，不可能保持较长时期的库存，比如采用零库存管理的生产企业，位于商业中心"黄金地段"的商店，或那些缺少储存设施（比如冷藏设施）的用户。

4）临时出现的配送需求。

（2）准时—看板方式。准时—看板方式是实现配送供货与生产企业保持同步的一种配送方式，与日配方式和一般定时配送方式相比，这种方式更为精确和准确，配送组织过程也更加严密。其配送要与企业生产节奏同步，每天至少一次，甚至几次，以保证企业生产的不间断。这种配送方式的目的是实现供货时间恰好是用户生产之时，从而保证货物不需要在用户的仓库中停留，可直接运送至生产现场，这样与日配形式比较，连"暂存"这种过程也可取消，可以绝对地实现零库存。

准时—看板方式要求依靠高水平的配送系统来实现。由于要求迅速反应，因而对多用户进行周密的共同配送计划是不可能的。这种形式较适合于装配型、重复生产的用户，其所需配送的货物是重复的、大量的，且变化不大，因而往往是一对一的配送。

2. 定量配送

定量配送是指按照规定的数量（批量），在一个指定的时间范围内（对配送时间不严格限定）进行配送。这种配送方式配送货物的数量固定，备货较为方便、简单，可以依据托盘、集装箱及车辆的装载能力来测定配送的数量，也能够有效利用托盘、集装箱等集装方式，可做到整车配送，配送的效率较高。另外由于对配送的时间不做严格限定，因此在时间上能够将不同用户所需的货物配装成一辆整车后进行配送运输，这样能提高运力的利用率。而对于用户来讲，由于每次送达的货物数量是固定的，所以接货工作也易于组织，用户的生产和销售计划也易于与配送活动保持同步进行。不足之处在于，由于每次配送的数量保持不变，因此不够机动灵活，有时会增加用户的库存，造成库存过高或销售积压。

3. 定时定量配送

定时定量配送是按照所规定的配送时间和配送数量来组织配送，这种形式兼有定时配送和定量配送两种形式的优点。但是对配送组织要求较高，计划难度大，不太容易做到。既与用户的生产节奏保持合拍，又保持较高的配送效率，实际操作较为困难。一般适合配送专业化程度高的厂商（制造商）配送中心配送。

4. 定时定线路配送

定时定线路配送是指在规定的运行线路上，制定到达时间表，按照运行时间表进行配送的形式。

采用这种配送方式用户须提前提出订货要求，并按规定的时间在规定的运行线路上接货。也可将其称作班车配送或列车时刻表配送。

这种配送方式对配送企业而言，有利于安排车辆运行及人员配备，比较适合用户相对比较集中、用户需求较为一致的环境，并且配送的品种和数量不能太大，批量的变化也不能太大。对于用户来讲，由于配送的时间和路线固定，可以根据需要有计划地安排接货，但由于配送时间和路线不变，因此对用户的适应性较差，灵活性和机动性不强。

5. 即时配送

即时配送是指完全按照用户提出的送货时间和送货数量，随时进行的配送组织形式。这是一种灵活性和机动性很强的应急配送方式，用户可以用即时配送来代替保险储备。但对配送的组织者来说，很难做到充分利用运力，配送成本较高。同时，由于这种配送形式完全按照用户的要求来进行，因而配送的计划性较差，对配送组织过程要求高，对配送企业的应变能力和快速反应能力要求也比较高。其优点是满足用户要求的能力强，对提高配送企业的管理水平和作业效率有利。

7.2 协同配送

7.2.1 协同配送的含义

我国国家标准《物流术语》对协同配送即共同配送的解释是"由多个企业联合组织实施的配送活动"。

协同配送是多名流通经营者在配送环节上进行合作的配送方式。这种合作方式可以互相使用对方的配送系统或者共同组建配送系统，也可以共同设立独立配送企业。

7.2.2 协同配送的优势

协同配送是经过长期的发展和探索，优化出的一种配送形式，也是现代社会上影响面较大、资源配置较为合理的一种配送方式，其优势可以从两方面来看。

一方面，从货主（厂家、批发商和零售商）的角度来说，通过协同配送可以提高物流效率，如中小批发业者各自配送、难以满足零售商多批次、小批量的配送要求。采用协同配送，送货的一方可以实现少量物流配送，收货一方可以统一进行总验货，从而达到提高物流配送水平的目的。

日本的协同配送历史要追溯到20世纪60年代中叶，那时是日本经济快速发展时期，随着物流量的扩大，"大批量运输""直达运输"这类词成为代表那个时代物流的关键词。但是，同时也出现了单程运输效率低、不能充分利用返程汽车运力等问题。另外，城市交通不畅有长期发展的趋势，交通法规的修订使车辆的载重能力和高度受到限制，环保的要求使汽车的废气排放要求也越来越高，导致配送成本增加，于是出现了协同配送这种配送方式。日本当时实施的协同配送与现在实施的协同配送在思路上有些差别，只是以减少交通量、削减车辆的数量等为主要目的。进入20世纪90年代后，零售业为了使供应物流实现高效率，开始向店铺开展协同配送，特别是便利店总部向连锁店共同配送等新形态的配送方式开始普及。

另一方面，从卡车运输业者的角度来说，卡车运输业内多为中小企业，不仅资金少，人力不足，组织脆弱，而且运输量少，运输效率低，使用车辆多，在独自承揽业务、物流合理化及效率上受到限制。如果实现合理化协同配送，则筹集资金、大宗运货、通过信息网络提高车辆使用效率、进行往返运货等问题均可得到解决。同时，也可以通过协同运输，实现多批次、小批量的服务。

协同配送的目的在于最大限度地提高人员、物资、资金、时间等物流资源的效率（降低成本），取得最大效益（提高服务）。还可以消除多余的交错运输，取得缓解交通、保护环境等社会效益。

协同配送的优点见表7-1。

表 7-1 协同配送的优点

货主	运送业者
1．运费负担减轻	1．可以提高输送效率
2．可以裁减人员	2．可以降低物流成本
3．可以小批量进货配送	3．可以减少物流人员
4．收货人员可以对不同品种货物统一验收	4．可以减少不正当的竞争
5．物流空间可以互相融通	5．可以减少重复的服务
6．可以缓解交通拥挤	6．可以缓解交通拥挤
7．防止环境污染	7．防止环境污染

7.2.3 协同配送的两种类型

协同配送可以分为下述以货主为主体的协同配送和以物流业者为主体的协同配送，见表 7-2。

表 7-2 协同配送的类型与具体实例

主体	类型		具体实例
货主主体型	发货货主主体型	与交易对象协同配送	NEC 集团（采购零部件）、莱昂（原材料）
		与不同行业的货主协同配送	麒麟集团（味之素、三菱材料、莱昂等 100 个公司）
		集团系统内部的协同配送	味之素集团（味之素、AFG、梅尔鲁）、三菱集团（三菱电器、麒麟集团等）
		与同业货主协同：集团协同配送	关西百货店（阪急百货店等大阪 7 家百货店）
		共同出资组建公司进行协同配送	巴比克斯公司（纸批发业 6 公司）共荣系统等 5 家公司，医疗设备 1 公司，东日本桥流通服务公司
		组建合作社进行协同配送	（合作社）东京具马尔谢公司，仙台批发商中心等
		使用行业增值网协同配送	日本唱片公司（唱片、CD 等），行星物流（莱昂等 11 家）
	进货货主主体型	以主力批发商为窗口交货的共同配送	"7-11" 公司（一揽子送货），神奈川西基西中心（神奈川超市 6 家）
物流业者主体型	公司主体型	运送业者的共同配送	南王送运（代向百货店交货、验货），匹国运输（家庭纸厂 20 家）
		共同出资组建新公司进行协同配送	爱知协同配送
	合作机构主体型	运送业者组建合作社进行协同配送	东京都市圈货物输送合作社（小批量杂货）
		运送业者、批发业者组建合作社进行协同配送	西大阪运送事业合作社（机械工具）

1．以货主为主体的协同配送

由有配送需求的厂家、批发商、零售商以及它们组建的新公司或合作社机构作为主体进行合作，解决个别配送的效率低下问题。这种配送又可分为发货货主主体型和进货货主主体型。

（1）发货货主主体型。

1）与客户的协同配送。用于采购零部件或原材料的运输车辆均可参与协同配送。

2）不同行业货主的协同配送。不跑空车，让物流子公司与其他行业合作，装载回程货物或与其他公司合作进行往返运输。

3)集团系统内的协同配送。企业集团、大资本集团、零售商集团等的协同配送。

4)同行业货主的协同配送。集团协同配送,共同出资组建公司进行协同配送,建立合作社进行协同配送,通过同行业 VAN 增值网进行协同配送。

(2)进货货主主体型。零售商以中心批发商(一级批发商)为窗口,从中间批发商(二级批发商)处统一进货再配送给物流中心或零售店。

2. 以物流业者为主体的协同配送

由提供配送的物流业者,或以它们组建的新公司或合作机构为主体进行合作,解决个别配送的效率低下等问题。这一类协同配送又可分为公司主体型和合作机构主体型。

(1)公司主体型。

1)运送业者的协同配送。向特定交货点运送货物,交货业务合作化。

2)共同出资组建新公司开展协同配送。本地的运送公司(特别零担货物运输业者、包租业者)共同出资组建新公司开展送货到户业务。

(2)合作机构主体型。

1)运送业者组成合作机构开展协同配送。各运送公司组成合作机构,将各成员在各自收集货物或配送货物地区所收集的货物运到收配货据点,然后统一配送。

2)运送合作机构和批发合作机构合作,开展协同配送。共同设置收货和配货的据点,由运送公司统一承包批发商的集货和配货业务。

7.2.4 协同配送的问题及解决办法

日本新潟产业大学的菊池康也教授对日本开展协同配送时出现的问题进行了分析,并对如何消除这些问题的影响,开展协同配送提出了自己的看法。

1. 日本协同配送发展的障碍

(1)有可能泄露企业的商业机密。

(2)难于进行商品管理。

(3)担心出现纠纷,服务水平下降。

(4)担心协同物流设施费用及其管理成本增加。

(5)担心成本收益的分配出现问题。

(6)主管人员在经营管理方面存在困难。

(7)缺乏实现协同配送的领袖人物。

(8)为建立协同配送设施和改善环境而发生的投资不易合理分配。

(9)建立协同配送系统的专家不足。

2. 消除这些障碍的措施

从货主角度来说,应注意以下问题:

(1)由于大型零售业的流通变革非常激烈,在批发阶段,要求多品种一次性进货。为适应这种需求,必须开展协同配送。

(2)货主的竞争只在销售,而配送应当协同进行。实际开展时需要投入许多人员、精力、资金和时间,这方面应有充分的精神准备。

(3)在公司内部,特别是要能够得到销售部门对协同配送的理解,应当想办法既能够开展协同配送，又不至于把顾客的名单和交易价格泄露出去。

（4）应当在同一地区，寻找既有配送实力，又无需竞争的公司即不同行业的公司联手开展协同配送。

（5）如与不同行业的公司开展协同配送，应注意选择如下对象：

1）配送地址的分布类似。

2）商品特征类似。

3）保管和搬运拣选类似。

4）系统类似。

5）服务水平类似。

6）处理的配送量类似。

（6）实际操作时，要切实定好接收订货信息的时间，以及托盘、货单、代码等基础条件。开展协同配送时必须注意这些问题，为取得成功，需要有信心，并使之系统化。

3. 开展协同配送

（1）开展协同配送的程序。

1）研究物流协同化的可能性。

2）参加的单位统一意志。

3）确立物流协同化的主体。

4）系统设计。

5）办理有关手续（主要是行政手续）。

6）筹措资金。

7）确认工作开始。

8）运营主体开始工作。

9）实施后的调查研究及工作改进。

（2）实施过程中要注意的问题。

1）不要泄露合作企业的商业机密。

2）协同配送组织要有好的领导人或协调人，就协同配送问题协调各方面的意见。最好由有经验的物流专家来担任协调人。

3）要保持较高的服务水平。

4）要有成本效益目标。

5）搞好商品管理。

6）搞好成本效益分配。

7）要阻止设施费用和管理成本的增长。

8）创造条件取得公司内部的理解和支持。

总之，要实现协同配送，就要克服许多困难。这些困难只靠货主单方面努力是不可能解决的，要有厂家、运送业者和接受配送单位的强有力的支持，有时甚至还需要政府或地方公共团体的支持。

【小案例7-1】

某小型专业化工企业生产多种金属防腐涂料。所有的产品都在同一地点生产。一项关于分拨网络的研究建议该公司采用与以往不同的分拨模式,即所有构成整车批量的产品直接从工厂运到客户所在地,所有的大订单(占企业销量的前 10%)也由工厂直接向客户供货,其他运输批量小的产品,则从工厂或两个战略性仓库运出。这一多样化分拨战略为企业节约了 20%的分拨成本,同时保持了现有的物流客户服务水平。

7.3 配送线路的确定

7.3.1 配送线路的确定原则

配送线路是指各送货车辆向各个用户送货时所要经过的线路。配送线路合理与否对配送速度、车辆的合理利用和配送费用都有直接影响,因此配送线路的优化问题是配送工作的主要问题之一。采用科学合理的方法来确定配送线路,是配送活动中非常重要的一项工作。

1. 确定目标

目标的选择是根据配送的具体要求、配送中心的实力及客观条件来确定的。配送线路规划的目标可以有多种选择:

(1)以效益最高为目标,指计算时以利润最大化为目标。

(2)以成本最低为目标,实际上也是选择了以效益为目标。

(3)以路程最短为目标,如果成本与路程相关性较强,而和其他因素的相关性较小,可以选它作为目标。

(4)以吨公里数最小为目标,在"节约里程法"的计算中,采用这一目标。

(5)以准确性最高为目标,它是配送中心中重要的服务指标。

当然还可以选择运力利用最合理、劳动消耗最低作为目标。

2. 确定配送线路的约束条件

一般配送的约束条件有以下几项:

(1)满足所有收货人对货物品种、规格、数量的要求。

(2)满足收货人对货物送达时间范围的要求。

(3)在允许通行的时间段内进行配送。

(4)各配送线路的货物量不得超过车辆容积和载重量的限制。

(5)在配送中心现有运力允许的范围内。

7.3.2 配送线路的确定方法

1. 配送线路优化方法

配送中心要服务多家连锁店,一般各门店每天或两天要货一次,每天要货的店有许多家,且分布在全市各个地方。由于车辆有限,配送中心供应品种又较多。合理地调度这些送货车辆,在保证各门店要货能及时得到满足的前提下,使送货车辆经过的路途最少,是一个十分有意义的工作。以下通过例题介绍线路规划。

【例 7-1】一个配送中心用一辆车装货对十个连锁店进行配送,其前提是商品能装下一车。配送中心在 V0,十个连锁店为 V1、V2、V3、V4、V5、V6、V7、V8、V9、V10、V11、V12、

V13 是重要路口增加的结点,如图 7-1 所示。图 7-1 中的数值为各结点之间的距离(单位:百米)。

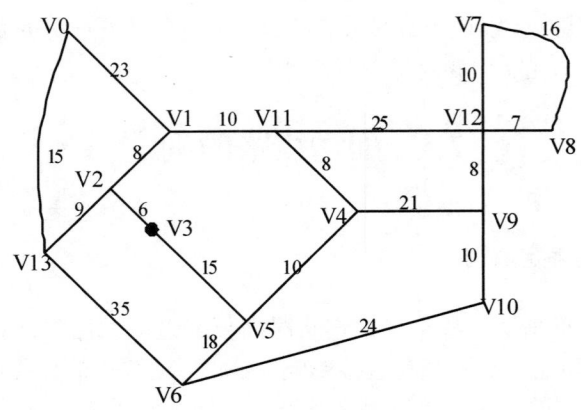

图 7-1　例 7-1 图

线路优化可分为五个步骤:

第一步:考虑到送货车辆从配货中心出发,必须要到达所有的门店,故可以采用最小树方法,生成最小树,将配货中心与各门店连接起来,如图 7-2 所示。

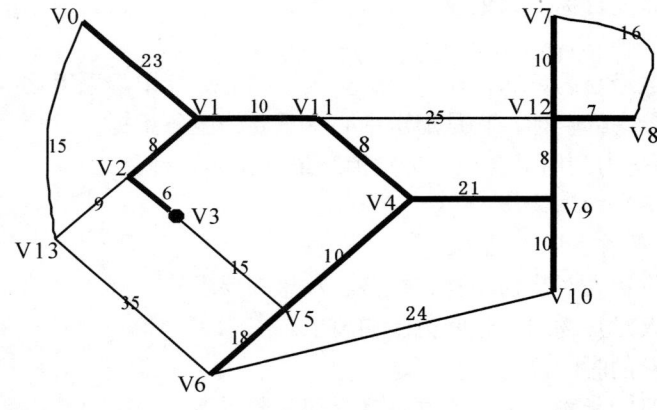

图 7-2　解 7-1 图 1

图 7-2 中的粗线部分即为最小树,它将配送中心与 10 家门店连接起来,同时可使总的线路长度最小。在最小树中包含了两个路口结点 V11 和 V12。单程线路的总长度为 130 米。

第二步:考虑到从配货中心出发的送货车辆,在送完所有的门店货物后,仍需要返回配货中心,故需再对生成的最小树采用中国邮递员线路的算法进行扩充。

在图 7-2 中,奇点有:V0,V1,V3,V4,V6,V7,V8,V9,V10,V12。故需增加边 V3V5,重复边 V0V1、V5V6、V4V9、V9V10、V7V12、V8V12、V9V12 共 7 条,得图 7-3。

图 7-3 中的粗线部分已给出了送货车辆从配送中心出发,送货到 10 家门店后返回配货中心的具体路线。即 V0—V1—V2—V3—V5—V6—V5—V4—V9—V10—V9—V12—V7—V12—V8—V12—V9—V4—V11—V1—V0。线路的总长度为 251 米。

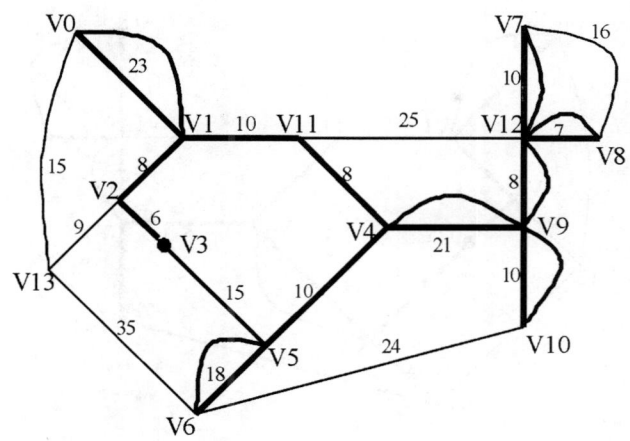

图 7-3　解 7-1 图 2

第三步：进一步优化行车路线，使其加重复边的长度之和小于不加重复边长度之和。检查图 7-3 中所有的圈，此时要使用图 7-3 中所有的边，即包含尚不在行车线路的边。

检查后发现：圈 V7—V8—V12—V7，加重复边的长度为 10+7=17，而不加重复边的长度为 16。故要改进，去掉重复边 V7V12，V8V12，而增加边 V7V8。圈 V6—V5—V4—V9—V10—V6 中，加重复边的长度为 18+21+10=49，不加重复边的长度为 10+24=34，故也要改进，去掉重复边 V5V6，V4V9，V9V10，增加重复边 V4V5，V6V10。即可得送货线路如下：V0—V1—V2—V3—V5—V6—V10—V9—V12—V7—V8—V12—V9—V4—V5—V4—V11—V1—V0。线路的总长度减少 235 米，如图 7-4 所示。

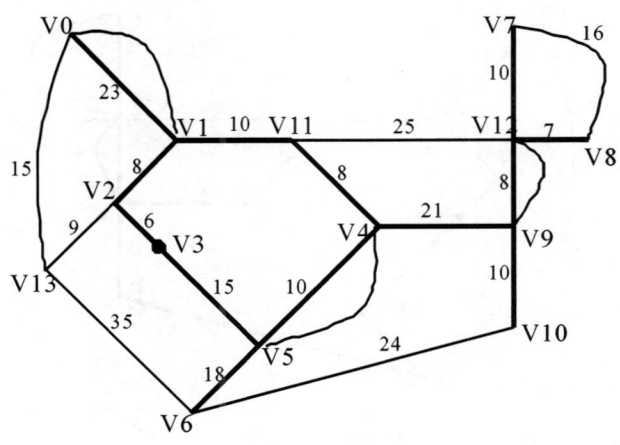

图 7-4　解 7-1 图 3

第四步：检查有重复边的线路是否是多余的。即检查重复边的两端是否已有其他线路相连通，如果有，可将重复边连同原边从线路图中删去。发现重复边 V4V5 的两端可通过其他线路相连，可将 V4V5 及重复边一起从线路图中删去。即可得送货线路如下：V0—V1—V2—V3—V5—V6—V10—V9—V12—V7—V8—V12—V9—V4—V11—V1—V0。线路的总长度减少 215 米，如图 7-5 所示。

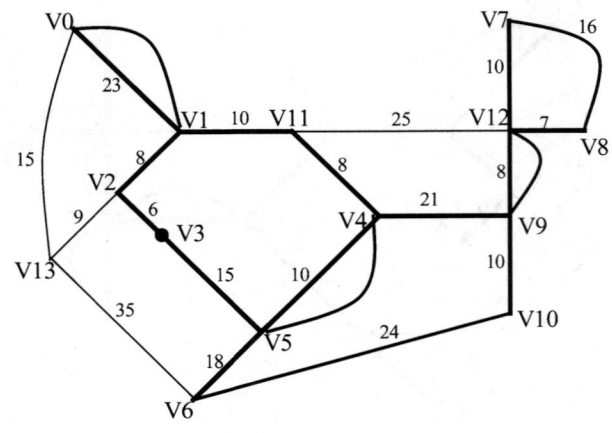

图 7-5 解 7-1 图 4

第五步：要综合考虑问题，在优化第三步时，同时考虑第四步有没有重复边是多余的。检查后发现：圈 V0—V1—V2—V13—V0 中，加重复边的长度为 23，不加重复边的长度为 15+9+8=32，故不需要改进，但是，去掉重复边 V0V1，增加重复边 V1V2，V0V13，V13V2，则 V1V2 成为重复边，发现重复边 V1V2 的两端可通过其他线路相连，可将 V1V2 及重复边一起从线路图中删去。这样去掉重复边 V0V1 和 V1V2，总长度为 31 百米，增加 V0V13 和 V13V2，总长度为 24 百米，总长度较前减少了 7 百米。即可得送货线路如下：V0—V1—V11—V4—V9—V12—V7—V8—V12—V9—V10—V6—V5—V3—V2—V13—V0。线路的总长度减少 208 米，如图 7-6 所示。

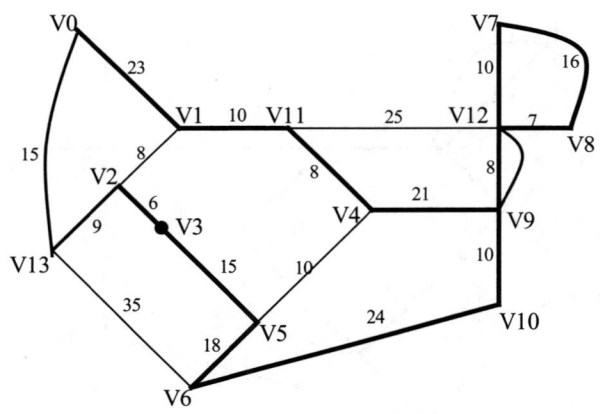

图 7-6 解 7-1 图 5

2. 分送式配送运输线路优化

配送运输过程中影响运输的因素很多，如车流量的变化、道路状况、客户的分布状况和配送中心的选址、道路交通网、车辆额定载重量以及车辆运行限制等。线路设计就是整合影响运输的各因素，适时适当地利用现有的运输工具和道路状况，及时、安全、方便、经济地将客户所需的不同物资准确送达客户手中，以便提供优良的物流服务。在运输线路设计中，需根据不同客户群的特点和要求，选择不同的线路设计方法，最终达到节省时间、运行距离和运行费用的目的。

分送式运输是指由一个供应点对多个客户的共同送货。其基本条件是所有客户的需求量总和不大于一辆车的额定载重量。送货时,由这一辆车装着所有客户的货物,沿着一条精心选择的最佳线路一次将货物送到各个客户手中,这样既保证按时按量将用户需要的货物及时送到,又节约了车辆,节省了费用,缓解了交通紧张的压力,并减少了运输对环境造成的污染。

【例 7-2】图 7-7 所示为某配送中心的配送网络,图中 P0 点为配送中心,P1、P2、P3、P4、P5、P6、P7、P8、P9、P10 为配送客户,共 10 位客户,括号内为配送货物吨数,线路上的数值为道路距离,单位为 km。现配送中心有额定载重量分别为 2 吨和 4 吨的两种厢式货车可供送货使用,试用节约法设计最佳送货路线。

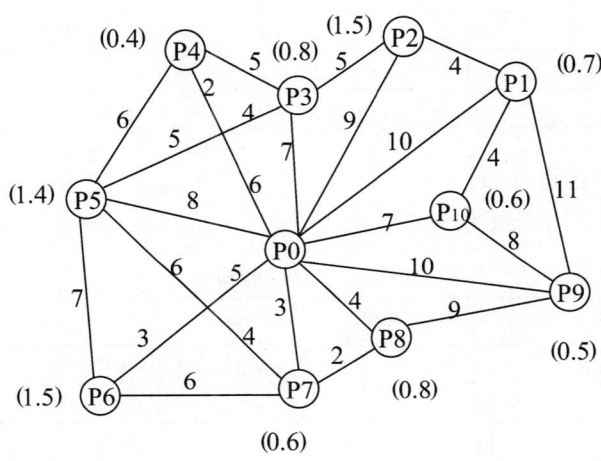

图 7-7 例 7-2 图

第一步:计算最短距离。

首先计算网络结点之间的最短距离(可采用最短路求解法)。计算结果见表 7-3。

表 7-3 最短距离计算结果

P0										
10	P1									
9	4	P2								
7	9	5	P3							
8	14	10	5	P4						
8	18	14	9	6	P5					
8	18	17	15	13	7	P6				
3	13	12	10	11	10	6	P7			
4	14	13	11	12	12	8	2	P8		
10	11	15	17	18	18	17	11	9	P9	
7	4	8	13	15	15	15	10	11	8	P10

第二步：计算节约里程。

根据最短距离结果，计算出各客户之间的节约行程，结果见表 7-4。

表 7-4 节约里程计算结果

P1									
15	P2								
8	11	P3							
4	7	10	P4						
0	3	6	10	P5					
0	0	0	3	9	P6				
0	0	0	0	1	5	P7			
0	0	0	0	0	4	5	P8		
9	4	0	0	0	1	2	5	P9	
13	8	1	0	0	0	0	0	9	P10

第三步：将节约里程进行分类。

对节约行程按从大到小的顺序排列，见表 7-5。

表 7-5 节约里程排序

序号	路线	节约里程	序号	路线	节约里程
1	P1P2	15	13	P6P7	5
2	P1P10	13	13	P7P8	5
3	P2P3	11	13	P8P9	5
4	P3P4	10	16	P1P4	4
4	P4P5	10	16	P2P9	4
6	P1P9	9	16	P6P8	4
6	P5P6	9	19	P2P5	3
6	P9P10	9	19	P4P6	3
9	P1P3	8	21	P7P9	2
9	P2P10	8	22	P3P10	1
11	P2P4	7	22	P5P7	1
12	P3P6	6	22	P6P9	1

第四步：确定配送线路。

按节约里程大小顺序，组成线路图。

（1）初始方案：如图 7-8 所示，从配送中心 P0 分别向各个客户配送，对每一客户分别单独派车送货，共有 10 条配送线路，总行程为 148 公里，需 2 吨货车 10 辆。

（2）修正方案Ⅰ：按照节约行程由大到小的顺序，连接 P1 和 P2，P1 和 P10，P2 和 P3，P3 和 P4，形成巡回路线 P0—P10—P1—P2—P3—P4—P0 的配送线路，如图 7-9 所示，装载货物 4 吨，这时配送路线总运行距离为 109 公里，配送线路为 6 条，需 4 吨货车 1 辆、2 吨货车 5 辆。

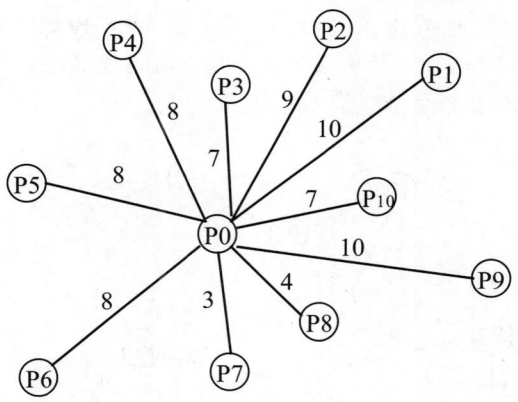

图 7-8 初始方案

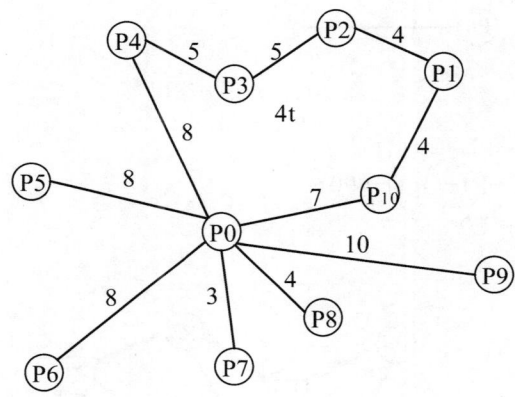

图 7-9 修正方案 I

（3）修正方案 II：按节约里程由大到小的顺序，连接 P5 和 P6，P6 和 P7，形成巡回路线 P0—P5—P6—P7—P0 的配送线路，如图 7-10 所示，装载货物 3.5 吨，这时配送路线总运行距离为 85 公里，配送线路为 4 条，需 4 吨货车 2 辆、2 吨货车 2 辆。

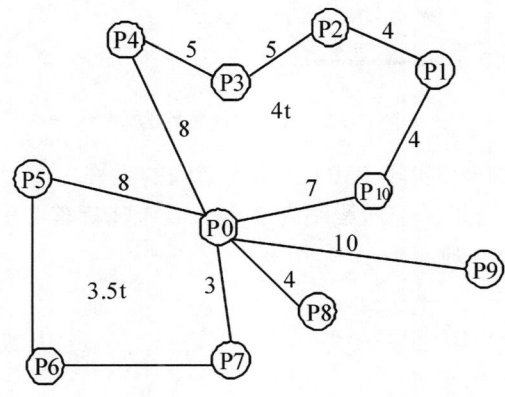

图 7-10 修正方案 II

（4）修正方案Ⅲ：按节约里程由大到小的顺序，连接 P8 和 P9，形成巡回路线 P0—P8—P9—P0 的配送线路，如图 7-11 所示，装载货物 1.3 吨，这时配送路线总运行距离为 80 公里，配送线路为 3 条，需 4 吨货车 2 辆、2 吨货车 1 辆。

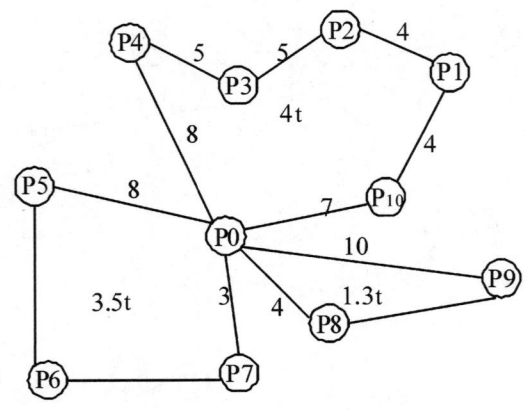

图 7-11　修正方案Ⅲ

最终配送线路方案如图 7-12 所示。

A：P0—P4—P3—P2—P1—P10—P0

B：P0—P5—P6—P7—P0

C：P0—P8—P9—P0

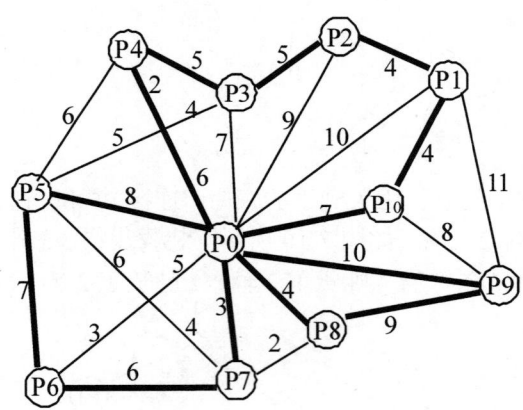

图 7-12　最终配送线路方案

如果考虑单车载重量均衡，由于 P3P4、P4P5 节约的里程相同，可以把 P4 点放在 B 线路，其结果里程一样，都是 80 公里。配送线路为 3 条，需 4 吨货车 2 辆、2 吨货车 1 辆。装载量分别为：3.6 吨、3.9 吨和 1.3 吨。

最终配送线路方案为：

A：P0—P3—P2—P1—P10—P0

B：P0—P4—P5—P6—P7—P0

C：P0—P8—P9—P0

7.4 车辆调度与车辆运营管理

车辆是在点多、面广、纵横交错、干支相连的运输网络中分散流动的,涉及多个部门、多个环节,工作条件较为复杂。这就需要建立一个具有权威性的组织指挥系统——车辆调度部门,进行统一领导、统一指挥,且能灵活地、及时地处理问题。

7.4.1 车辆调度工作

1. 车辆调度工作的作用
（1）保证运输任务按期完成。
（2）能及时了解运输任务的执行情况。
（3）促进运输及相关工作的有序进行。
（4）实现最小的运力投入。

2. 车辆调度工作的特点
（1）计划性：坚持合同运输及临时运输相结合,以完成运输任务为出发点,认真编制、执行及检查车辆运行作业计划。
（2）预防性：在车辆运行组织中,经常进行一系列预防性检查,发现薄弱环节,及时采取措施,避免中断运输。
（3）机动性：加强信息沟通,机动灵活地处理有关部门的问题,准确及时地发布调度命令,保证生产的连续性。

7.4.2 车辆调度的基本原则和具体原则

1. 车辆调度的基本原则
（1）坚持统一领导和指挥、分级管理、分工负责的原则。
（2）坚持从全局出发,局部服从全局的原则。
（3）坚持以均衡和超额完成生产计划任务为出发点的原则。
（4）最低资源（运力）投入和获得最大效益的原则。

车辆运行计划在组织执行过程中常会遇到一些事前难以预料的问题,如客户需求量变动、装卸机械发生故障、车辆运行途中发生技术障碍、临时性桥断路阻等,这就要有针对性地加以分析和解决,调度部门要随时掌握货源状况、车况、路况、气候变化、驾驶员思想状况、行车安全性等,确保运行作业计划顺利进行。

2. 车辆调度的具体原则
（1）宁打乱少数计划,不打乱多数计划。
（2）宁打乱局部计划,不打乱整体计划。
（3）宁打乱次要环节,不打乱主要环节。
（4）宁打乱当日计划,不打乱以后计划。
（5）宁打乱可缓运物资的运输计划,不打乱急需物资的运输计划。
（6）宁打乱整批货物的运输计划,不打乱配装货物的运输计划。
（7）宁使企业内部工作受影响,不使客户受影响。

7.4.3 车辆调度的方法

车辆调度的方法有多种,可根据客户所需货物、配送中心站点及交通线路的布局不同而选用不同的方法。简单的运输可采用定向专车运行调度法、循环调度法、交叉调度法等。如果运输任务较重,交通网络较复杂,为合理调度车辆的运行,可运用运筹学中线性规划的方法,如最短路径法、表上作业法、图上作业法等。在这只讲经验调度法和运输定额比法、图上作业法。

1. 经验调度法和运输定额比法

在有多种车辆时,车辆使用的经验原则为尽可能使用能满载运输的车辆进行运输。如运输 5 吨的货物,安排一辆 5 吨载重量的车辆运输。在能够保证满载的情况下,优先使用大型车辆,且先载运大批量的货物。一般而言大型车辆能够保证较高的运输效率和较低的运输成本。

例如:某建材配送中心,某日需运输水泥 580 吨、盘条 400 吨和不定量的平板玻璃。该中心有大型车 20 辆、中型车 20 辆、小型车 30 辆。各种车每日只运输一次物资,运输定额表见表 7-6。

表 7-6 车辆运输定额表　　　　　　　　　　　　　　　　单位:吨/(日·辆)

车辆种类	运水泥	运盘条	运玻璃
大型车	20	17	14
中型车	18	15	12
小型车	16	13	10

根据经验调度法确定,车辆安排的顺序为大型车、中型车、小型车。货载安排的顺序为水泥、盘条、玻璃。得出的派车方案见表 7-7,共完成货运量 1080 吨。

表 7-7 经验调度法

车辆种类	运水泥车辆数	运盘条车辆数	运玻璃车辆数	车辆总数
大型车/辆	20			20
中型车/辆	10	10		20
小型车/辆		20	10	30
货运量/吨	580	400	100	

运输定额比法比经验调度法更方便快捷,下面我们用运输定额比法进行派车。

对于以上车辆的运输能力,可以计算每种车运输不同货物的定额比,见表 7-8。

表 7-8 车辆运输定额比

车辆种类	运水泥/运盘条	运盘条/运玻璃	运水泥/运玻璃
大型车	1.18	1.21	1.44
中型车	1.2	1.25	1.5
小型车	1.23	1.3	1.6

其他种类的定额比都小于 1，不予考虑。在表 7-8 中小型车运水泥的定额比最高，因而要先安排小型车运输水泥；其次由中型车运输盘条；剩余的由大型车完成。派车方案见表 7-9，共完成运量 1106 吨。

表 7-9　运输定额比法

车辆种类	运水泥车辆数	运盘条车辆数	运玻璃车辆数	车辆总数
大型车/辆	5	6	9	20
中型车/辆		20		20
小型车/辆	30			30
货运量/吨	580	400	126	

通过以上两种方法的比较可知，运输定额比法要比经验调度法多运输货物。

2. 图上作业法

图上作业法是在交通示意图上，就产地产量与销地销量的平衡关系，运用运筹学原理，寻找能够控制的最省运费的方法。图上作业法的基本规则是：对于不成圈状的交通线路图，从各端开始，按就近供应的原则和先支线后干线的基本要领，绘制出没有对流的调运方案，就是所要控制的最优调运方案；对于形成圈状的交通线路图，且发点与收点交错迂回的，就比较复杂，则必须以"圈内外流向总路程应分别小于或等于该圈总路程的一半"的定理为准则，设计所要控制的最省费用方案。

下面举例说明其设计的步骤。

（1）调运线路呈线状。

【例 7-3】设有某种商品由 3 个发点 A_1、A_2、A_3，调运到 4 个收货地 B_1、B_2、B_3、B_4。3 个发点的发运量为 4 吨、10 吨和 8 吨，4 个收货地点的收货量分别为 8 吨、5 吨、3 吨和 6 吨。并已知各点的距离及交通图，如图 7-13 所示，如何调运可使总的吨公里数最小？

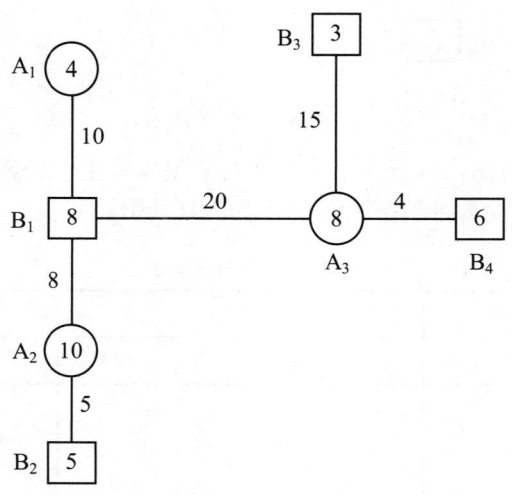

图 7-13　例 7-3 图

1）根据给出的收、发数量，列出产销平衡表（表 7-10）。

表 7-10　产销平衡表　　　　　　　　　　单位：吨

产地	销地				产　量
	B₁	B₂	B₃	B₄	
A₁					4
A₂					10
A₃					8
销　量	8	5	3	6	22

2）规划调运方向时，要按照"先端点由外向里"的原则，逐步进行各发收点之间的产销平衡。

在本例的调运图中一共有 4 个端点，规划时先从这 4 个点开始，即把 A₁ 的 4 吨调运到 B₁，B₁ 尚有 4 吨需要量。发点 A₂ 先调运给 B₂ 5 吨，其余 5 吨调到 B₁，则 B₁ 满足需要后还剩余 1 吨运往 A₃。发点 A₃ 分别调往 B₃ 3 吨及 B₄ 6 吨，达到了收发平衡，如图 7-14 所示。

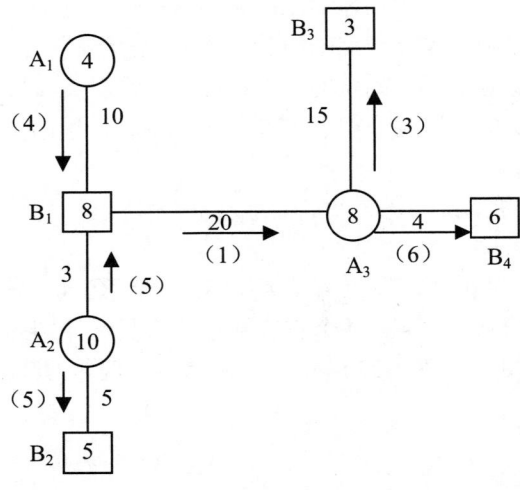

图 7-14　产销平衡图

3）对规划的产销平衡图，检查一下是否有对流现象发生，如果没有对流，就是一个最优的调运方案了。然后把收发数量填入平衡表（表 7-11）中。

表 7-11　产销平衡表　　　　　　　　　　单位：吨

产地	销地				产　量
	B₁	B₂	B₃	B₄	
A₁	4				4
A₂	4	5		1	10
A₃			3	5	8
销　量	8	5	3	6	22

依照产销平衡表,计算出商品调运的总吨公里数:

总吨公里=4×10+4×8+5×5+1×32+3×15+5×4=194

根据商品调运的流向,可以填出不同方案的平衡表。但这些方案的流向不变,所以总的运输量还是相同的。

(2) 调运路线呈环状。

【例 7-4】设某种商品的发点和收点各 4 个,形成两个环状的线路图,各发、收点的供需量及它们之间的距离已给出,如图 7-15 所示,如何规划调运方案可使运输的吨公里数最小?

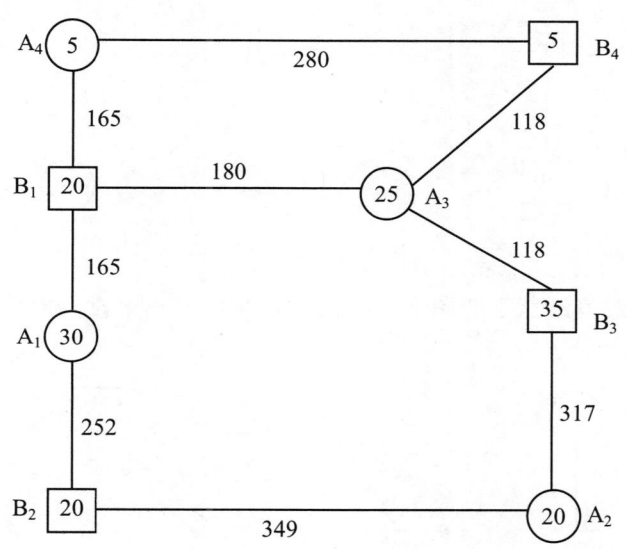

图 7-15 例 7-4 图

解:1) 列出产销平衡表(表 7-12)。

表 7-12 产销平衡表 单位:吨

产地	销地				产量
	B_1	B_2	B_3	B_4	
A_1					30
A_2					20
A_3					25
A_4					5
销量	20	20	35	5	80

2) 对规划环状的线路图,先采用"丢边破圆"的方法,变成一个不呈环状的线路图,通常找出里程最长的丢掉,在本例题中上圈甩去最长的边 A_4B_4。下圈 B_2A_2 边最长,也甩去,如图 7-16 所示。

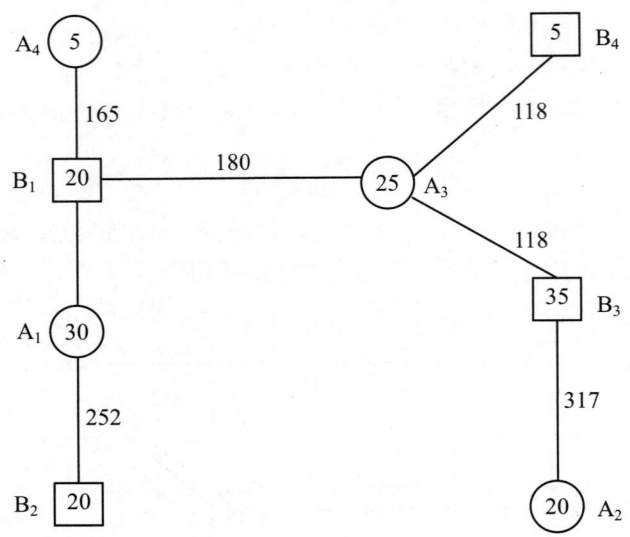

图 7-16　解 7-4 图 1

3）按"调运路线呈线状"的图形进行规划，并作出一个没有对流的调运图，如图 7-17 所示。

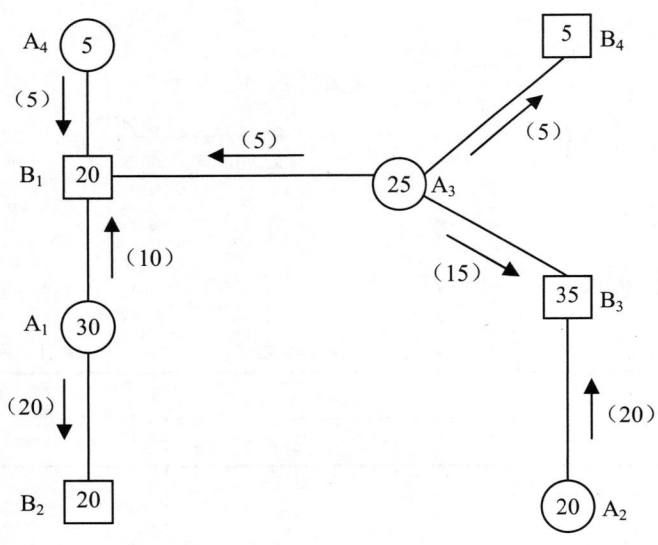

图 7-17　解 7-4 图 2

4）补回原来丢去的边 A_4B_4 和 B_2A_2，得到一个初始方案，对初始方案进行检查，是否有迂回，如果没有迂回，则就是一个最优调运方案，发现有迂回，则需要进一步调整，如图 7-18 所示。

在初始调运方案中，上圈周长的一半记作 $\frac{L_上}{2}$，本例中 $\frac{L_上}{2}$=371.5，下圈周长的一半记作 $\frac{L_下}{2}$，本例中 $\frac{L_下}{2}$=690.5。

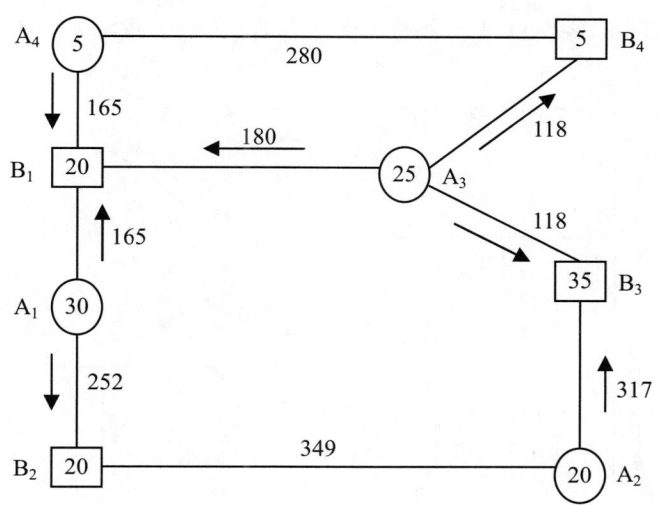

图 7-18　解 7-4 图 3

检查上圈，内圈流向的总长 $L_{上内}=180$，外圈流向总长 $L_{上外}=283$，可知没有迂回。

因为：$L_{上内}=180<371.5$

$L_{上外}=283<371.5$

再检查下圈，内圈流向的总长 $L_{下内}=283$，外圈流向的总长 $L_{下外}=749$，不是最优方案，需要调整。

因为：$L_{下内}=283<690.5$

$L_{下外}=749>690.5$

5）由上面检查可以看出，下圈的初始调运方案还不是最优方案，需要进行调整。调整的方法是，在有迂回的圈上，超过全周一半长的流向中，找出运量最小的一边丢掉它，并补回原来甩去的边，便得到一个新的调运路线呈线状的图形，重新规划，如图 7-19 所示。

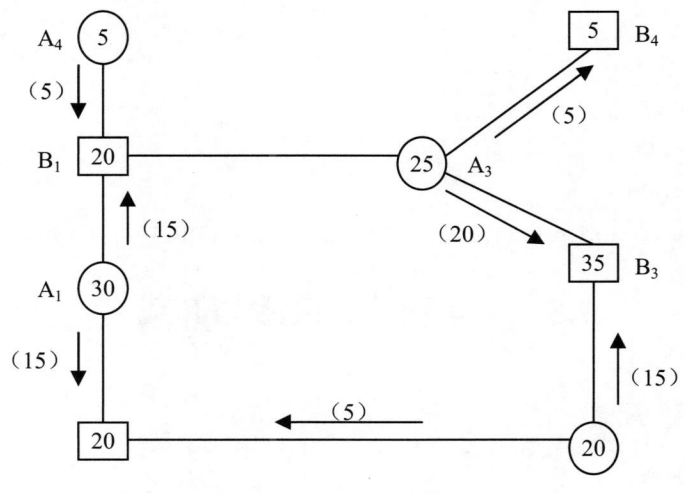

图 7-19　解 7-4 图 4

6）补回丢掉的边 A_4B_4 及 B_2A_2，得出一个新的调运方案，如图 7-20 所示，再进行检查，由于上、下圈都没有迂回，因此就是一个最优调运方案。将调运量填入产销平衡表，见表 7-13。

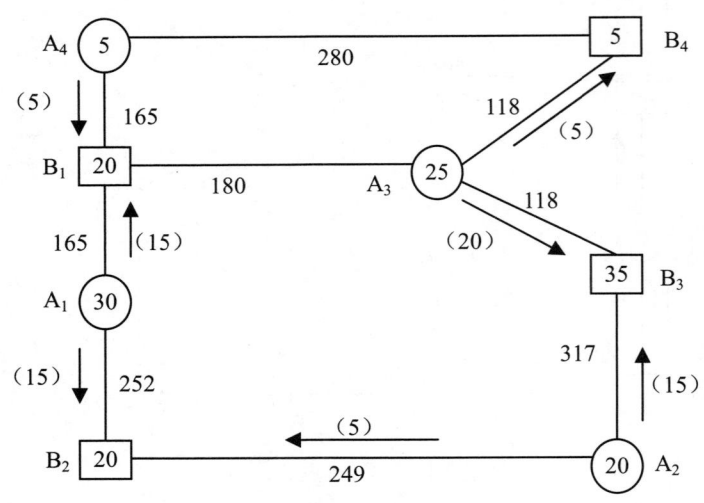

图 7-20　解 7-4 图 5

表 7-13　产销平衡表　　　　　　　单位：吨

产地	销地				产量
	B_1	B_2	B_3	B_4	
A_1	15	15			30
A_2		5	15		20
A_3			20	5	25
A_4	5				5
销量	20	20	35	5	80

检查：

$L_{上内}=0<371.5$

$L_{上外}=283<371.5$

$L_{下内}=632<690.5$

$L_{下外}=569<690.5$

总吨公里数 $=15×165+15×252+5×349+15×317+20×118+5×118+5×165=16530$

7.5　车辆积载、装载与卸载

7.5.1　配送车辆的配装

1. 车辆配装的概念

由于配送作业本身的特点，配送工作所需车辆一般为汽车。由于需配送的货物的比重、体积以及包装形式各异，在装车时，既要考虑车辆的载重量，又要考虑车辆的容积，使车辆的载重和容积都能得到有效利用。配送车辆配装技术要解决的主要问题就是在充分保证货物质量和数量完好的前提下，尽可能提高车辆在容积和载货两方面的装载量，以提高车辆利用率，节省运力，降低配送费用。

2. 提高配送运输车辆吨位利用率的具体办法

（1）研究各类车厢的装载标准，不同货物和不同包装体积的合理装载顺序，努力提高装载技术和操作水平，力求装足车辆核定吨位。

（2）根据客户所需的货物品种和数量，调派合适的车型承运，这就要求配送中心保持合适的车型结构。

（3）凡是可以拼装运输的，尽可能拼装运输，但要注意防止差错。

7.5.2　车辆积载的原则

在明确了客户的配送顺序后，接下来就是如何将货物装车，以什么次序装车的问题，这就是车辆的积载问题。原则上，客户的配送顺序安排好后，只要按货物"后送先装"的顺序装车即可。但有时为了有效地利用空间，还应根据货物的性质（怕震、怕压、怕撞、怕湿）、形状、体积及质量等做出某些调整。如能根据这些选择恰当的装卸方法，并能合理地进行车辆积载工作，则可使货物在配送运输中的货损货差减少，既能保证货物完好和安全运输，又能使车辆的载重能力和容积得到充分的利用。当然，这就要求在车辆积载时应遵循以下原则。

1. 轻重搭配的原则

车辆装货时，必须将重货置于底部，轻货置于上部，避免重货压坏轻货，并使货物重心下移，从而保证运输安全。

2. 大小搭配的原则

如到达同一地点的同一批配送货物，其包装的外部尺寸有大有小，为了充分利用车厢的内容积，可在同一层或上下层合理搭配不同尺寸的货物，以减少箱内的空隙。

3. 货物性质搭配的原则

拼装在一个车厢内的货物，其化学属性、物理属性不能互相抵触，在交运时托运人已经包装好的而承运人又不得任意开封的货物。在箱内因性质抵触而发生损坏，由托运人负责；由此造成的承运人的损失，托运人应负赔偿责任。

4. 到达同一地点的适合配装的货物应尽可能一次积载

5. 确定合理的堆码层次及方法

可根据车厢的尺寸、容积，货物外包装的尺寸来确定。

6. 积载时不允许超过车辆所允许的最大载重量

7. 积载时车厢内货物重量应分布均匀

8. 应防止车厢内货物之间碰撞、沾污

配送车辆的载重能力和容积能否得到充分的利用，与货物本身的包装规格有很大关系。小包装的货物容易降低亏箱率，同类货物用纸箱比用木箱包装亏箱率要低一些。但是，亏箱率的高低还与采用的积载方法有关，所以说，恰当的积载方法能使车厢内部的高度、长度、宽度都得到充分的利用。

7.5.3 车辆配装的方法

具体车辆配装要根据需配送货物的具体情况以及车辆情况,主要是依靠经验或简单的计算来选择最优的装车方案。

1. 经验配装法

凭经验配装时,应注意以下问题:

(1) 为了减少或避免差错,尽量把外观相近、容易混淆的货物分开装载。

(2) 重不压轻,大不压小,轻货应放在重货上面,包装强度差的应放在包装强度好的上面。

(3) 尽量做到"后送先装"。由于配送车辆大多是后开门的厢式货车,故先卸车的货物应装在车厢后部,靠近车厢门,后卸车的货物装在前部。

(4) 货与货之间,货与车辆之间应留有空隙并适当衬垫,防止货损。

(5) 不将散发臭味的货物与具有吸臭性的食品混装。

(6) 尽量不将散发粉尘的货物与清洁货物混装。

(7) 切勿将渗水货物与易受潮货物一同存放。

(8) 包装不同的货物应分开装载,如板条箱货物不要与纸箱、袋装货物堆放在一起。

(9) 具有尖角或其他突出物的货物应和其他货物分开装载或用木板隔离,以免损伤其他货物。

(10) 装载易滚动的卷状、桶状货物,要垂直摆放。

(11) 装货完毕,应在门端处采取适当的稳固措施,以防开门卸货时,货物倾倒造成货损或人身伤亡。

2. 计算配装法

合理使用运输工具是提高运输能力的重要措施,也是合理组织商品运输的重要途径之一。所谓合理使用运输工具,就是在特定的自然条件下,根据运输工具的特点,结合商品的自然属性和形态,以及市场需求的缓急,将全部货运量配置于各种运输工具,充分发挥运输设备的效能。合理使用运输工具的主要途径是提高技术装载量。

提高技术装载量的基本条件是改进商品包装,实现包装标准化,以适合载运工具容积的特点。要提高技术装载量,最大限度地利用车船的载重吨位和有效容积,主要采取的措施有如下所述。第一,组织轻重配装。一辆货车装载实重商品,虽然能够充分利用货车的载重量,但不能装满容积,在容积上造成浪费;若装载轻泡商品,可以充分利用货车容积,但不能达到载重量,在吨位上形成浪费。组织商品轻重配装,则可以达到充分利用车船容积和装载量,以提高运输工具的载重效率的目的。第二,商品解体装载。这种方法适用于某些机械商品,如自行车、磅秤、运动器材等。这些商品体积大,又不便于堆码,如果装载方法不当,必然浪费车船容积,在不影响商品质量的前提下,拆解成几个部分,分别包装,可以缩小商品所占空间,提高运输工具的装载能力,也便于装卸和搬运。

轻重商品组配的数学方法:

轻重商品组配是提高运输工具标重利用率和容积利用率的重要方法之一。在组织轻重商品组配时,理论与实践相结合的方法较为科学实用。举例说明如下。

【例7-5】已知圆钉每件重20千克,每件体积为0.3×0.25×0.2=0.015立方米。铝制品每件重 37 千克，每件体积为 0.75×0.74×0.63=0.35 立方米。计划装上一辆标重为 30 吨，容积为 10.2×2.81×2.3=66 立方米的铁路棚车。如何装载和组配上述两种商品才能达到容满吨足？

（1）如果只装铝制品或只装圆钉。

1）理论上求解：理论求解较为简单，只需要从重量或体积上求出件数即可。

铝制品从重量上计算：铝制品=30÷0.037=810 件

铝制品从体积上计算：铝制品=66÷0.35=188 件

铝制品的装载按重量能装 810 件，按体积能装 188 件，说明铝制品装载 188 件就已装满，铝制品从理论上计算只能装 188 件。

圆钉从重量上计算：圆钉=30÷0.020=1500 件

圆钉从体积上计算：圆钉=66÷0.015=4400 件

圆钉的装载按重量能装 1500 件，按体积能装 4400 件，说明圆钉装载 1500 件就已满吨位，圆钉从理论上计算只能装 1500 件。

从理论上计算得出：铝制品只能装 188 件，圆钉只能装 1500 件。

2）实际组配。

a．如果车辆只装铝制品。最优装配 156 件比理论 188 件少 32 件。也就是说，理论上求算的装载数量，实际的空间已放不下商品。理论的求算值与实际有差距，见表 7-14。

表 7-14　只装铝制品装配件数　　　　　　　　　　　　　　单位：m

尺寸	车长 10.2	剩余长度	车宽 2.81	剩余宽度	车高 2.3	剩余高度
品长 0.75	13	0.45	3	0.56	3	0.05
品宽 0.74	13	0.58	3	0.59	3	0.08
品高 0.63	16	0.12	4	0.29	3	0.41

铝制品=16×3×3=144 件

铝制品=13×4×3=156 件

b．如果车辆只装圆钉。如果车辆只装圆钉，装载 1500 件时就已经满吨位，体积绰绰有余，不需要在列表求算。最优装配 1500 件。

（2）两种商品组配。从上面的计算得出，不论装载哪种商品，都会造成浪费。只装铝制品，造成吨位浪费；只装圆钉，造成体积浪费。如果把两种商品组配在一起，将会充分利用吨位和体积。

1）理论上求解：

设：A 为圆钉件数，B 为铝制品件数。

列方程：$0.02A+0.037B=30$

　　　　$0.015A+0.35B=66$

解方程求得：$A=1250$ 件

　　　　　　$B=135$ 件

圆钉能装 1250 件，铝制品能装 135 件。

2）两种商品理论结合实际组配。

上面求算的是理论数值，在实际组配时，往往有一定的困难。因此，在理论的基础上，结合实际组配法。既有理论依据，又有实用价值。其步骤如下：

A．理论计算两种商品的装车高度。

根据已知求得：

$$\text{圆钉每立方米重量}=0.02/0.015=1.333 \text{ 吨/立方米}$$
$$\text{铝制品每立方米重量}=0.037/0.35=0.106 \text{ 吨/立方米}$$

设圆钉占车容积为 X 立方米，铝制品占车容积为 Y 立方米。

列方程：$1.333X+0.106Y=30$

$X+Y=66$

解方程求得：$X=18.769$

$Y=47.231$

铝制品占车高度$=47.231/10.2\times2.81=1.648$ 米

圆钉占车高度$=2.3-1.648=0.652$ 米

B．实际组配两种商品的装载数量。

a．铝制品实际装配件数见表 7-15，装配示意如图 7-21 所示。

表 7-15　铝制品实际装配件数　　　　　　　　　单位：m

尺寸	车长 10.2	剩余长度	车宽 2.81	剩余宽度	车高 1.648	剩余高度
品长 0.75	13	0.45	3	0.56	2	0.148
品宽 0.74	13	0.58	3	0.59	2	0.168
品高 0.63	16	0.12	4	0.29	2	0.388

$$\text{铝制品}=16\times3\times2=96 \text{ 件}$$
$$\text{铝制品}=13\times4\times2=104 \text{ 件}$$

最优装配 104 件，比理论 135 件少配 31 件。

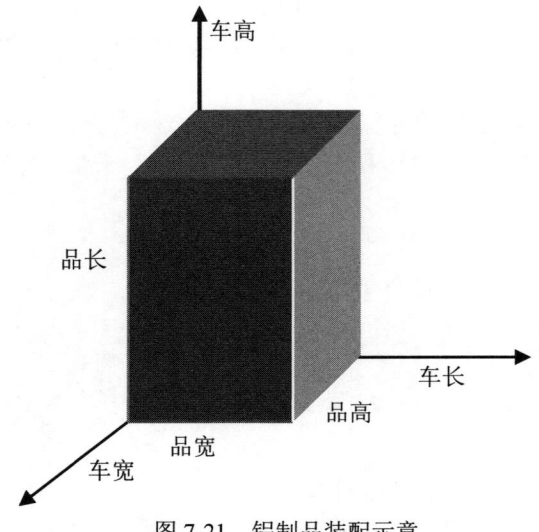

图 7-21　铝制品装配示意

b. 圆钉实际装配件数见表 7-16，装配示意如图 7-22 所示。

表 7-16　圆钉实际装配件数　　　　　　　　　　　　　　　单位：m

尺寸	车长 10.2	剩余长度	车宽 2.81	剩余宽度	车高 0.652	剩余高度
品长 0.3	34	0	9	0.11	2	0.052
品宽 0.25	40	0.2	11	0.06	2	0.152
品高 0.2	51	0	14	0.01	2	0.052

圆钉=34×11×3=1122 件
圆钉=51×2×11=1122 件
圆钉=40×14×2=1120 件

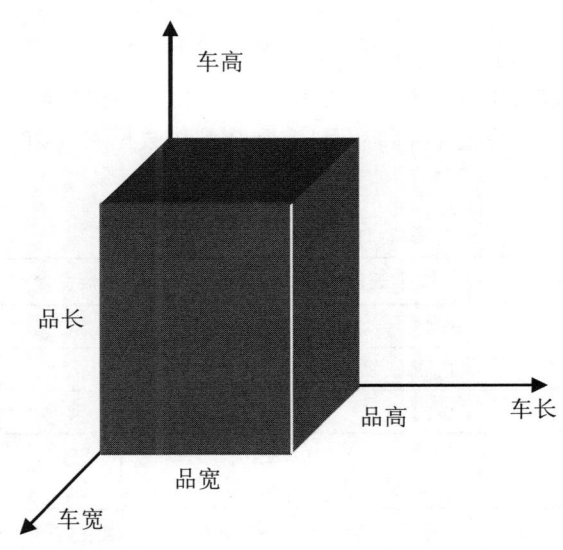

图 7-22　圆钉装配示意

圆钉剩余的车长组配件数见表 7-17，装配示意如图 7-23 所示。

表 7-17　圆钉剩余的车长组配件数　　　　　　　　　　　　单位：m

尺寸	车长 10.2	剩余长度	车宽 2.81	剩余宽度	车高 0.652	剩余高度
品长 0.3			9	0.11	2	0.052
品宽 0.25			11	0.06	2	0.152
品高 0.2	1	0				

圆钉多装=1×2×11=22 件
圆钉装=1120+22=1142 件

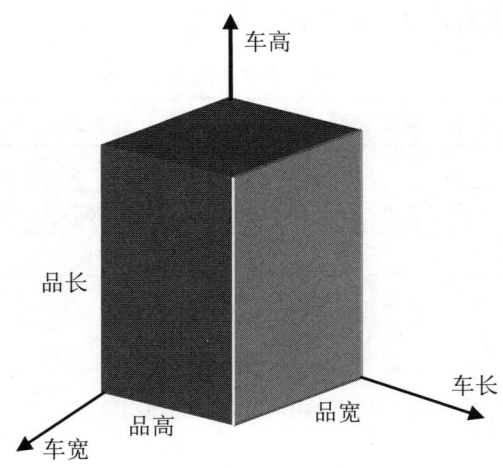

图 7-23 圆钉剩余的车长组配示意

将铝制品的高和圆钉的高相加,得实际装配件数。铝制品实际装配件数见表 7-18,圆钉实际装配件数见表 7-19,剩余的高装圆钉实际装配件数见表 7-20,剩余的高装圆钉示意如图 7-24 所示。

表 7-18 铝制品实际装配件数　　　　　　　　　　　　　　　　　　　　单位:m

尺寸	车长 10.2	剩余长度	车宽 2.81	剩余宽度	车高 1.648	剩余高度
品长 0.75	13	0.45	3	0.56	2	0.148
品宽 0.74	13	0.58	3	0.59	2	0.168
品高 0.63	16	0.12	4	0.29	2	0.388

表 7-19 圆钉实际装配件数　　　　　　　　　　　　　　　　　　　　单位:m

尺寸	车长 10.2	剩余长度	车宽 2.81	剩余宽度	车高 0.652	剩余高度
品长 0.3	34	0	9	0.11	2	0.052
品宽 0.25	40	0.2	11	0.06	2	0.152
品高 0.2	51	0	14	0.01	2	0.52

表 7-20 剩余的高装圆钉实际装配件数　　　　　　　　　　　　　　　　单位:m

尺寸	车长 10.2	剩余长度	车宽 2.81	剩余宽度	车高 0.2	剩余高度
品长 0.3	34	0	9	0.11		
品宽 0.25	40	0.2	11	0.06		
品高 0.2					1	0

多装一层圆钉=9×40=360 件
多装一层圆钉=11×34=374 件
共装圆钉=1142+374=1516 件

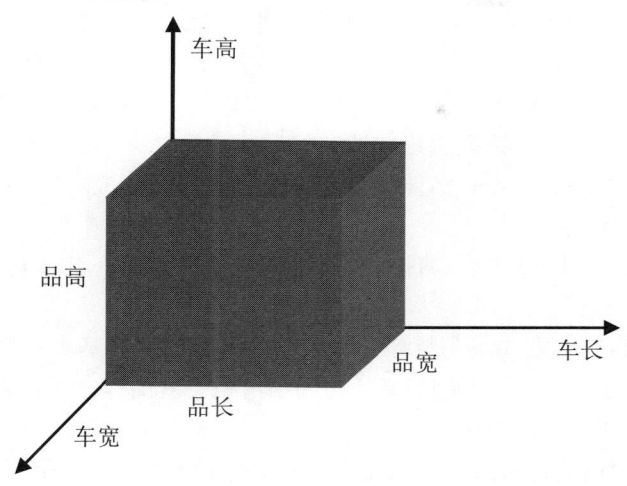

图 7-24 剩余的高装圆钉示意

c．组配两种商品件数。

按上述计算结果，铝制品能装 104 件，圆钉能装 1516 件，这样有可能超吨。虽然容积能装下，但超出吨位也是不允许的，要计算一下吨位。

$$铝制品重=104×0.037=3.848 吨$$
$$剩余吨=30-3.848=26.152 吨$$
$$能装圆钉=26.152/0.02=1307 件$$

实际计算装圆钉 1516 件多，用复合组配方案组配的圆钉实际只能装 1307 件，铝制品装 104 件。

C．比较几种方法。

a．如果只装铝制品或只装圆钉：圆钉只能装 1500 件，铝制品只能装 156 件。

b．两种商品理论组配：圆钉能装 1250 件，铝制品能装 135 件。

c．两种商品实际组配：圆钉实际只能装 1307 件，铝制品装 104 件。

通过比较得出：如果只装一种商品，一辆车只能装圆钉 1500 件或者只能装铝制品 156 件。如果两种商品实际组配：一辆车就只能装圆钉 1307 件和铝制品 104 件。轻重配装不仅能合理装载，还可以减少运输工具。但是在配载时要注意理论结合实际，否则就可能出现小空间装不下商品，但理论上能装下，实际配装时就会出现甩货现象。

解决车辆装配量问题，当数据量小时还能用手工计算，但数据量大时，依靠手工计算将变得非常困难，需用数学方法来求解。现在已开发出车辆装配的软件，将配送货物的相关数据输入计算机，即可由计算机自动输出装配方案。在进行装配时，我们可以充分利用此类软件进行自动安排。

7.5.4 装载与卸载

装载与卸载作业是指在同一地域范围进行的，以改变货物的储存状态及空间位置为主要内容和目的的活动。装卸作业是为配送运输服务的，是联结各种货物运输方式、进行多式联运的作业环节，也是各种运输方式运作中各类货物发生在运输的起点、中转和终点的作业活动。

在物流过程中，装卸活动是不断出现和反复进行的，它出现的频率高于其他各项物流活动，而且每次装卸活动都要花费很长时间。因此，它成为决定物流速度的关键。同时，由于搬运装卸操作有可能造成货物的破损、散失、混合、损耗等，因此在装载与卸载的过程中必须遵循基本的原则和方法，从而保证配送货物的完好。

装载卸载总的要求是"省力、节能、减少损失、快速、低成本"。

（1）装卸的基本要求。

1）装车前应对车厢进行检查和清扫。因货物性质不同，装车前需对车辆进行清洗、消毒，必须达到规定要求。

2）确定最恰当的装卸方式。在装卸过程中，应尽量减少或基本不消耗装卸的动力，以利用货物本身的重量，进行从上往下的装卸，如利用滑板、滑槽等。同时应考虑货物的性质及包装，选择最适当的装卸方法，以保证货物的完好。

3）合理配置和使用装卸机具。根据工艺方案科学地选择并将装卸机具按一定的流程合理地布局，使流程线不至于出现交叉，并使其搬运装卸的路径最短。

4）力求减少装卸次数。物流过程中，发生货损货差的主要环节是装卸，而在整个物流过程中，装卸作业又是反复进行的，从发生的频数来看，超过任何其他环节。装卸作业环节不仅不增加货物的价值和使用价值，反而有可能增加货物破损的可能性和相应的物流成本。因此，过多的装卸次数必将导致货损的增加，而且装卸次数增加费用也随之增加。同时，它还将降低整个物流的速度。所以应尽量采用成组、集装方式，防止无效装卸。

5）防止货物装卸时的混杂、散落、漏损、砸撞。特别要注意有毒货物不得与食用类货物混装，性质相抵触的货物不能混装。

6）装车的货物应数量准确，捆扎牢固，做好防丢措施；卸货时应点交清楚，码放、堆放整齐，标志向外，箭头向上。装卸是物流货物运输、仓储、流通、加工、配送作业等物流过程中的重要环节，是其间必不可少的衔接和配套工种。可以说，没有装卸作业，整个物流过程就无法实现；没有高效率、高质量的装卸，整个物流过程的效率和质量也会受到严重影响。物流货物运输经营者应从整个物流过程理解和把握装卸的含义、技术与组织方法体系，正确运用物流理论，科学合理地进行物流货物运输组织工作，提高运输效率和质量水平。

7）提高货物集装化或散装化作业水平。成件货物集装化，粉粒状货物散装化是提高作业效率的重要方法。所以，成件货物尽可能集装成托盘、集装箱、货捆、货架、网袋等货物单元再进行装卸作业。各种粉粒状货物尽可能采用散装化作业，直接装入专用车、船、库。不宜大量化的粉粒状货物也可装入专用的托盘、集装箱、集装袋内，提高货物活性指数，便于采用机械设备进行装卸作业。

8）做好装卸现场组织工作。装卸现场的作业场地、进出口通道、作业流程线长度、人机配置等布局设计应合理，使现有的和潜在的装卸能力充分发挥或发掘出来，避免由于组织管理工作不当造成装卸现场拥挤、阻塞、紊乱，以确保装卸工作安全顺利完成。

（2）装卸的工作组织。货物配送运输工作的目的在于不断提高装卸工作质量及效率、加速车辆周转、确保物流效率。因此，除了强化硬件之外，在装卸工作组织方面也要予以充分重视，做好装卸组织工作。

1）制定合理的装卸工艺方案。用"就近装卸"方法或"作业量最小"法。在进行装卸工艺方案设计时应该综合考虑，尽量减少"二次搬运"和"临时放置"，使搬运装卸工作更合理。

2）提高装卸作业的连续性。装卸作业应按流水作业原则进行，工序间应合理衔接，必须进行换装作业的，应尽可能采用直接换装方式。

3）装卸地点相对集中或固定。装载、卸载地点相对集中，便于装卸作业的机械化、自动化，可以提高装卸效率。

4）力求装卸设施、工艺的标准化。为了使物流各环节更加协调，要求装卸作业各工艺阶段间的工艺装备、设施与组织管理工作相互配合，尽可能减少因装卸环节造成的货损货差。

本章案例

青岛日日顺物流有限公司实施城乡一体化配送

一、企业基本情况

（一）企业简介

青岛日日顺物流有限公司（简称"日日顺物流"），是海尔集团旗下物流服务品牌，先后历经了企业物流、物流企业、平台企业、生态企业四个发展阶段。日日顺物流依托先进的管理理念和物流技术，整合网络资源，搭建起开放的专业化、标准化、智能化大件物流场景生态服务平台，为品牌商和用户提供"仓、干、配、装、揽、鉴、修、访"全链路、全流程服务体验。曾获得国家发改委和商务部联合授予的"国家智能化仓储物流示范基地"，美国供应链管理专业协会评选的"中国供应链管理示范企业"等荣誉称号。

（二）企业优势

一是物流网络优势。日日顺物流建立辐射全国的分布式三级云仓网络，拥有10个前置揽货仓、136个智慧物流仓、6000多家大件服务网点，总仓储面积为600万平方米以上，规划3300多条班车循环专线，10万辆车小微、20万服务兵，实现全国网络全覆盖。

二是产业互联优势。海尔集团旗下有乐家、乐农、乐家诚品等多个服务品牌，打造覆盖城市及农村的供应链生态体系。其中，乐家是专业的城市社区服务平台，为社区用户提供家电销售、维修等多种定制化服务；乐农是农村综合服务平台，通过在乡村铺设网络，链接农村社群用户需求，为村民定制适合的产品和服务方案；乐家诚品是农特产品高端生态品牌，为用户提供原产地直供的高品质农特产品。日日顺物流作为海尔集团服务品牌之一，与集团产业互联互通，承接海尔家电、乐农、乐家、乐家诚品等所有物流需求，形成了良好的"产业+物流"生态体系。

二、主要做法与成效

（一）商流物流结合，完善城乡末端网点

日日顺物流依托海尔家电、乐家乐农服务平台打造城乡社群生态，以商流带动物流，打通城市和农村物流壁垒，完善城乡末端网点布局。在城市，建立日日顺家电、家具送装服务网点和社区店，布局智能快递柜，满足社区居民家电家政服务、快递收发和健康食品等需求，将社区服务站和快递柜作为城市的末端配送网点，优化城市配送网络。在农村，建设县级物流枢纽，对已布局乡镇健康水站赋能，满足农民在健康饮水、快递收发、安装维修、农产品揽收、包装营销等方面的需求，将健康水站作为乡镇配送末端网点，完善农村配送网络。目前，日日顺物流已在全国建设7600多家县级专卖店，26000个乡镇专卖店，19万个村级联络站及17000

多家服务商网点，为实施城乡一体化配送提供了有力支撑。

（二）建立城村通平台，打通城乡往返配送

日日顺物流建立到村的农村物流体系——"城村通"平台，平台由县级共配中心、镇级服务站、村级服务站和班车线路组成，以县城为仓储共配物流枢纽，依托乡镇建立前置仓，打通辐射乡村的班车路线，开展城市与农村之间定点、定时、定线往返配送，实现工业品、快消品、快递等产品到镇到村，农特产品上行到城市。"城村通"作为开放的物流服务平台，整合各类快递（三通一达等）、快运资源，搭建便于操作的统一系统流程，帮助村民选择适合的物流服务产品，满足村民"在家门口"收发件的需求，有效解决乡镇快件进城难、成本高难题，同时规避了电商、快递、快运企业为派件揽件重复建设网点的问题。一方面，平台为用户、商家、快递企业提供县→镇→村的零担运输服务，按照重量、体积计费，用户可自行下单，由县级、镇级运营中心提供配送、安装等服务。另一方面，在各镇、村揽件后，统一送至县级物流枢纽，再按村民各自选择的快递、快运企业进行分拨。

（三）打造乐家诚品，实现城乡双向流通

针对优质农特产品销售难、价格低、假冒伪劣品多等问题，日日顺乐农联合日日顺乐家，共同打造了农特产品高端品牌——乐家诚品，甄选地标性农特产品，为城市用户提供来自源产地的绿色特产的同时，为农民拓宽销售渠道，增加收入。目前，已建立赣南信丰脐橙、五常大米、烟台栖霞苹果、金乡大蒜等生态基地，通过日日顺物流上行到城市，做到"一县一品"，有效解决农村销售难题，提高城市居民生活质量。

三、未来规划

日日顺物流以满足市场需求、提升用户体验为目标，以智能技术、大数据分析为手段，不断提升服务体验。下一步，日日顺物流将继续完善服务网络布局，优化"城村通"平台，整合优质资源，提供基础差异化服务，推动内部创业和外部创业孵化。

【资料来源：中国供销合作网，http://www.chinacoop.gov.cn/】

结合案例思考：城乡一体化配送模式实现的关键环节是什么？

思考题

1. 协同配送有什么优势？
2. 车辆积载中应该遵循的基本原则有哪些？
3. 装载与卸载对配送货物的性能有哪些影响？

第8章 现代物流信息技术与管理系统

智能运输系统助推北京奥运

菜鸟网络围绕天网（大数据、云计算）、地网（全国布局12个大点）、人网"三网合一"的理念，将消费者、电商客户、物流伙伴联结起来，织起一张面向全球的物流大网，为未来的商业打造物流基础设施。

嘉兴"菜鸟城"是"地网"12个大点之一，也是新型物流仓储、电子商务相统一的"互联网+"产业项目。该项目总投资约60亿元，总用地面积约1300亩。中鼎集成公司与菜鸟网络共建"菜鸟城"二期，为其量身定制智能物流配送中心。由于嘉兴"菜鸟城"二期项目库高有28米，而普通的国内堆垛机很难做到超过24米，超高堆垛机——第五代双立柱变截面堆垛机很好地解决了此问题。菜鸟网络通过共享物流资源实现物流资源优化配置，从而提高整个物流系统的效率，降低物流成本，推动物流系统朝着共享物流的模式创新发展，最终创造出更高的物流价值，使社会大众受益。

【资料来源：搜狐网，https://www.sohu.com/a/199183717_610732】

8.1 仓库管理系统

8.1.1 仓库管理系统概述

仓库管理系统的英文名是 Warehouse Management System，常缩写为 WMS，是一个实时的计算机软件系统，它能够按照运作的业务规则和运算法则，对信息、资源、行为、存货和分销运作进行更完美的管理，使其最大化满足有效产出和精确性的要求。仓库管理系统主要分为六大模块。

（1）基本资料维护模块。对每批产品生成唯一的基本条码序列号标签，用户可以根据自己的需要定义序列号，每种型号的产品都有固定的编码规则，在数据库中可以对产品进行添加、删除和编辑等操作。

（2）采购管理模块。

采购订单：当需要采购的时候，可以填写采购订单，此时并不影响库存。

采购收货：当采购订单被批准，完成采购后到货的时候，首先给货物贴上条形码序列号标签，然后在采购收货单上扫描此条形码，保存之后，库存自动增加。

其他入库：包括借出货物归还、退货等，只需要填写采购收货单。

（3）产品入库模块。

产品入库：采购入库或者其他入库，自动生成入库单号，可以区分正常入库、退货入库等不同的入库方式。

产品出库：销售出库或者其他出库，可以自动生成出库单号，可以区分正常出库、赠品出库等不同的出库方式。

库存管理：不需要手工管理，当入库和出库时，系统自动生成每类产品的库存数量，查询方便。

特殊品库：当客户需要区分产品时，可以建立虚拟的仓库管理需要区分的产品，各功能和正常品库一致。

调拨管理：针对不同的库之间的调拨，可以自动生成调拨单号，支持货品在不同的仓库中任意调拨。

盘点管理：用户随时可以盘点仓库，自动生成盘点单据，使盘点工作方便快捷。

库存上限报警：当库存数量不满足一个量的时候，系统报警。

（4）销售管理模块。

销售订单：当销售出库的时候，首先填写销售出库单，此时不影响库存。

销售出货：当销售出库的时候，将销售出库产品序列号扫描至该出库单上，保存之后，库存报表自动减少该类产品。

（5）报表生成模块。月末、季度末以及年末销售报表、采购报表以及盘点报表的自动生成功能，用户自定义需要统计的报表。

（6）查询功能。采购单查询、销售单查询、单个产品查询、库存查询等（用户定义）。查询都是按照某个条件如条形码序列号、出库日期、出库客户等来查询。

8.1.2 仓库管理系统功能

1. 业务批次管理

该功能提供完善的物料批次信息、批次管理设置、批号编码规则设置、日常业务处理、报表查询，以及库存管理等综合批次管理功能，使企业进一步完善批次管理，满足经营管理的需求。

2. 保质期管理

在批次管理基础上，针对物料提供保质期管理及到期存货预警，以满足食品和医药行业的保质期管理需求。用户可以设置保质期物料名称、录入初始数据、处理日常单据，以及查询即时库存和报表等。

3. 质量检验管理

集成质量管理功能是与采购、仓库、生产等环节有关的功能，实现对物料的质量控制，包括购货检验、完工检验和库存抽检 3 种质量检验业务。同时为仓库系统提供质量检验模块，综合处理与质量检验业务有关的检验单、质检方案和质检报表，包括设置质检方案检验单、质检业务报表等业务资料，以及查询质检报表等。

4. 即时库存智能管理

该功能用来查询当前物料即时库存数量和其他相关信息，库存更新控制随时更新当前库存数量，查看方式有如下几种。

- 所有仓库、仓位、物料和批次的数量信息。
- 当前物料在仓库和仓位中的库存情况。

- 当前仓库中物料的库存情况。
- 当前物料的各批次在仓库和仓位中的库存情况。
- 当前仓库及当前仓位中的物料库存情况。

5. 赠品管理

该功能实现赠品管理的全面解决方案，包括赠品仓库设置、连属单据定义、赠品单据设置、定义业务单据联系、日常业务流程处理，以及报表查询等功能。

6. 虚仓管理

仓库不仅指具有实物形态的场地或建筑物，还包括不具有仓库实体形态，但代行仓库部分功能且代表物料不同管理方式的虚仓。仓库管理设置待检仓、代管仓和赠品仓 3 种虚仓形式，并提供专门单据和报表综合管理虚仓业务。

7. 仓位管理

该功能在仓库中增加仓位属性，同时进行仓位管理，以丰富仓库信息，提高库存管理质量，主要包括基础资料设置、仓库仓位设置、初始数据录入、日常业务处理和即时库存查询等。

8. 业务资料联查

单据关联（包括上拉式和下推式关联）是工业供需链业务流程的基础，而单据联查查询业务流程中的单据关系。在仓库系统中提供了单据、凭证、账簿、报表的全面关联，以及动态连续查询。

9. 多级审核管理

多级审核管理是对多级审核、审核人、审核权限和审核效果等进行授权的工作平台，是采用多角度、多级别及顺序审核处理业务单据的管理方法。它体现了工作流管理的思路，属于 ERP 系统的用户授权性质的基本管理设置。

10. 系统参数设置

该功能初始设置业务操作的基本业务信息和操作规则，包括设置系统参数、单据编码规则、打印及单据类型等，帮助用户把握业务操作规范和运作控制。

11. 完善的系统辅助工具

利用功能强大、使用灵活方便的系统工具，用户可以处理数据，满足自身需要。

8.2 运输管理系统

8.2.1 运输管理系统功能概述

1. 概述

运输管理系统的英文全称为 Transportation Management System 缩写为"TMS"，是一种"供应链"分组下的（基于网络的）操作软件。它能通过多种方法和其他相关的操作一起提高物流的管理能力，包括管理装运单位，指定企业内、国内和国外的发货计划，管理运输模型、基准和费用，维护运输数据，生成提单，优化运输计划，选择承运人及服务方式，招标和投标，审计和支付货运账单，处理货损索赔，安排劳力和场所，管理文件（尤其是当为国际运输时）和管理第三方物流。其主要包含调度管理、车辆管理、配件管理、油耗管理、费用结算、人员管理、资源管理、财务核算、绩效考核、车辆跟踪、业务跟踪、业务统计、白卡管理、监控中心系统、账单查询等模块。

2. 功能特点

（1）统一的调度管理平台。专门设立集卡调度中心和整车零担调度中心，使调度管理更具针对性；智能化调度提醒，实现人性化的调度，全面提升企业车辆利用效率；专门设置值班调度，整合 GPS、SMS 数据，时时跟踪货物流向，及时调整并处理非正常业务运作；通过符合运作要求的调度机制，从不同区域、车型要求、报关要求、货物属性、特殊业务类型等多种角度支持调度进行合理排班；灵活的排班方式，支持订单拆分，支持外委派车处理，支持集中的派车单管理。

（2）基于网络的一体化业务。建立快速、准确的订单处理机制，网上 EC 订单处理与内部 TMS 无缝连接；统一委托受理平台、订单审核机制，保障业务数据的准确性；随时获取关键指标，如委托处理差错率、委托响应效率；支持 Excel 等标准文档的信息读入；具备自定义订单处理流程。

（3）集中化的财务管理。统一的合约管理，保证系统自动、准确地生成费用；加强收付账款管理、备用金管理，完善费用处理流程；支持多种对冲、应收付等核销方式；进行账龄分析、备用金结存情况分析；统一财务处理流程。

8.2.2 运输管理系统的选型原则

随着运输业务复杂度越来越高，订单碎片化趋势越来越明显，业务模式升级或调整的频次越来越快，企业不得不在物流管理上创新，于是 TMS 逐渐从少数企业的锦上添花之选成为不可或缺的一项"利器"。如何选择 TMS 成为决定物流战略能否成功的关键因素。运输管理系统的选型主要考虑以下六个方面的因素。

1. 功能与业务的匹配性

在货运市场上，普遍存在包含货主、物流企业、司机和收货人的纵向链条，链条上每个参与者都对 TMS 功能有绝对需求，但每一方的需求点又不尽相同，目前市场上有许多专为其中某一环节使用的 TMS，比如物流企业常用的专线软件，对货主、司机和收货人就不那么适用，收货人显然无法通过专线软件便捷地查询货物在途信息、填写收货差异信息、评价司机服务等。

所以，首先了解自己的运输业务，然后基于业务管理的需求确定目标 TMS 应该具备的基本功能模块，来框定 TMS 的基本选择范围。功能模块并不是越多越好，比如说对于大部分以零担运输为主货主企业来说，通常基于合同管理运输时效、结算费用，至于承运商如何提高装载效率、重抛结合等，并不是货主关心的，甚至不是货主能够控制的，那么这时候"装载优化"这一功能模块就不一定成为货主选择 TMS 的判断因素。所以，在功能模块的选择上应该是越匹配越好。

2. 解决方案的完善性

在通过功能匹配框定了一定领域的 TMS 供应商之后，接下来需要考虑的就是功能的解决方案的完善性。通常来说，对于货主企业来说，运输管理的核心流程基本涵盖了招标采购、合同执行、运单管理、调度、执行、追踪、结算、审计、数据分析这些核心领域。企业与企业间的操作、流程不尽相同。这时候就要考验在每个模块上功能与实际业务的贴合度、兼容性和拓展性，这也是影响 TMS 项目成败最关键的一点。

3. 技术和性能

技术和性能指标主要包括操作易用性、部署难度和复杂性、数据安全性。如果一个 TMS 同时支持 App、网页端、API，那么操作易用性较高。对于部署和安全性来说，SaaS 具备不需本地部署、即插即用、系统和数据由专业团队专业维护支持的优点，必然会成为 TMS 主流。另外，云服务已成为运输管理系统方案的主要机制。对于企业传统私有部署应用的新投资逐渐大幅降低。TMS 终端用户企业逐渐开始通过更换供应商或是仍使用同一供应商但选择切换至云平台的方式从传统私有部署方案转向云服务方案。

4. 用户界面的友好性

一个好的界面可以让用户专心地处理好自己的工作，而无需频繁地打开多个软件或窗口。直观而简洁的设计，使系统的学习成本变得更低，员工更容易上手使用。另外，模块中的标准、优先级、仪表盘、分析、商业智能、多语言，都是一个成熟 TMS 系统所应具备的功能。

5. 客户支持能力

客户支持能力包括实施服务、培训和维护。TMS 和一般的财务软件、仓储软件不同，后者的用户数量往往很少且办公场所固定。而运输是企业中唯一发生场所不固定、参与人员不固定的业务，所以是非常难于管理但又非常重要的业务。推行 TMS 是一个难度高、时间久、注重方法论的过程。运输管理系统的服务商只有让客户觉得 TMS 有价值才会持续续约，才会产生长期利润。

6. 市场领导力

市场领导力包含了市场的占有率和产品的前瞻性。对一个货主企业来说，往往他的若干个承运商不仅承运自己的货物，也承运其他客户的业务，然后再向下游分包。

选择一个市场占有率高的 TMS，意味着下游的一些承运商、司机很大可能已经在使用这个产品，或者未来其他业务很可能也会用到该产品，那么就大大降低了推广难度，提升了使用效果。

7. 前瞻性

从传统的实体商业，到电子商务，再到新零售全渠道，变革越来越快。常说的"兵马未动，粮草先行"，所谓"粮草"其实就是物流能力，这个要走在企业战略最前沿，而不应该等到业务变更了，业务向物流部门提需求，物流部门再向 IT 部门、向供应商提需求，这种情况下企业响应就会落后于市场和竞争对手。

8.3 智能运输系统

8.3.1 智能运输系统的概念

智能运输系统（Intelligent Transportation System，ITS）概念：综合利用信息技术、数据通信传输技术、电子控制技术以及计算机处理技术对传统的运输系统进行改造而形成的新型运输系统。

ITS 利用先进的信息通信技术，形成"人—车—路"三位一体的系统，从而大大提高道路交通的安全性、运输效率、行车的舒适性以及形成有利于环境保护的道路交通系统。

在广义信息意义下，ITS "智能"的特点体现在信息技术的四个方面，如智能感测技术、智能通信网、智能信息处理、智能控制等。每个方面的智能则集中表现为整个系统的智能化，此处的"智能"不仅是指具有学习、推理能力，而且是指在特定的环境和适当的条件下，具有快速有效地获取信息，准确地传输信息，高效地处理信息并成功地利用信息以达到目的的能力。在系统组成意义下，"智能"的特点体现在每一个组成部分中，即车内系统、路边系统、信息管理中心、需求管理系统、交通管理控制系统都是智能化的系统，而且它们之间可以自动进行信息交换。

8.3.2 运输系统的智能化的意义

（1）车辆在道路上可以安全自由地行驶，在陌生的地方不致迷失方向。

（2）道路的交通流可以调整至最佳状态，从而缩短行车时间，减少阻塞，提高其通行能力。

（3）交通管理控制中心可对道路和车辆的状态进行实时监控，及时处理事故，保障道路畅通。

（4）系统为用户提供的服务质量和服务水平得到提高，能源得以节省，环境得以改善。

【小案例 8-1】

2019 年，我国 351 国道智能交通系统投入 2500 余万元资金，项目包含 10 个交通信号灯控制路口、45 个抓拍路口、63 套雷达测速抓拍等相关设备，包括电子警察系统、违章变道及不按车道行驶抓拍系统、治安卡口系统、智能交通测速系统、高空瞭望球机、智能交通诱导可变信息标志系统、人像比对系统、智能道路事件分析平台等。

其中，车辆违法图片及过车数据与金华交警道路监控一体化平台和浦江公安治安监控共享平台连接，视频监控、全景高清录像通过平台与浦江公安视频综合应用平台及浦江县交通运输局智慧交通平台实时连接。此智能交通系统可 24 小时抓拍超速、事故逃逸和识别号牌等，最大限度减少事故和震慑交通违法行为。

【资料来源："浦江发布"官方微信公众号】

8.3.3 ITS 的技术

ITS 包含了许多技术，主要有：

（1）先进交通信息服务系统（ATIS）。此系统建立在完善的信息网络基础上，交通参与者通过装备在道路上、车上、换乘站上、停车场上以及气象中心的传感器和传输设备，可以向交通信息中心提供各处的交通信息。

先进交通信息服务系统得到交通信息并通过处理后，适时向交通参与者提供道路交通信息、公共交通信息、换乘信息、交通气象信息、停车场信息以及与出行相关的其他信息；出行者根据这些信息确定自己出行的方式并选择路线。更进一步，当车上装备了自动定位和导航系统时，该系统可以帮助驾驶员自动选择行车路线。

（2）先进交通管理系统（ATMS）。此系统主要供交通管理者使用，对道路系统中的交通状况、交通事故、气象状况和交通环境进行实时监控，根据收集到的信息，对交通进行控制。ATMS 有一部分与 ATIS 共用信息采集、处理和传输系统。

1）先进公共交通系统（APTS）。此系统的主要目的是改善公共交通（包括公共汽车、地铁、轻轨交通、城郊铁路和城市间的公共汽车）的效率，提供便捷、经济、运量大的公交服务。

2）先进车辆控制系统（AVCS）。AVCS 目前还处于研究试验阶段，从当前的发展看，可以分为两个层次：

a．车辆辅助安全驾驶系统。此系统包括车载传感器（微波雷达、激光雷达、摄像机、其他形式的传感器等）、车载计算机和控制执行机构等，行驶中的车辆通过车载传感器测定出前面车辆、周围车辆以及与道路设施的距离和其他情况，车载计算机进行处理，对驾驶员提出警告，在紧急情况下，强制车辆制动。

b．自动驾驶系统。在行驶中可以做到自动导向、自动监测和回避障碍物，在智能公路上，能够在较高的速度下自动保持与前车的距离。智能汽车在智能化公路上使用才能发挥出全部功能，如果在普通公路上使用，它仅仅是一辆装备了辅助安全驾驶系统的汽车。

（3）货运管理系统。此系统是以高速道路网和信息管理系统为基础，利用物流理论进行管理的智能化的物流管理系统。它综合运用卫星定位、地理信息系统、物流信息及网络技术有效组织货物运输，提高货运效率。

（4）紧急救援系统（EMS）。此系统是以 ATIS、ATMS 和有关的救援机构和设施为基础，通过 ATIS 和 ATMS 将交通监控中心与职业的救援机构连成有机整体的特殊系统。

8.4 智慧物流技术

8.4.1 智慧物流概述

"智慧物流"是指通过智能硬件、物联网、大数据等智慧化技术与手段，提高物流系统分析决策和智能执行的能力，提升整个物流系统的智能化、自动化水平。

智慧物流具有如下三大特点：
- 互联互通，数据驱动：所有物流要素实现互联互通，一切业务数字化，实现物流系统全过程透明可追溯；一切数据业务化，以"数据"驱动决策与执行，为物流生态系统赋能。
- 深度协同，高效执行：跨集团、跨企业、跨组织之间深度协同，基于物流系统全局优化的智能算法，调度整个物流系统中各参与方高效分工协作。
- 自主决策，学习提升：软件定义物流实现自主决策，推动物流系统程控化和自动化发展；通过大数据、云计算与人工智能构建物流大脑，在感知中决策，在执行中学习，在学习中优化，在物流实际运作中不断升级，学习提升。

8.4.2 智慧物流技术架构

智慧物流概念是基于物联网技术在物流业中的应用提出的，根据物联网技术架构，智慧物流有三层技术架构。

1. 感知层

感知层是智慧物流系统实现对货物感知的基础，是智慧物流的起点。物流系统的感知层通过多种感知技术实现对物品的感知，常用的感知技术有条码自动识别技术、RFID 感知技术、GPS 移动感知技术、传感器感知技术、红外感知技术、语音感知技术、机器视觉感知技术、无线传感网技术等。所有能够用于物品感知的各类技术都可以在物流系统中得到应用，具体应用中需要平衡系统需求与技术成本等因素。

2. 网络层

网络层是智慧物流的神经网络与虚拟空间。物流系统借助感知技术获得的数据进入网络层，利用大数据、云计算、人工智能等技术分析处理，产生决策指令，再通过感知通信技术向执行系统下达指令。

3. 应用层

应用层是智慧物流的应用系统，借助物联网感知技术，感知到网络层的决策指令，在应用层实时执行操作。

8.4.3 智慧物流技术体系

根据智慧物流的技术架构，智慧物流主要有感知技术、数据处理技术、数据计算技术、网络通信技术、自动化技术等技术体系。

1. 感知技术

感知技术是物联网核心技术，是实现物品自动感知与联网的基础，主要技术有：

（1）编码技术，根据国家商贸物流标准化试点示范要求，推荐采用 GS1 编码体系作为智慧物流编码体系，实现全球自动识别、状态感知、透明管理和追踪追溯。

（2）自动识别技术：包括条码识别技术、无线射频识别（RFID）技术等。

（3）传感技术：包括位置、距离、温度、湿度等各类传感设备与技术。

（4）追踪定位技术：包括 GPS/北斗导航/室内导航与定位技术等；此外，红外、激光、NFC、M2M、机器视觉等各类感知技术也在智慧物流领域有一定的应用等。

2. 数据处理技术

数据处理技术主要包括三大类：第一大类是大数据存储技术，包括数据记录、数据存储、数据验证、数据共享等；第二大类是大数据处理技术，包括数据统计（SPSS）、数据可视化、数据挖掘等；第三大类是机器学习技术，包括经验归纳、分析学习、类比学习、遗传算法、增强学习等。区块链技术目前发展很快，也将被纳入智慧物流数据链技术。

3. 数据计算技术

数据计算技术主要以云计算为核心，结合实际的应用场景。在智慧物流系统的层级，常常应用雾计算技术；在智慧物流独立硬件应用场景，常采用边缘计算技术。之所以出现新的云计算创新模式，主要是为了更适应实际的智慧物流不同的场景，实现更快速的反应和智能物联实时的操作，达到统筹资源，快速响应的目的。

4. 网络通信技术

网络通信是智慧物流的神经网络，是智慧物流信息传输的关键。网络通信技术在局部应用的场景，如智慧物流仓，常采用现场总线、无线局域网等技术；在进行状态感知、物物联网，实现物与物通信时，常采用物联网技术，在全国或全球智慧物流网络大系统的链接中，主要采用物联网技术。目前，集网络、信息、计算、控制功能为一体的虚实融合网络系统，信息物理系统（CPS）技术架构正在发展之中，2017 年中国正式发布国家的"信息物理系统白皮书"，随着信息物理系统技术的发展，这一技术体系有望成为智慧物流底层的基础技术体系。

5. 自动化技术

自动化技术是智慧物流系统的应用层的执行操作的技术，主要有：

（1）自动分拣技术，包括各类机器人拣选、自动输送分拣、语音拣选、货到人拣选等各类自动的分拣技术。

（2）智能搬运技术，主要指通过自主控制技术，进行智能搬运及自主导航，使整个物流作业系统具有高度的柔性和扩展性，如搬运机器人、AGV、无人叉车、无人牵引车等物料搬运技术。

（3）自动立体库技术，指的是通过货架系统、控制系统、自动分拣系统、自动传输系统等技术装备集成的自动存储系统，实现货物自动存取、拣选、搬运、分拣等环节的机械化与自动化。

（4）智能货运与配送技术，包括货运车联网、智能卡车、无人机系统、配送机器人系统等。

本章案例

吉祥馄饨使用 OTMS 进行全流程的物流管理

2019 年，吉祥馄饨成为年营收超 10 亿、门店超 2000 家的连锁品牌。

目前，吉祥所有门店的馄饨，全由各地的中央厨房统一供货。而要保证超 2000 家门店馄饨的新鲜度和安全度，并非轻而易举。这需要总部对门店进行有效的管理和把控。正是因为对于产品品质的看重，近年来，吉祥逐渐摆脱原来代理关系的加盟模式，在产品端实行由总部统一把控和调度的策略。为了实现在产品端的严格管控，吉祥在后端做出了多方面的努力，这背后就包括不断推动供应链的进化和中央厨房的改造。

比如说，在 2015 年引入 OTMS 系统之后，导入了全流程的物流管理，实现了供应链的升级。例如，在物流运输层面，运用数据报表系统，可以透明化地分析整个运输成本、人力成本，提送货的全过程，同时完整覆盖门店的店长、物流管理人员、司机、承运商老板、承运商订单负责人等。

同时，物流管理还解决了"无人交接"的棘手问题。以前食品门店的营业时间一般是早上 10 点到晚上 10 点，冷链运输均在深夜，司机送到门店之后无法及时做反馈。现在，司机送到门店之后直接用钥匙开门放进冰箱里，并且使用 OTMS 系统拍照回传，这样就解决了晚间送货的问题。

【资料来源："中国连锁经营协会"官方微信公众号】

结合案例思考：吉祥馄饨在使用 OTMS 系统前后有哪些不同？

思考题

1. 简述仓库管理系统的功能。
2. 简述运输管理系统的功能。
3. 简述智能运输系统的意义。
4. 简述智慧物流技术架构。

第 9 章　物流成本管理和计算

TFGL 的物流成本控制案例

TFGL 是第三方物流公司，丰田是其客户，主要负责丰田公司的物流企划、物流计划的制订、物流运行监控和物流成本控制，具体的物流操作由外包的物流承运商执行。TFGL 与物流承运商在维持良好合作关系的基础上，通过以下方法科学系统地控制物流成本。

1. 成本企划

每当出现新类型的物流线路或进行物流战略调整时，前期的企划往往是今后物流成本控制的关键。企划方案需要全面了解企业物流量、物流模式、包装形态、供应商分布、物流大致成本等各方面的信息，此外，还要考虑到企业和供应商的稼动差、企业的装卸货和场内面积等物流限制条件。TFGL 在前期企划中遵守以下原则：

（1）自始至终采用翔实可信的数据。

（2）在综合分析评价后，分别制定一种或几种可行方案，并推荐最优的方案。

（3）各方案最终都归结反映为成本数据。

（4）向企业说明各方案的优劣，并尊重企业的选择。

从以上几点可以看出，方案中的数据大多涉及丰田的企业战略，所以 TFGL 和企业之间必须充分互信，而且要有良好的日常沟通渠道。

2. 原单位管理

原单位管理是丰田物流管理的一大特色，也是丰田外物流成本控制的基础。

丰田对构成物流的成本因素进行分解，并把这些因素分为两类，一类是固定不变（如车辆投资、人工）或相对稳定（如燃油价格）的项目，丰田称之为原单位；另一类是随着月度线路调整而发生变动（如行驶距离、车头投入数量、司机数量等）的项目，丰田称之为月度变动信息。

为了使原单位保持合理性及竞争优势，原单位的管理遵循以下原则：

（1）所有的原单位一律通过招标产生。在企划方案的基础上，TFGL 向 TPS 合格的物流承运商进行招标。把物流稳定期的物流量、车辆投入、行驶距离等月度基本信息告知承运商，并提供标准版的报价书进行原单位询价。

由于招标是非常耗时费力的工作，因此只在新类型的物流需求出现时才会进行原单位招标，如果是同一区域因为物流点增加导致的线路调整，原则上沿用既有的物流原单位。

（2）定期调整。考虑到原单位因素中燃油费用受市场影响波动较大，而且在运行总费用中的比重较大，TFGL 会定期（4 次/年）根据官方公布的燃油价格对变动金额予以反映。对于车船税、养路费等"其他固定费"项目，承运商每年有两次机会提出调整。

（3）合理的利润空间。原单位项目中的"管理费"是承运商的利润来源。合理的管理费是运输品质的基本保障，TFGL 会确保该费用的合理性，但同时要求承运商要通过运营及管理的改善来增加盈利，并消化人工等成本的上升。

3. 月度调整路线至最优状态

随着各物流点的月度间物流量的变动，区域内物流路线的最优组合也会发生变动。TFGL 会根据由企业提供的物流计划、上月的积载率状况以及成本 KPI 分析得出的改善点，调整月度变动信息，以维持最低的物流成本。

4. 成本 KPI 导向改善

对于安全、品质、成本、环保、准时率等物流指标，TFGL 建立了 KPI 体系进行监控，并向丰田进行月次报告，同时也向承运商公开成本以外的数据。其中成本 KPI 主要包括 RMB/台（台：指丰田生产的汽车/发动机台数）、RMB/（km·m^3）、RMB/趟等项目。通过成本 KPI 进行管理，不仅便于进行纵向、横向比较，也为物流的改善提供了最直观的依据。

5. 协同效应降低物流费用

TFGL 作为一个平台，管理着丰田在华各企业的物流资源，在与各企业协调的基础上，通过整合资源，充分利用协同效应，大大降低了物流费用。例如，统一购买运输保险，降低保险费用；通过共同物流，提高车辆的积载率，减少运行车辆的投入，从而达到降低费用的目的。在共同物流的费用分担上，各企业按照物流量的比率支付物流费。在具体物流操作中，TFGL 主要从两个方面实现共同物流：不同企业在同一区域内共同集货、配送；互为起点和终点的对流物流。

以上措施表明，丰田汽车物流成本控制的基本思想是使物流成本构成明细化、数据化，通过管理和调整各明细项目的变动来控制整体物流费用。虽然 TFGL 管理下的丰田物流成本水平在行业未做比较，但其通过成本企划、精细的原单位管理、成本 KPI 导向的改善以及协同效应等方法进行的系统化、科学化的物流成本控制，对即将或正在进行物流外包的企业具有一定的借鉴意义。

【资料来源：搜狐网，https://www.sohu.com/a/206242604_99933260】

9.1 物流成本管理概述

物流被看作是企业的"第三利润源泉"，物流成本在企业销售成本中占了很大的比例，物流成本的高低直接关系到企业利润水平的高低。物流管理的核心是控制降低各种物流费用，以低成本提高效益。进入 21 世纪，物流企业已经从提供简单的送达服务阶段逐步进入高质量服务阶段，物流企业间的竞争也日趋激烈，便捷、高效、低成本等已经成为各个物流企业竞相追求的目标。

9.1.1 物流成本的概念及构成

物流成本：物流活动中所消耗的物化劳动和活劳动的货币表现。

物流成本主要由如下一些成本构成。

1. 库存费用

库存费用指花费在保存货物上的费用，除包括仓储费用、残损费用、人力费用、保险费用和税收外，还包括库存占压资金的利息。把库存占压资金的利息加入物流成本，这是现代物流与传统物流费用计算的最大区别，它把降低物流成本与加速资金周转统一起来。

2．运输成本

一般而言，运输总成本包括货运费用、车队费用、燃料费用、设备维护费用、劳动力费用、保险费用、装卸费用、逾期滞留费用和税收等。运输成本名目繁多，不同的运输方式所包含的运输成本有不同的构成类别和范围，可以分为三类，即营运成本、管理费用和财务费，以便于成本计算。

3．物流管理费用

物流管理费用指为了以最低的物流成本达到客户所满意的服务水平，在对物流活动进行计划、组织、协调与控制的过程中所花费的成本。

4．隐性成本

隐性成本指由于物流运作不畅导致的库存费用增加所形成的资金利息成本、库存资金占用的机会成本、市场反应慢的损失以及管理不善造成的货物损失和损坏的成本，之所以称其为隐性成本，是因为这部分成本很难用定量分析的方法进行估算。

9.1.2 物流成本的影响因素

影响物流成本的因素很多，主要涉及以下几个方面：产品因素、物流服务、核算方式、物流运作方式以及空间因素等。

1．产品因素

企业的产品是企业的物流对象，因此，企业的产品是影响物流成本的首要因素。不同企业的产品，在产品的种类、属性、重量、体积、价值和物理、化学性质方面都可能不同，这些对企业的物流活动如仓储、运输、物料搬运的成本问题均会产生不同的影响。

2．物流服务

随着市场竞争的加剧，物流服务越来越成为企业创造持久竞争优势的有效手段。更好的物流服务会增加收入，但同时也会提高物流成本。例如：为提高顾客服务水平，通常使用溢价运输，这对总成本的影响是双方面的运输成本曲线将向上移动以反映更高的运输费用；库存费用曲线将向下移动以反映由于较低的临时库存而导致平均库存的减少。

3．核算方式

各企业不同的会计记账需要导致了对于物流成本来说目前存在着很多不同的核算方式，从而使各企业的物流成本除了"量"的差异外，还存在着"质"的差异。我国尚未建立起企业物流成本的核算标准。在日本，虽然对物流成本的核算已经有了一套成型的标准，但该标准并不只是统一了一种标准，而是提供了三种不同类别的核算方式的标准，从不同角度对物流成本进行归集和对比，以指导和适应不同企业对物流成本核算的要求。

4．物流运作方式

企业的物流运作方式分自营物流和外包物流两种。随着市场竞争的加剧，企业的物流运作方式从最初的所有物流业务全部自营，逐渐发展为部分物流业务的外包直至全部外包。其重要原因就是希望通过外包寻求企业物流成本的降低。

5．空间因素

空间因素是指物流系统中工厂或仓库相对于市场或供货点的位置关系。如果工厂距离市场太远，则必然要增加运输费用，或在此市场中建立库存，这两方面都将影响物流成本。

9.1.3 物流成本的分类

1. 按物流费用支出形态分类

按照支出形态将物流成本分为直接物流费即本企业支付的物流费用，委托物流费即支付给其他物流服务组织的费用两大项。直接物流费包括材料费、人工费、管理费、燃料动力费、折旧费等；委托物流费包括包装费、运输费、手续费、保管费等。这种分类的优点是便于检查物流成本用于各项日常支出的数额和所占比例，对比与分析各项成本水平的变化情况。该方法比较适合生产企业和专业物流部门的物流成本管理。

（1）材料费：指因物料消耗而花费的费用，包括包装材料费、消耗性工具费、低值易耗品摊销、其他物料消耗费。

（2）人工费：因人力劳务的消耗而花费的费用，包括工资、奖金、补贴、福利、医药、职工教育培训等费用。

（3）管理费：指办公费、差旅费、交通费等。

（4）燃料动力费：指水费、电费、煤气费、夏季降温费、冬季取暖费、绿化费及其他费用。

（5）折旧费：指基本折旧费、大修折旧费。

（6）其他费用：指劳动保护费、材料损耗费、利息支出等。

2. 按物流活动的范围分类

这种按物流活动过程的先后次序进行的分类，便于分析各阶段物流活动的物流成本情况，较适合综合性的物流部门。按照物流活动将物流成本分为物流筹备费、企业内物流费、销售物流费、退货物流费、废弃品物流费。

（1）物流筹备费：指物流的计划费、预测费、准备费用。

（2）企业内物流费：指采购仓储物流费、各种生产性物流费、装卸费、运输费、加工费、包装费。

（3）销售物流费：指为销售服务的物流费、储存费、运输费、包装费、服务性费用。

（4）退货物流费：指因退货、换货引起的物流费。

（5）废弃品物流费：在商品、包装材料、运输容器的废弃过程中产生的物流费用，如垃圾清运费、排污费等。

3. 按物流的功能分类

根据物流的功能，把物流成本分为物品流通费、信息流通费、物流管理费三方面。这种方法用于分析不同功能的物流成本的所占比例，从而发现物流成本问题的所在。

（1）物品流通费指完成商品的物理性流通所产生的费用，包括：

包装费：指商品在运输、装卸、保管、分拆包装活动中的包装费。

装卸运输费：指商品在一定范围内产生的水平位移和垂直位移费用。

保管保养费：指在一定时期内因保管保养商品所需的费用。

流通加工费：在流通过程中为提高物流效益进行商品加工所花费的费用。

（2）信息流通费指由于处理、传输物流信息所产生的费用，包括与储存管理、订货处理、顾客服务有关的费用。

（3）物流管理费指进行物流的计划、调整、控制所需的费用，包括作业现场管理费、物流机构管理费。

上述几种物流成本的分类方法是比较常见的。事实上，物流管理人员可以根据企业物流现状及所反映的物流成本的不同侧面，采用不同的分类方法。采用何种分类方法通常是围绕如何加强物流成本管理进行的，目的是降低物流成本。

9.1.4 物流成本的重要理论学说

企业物流成本是除了原材料成本之外的最大成本项目。我国物流成本一般占总成本的30%~40%，经营鲜活产品的企业物流成本要占到60%以上，有效的物流管理可以节约15%~30%的物流成本，从而提高企业经济效益和竞争力。关于物流成本的重要理论学说如下所述。

1. 物流成本冰山说

企业的多数物流成本未作为物流费用单独计算，而是混杂在制造成本、销售成本及一般经费中，难以明确掌握。物流成本中有些是物流部门不能控制的，如保管费中包括了由于过多进货或过多生产所造成积压的库存费用等。加之物流成本的计算范围，各企业均不相同，因此无法与其他公司比较，也不存在行业的平均物流成本。日本早稻田大学教授西泽修根据此种情况，提出"物流成本冰山说"，他把全部物流成本比成大海中漂浮的冰山，露出海面的部分只是冰山一角，比喻为企业可直接计算掌握的部分物流费，而海面以下的大部分比喻为企业消费的物流费，难以明确掌握，如图9-1所示。物流冰山说的用意是使企业在进行全部物流成本计算时，将混入其他费用科目的物流成本全部提出，使企业清楚地看到潜在海面下的巨大物流成本，挖掘降低成本的宝库。

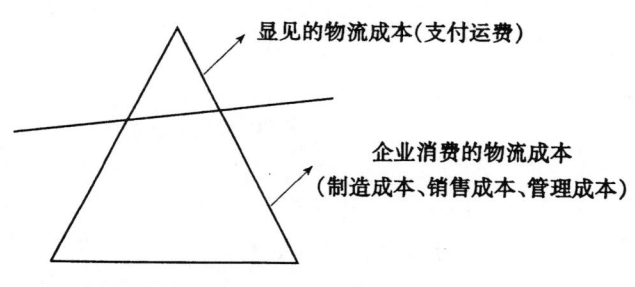

图9-1 物流成本冰山说

2. 物流成本的效益背反理论

在物流管理中，要使任何一个要素增益，必将对其他要素产生减损的作用，这就是物流效益背反理论。下面从两个方面进行介绍。

（1）物流成本与客户服务水平的效益背反。物流管理的核心是以低在库水准和大量输送，最大限度地降低物流成本，提高顾客服务水平，以及时的物流配送为顾客创造时间或空间效用，提供最大化的让渡价值。而高水平的物流服务必有高的物流成本作保证。企业很难做到既提高物流服务水平又降低物流成本。因此，物流各个活动之间需要进行成本权衡。

物流成本与物流服务之间是一种此消彼长的关系，二者的关系适用收益递减原则。在服务水平较低的阶段，如果增加 a 个单位的成本，则服务水平将提高 b 个单位；在服务水平较高的阶段，同样增加 a 个单位的成本，则服务水平仅提高 c 个单位，且 $c<b$，如图9-2所示。无

限度地提高物流服务水平，会导致物流成本迅速上升，且物流服务的效率则没有太大提高，甚至会下降。处于竞争状态的企业通过有效地利用物流成本，在物流成本一定的情况下，实现物流服务水平的提高；或在降低物流成本的同时，实现较高的物流服务水平。

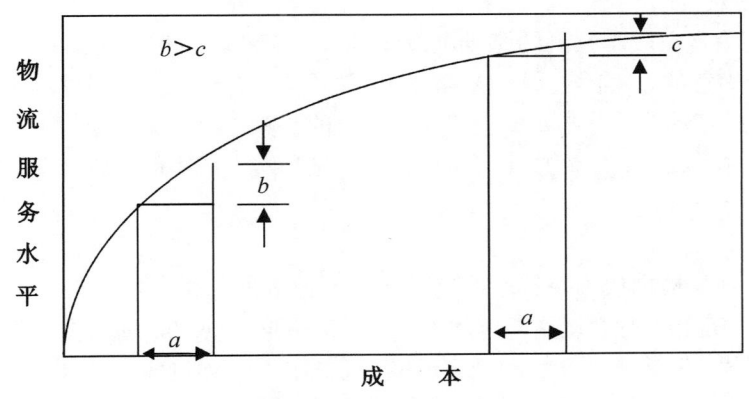

图 9-2　物流服务水平与成本的关系

（2）物流各部门的效益背反。物流的各部门活动处于一种相互矛盾的体系中，想较多实现某方面的利益，必会使另一方利益受损，即物流各个活动的效益背反。如销售部门为提高客户满意度，相对维持较高的库存数量和尽可能备齐各种商品以避免缺货的可能，势必导致库存成本的增加；制造部门愿意对同一产品进行大批量的生产，这样可以降低单位产品的成本费用，而这样会增加库存数量，使库存成本增加。为实现成本最小化，需要协调各部门之间的关系，使各部门有机地结合起来，追求企业最佳经济效益。

（3）物流各功能活动的效益背反。物流的各项活动处于这样一个相互矛盾的系统中，要想较多地达到某个方面的目的，必然会使另外一些方面的目的受到一定的损失，这便是物流各功能活动的效益背反。例如，减少物流网络仓库的数目并减少库存，必然会使库存补充变得频繁而增加运输的次数，这样降低厂库存成本，却使得运输成本增加；在产品销售市场和销售价格不变的情况下，假定其他成本要素也不变，包装越省，利润则越高。但是，商品一旦进入流通环节，如果包装降低了产品的防护功能，造成了大量损失，就会造成储存、装卸、运输功能要素的工作损失和效益减少。显然，包装活动的效益是以其他功能要素的损失为代价的。

9.2　物流成本管理

现代物流成本是指从原材料供应开始一直囊括到将商品送到消费者手上所发生的全部物流费用。无论是企业物流还是物流企业，如何对自身物流资源进行优化配置，如何实施管理和决策，以期用最小的成本带来最大的效益，是当前企业所面临的最重要问题之一。

9.2.1　物流成本管理的内容

1. 物流成本预测

物流成本预测是根据有关成本数据和企业具体的发展情况，运用一定的技术方法，对未来的成本水平及其变动趋势作出科学的估计，这是物流成本管理的第一步。成本预测是成本决策、成本计划和成本控制的基础工作，可以提高物流成本管理的科学性和预见性。在物流成本管理的许多环节都存在成本预测问题，如仓储环节的库存预测、流通环节的加工预测、运输环节的货物周转量预测等。

2. 物流成本决策

物流成本决策是在成本预测的基础上，结合有关资料，运用一定的科学方法，从若干个方案中选择一个满意的方案的过程。从物流整个流程看，有运输车辆及路线的选择；配送中心的新建、改建和扩建的决策；装卸搬运设备、设施的决策；流通加工合理下料的决策等。进行成本决策、确定目标成本是编制成本计划的前提，也是实现成本的前馈控制、提高经济效益的重要途径。

3. 物流成本计划

物流成本计划是根据成本决策所确定的方案、计划期的生产任务、降低成本的要求以及有关资料，通过一定的程序，运用一定的方法，以货币形式规定计划期物流各环节的耗费水平和成本水平，并提出保证成本计划顺利实现所采取的措施。通过成本计划管理，可以在降低物流各环节成本方面给企业提出明确的目标，推动企业加强成本管理责任制，增强企业的成本意识，控制物流环节费用，挖掘降低成本的潜力，保证企业降低物流成本目标的实现。

4. 物流成本控制

物流成本控制是根据计划目标，对成本发生和形成过程以及影响成本的各种因素和条件施加主动的影响，以保证实现物流成本计划的一种行为。从企业生产经营过程来看，成本控制包括成本的事前控制、事中控制和事后控制。成本事前控制是整个成本控制活动中最重要的环节，它直接影响后续各作业流程成本的高低。成本的事前控制活动主要有物流配送中心的建设控制，物流设施、设备的配备控制，物流作业过程改进控制等。成本的事中控制是对物流作业过程实际劳动耗费的控制，包括设备耗费的控制、人工耗费的控制、劳动工具耗费和其他费用支出的控制等。成本的事后控制是通过定期对过去某一段时间成本控制的总结、反馈来控制成本。通过成本控制，可以及时发现存在的问题，采取纠正措施，保证成本目标的实现。

5. 物流成本核算

物流成本核算是根据企业确定的成本计算对象，采用相适应的成本计算方法，按规定的成本项目，通过一系列的物流费用汇集与分配，从而计算出各物流活动成本计算对象的实际总成本和单位成本。通过物流成本计算，可以如实地反映生产经营过程中的实际耗费，同时，也是对各种活动费用实际支出的控制过程。

6. 物流成本分析

物流成本分析是在成本核算及其他有关资料的基础上，运用一定的方法，揭示物流成本水平的变动，进一步查明影响物流成本变动的各种因素。通过物流成本分析，可以提出积极的建议，采取有效的措施，合理地控制物流成本。

上述各项成本管理活动的内容是互相配合、相互依存的一个有机整体。成本预测是成本决策的前提。成本计划是成本决策所确定目标的具体化。成本控制是对成本计划的实施进行监督，以保证目标的实现。成本核算与分析是对目标是否实现的检验。

9.2.2 物流成本管理的原则、策略和途径

物流成本管理是指对物流相关的费用进行的计划、协调、控制，即通过成本去管理物流。

1. 物流成本管理的原则

（1）认真执行财务制度，严格遵守成本开支范围。物流成本管理必须严格按照财务制度的规定，不得随意增加支出的范围和提高支出的标准。

（2）在保证物流正常的情况下，厉行节约。节约应以保证物流正常进行和提高物流服务的质量为前提，这样，才能利用最少的物流成本获取最好的经济效益。

（3）实现计划管理，按计划进行支出。物流企业的活动是在国家计划的指导下进行的，因此，应当编制合理的支出计划，保证完成计划规定的降低物流成本的任务。

2. 物流成本管理的基本策略

（1）对物流的供应链进行全面管理来降低物流成本。提高物流效率应从原材料供应到最终用户整个供应链过程考虑，强调企业所有职能部门之间的协调和与其他企业、顾客、运输业者之间的协调，实现准时化采购和零库存，提高服务水平，有效降低物流成本。

（2）通过对退货的控制来削减成本。退货成本常常占物流成本相当大的比例，如销售额为1000万元的企业，退货比例为3%，即30万元的退货，由此产生的物流费用和企业内部处理费占销售额的9%～10%。因此伴随退货会产生3万元的物流费用。因此削减退货成本十分重要。退货分为企业原因产生的退货和用户原因产生的退货。为有效控制退货成本，企业应及时掌握销售状况，制定促销策略，不断调整产品生产量和产品种类，从根本上遏止退货现象的出现。同时，建立营业员绩效评价制度，明确划分产生退货的责任。

（3）通过第三方物流降低物流成本。物流业务的外包是将企业部分或全部职能外包给运输公司、仓库、分销公司等第三方物流公司，利用它们的人员和技术优势，减少额外费用如空运和租车等费用，增加工作的有序性和供应链的可预测性。

（4）借助现代信息系统降低物流成本。企业通过建立物流信息系统，充分应对可能发生的各种需求，调整经营计划，从整体控制物流成本发生的可能性，提高物流管理的科学性，降低物流成本。

3. 控制物流成本的主要途径

由于实际物流情况的复杂性和多变性，控制物流成本的方法也是多种多样、变化不定的，但一般都遵循以下几条原则：

（1）加快物流速度，扩大物流量。全部物流成本可以大体划分为可变成本和固定成本两部分。前者如运输费、包装费、保管费等，它们随着物流量的变化而变化，即物流量增加时，物流成本的绝对值也随之增加，反之则减少。但它们的物流成本水平，即占物流成本数量的百分比相对比较固定。后者如工资、固定资产折旧费、管理费等，它们在物流量变动时，其绝对值通常保持不变或变化较小，即相对比较固定。但其费用水平随物流量的变化呈现反比例关系，即物流量增加时，费用水平下降。

根据这两种成本的特点，我们可以采取加快物流速度，扩大物流量的原理和方法，降低物流成本。当物流速度加快时，虽然可变成本也增加，但其幅度小于物流量增加幅度，而固定成本部分则与物流量成反比，即物流速度越快，物流量越大，其成本越小。从物流速度与流动资金需要量的关系来看，在其他条件不变的情况下，物流速度越快则所需要的流动资金越少。从而减少资金占用，减少利息支出，使物流成本降低。

（2）减少物资周转环节。物资在从生产领域进入消费领域，到达消费者手中之前，需要经过许多相互区别而又相互衔接的周转环节。这些环节越多，物资的流通时间也就越长，物流成本就必然相应增加。因此，尽可能地减少流通环节和减少物流时间，尽可能地直达供货，尽可能地减少物资的集中和分散，就会使物流速度加快，从而减少物流成本。

（3）采用先进、合理的物流技术。采用先进、合理的物流技术是减少物流成本的根本性措施。它不仅可以不断提高物流速度，增加物流量，而且可以大大减少物流损失。例如，先进、合理的装卸、运输机械，集装箱、托盘技术的推广（硬技术），科学、合理的运输路线等都对减少物流成本具有十分重要的影响。

（4）改善物流管理，加强经济核算。物流管理水平的高低是影响物流成本的最直接因素。虽然管理本身不直接产生效益，但它却能通过其他具体的物流执行部门对物流成本产生影响。因此，加强物流管理，实现物流管理的现代化，是降低物流成本的最直接有效的方法。在具体实施过程中，采用岗位责任制方法，加强经济核算，对原材料消耗、资金、人员、物流各个环节的支出等层层分解，实行目标管理，这是行之有效的好办法。

值得说明的是，降低成本并不意味着同时降低服务水平。如果在降低成本的同时，服务水平也随之降低，那么，由于成本降低所增加的利润就会被服务水平降低所带来的物流量减少所抵消，甚至成为负值。

9.3 物流成本计算

9.3.1 物流成本计算的目的

物流成本指物流活动中所消耗的物化劳动和活劳动的货币表现，即产品在包装、运输、储存、装卸搬运、流通加工、物流信息、物流管理等过程中所耗费的人力、物力和财力的总和以及与存货有关的流动资金占用成本、存货风险成本、存货保险成本。

物流成本是客观存在的，但是，在对物流成本的计算内容和范围没有一个统一的计算标准之前，不同的企业有不同的计算方法，企业之间千差万别，这给物流成本计算和成本管理带来很大困难。随着物流成本管理必要性的提高，企业出现了统一物流计算标准的要求。在这种背景下，有关部门开始致力于物流成本计算标准的制订。例如，日本运输省于1977年制订了《物流成本计算标准》，我国于2006年9月28日发布了《企业物流成本构成与计算》（GB/T 20523—2006），这些都为统一物流成本计算提供了依据。

从企业经营的总体上看，物流成本计算获得的数据主要为了满足以下几个方面工作的需要：

（1）为各个层次的经营管理者提供物流管理所需的成本资料。
（2）为编制物流预算以及预算控制提供所需的成本资料。
（3）为制订物流计划提供所需的成本资料。
（4）提供价格计算所需的成本资料。

为达成以上目的，物流成本除了按物流活动领域、支付形态、物流功能类别分类外，还应根据管理上的需要进行分类，而且要通过不同期间成本的比较、实际发生费用与预算标准的比较，并结合销售额和物流服务水平，对物流成本进行分析比较。

9.3.2 物流成本计算概述

为了指导企业的物流管理，准确把握物流费用，我国于2006年9月28日发布了《企业物流成本构成与计算》(GB/T 20523—2006),自 2007 年 5 月 1 日起开始实施。下面介绍《企业物流成本构成与计算》(GB/T 20523—2006)。

1. 物流成本计算对象

以物流成本项目、物流范围和物流成本支付形态作为物流成本计算对象。

(1) 成本项目类别物流成本。成本项目类别物流成本指以物流成本项目作为物流成本计算对象,具体包括物流功能成本和存货相关成本。其中,物流功能成本指在包装、运输、仓储、装卸搬运、流通加工、物流信息和物流管理过程中所发生的物流成本。存货相关成本指企业在物流活动过程中所发生的与存货有关的流动资金占用成本、存货风险成本、存货保险成本。企业物流成本项目构成见表 9-1。

表 9-1　企业物流成本项目构成

成本项目		内容说明
物流功能成本	物流运作成本	
	运输成本	一定时期内,企业为完成货物运输业务而发生的全部费用,包括从事货物运输业务的人员费用、车辆(包括其他运输工具)的燃料费、折旧费、维修保养费、租赁费、养路费、过路费、年检费、事故损失费、相关税金、业务费等
	仓储成本	一定时期内,企业为完成货物储存业务而发生的全部费用,包括仓储业务人员费用,仓储设施的折旧费、维修保养费、水电费、燃料与动力消耗、相关税金、业务费等
	包装成本	一定时期内,企业为完成货物包装业务而发生的全部费用,包括包装业务人员费用,包装材料消耗、包装设施折旧费、维修保养费、包装技术设计、实施费用、包装标记的设计印刷费、相关税金、业务费
	装卸搬运成本	一定时期内,企业为完成装卸搬运业务而发生的全部费用,包括装卸搬运业务人员费用,装卸搬运设施折旧费、维修保养费、燃料与动力消耗费、相关税金、业务费等
	流通加工成本	一定时期内,企业为完成货物流通加工业务而发生的全部费用,包括流通加工业务人员费用,流通加工材料消耗费用,加工设施折旧费、维修保养费、燃料与动力消耗费、相关税金、业务费等
	物流信息成本	一定时期内,企业为采集、传输、处理物流信息而发生的全部费用,具体包括物流信息人员费用,信息设施折旧费、信息系统开发摊销费、软硬件系统维护费、咨询费、通信费、业务费等
	物流管理成本	一定时期内,企业为完成物流管理活动所发生的全部费用,包括物流管理部门及物流作业现场所发生的管理费用,具体包括物流管理人员费用、差旅费、办公费、会议费、水电费,以及国际贸易中发生的报关费、检验费、理货费等
存货相关成本	流动资金占用成本	一定时期内,企业在物流活动过程中因持有存货占用流动资金所发生的成本,包括存货占用银行贷款所支付的利息和存货占用自有资金所发生的机会成本
	存货风险成本	一定时期内,企业在物流活动过程中所发生的物品跌价、损耗、毁损、盘亏等损失
	存货保险成本	一定时期内,企业在物流活动过程中,为预防和减少因物品丢失、损毁造成的损失而向社会保险部门支付的物品财产保险费用

（2）范围类别物流成本。范围类别物流成本指以物流活动的范围作为物流成本计算对象，具体包括供应物流、企业内物流、销售物流、回收物流和废弃物流等不同阶段所发生的各项成本支出。企业物流成本范围构成见表9-2。

表9-2　企业物流成本范围构成

成本范围	内容说明
供应物流成本	企业在采购环节所发生的物流费用
企业内物流成本	货物在企业内部流转所发生的物流费用
销售物流成本	企业在销售环节所发生的物流费用
回收物流成本	退货、返修物品和周转使用的包装容器等从需方返回企业（供方）的物流活动过程中所发生的物流费用
废弃物流成本	企业将经济活动中失去原有使用价值的物品，根据实际需要进行收集、分类、加工、包装、搬运、储存等，并分送到专门处理场所的物流活动过程中所发生的物流费用

（3）形态类别物流成本。形态类别物流成本指以物流成本的支付形态作为物流成本计算对象，具体包括自营物流成本和委托物流成本。其中，自营物流成本其支付形态具体包括材料费、人工费、维护费、一般经费和特别经费。委托物流成本包括企业向外部物流机构所支付的各项费用。企业物流成本支付形态构成见表9-3。

表9-3　企业物流成本支付形态构成

成本支付形态		内容说明
自营物流成本	材料费	资材费、工具费、器具费等
	人工费	工资、福利、奖金、津贴、补贴、住房公积金、人员保险费、职工劳动保护费、按规定提取的福利基金、职工教育培训费等
	维护费	包括各类物流设施设备的折旧费、维护维修费、租赁费、保险费、税金、燃料与动力消耗费等
	一般经费	办公费、差旅费、会议费、通信费、咨询费、水电费、煤气费以及各物流功能成本在材料费、人工费、维护费三种支付形态之外反映的费用细目
	特别经费	存货流动资金占用费，存货跌价、损耗、盘亏和损毁费，存货保险费
委托物流成本		企业向外部物流机构所支付的各项费用

2. 企业物流成本计算原则

（1）可从现行成本核算体系中予以分离的物流成本。对于现行成本核算体系中已经反映但分散于各会计科目之中的物流成本，企业在按照会计制度的要求进行正常成本核算的同时，可根据本企业实际情况，选择在期中同步登记相关物流成本辅助账户，通过账外核算得到物流成本；或在期末（月末、季末、年末）通过对成本费用类科目再次进行归类整理，从中分离出物流成本。

（2）无法从现行成本核算体系中予以分离的物流成本。对于现行成本核算体系中没有反映但应计入物流成本的耗费（存货占用自有资金所产生的机会成本），根据有关存货统计资料按规定的公式计算物流成本。

3. 企业物流成本计算方法和步骤

（1）可从现行成本核算体系中予以分离的物流成本。对现行成本核算体系中已经反映但分散于各会计科目中的物流成本，计算步骤如下：

1）设置物流成本辅助账户，按物流成本项目设置运输成本、仓储成本、包装成本、装卸搬运成本、流通加工成本、物流信息成本、物流管理成本、流动资金占用成本、存货风险成本、存货保险成本等二级账户，并按物流范围设置供应物流、企业内物流、销售物流、回收物流和废弃物物流等三级账户，对于自营物流成本，还应按费用支付形态设置材料费、人工费、维护费、一般经费、特别经费费用专栏。上述物流成本二级账户、三级账户及费用专栏设置次序，企业可根据实际情况选择。

2）对企业会计核算的全部成本费用科目包括管理费用、销售费用、财务费用、生产成本、制造费用、其他业务成本、营业外支出以及材料采购等科目及明细项目逐一进行分析，确认物流成本的内容。

3）对于应计入物流成本的内容，企业可根据本企业实际情况，选择在期中与会计核算同步登记物流成本辅助账户及相应的二级、三级账户和费用专栏，或在期末（月末、季末、年末）集中归集物流成本，分别反映出按物流成本项目、物流范围和物流成本支付形态作为归集的物流成本数额。

4）期末（月末、季末、年末），汇总计算物流成本辅助账户及相应的二级、三级账户和费用专栏成本数额。

（2）无法从现行成本核算体系中予以分离的物流成本。对于现行成本核算体系中没有反映但应计入物流成本的费用（存货占用自有资金所发生的机会成本），计算步骤如下：

1）期末（月末、季末、年末）对存货按采购在途、在库和销售在途等形态分别统计出账面余额。

2）按照式①分别计算出在供应物流、企业内物流和销售物流等不同范围阶段存货占用自有资金所产生的机会成本。

$$存货占用自有资金所发生的机会成本 = 存货账面余额（存货占用自有资金）\times 行业基准收益率 \quad ①$$

4. 企业间接物流成本分配原则

企业间接物流成本可按照从事物流作业或物流功能或物流范围阶段作业人员比例、物流工作量比例、物流设施面积或设备比例以及物流作业所占资金比例等进行分配和计算。

5. 企业物流成本表及填报要求

企业物流成本表包括主表（企业物流成本主表）和附表（企业自营物流成本支付形态表）。

（1）企业物流成本主表（表9-4）及要求。

1）本表编报期为月报、季报和年报。

2）生产企业和流通企业一般应按供应物流、企业内物流、销售物流、回收物流和废弃物物流五个范围阶段逐一进行填列。

3）按范围形态填列时，若某阶段未发生物流成本或有关成本项目无法归属于特定阶段的，则按实际发生阶段据实填列或填列横向合计数即可。

4）对于委托物流成本，若无法按物流范围进行划分但可按成本项目分别付费的，填写"物流总成本—委托—17"一列的有关内容即可；若采用不分成本项目的整体计费方式付费但可划分物流范围的，则填写"物流总成本—14"一行中与委托有关的成本即可；若既采用整体计费方式付费又无法划分物流范围的对外支付的，则填写"物流总成本—14"一行与"物流总成本—委托—17"一列交界位置的成本即可。

5）在上述 3）和 4）中直接填写"物流总成本"有关内容的，应对其内容在表后做备注说明。

6）对于物流企业，不需按物流范围进行填列，按成本项目及成本支付形态填写物流成本主表即可。

表 9-4　企业物流成本主表

企业详细名称：　　　　　企业法人代码：　　　　　计量单位：元　　　　　　年　　月

成本项目		代码	供应物流成本			企业内物流成本			销售物流成本			回收物流成本			废弃物物流成本			物流总成本		
			自营	委托	小计	自营	委托	小计	自营	委托	小计	自营	委托	小计	自营	委托	小计	自营	委托	合计
甲		乙	01	02	03	04	05	06	07	08	09	10	11	12	13	14	15	16	17	18
物流功能成本	运输成本	01																		
	仓储成本	02																		
	包装成本	03																		
	装卸搬运成本	04																		
	流通加工成本	05																		
	物流信息成本	06																		
	物流管理成本	07																		
	合计	08																		
存货相关成本	流动资金占用成本	09																		
	存货风险成本	10																		
	存货保险成本	11																		
	合计	12																		
其他成本		13																		
物流总成本		14																		

单位负责人：　　　　　填表人：　　　　　填表日期：　　年　　月　　日

（2）企业自营物流成本支付形态表（表 9-5）及要求。

1）本表编报期为月报、季报和年报。

2）对于运输成本、仓储成本、装卸搬运成本、物流信息成本、物流管理成本，对应的支付形态一般为人工费、维护费和一般经费；对于包装成本、流通加工成本，对应的支付形态一般为材料费、人工费、维护费和一般经费；对于流动资金占用成本、存货风险成本、存货保险成本，对应的支付形态一般为特别经费。

3）凡成本项目中各明细项目有相应支付形态的，均需填写；无相应支付形态的，则不填写。

表 9-5 企业自营物流成本支付形态表

企业详细名称：　　　　　企业法人代码：　　　　　计量单位：元　　　　　年　　月

成本项目		代码	内部支付形态					
			材料费	人工费	维护费	一般经费	特别经费	合计
甲		乙	1	2	3	4	5	6
物流功能成本	运输成本	01						
	仓储成本	02						
	包装成本	03						
	装卸搬运成本	04						
	流通加工成本	05						
	物流信息成本	06						
	物流管理成本	07						
	合计	08						
存货相关成本	流动资金占用成本	09						
	存货风险成本	10						
	存货保险成本	11						
	合计	12						
其他成本		13						
物流成本合计		14						

单位负责人：　　　　　填表人：　　　　　填表日期：　　年　　月　　日

（3）勾稽关系。企业物流成本主表（表 9-4）中"物流总成本—自营"一列中各项成本数值应等于企业自营物流成本支付形态表（表 9-5）中"合计"一列中各项成本数值。

9.3.3 物流成本数据在物流管理中的作用

物流成本管理的基础是物流成本计算，物流成本计算的难点在于物流费用，除了对外支付的物流费用（如对外支付的运费、保管费）以外，发生在企业内部的物流费用很难在财务报表中反映出来，有些物流费用（如物流管理费）是与其他管理费用混合在一起的。从财务报表的数据中将物流费用剥离出来，就成为物流成本计算的第一步重要工作。为此，需要将管理会计的手法应用到物流成本管理中来。物流成本计算标准就是站在管理的角度，运用管理会计的手法制定出来的。

1. 可形成一个有利于开展物流管理的环境

一般来说，为了让企业的领导者和企业内其他部门认识到物流的重要性，简单而有效的方法是揭示物流成本的大小。为达到此目的的物流成本计算应尽可能将物流成本的总金额表示出来。当物流成本没有被完全反映出来的时候，人们从财务报表数据中看到的物流费用只是全部物流费用的一部分,甚至是一小部分。形象地讲,只是"冰山的一角"露出水面的一部分。利用真实反映所发生的全部物流费用的数据去说明物流管理的重要性,唤起人们的物流意识是最为有效的方法。

2. 有助于发现物流活动中存在的问题

需要注意的是,仅仅通过物流成本数据本身还不能说明问题的存在。例如,运输费用的支出金额较大,这本身还不能说明问题的存在。如果运输所发挥的功能与成本相吻合,那就不存在任何问题。因此,利用物流成本数据查找问题的时候,首先要有一个基准,这个基准可以是预算、标准成本、行业平均成本水平等。

3. 对物流活动实施计划、控制和评价

达到这个目的的有效方法是预算管理。在物流活动的管理当中物流预算发挥着重要作用。但是,物流预算本身不能够控制物流活动。物流预算对于物流管理起的作用是通过计划(预算)和实际(成本计算)的差异分析来实现的。将实施的物流活动的成本与预算比较,用以评价物流活动。这个时候必然要对物流成本进行计算。物流预算的编制也要建立在物流成本计算基础之上。一般来说,预算是建立在生产计划和销售计划基础之上,结合前期的实际,考虑运费、保管费的上升倾向以及物流合理化的努力编制而成的。预算的编制要有实际部门的参与,结合本部门的实际编制预算。预算管理不仅是事后的差异分析,更重要的是通过编制预算,达到事前控制的目的。

4. 通过成本分析,搞清产生差异的责任所在

物流成本预算有一个弱点,就是预算的编制要以生产计划和销售计划为基础,如果生产计划或销售计划发生变化,就会产生物流预算的差异。这就需要进行成本分析,搞清产生差异的责任所在,否则,无法进行正确的差异分析。

例如,各类产品按照采用高效率的运输方法和保管方法设定物流预算标准,将物流单价乘以一定期间的物流量便形成了一定期间的物流预算。在对期末的成本差异进行分析的时候,因物流量变动产生的差异都应归属于生产部门或销售部门,在分析物流单价变动引起的差异时,可以将一部分由于生产或销售部门提出不合理的配送或库存要求,提供超过标准服务产生的差异分离出来。这样,既有利于分清责任,找出产生差异的真正原因,也为编制准确的预算提供了依据。

通过以上分析可以看出,物流成本计算在物流管理中是不可缺少的一项基础工作。但是,正如前面所讲的那样,物流成本的计算是一项比较困难的工作,要准确把握所发生的物流费用不是一件容易的事情。

9.3.4 编制预算

衡量物流部门的业绩主要看其是否达成了物流管理的目的。物流管理的目的就是以更好的服务质量,以更低的成本完成物流活动。物流部门作为成本中心,同时也作为利润中心,必须不断推进物流革新,努力降低物流成本,为企业利润的增长,企业的持续发展做出贡献。因此,对于物流部门业绩评价的一个重要方面就是对成本的考核。

对物流部门业绩进行评价的一般方法是,将实际发生成本与预算相比较,计算成本降低额,以此来对业绩作出评价。为了使业绩评价准确进行,作为与实际比较标准的预算必须妥当。

编制新的物流成本预算首先要准确把握物流成本的实际发生状况，与前期的物流预算进行比较，分析出现变动的原因，在此基础上，结合各项改进措施和未来时期内的物流业务量，制定出新的物流成本预算。

预算的水准既要体现一定的先进性，同时又应该是通过努力可以实现的，这样才可以起到预算在控制成本，促进成本管理工作等方面的应有作用。因此，在确定预算标准时，要结合企业的具体实际和能力，参考同行业其他企业的物流成本水平，制定出合理的物流成本预算。

9.4 物流 ABC 成本计算法

9.4.1 物流 ABC 的概念及特征

物流 ABC（Activity-Based Costing）是一种新型的物流成本计算方法，意思是活动基准成本计算（作业成本法）。该方法适用于物流领域的计算，故称为物流 ABC。

按照物流理论，物流服务与物流成本之间存在着效益背反关系，物流管理部门的任务是寻找两者的平衡点。但是，现实中要做到这一点是不大可能的。物流部门的任务是满足销售部门提出的物流需求，物流服务水准的决策权掌握在对方手里。这里的问题不是费用的大小，而是上升的这部分物流费用是由于什么原因、哪个部门的责任导致的。物流部门具有降低物流成本的责任，但是，引起物流成本上升的原因简单地讲来自单价和数量两个方面。物流部门只能对单价，即单位作业成本负责，而数量责任则应归咎于物流的需求部门。物流部门虽然无权干涉销售部门的决定，但是可以通过向销售部门提供翔实的成本数据来促使销售部门考虑物流成本对于利润的影响，而能够影响销售部门的就是成本数据。销售部门根据物流部门提供的成本资料，会重新考虑物流服务水准的设定，或是从战略的角度考虑维持现在服务水准，或是出于盈利的考虑降低物流服务水准。

传统的成本管理停留在物流成本计算，将实际成本与预算相比较、与前一年的成本发生额相比较等成本管理范围，在作为促进物流管理发展的手段方面没有发挥作用的原因是对于管理上极为重要的因素——责任的明确化没有深入分析。

传统的物流成本计算按照运输费、保管费、包装费、装卸费等功能类别统计，并没有与物流服务水准联系起来，也没有按顾客类别和销售业务员类别计算物流成本。以至于物流成本上升的责任不明确。而接下来要介绍的物流 ABC 则可以较好地解决物流成本上升的责任问题。

由于物流 ABC 可以直接提供有利于物流合理化的数据，因此物流 ABC 方法的采用会使物流管理获得进一步发展。

9.4.2 物流 ABC 的计算原理

由图 9-3 的简单事例可以看出，物流成本与顾客提出的物流服务要求直接相关，虽然 A 零售店和 B 零售店一个月内订货的总量是一样的，但是，由于订货频率不同，每次订货批量不同导致物流作业的繁杂程度，以及为此支出的费用多少也不一样，也就是说，不同水准下的物流服务成本是存在差异的。这种差异利用原来的成本计算方法无法体现出来，如图 9-3 所示。

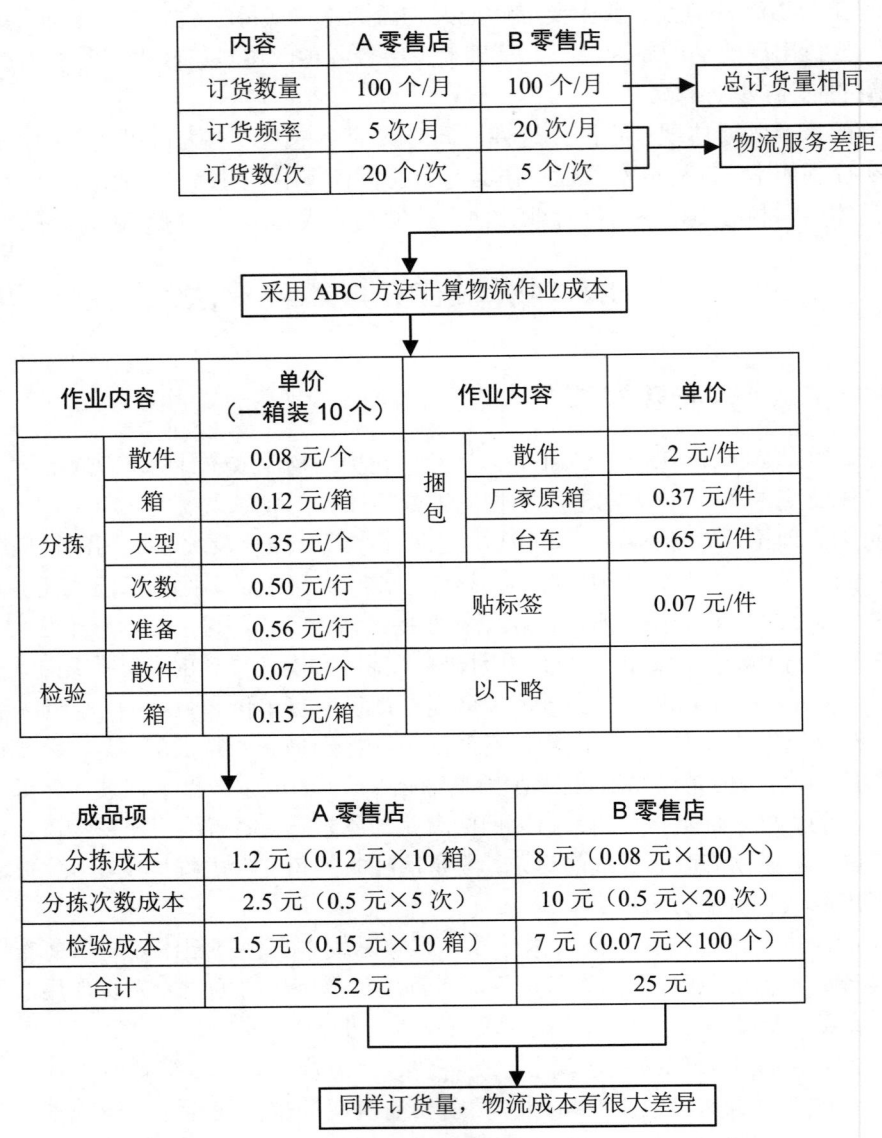

图 9-3 作业成本计算表

物流 ABC 对物流企业根据不同的物流服务设定不同的收费标准提供了有效的方法。特别是在物流朝着多品种小批量方向变化的情况下，顾客对物流服务的要求也变得越来越苛刻，物流企业的作业成本有不断上升的趋势，但在物流服务收费上，顾客出于降低自身成本的需要或来自降低产品销售价格的压力，也总是压低费用标准，给物流企业造成经营上的压力。当然，价格最终是由市场供求关系决定的，但是，由于物流服务上没有针对不同服务对象的成本计算方法，拿不出具有充分说服力的成本计算明细，即便知道收费标准与所提供的服务水准相距甚远，也没有一个可以说服顾客的有效方法。

9.4.3 物流 ABC 的运用程序

下面结合图 9-4 和图 9-5 具体说明如何导入物流 ABC 及其计算程序。

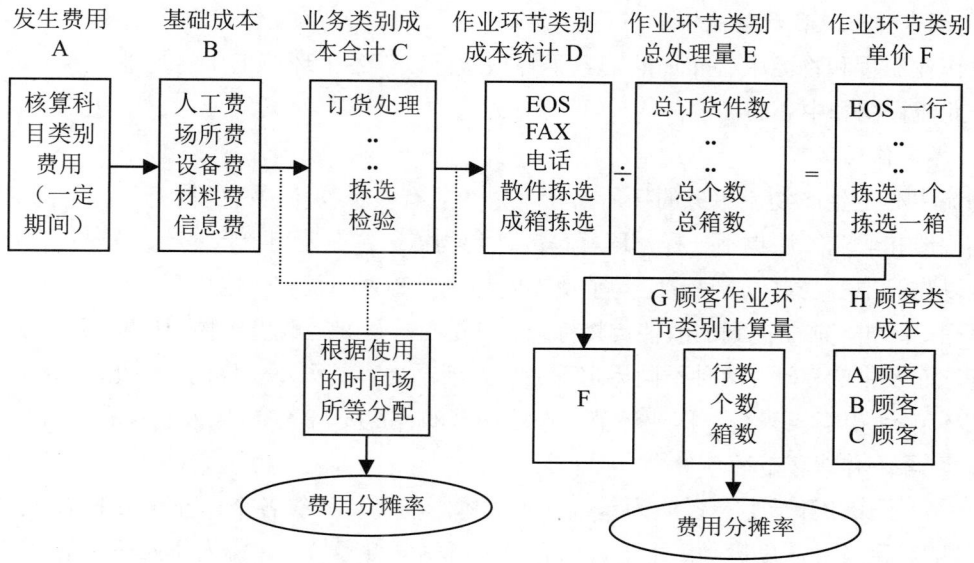

图 9-4 物流的 ABC 的计算程序（按顾客类别计算）

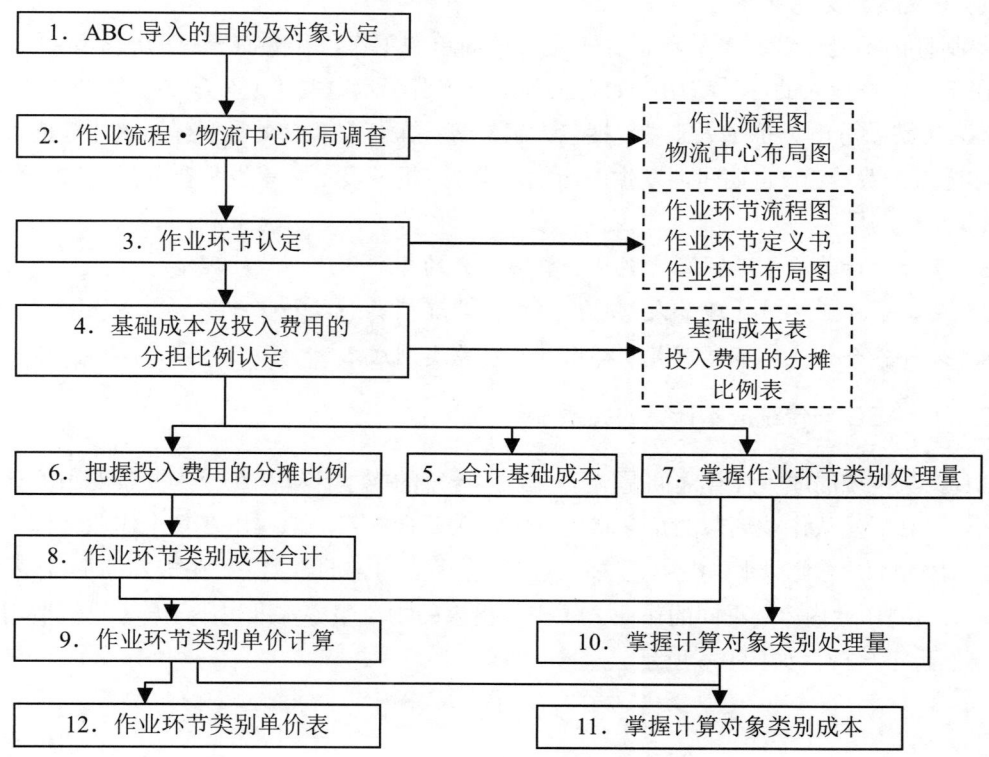

图 9-5 物流 ABC 的导入程序

1. 明确导入 ABC 的目的及对象

在运用物流 ABC 计算成本之前首先要明确其目的，即要解决什么问题，需要计算什么样的成本。

2. 调查作业流程和物流中心布局

对作业流程和物流中心布局的细致了解是做好以下各个环节工作的基础，通过调查，制作出作业流程图和中心布局图。

3. 界定作业环节

物流中心是生产物流服务的场所，在一个企业有多个物流中心的情况下，不同的物流中心，其构造和作业方法也不一样，同样是散件货物拣选，在费用上也是有差异的。物流 ABC 一般是以物流中心为单位导入的，为了使不同物流中心之间具有可比性，首先需要界定作业环节的范围。例如，前面提到的散件货物拣选，只是指从货架上取出货物的作业环节，还是也包括为拣选而发生的移动。两种不同界定下的作业活动内容是大不一样的。因此，需要制作一部"作业环节定义集"，来统一作业环节。作业环节的界定要与 ABC 导入的目的相结合。

4. 计算各作业环节的单价

在界定了作业环节后，以此为基础计算成本之前，要计算各个作业环节的单价，这是物流 ABC 的关键之一。单价确定下来，以后的事情就变得容易了。作为作业环节单价在所界定的作业环节上，处理一个单位的成本。例如，在散件拣选的情况下，拣选一个物品的成本。

5. 确定费用分担比例

要制订出不同作业环节的单价并不是一件简单的工作，需要有充足的成本数据。这里的难点在于如何将投入的各种费用（如人工费、设施费、水电费等）分配到具体的作业环节上。例如，人工费要分解为拣选人工费、捆包人工费等；拣选人工费又要分解为散件拣选人工费和整箱拣选人工费等；一定期间内发生的诸如水电费、机械设备费等也都要分摊到每一个作业环节上。

6. 掌握按计算对象（顾客类别等）类别划分的各个作业环节处理量
7. 用各个作业环节处理量乘以单价得出作业环节类别成本
8. 合计各个作业环节类别成本得出计算对象类别成本

9.4.4　ABC 与传统成本计算的关系

ABC 与传统的成本计算之间是交叉关系，传统的成本计算是从投入要素的角度计算成本的大小；ABC 是从作业环节的角度将所有的投入要素进行汇总得出在某个作业环节上的费用支出。ABC 将传统成本计算中所无法看到的物流中心内部的"实态"用成本的形式表现出来。显然，不同的作业内容、不同的作业方法产生出来的物流服务水准也不一样，物流费用支出的大小自然也不一样，如图 9-6 所示。

● 按投入要素类别计算（传统方法）

● 活动基准成本计算（ABC）

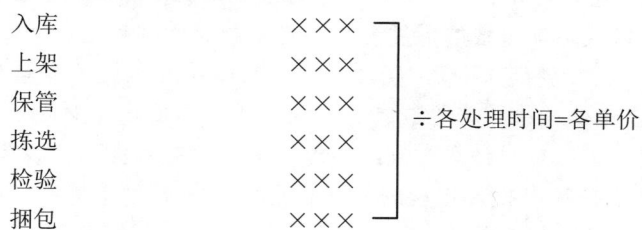

● 两者的关系

	入库	上架	保管	…	计
人工费					
场所费					
设备费					
⋮					
计					

图 9-6　物流 ABC 的导入程序

**本章案例**

中粮我买网物流运营的成本控制

中粮我买网是由世界 500 强企业中粮集团有限公司投资创办的食品类 B2C 电子商务网站。中粮我买网致力于打造中国最大、最安全的食品购物网站。

中粮我买网作为一家食品电商零售公司，冷链物流成本是重中之重。食品零售企业的产品主要分成常温品、恒温品、冷藏品、冷冻品（高温冷冻–5°、低温冷冻–10°至–20°，超低温冷冻–35°至–60°）：常温品只需要考虑包装问题；恒温品与冷藏品、冷冻品不仅仅需要考虑不同的包材问题，更要考虑的是冷媒问题，对于恒温和冷藏品只需要用普通的泡沫箱+5°–10°的冰板即可以；但是冷冻品则可能会用高密泡沫箱+干冰或者是深冷–20°的冰板（需要–35°的冷库或者速冻工业冰柜才能冻制）。

在食品与食材的储存、发运过程中，温控是非常关键的一个环节，尤其是在出库后，在运输与配送环节如何做到客户收到货物与出库时是同一个温度呢？这是所有生鲜电商企业，甚至是所有的生鲜企业，无论是电商、商超、批发、生产制造企业都关注的一个问题。

在物流运作的早期，对于冷冻品的发运，仓库打包环节完全是按照经验和数据的积累来人工判断放置干冰的数量，这就会造成有的订单放多了、有的放少了，放多了增加成本，放少了出现化冻情况造成产品品质下降或变质，从而导致客户投诉、二次赔偿等情况发生。

针对这种情况，必须要改变现有的人工放置的主观性和随意性问题，必须要实现干冰数量放置的科学化、数据化和可视化。因此，在北京、上海、广州三地进行了为期一年的数据监测，包括天气温度、客户投诉（地区、品类）、路途远近与时效因素、干冰重量的配比试验与实际效果的差异等，最终将这些实验数据和实际数据进行调整，得出相对最佳（成本与重量、时效的适应度）的配比方案，将 WMS 与天气预报的温度数据进行连接，自动调取数据，充分考虑到发运日、到达日以及运配过程的温度变化，自动配置干冰数量。

基于以上的优化，在物流打包环节，实现了自动显示干冰放置的数量，从而有效避免了人工放置的主观性，既能减少多放干冰所造成的浪费又能够尽量减少少放干冰所造成的不良反应；并且还减少了放置过程中自我计算和判断的时间浪费，有效提高包装效能。

在冷链物流包装环节并没有投入相应的自动化设备和其他智能装备，但是在充分利用数据的过程中却实现了这个环节的智能化、可视化和自动化，最终达到了物流智慧化，从而达到了降低成本的目的。

【资料来源：https://www.sohu.com/a/386228912_649545】

结合案例思考：如何平衡物流成本与客户服务水平两个指标？

思考题

1．物流成本计算的作用体现在哪些方面？
2．物流成本的影响因素有哪些？
3．简述物流成本计算的主要步骤。
4．控制物流成本的主要途径有哪些？
5．说明物流 ABC 的原理。
6．简述物流成本管理的方法和策略。

第 10 章　供应链管理

通用之供应链管理

上海通用汽车有限公司（SGM）是由美国通用汽车公司和上海汽车工业总公司联合投资建立的，是迄今为止最大的中美合资企业。作为世界上最大的汽车制造商，美国通用汽车公司拥有世界上最先进的弹性生产线，能够在一条流水线上同时生产不同型号、不同颜色的车辆，每小时可生产 27 辆汽车。在如此强大的生产力支持下，SGM 在国内首创订单生产模式，紧密根据市场需求控制产量。同时，SGM 的生产用料供应采用标准的 JIT（Just in Time）运作模式，由国际著名的 RYDER 物流咨询公司为其设计实行零库存管理，即所有汽车零配件（CKD）的库存存在于运输途中，不占用大型仓库，而仅在生产线旁设立 RDC（再配送中心），维持 288 台套的最低安全库存。这就要求采购、包装、海运、进口报关、检疫、陆路运输、拉动计划等一系列操作之间的衔接必须十分紧密。中国远洋运输（集团）公司（COSCO）承担了该公司全部进口 CKD 的运输任务，负责从加拿大的起运地到上海交货地的全程门到门运输，以及进口 CKD 的一关三检、码头提箱和内陆运输。

上海通用汽车公司在物流供应链方面的进一步要求包括：

（1）短备货周期，降低库存。SGM 物流供应链的安全运作建立在市场计划周期大于运输周期的基础上，只有这样，CKD 运输量才能根据实际生产需要决定。而目前 CKD 的运输周期是 3 个月，而计划市场周期为 1 周，所以只能通过扩大 CKD 的储备量来保证生产的连续性周期，造成库存费用很高。COSCO 的木箱配送服务虽然为其缓解了很大的仓储压力，但并非长久之计，还要通过各种办法改进订货方式、改进包装等缩短备货周期，真正实现零库存。

（2）改进信息服务。改进信息服务即提供和协助 SGM 收集、整理、分析有关的运作信息，以改善其供应链的表现。因为 SGM 的整车配送、进口 CKD 和其他零配件的供应，分别由 ACS、上海中货、大通及其他供应商自行组织有关的运输，各服务提供商之间的信息无法有效地沟通。如通过整车配送，以协助 SGM 的销售部门改善营销预测的准确性和提前量，根据改善的预测信息来确定随后的生产和原料采购（进口）计划，可使每批进口 CKD 的品种构成更为合理，从而可相应减少在途和上海 RDC 中不必要的库存积压。

【资料来源：http://www.doc88.com/】

10.1　供应链管理概述

供应链的概念于 20 世纪 80 年代初被提出，但其真正发展却是在 90 年代后期。自 20 世纪 90 年代以来，全球竞争环境的巨大变化和技术的飞速进步，促使现代管理思想不断革新、发展,越来越多的企业开始运用供应链管理策略来促进企业内部和外部各环节相互结合,进行一体化管理,以提高效率和客户满意度,进而占据市场。克里斯托弗认为,21 世纪的竞争不再是产品的竞争,而是供应链的竞争,可见供应链管理在新世纪管理领域中的重要地位。通过本节的学习,读者主要掌握供应链与管理的基本含义、供应链的类型以及供应链管理与物流管理的关系。

10.1.1 供应链的概念

供应链(Supply Chain):生产及流通过程中,涉及将产品或服务提供给最终用户活动的上游与下游组织所形成的网链结构。

一个完整的供应链始于原材料的供应商,止于最终用户,是由原材料供应商、制造商、仓库、产品数量和质量、与作业管理相关的物流信息,以及与订货、发货、货款支付相关的商流信息组成的有机系统。

现在供应链的概念更加注重围绕核心企业的网链关系,如核心企业与供应商、供应商的供应商,乃至与所有前向的关系,与用户、用户的用户及所有后向的关系。供应链是一个利益集合体,强调企业间的战略合作关系,核心企业则从事自己最擅长的业务。供应链是围绕核心企业,通过对物流、信息流、资金流的控制,从采购原材料开始,制成中间产品及最终产品,最后由销售网络把产品送到销售者手中,将供应商、制造商、分销商、零售商、最终用户连成一个链状结构。

10.1.2 供应链的特征

供应链是一个网络系统,由供应商、供应商的供应商和用户、用户的用户组成。一个实体是一个节点,节点和节点之间是一种需求与供应关系。供应链主要具有以下特征。

1. 复杂性

因为供应链节点组成的跨度(层次)不同,供应链节点企业有生产型的、加工型的、服务型的;有上游的、核心层的等,即供应链往往由多个、多类型甚至多国企业构成,所以供应链结构模式比一般单个企业的结构模式更为复杂。

2. 动态性

供应链因各企业战略和适应市场需求变化的需要,其节点企业需要动态的更新,这就使得供应链具有明显的动态性。

3. 面向用户需求

供应链的形成、存在、重构,都是基于一定的市场需求而发生的。在供应链的运作过程中,用户的需求拉动是供应链中信息流、物流、资金流运作的驱动源。

4. 交叉性

对于产品而言,每种产品的供应链都由多个链条组成。供应链节点企业既可以是这个供应链的成员,同时又可能是另一个供应链的成员,众多的供应链形成交叉结构,增加了协调管理的难度。

10.1.3 供应链的类型

乔恩·休斯等在《供应链再造》一书中,将供应链分为 9 种类型;马士华在《供应链管理》一书中将供应链按 3 种方法进行分类。本书总结了其他文献的研究成果，根据不同的划分标准，将供应链分为以下 4 种类型。

1. 稳定的供应链和动态的供应链

根据供应链存在的稳定性，可以将供应链分为稳定的供应链和动态的供应链。基于相对稳定、单一的市场需求而组成的供应链稳定性较强，而基于相对频繁变化、复杂的需求而组成的供应链动态性较高。在实际管理运作中，需要根据不断变化的需求，相应地改变供应链的组成。

2. 平衡的供应链和倾斜的供应链

根据供应链容量与用户需求的关系，可以将供应链分为平衡的供应链和倾斜的供应链。一个供应链具有一定的、相对稳定的设备容量和生产能力（所有企业能力的综合，包括供应商、制造商、运输商、分销商、零售商等），但用户需求处于不断变化的过程中。当供应链的容量能满足用户需求时，供应链处于平衡状态；当市场变化加剧，造成供应链成本增加、库存增加、浪费增加等现象时，企业不是在最优状态下运作，供应链则处于倾斜状态。

平衡的供应链可以实现各主要职能（采购/低采购成本、生产/规模效益、分销/低运输成本、市场/产品多样化和财务/资金运转快）之间的平衡。

3. 有效性供应链和反应性供应链

根据供应链的功能模式（物理功能和市场中介功能），可以把供应链划分为两种：有效性供应链（Efficient Supply Chain）和反应性供应链（Responsive Supply Chain）。有效性供应链主要体现供应链的物理功能，即以最低的成本将原材料转化成零部件、半成品、产品，以及在供应链中的运输等；反应性供应链主要体现供应链的市场中介功能，即把产品分配到满足用户需求的市场，对未预知的需求做出快速反应等。

4. 推动式供应链和拉动式供应链

当前全球化市场竞争日益激烈，企业的发展乃至生存在不同程度上受到威胁。在巨大的经济浪潮的冲击下，市场竞争已不再是单纯的企业与企业之间的竞争，而是供应链与供应链之间的竞争。因此，提高管理不同模式的供应链的能力就显得非常重要了。

"推动"模式是传统的供应链模式，指根据商品的库存情况，有计划地将商品推销给客户。而当前更多的是"拉动"模式，顾名思义，该供应链模式源于客户需求，客户是供应链中一切业务的原动力。在拉动模式中，零售商通过 POS 系统采集客户所采购商品的确切信息，数据在分销仓库中经汇总分析后又传给制造商。这样，制造商就可以为下一次向分销仓库补货提前做准备，同时调整交货计划和采购计划。原材料供应商也可以改变他们相应的交货计划。

【小思考 10-1】

粮食类供应链与电子高科技类产品供应链分别为何种供应链？

10.1.4 供应链管理的概念

供应链管理（Supply Chain Management，SCM）：对供应链涉及的全部活动进行计划、组织、协调与控制。其目标是将满足客户需求的产品在正确的时间，按照正确的数量、正确的质量和正确的状态送到正确的地点，并使总成本最小或总收益最大。

供应链管理覆盖了从供应商的供应商到客户的客户的全部过程，主要涉及五个主要领域：供应（Supply）、生产计划（Schedule Plan）、物流（Logistics）、需求（Demand）、回流（Return）。

供应链管理是以同步化、集成化生产计划为指导，以各种技术为支持，尤其以 Internet / Intranet 为依托，围绕供应、生产作业、物流、满足需求来实施的。供应链管理的目标在于提高用户服务水平和降低总的交易成本，并且寻求两者之间的平衡。

供应链管理包括的其他内容：①战略性供应商与用户合作伙伴关系；②供应链产品需求预测和计划；③供应链设计（全球节点企业定位、资源和生产的集成化管理）；④企业内部和企业之间物料供应与需求管理；⑤基于供应链管理的产品设计和制造管理；⑥基于供应链的用户和物流管理（运输、库存、包装等）；⑦企业间资金流管理；⑧基于 Internet/Intranet 的供应链交互信息管理；⑨反向物流管理。

10.1.5 供应链管理与物流管理的关系

供应链管理与物流管理有着十分密切的关系。供应链管理是物流管理发展而来的，但是供应链管理已经超出了物流管理的范围。David F.Ross 将供应链管理的演化分为四个阶段：第一阶段是仓储与运输；第二阶段是总成本管理；第三阶段是物流一体化管理；第四阶段是供应链管理，见表 10-1。

表 10-1 供应链管理的演化阶段

阶段一： 1960 年前	阶段二： 1970—1980	阶段三： 1980—1990	阶段四： 1990 年以后
仓储与运输	总成本管理	物流一体化管理	供应链管理
动作性能	管理关注点	管理关注点	管理关注点
	优化运作成本和顾客服务	战术/战略物流计划	整个供应链
功能分散	功能集合	物流功能集成	伙伴关系：虚拟组织

物流一体化管理将企业内部的物流活动和战略同供应链上贸易伙伴的物流活动和战略进行集成，以提高整个渠道的顾客服务水平和降低成本，而供应链管理的核心是通过供应链上贸易伙伴的密切合作来获得潜在竞争优势。物流是为满足顾客需求，对来源点到使用点的货物、服务及相关信息的有效率与有效益的活动和储存进行计划、执行与控制的供应链过程的一部分，可见物流管理的战略导向是顾客需求，物流是供应链过程的一部分。物流一体化将物流视为获取最大内部战略优势的资源，而供应链管理则以物流运作的一体化为基础，来创建"虚拟组织"，它超过渠道界限，将所有的核心竞争能力联结在一起，以便使所有的供应渠道都来探求竞争优势的未知领域。供应链管理与物流一体化的区别可以从以下三个方面加以说明。

1. 供应链管理是物流运作管理的扩展

供应链管理要求企业从仅关注优化物流活动，转到关注优化所有的企业职能，包括需求管理、市场营销和销售、制造、财务和物流，将这些活动紧密地集成起来，以实现在产品设计、制造、分销、顾客服务、成本管理以及增值服务等方面的重大突破。鉴于成本控制对市场的成功仍很关键，物流绩效将逐渐根据整个企业的 JIT 和快速反应目标作评估。这种内部的定位要求高层管理将企业的战略计划和组织结构的关注点放在他们的物流职能的能力上。

2. 供应链管理是物流一体化管理的延伸

供应链管理将公司外部存在的竞争优势机会包含在内，关注外部集成和跨企业的业务职能，通过重塑它们与它们的代理商、顾客和第三方联盟之间的关系，来寻找生产率的提高和竞争空间的扩大。通过信息技术和通信技术的应用，将整个供应链连接在一起，企业将视它们自己和它们的贸易伙伴为一个扩展企业，从而形成一种创造市场价值的全新方法。

3. 供应链管理是物流管理的新战略

供应链管理的运作方面关注传统的物流运作任务，如加速供应链库存的流动，与贸易伙伴一起优化内部职能，并且提供一种在整个供应链上持续降低成本以提高生产率的机制。然而供应链管理的关键要素、真正力量在于它的战略方面。供应链管理扩展企业的外部定位和网络能力，将使公司建立一个共同市场和竞争视野，构造一个变革性渠道联盟，以寻找在产品和服务方面的重大突破，并且管理复杂的渠道关系，使企业能主导市场方向，产生有关的新业务，探索关键性的新机会。

因此，供应链管理的产生有着深刻的经济学和管理学动因。它与物流管理、战略管理、营销管理与业务流程重组等有着十分密切的内在联系。供应链管理的产生是许多管理学的思想和方法相互渗透、相互融合的结果。可以在许多管理学科中找到供应链管理的雏形，它位于物流管理、业务流程重组、战略管理及营销管理等学科发展的交汇点上。但供应链管理绝不是这些管理学的内容的叠加，它需要从一个全新的角度考察和理解。

10.2 供应链的设计

供应链设计的合理是保障供应链系统运行效率的基本，因此做好供应链的设计对于完成供应链管理的目标是至关重要的。供应链设计是企业模型的设计，它是从企业的整体角度去勾画企业蓝图，扩展企业的模型。按照供应链的定义，供应链的网链结构模型如图10-1所示。

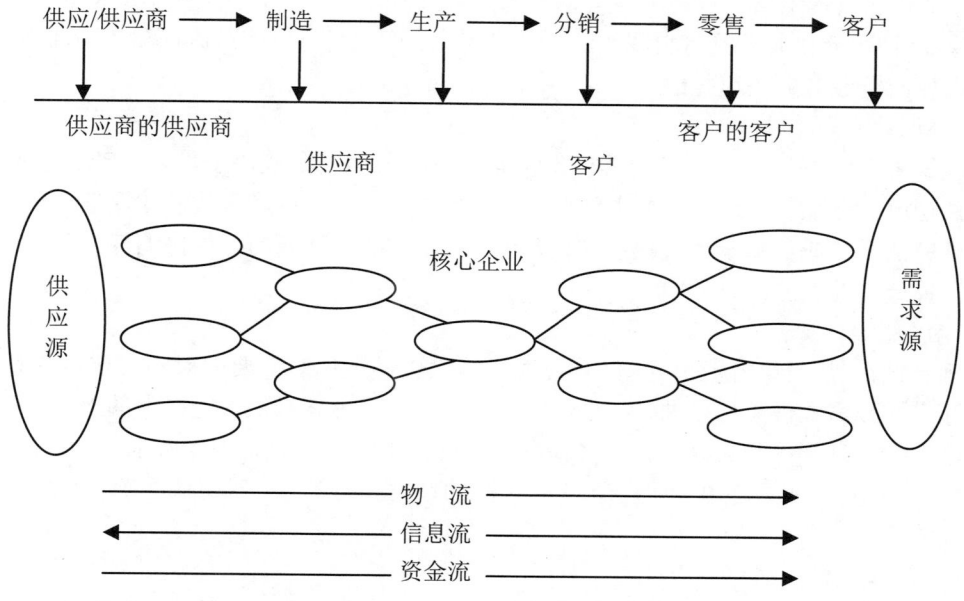

图 10-1　供应链的网链结构模型

从图 10-1 可以看出，供应链由所有加盟的节点企业组成，其中一般有一个核心企业（可以是产品制造企业，也可以是大型零售企业），节点企业在需求信息的驱动下，通过供应链的职能分工与合作（生产、分销、零售等），以资金流、物流、服务流为媒介实现整个供应链的不断增值。

10.2.1 供应链设计的原则

在供应链的设计过程中，应遵循一些基本的原则，以保证供应链的设计和重建能满足供应链管理思想得以实施和贯彻的要求。

1. 集成与分解相结合原则

供应链系统建模设计方法包括两种，即自顶向下的方法和自底向上的方法。自顶向下的方法是从全局走向局部的方法，自底向上的方法是从局部走向全局的方法，自上而下是系统分解的过程，而自下而上则是一种集成的过程。在设计一个供应链系统时，往往是先由主管高层作出战略规划与决策，规划与决策的依据来自市场需求和企业发展规划，然后由下层部门实施决策，因此供应链设计通常采用自顶向下和自底向上相结合的综合设计方法。

2. 简洁性原则

简洁性是供应链的一个重要原则，为了保证供应链具有灵活快速响应市场的能力，供应链的每个节点，如作业、资源或节点企业，都应是简洁的、具有活力的、能实现业务流程的快速组合。比如供应商的选择就应以少而精的原则，通过和少数的供应商建立战略伙伴关系，减少采购成本，推动实施准时采购方法和准时生产（JIT）。生产系统的设计更是应以精细思想为指导，努力实现从精细的制造模式到精细的供应链这一目标。

3. 互补性原则

供应链的各个节点的选择应遵循强强联合的原则，充分实现最大限度地利用外部资源的目的，每个企业只集中精力致力于各自核心的业务过程，就像一个独立的制造单元（独立制造岛），这些所谓单元化企业具有自我组织、自我优化、面向目标、动态运行和充满活力的特点，能够实现供应链业务的快速重组。

4. 协调性原则

供应链的业绩好坏取决于供应链合作伙伴关系是否和谐，取决于供应链动态连接合作伙伴的柔性程度，因此建立战略伙伴关系的合作关系是实现供应链最佳效能的保证之一。只有充分发挥供应链系统成员和子系统的能动性、创造性及系统与环境的总体协调性，才能保证供应链系统发挥最佳的效能。

5. 动态性原则

不确定性在供应链中随处可见，企业在实施供应链运作时都要面对不确定性问题。不确定性的存在导致需求信息的扭曲，因此要预见各种不确定因素对供应链运作的影响，减少信息传递过程中的信息延迟和失真。如很多情况下，降低安全库存总是和服务水平的提高相矛盾。增加透明性，减少不必要的中间环节，提高预测的精度和时效性，对降低不确定性的影响都是极为重要的。

6. 创新性原则

创新设计是供应链系统设计的重要原则，没有创新性思维，就不可能有创新的供应链管理模式。要产生一个创新的系统，就要敢于打破各种陈旧的思维框架，用新的角度、新的视野审视原有的管理模式和体系，进行大胆的创新设计。进行创新设计要注意几点：一是创新必须在企业总体目标和战略的指导下进行，并与战略目标保持一致；二是要从市场需求的角度出发，综合运用企业的能力和优势；三是发挥企业各类人员的创造性，集思广益，并与其他企业共同协作，发挥供应链整体优势；四是建立科学的供应链和项目评价体系及组织管理系统，进行技术经济分析和可行性论证。

7. 战略性原则

供应链的建模应有战略性观点，通过战略的规划考虑减少不确定因素的影响，有助于建立稳定的供应链体系模型。从供应链的战略的角度考虑，供应链建模的战略性原则还体现在供应链发展的长远性和预见性，供应链的系统结构发展应和企业的战略规划保持一致，并在企业战略指导下进行。

10.2.2 供应链设计的策略

设计和运行一个有效的供应链对于每一个企业都是至关重要的，运行有效的供应链可以使企业获得提高用户服务水平、达到成本和服务之间的有效平衡、提高企业竞争力和柔性、渗透新的市场、通过降低库存提高工作效率等好处。但是供应链也可能因为设计不当而导致浪费和失败。

供应链的设计是供应链管理中首要并重要的环节。一般的设计策略包括基于产品的供应链设计策略、基于成本的供应链设计策略、基于多代理的供应链设计策略。使用较多、较为成熟的就是基于产品的供应链设计策略。

基于产品的供应链设计策略指出设计和运行一个有效的供应链对于每一个企业都是至关重要的，必须选择合适的设计策略进行供应链设计。供应链的设计要以产品为中心，即供应链的设计首先要明白客户对企业产品的需求是什么，是创新型产品，还是功能型产品。然后要明白不同供应链的特性，再设计出与产品特性相一致的供应链。因而，就产生了基于产品的供应链设计策略，主要包括产品类型、供应链类型、二者组成的策略矩阵等内容。

1. 产品类型

不同的产品类型对供应链设计有不同的要求，高边际利润、不稳定需求的创新型产品的供应链设计策略就不同于低边际利润、有稳定需求的功能型产品。所以我们要了解不同类型产品的相应特性。两种不同类型产品在客户需求上的比较见表10-2。

表10-2 两种不同类型产品在客户需求上的比较

需求特征	功能型产品	创新型产品
产品寿命周期	超过两年	一年到三年
边际贡献	5%～20%	20%～60%
产品多样性	低（每一目录10到20个）	高（每一目录上千）
预测的平均边际错误率	10%	40%～100%
平均缺货率	1%～2%	10%～40%
预测的平均季节降价率	0	10%～25%
按订单生产的提前期	6个月～1年	1天～2周

由表 10-2 可以看出，功能型产品一般用于满足客户的基本需求，变化很少，具有稳定的、可预测的需求和较长的寿命周期，但它们的边际利润较低，为了避免低边际利润，许多企业在式样或技术上进行创新来激发消费者的购买欲望，从而获得高边际利润，这种创新型产品的需求一般不可预测，寿命周期也较短。正因为这两种产品的不同，才需要有不同类型的供应链来满足不同的管理需要。

2. 供应链类型

不同的产品类型应该对应有不相同的供应链。这主要是因为供应链起作用的方式不同：物理功能和市场中介功能。因而，我们可以按照功能将供应链划分为物理有效型供应链和市场反应型供应链两种。二者的比较见表 10-3。

表 10-3　两种类型供应链的比较

比较项目	市场反应型供应链	物理有效型供应链
基本目标	尽可能地反应不可预测的需求	以最低的成本供应可预测的需求
库存政策	部署好零部件和成品的缓冲库存	产生高收入而使整个链的库存最小化
提前期	大量投资于缩短提前期	在不增加成本的前提下，尽可能缩短提前期
选择供应商的标准	以速度、柔性和质量为中心	以成本和质量为核心
产品设计策略	用模型设计以尽可能地延迟产品差别	最大化绩效和最小化成本

3. 基于产品的供应链设计策略

（1）功能型产品供应链设计策略。对于功能型产品，如果边际贡献率为 10%，平均缺货率为 1%，则边际利润损失仅为 0.1%。因此，为改善市场反应能力而增加资源投入是得不偿失的。生产这类产品的企业，主要目标在于尽量减少成本。企业通常只要制定一个合理的最终产品的产出计划，并借助相应的管理信息系统协调客户订单、生产及采购，使得链上的库存最小化，提高生产效率，缩短提前期，从而增强竞争力。如宝洁公司的许多产品属于功能型产品，公司采取了供应商管理存货和天天低价的策略，使库存维持在较低水平，降低了成本，公司和顾客都从中受益。

（2）创新型产品供应链设计策略。对于创新型产品，如果边际贡献率为 40%，平均缺货率为 25%，则边际利润损失为 10%。所以，对此类产品就需要有高度灵活的供应链，来对多变的市场做出迅速的反应，并投资以提高供应链的市场反应能力。例如，欧美、日本等不少发达国家将基本的功能型产品放在低成本的发展中国家生产，而将一些流行或短生命周期的产品放在本土生产，虽然有可能增加劳动力成本，但通过对市场的快速反应而获得的利润足以抵消这种不利影响。

（3）供应链设计与产品类型策略矩阵。根据前面我们了解到的产品和供应链的特性，就可以设计出与产品需求相一致的供应链，设计策略如图 10-2 所示。

	功能型产品	创新型产品
物理有效型供应链	匹配	不匹配
市场反应型供应链	不匹配	匹配

图 10-2　供应链设计与产品类型策略矩阵

策略矩阵的四个元素代表四种可能的产品和供应链的组合，从图 10-2 可以看出产品和供应链的特性，管理者根据这些特性就可以判断企业的供应链流程设计是否与产品类型相一致，这就是基于产品的供应链设计策略。利用该矩阵，企业就可以判断其供应链类型与产品类型是否很好地匹配。矩阵的四个方格代表了四种可能的产品与供应链的组合。用市场反应型供应链生产功能型产品，或用物理有效型供应链生产创新型产品，都是不合理的。

10.2.3 供应链设计的步骤

1. 分析市场竞争环境

分析市场竞争环境的目的在于找到针对哪些产品市场开发供应链有效，为此，必须知道现在的产品需求是什么、产品的类型和特征是什么、哪些产品的供应链需要开发。分析市场特征的过程要对供应商、用户和竞争者进行调查，提出诸如"用户想要什么？""他们在市场中的份额有多大？"之类的问题，以确认用户的需求和因供应商、用户、竞争者产生的压力。

这一步的工作成果是有关产品的重要性排列、供应商的优先级排列、生产商的竞争力排列、用户市场的发展趋势分析以及市场不确定性的分析评价的基础。

2. 总结、分析企业现状

这一步骤主要分析企业供需管理的现状，如果企业已经有供应链管理，则分析供应链的现状。这一步骤的目的不在于评价供应链设计策略的重要性和适应性，而是着重于研究供应链开发的方向，分析、总结企业存在的问题及影响供应链设计的阻力等。

3. 根据基于产品的供应链设计策略提出供应链设计的目标和模型

这一步骤的主要目标在于获得高用户服务水平和低库存投资、低单位成本两个目标之间的平衡（这两个目标往往有冲突），同时还应包括以下目标：进入新市场；开发新产品；开发新的营销渠道；改善售后服务水平；提高用户满意程度；降低物流成本；通过降低库存提高工作效率等。

4. 分析和评价供应链设计的技术可能性

这不仅仅是提出某种策略或改善技术的推荐清单，而是在可行性分析的基础上，结合本企业的实际情况为开发供应链提出技术选择建议和支持。这也是一个决策的过程，如果认为方案可行，就可进行下面的设计；如果不可行，就要重新进行分析和评价。

5. 解决关键问题

在供应链设计中，要解决的关键性问题一般包括：

（1）供应链的成员，如供应商、设备、工厂、分销中心的选择与定位、计划与控制方法。

（2）原材料的来源问题，包括供应商、流量、价格、运输等问题。

（3）生产方式设计，如需求预测、生产什么产品、生产能力、供应给哪些分销中心、价格、生产计划、生产作业计划和跟踪控制、库存管理等问题。

（4）分销任务与能力设计，如产品服务于哪些市场、运输、价格等问题。

（5）相关信息管理系统设计。

（6）物流管理系统设计等。

在供应链设计中，要广泛地应用多种工具和技术，包括归纳法、流程图、模拟和设计软件等。

供应链设计完成以后，应通过一定的方法、技术进行测试检验或试运行，如不行，返回第四步重新进行设计；如果没有什么问题，就可实施供应链管理了。在实施供应链管理的过程中，需要核心企业的管理和协调，还需要信息技术的支持，现在的竞争已成为供应链之间的竞争，供应链管理的有效实施需要有供应链的领导者，即由供应链的核心企业来对整个供应链进行管理和协调，使所有的供应链成员能作为一个整体来运作。

10.2.4 供应链的模型选择

供应链设计是从更广泛的思维空间——价值增值过程的整体角度去勾画企业蓝图的，是扩展的企业模型设计，即包括物流系统、信息系统、组织系统、价值流以及相应的服务体系设计。在供应链的设计中，创新性的管理思维和观念非常重要。

供应链基本的结构模型有两种：链状模型和网状模型。链状模型是一个简单的静态模型，表明供应链的基本组成和轮廓。网状模型更能说明现实世界中产品的复杂供应关系（图10-3）。在网状模型中，C 的供应商可能不只一家，而是有 B_1, B_2, ⋯, B_n 等 n 家，分销商也可能有 D_1, D_2, ⋯, D_m 等 m 家。动态地考虑，C 也可能有 C_1, C_2, ⋯, C_k 等 k 家。由此就构成了一个网状模型。

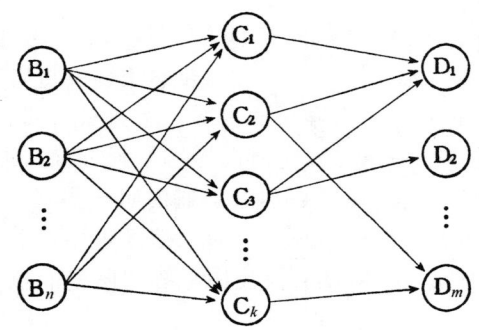

图 10-3 供应链网状模型

供应链设计所使用的基本模型是网状模型。但是在实际中，有些企业规模非常大，内部结构也非常复杂，与其他企业联系的只是其中一个部门，而且内部也存在产品供应关系，用一个节点来表示这些复杂关系显然不行，这就需要将表示这个企业的节点分解成很多相互联系的小节点，这些小节点构成一个网，称为子网（图10-4）。

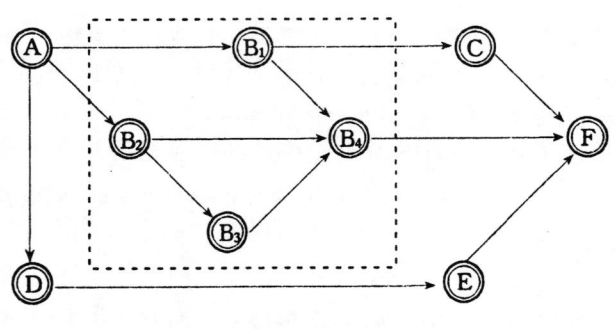

图 10-4 子网模型

如果把供应链上为了完成共同目标、通力合作并实现各自利益的这样一些企业形象地看成一个企业，这就是虚拟企业（图 10-5）。虚拟企业的节点用虚线框起来。

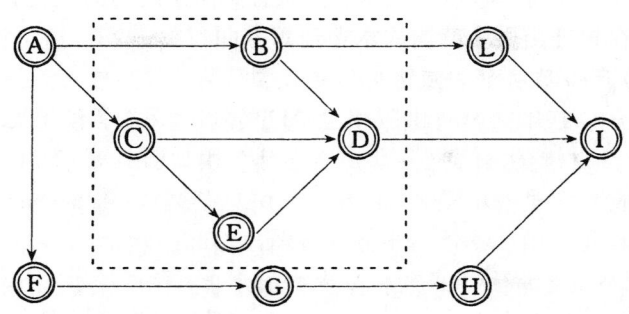

图 10-5　虚拟企业的网状模型

虚拟企业的类型有以下三种类型：

1. 网络型虚拟企业

网络型虚拟企业主要指以利用因特网和信息技术、电子货币等先进的技术手段提供商品和服务，如网上购物、网上书店、网上银行等网上服务功能，改变传统企业的面对面选购、支付等部门职能，并省略掉相应的功能部门而组建的网上虚拟企业，如淘宝、当当网上书店、亚马逊书店等。

2. 品牌型虚拟企业

品牌型虚拟企业是指以商品品牌和服务品牌资源为核心，而省略掉生产等部分职能而组建的虚拟企业。世界不少著名大企业采用虚拟制造这种先进的制造模式，通过品牌虚拟企业这种组织形式成功地实现了品牌经营，如耐克公司、波音公司等。

3. 联盟型虚拟企业

联盟型虚拟企业主要是由两个或两个以上的具有资源互补优势企业，为实现共同的战略目标，通过各种协议或契约结成的利益与风险共享、经营权与所有权分离的松散型联合体，一般是专业或项目公司。

联盟型虚拟企业保留了传统企业内部设置，却没有完整地执行这些功能的组织，仅保留企业中最关键的功能，而将其他的功能虚拟化。联盟战略目标一旦实现，该联盟型虚拟企业即告解散。

联盟型虚拟企业是供应链管理中应用最广泛的组织形式，被称为供应链联盟。供应链联盟这样一种战略伙伴关系是将组织内部的功能从一个群体转移到另一个群体，每一家企业都有自己的核心力量或核心能力，使其区别于竞争者并在消费者眼中拥有优势的特定才能。这些核心能力不能受到联盟的削弱，如果为了合作成功而将资源从核心能力上转移出去，或者在技术、战略力量上妥协，就会造成反面结果。

10.2.5　确定供应链组织模型

一般来说，成为核心企业的企业，要么为其他企业提供产品服务，要么接受它们的产品/服务，要么在供应商与用户之间起连接作用，以核心企业为中心建立组织结构模型如下所述。

1. 核心企业作为用户企业的组织结构模型

作为用户企业的核心企业，它本身拥有强大的销售网络和产品设计等优势，销售、用户服务这些功能就由核心企业自己的销售网络来完成。因此供应链组织结构的构建主要集中在供应商这一部分。供应链管理的中心转到供应商的选择、信息网络的设计、生产计划、生产作业计划、跟踪控制、库存管理、供应商与采购管理等方面。

2. 核心企业作为产品/服务的供应者的结构模型

作为这类核心企业，它本身享有供应和生产的特权，或者享有在制造、供应方面不可替代的优势，比如能源、原材料生产企业。但其在分销、用户服务等方面则不具备竞争优势。因此在这一模型中，供应链管理主要集中在经销商、用户的选择、信息网络的设计、需求预测计划与管理、分销渠道管理、用户管理与服务等方面。

3. 核心企业同时作为产品和服务的供应者和用户

这类核心企业主要具有产品设计、管理等优势，但是，在原材料的供应、产品的销售及各市场用户的服务方面，缺乏足够的力量，因此，它必须通过寻求合适的供应商、制造商、分销商和用户构建成整个供应链。供应链管理主要是协调好产、供、销的关系，信息网络的设计、计划、控制、支持管理、信息流管理等。

4. 核心企业作为连接组织

它主要通过在众多中小经销企业和大的供应商之间建立联系，代表中小经销企业的利益取得同大的供应商平等的地位，从而建立起彼此合作的战略伙伴关系。供应链管理主要集中在中小经销企业与大的供应商之间的协调、信息交换和中小经销企业的控制等方面。

对于现有组织模式如何转变为供应链管理模式，首先是识别企业自身优势，将非优势职能通过供应链中其他企业完成，其次是集中本企业的资源发展自身优势，寻求合作伙伴。因此可以说供应链的组织重构是建立在个体企业组织重构的基础之上的。

【小思考 10-2】

请思考以下供应链符合何种组织结构模型。

目前全球十大行业最佳供应链中的典型供应链有：化工行业——杜邦公司；高新技术电子行业——戴尔公司；工业品产业——通用电气公司；零售业——沃尔玛。

10.3 供应链管理的方法

供应链管理理论的产生远远落后于具体的技术与方法。供应链管理最早多是以一些具体的方法出现的。虽然由于行业的不同，各种供应链管理方法的侧重点不同，但它们的实施目标都是相同的，即减少供应链的不确定性和风险，从而积极地影响库存水平、生产周期、生产过程，并最终影响对顾客的服务水平。本节介绍三种最常见的供应链管理方法：快速反应（QR）、高效客户反应（ECR）和企业资源计划（ERP）。

10.3.1 快速反应（QR）

1. QR 的概念

快速反应（Quick Response，QR）：供应链成员企业之间建立战略合作伙伴关系，利用 EDI 等信息技术进行信息交换与信息共享，用高频率小批量配送方式补货，以实现缩短交货周期，减少库存，提高顾客服务水平和企业竞争力为目的的一种供应链管理策略。

QR 是美国纺织服装业发展起来的一种供应链管理方法。它是美国零售商、服装制造商以及纺织品供应商开发的整体业务概念，目的是减少原材料到销售点的时间和整个供应链上的库存，最大限度地提高供应链管理的运作效率。

QR 要求零售商和供应商一起工作，通过共享 POS 信息来预测商品的未来补货需求，以及不断地监视趋势以探索新产品的机会，以便对消费者的需求能更快地做出反应。在运作方面，双方利用 EDI 来加速信息流，并通过共同组织活动来使得前置时间和费用最小。

2. QR 的实施阶段

QR 的着重点是对消费者需求做出快速反应。QR 的具体策略有待上架商品准备服务（floor ready merchandise）、自动物料搬运（automatic material handling）等。实施 QR 可分为三个阶段：

第一阶段：对所有的商品单元条码化，即对商品消费单元用 EAN/UPC 条码标识，对商品贸易单元用 ITF-14 条码标识，而对物流单元则用 UCC/EAN-128 条码标识。利用 EDI 传输订购单报文和发票报文。

第二阶段：在第一阶段的基础上增加与内部业务处理有关的策略，如自动补库与商品即时出售等，并采用 EDI 传输更多的报文，如发货通知报文、收货通知报文等。

第三阶段：与贸易伙伴密切合作，采用更高级的 QR 策略，以对客户的需求做出快速反应。一般来说，企业内部业务的优化相对来说较为容易，但在贸易伙伴间进行合作时，往往会遇到诸多障碍，在 QR 实施的第三阶段，每个企业必须把自己当成集成供应链系统的一个组成部分，以保证整个供应链的整体效益。例如，Varity Fair 与 Federated Stores，是北美地区的先导零售商，在与它们的贸易伙伴采用联合补库系统后，它们的采购人员和财务经理就可以省出更多的时间来进行选货、订货和评估新产品。Boscov's 百货商店也声称在采用 QR 策略后，可以将其订货时间从原来的 6 周降到 2 周。

3. 成功实施 QR 的条件

Black Burn 在对美国纺织服装业研究的基础上，认为成功实施 QR 的 5 个条件是：

（1）改变传统的经营方式、企业经营意识和组织结构。这里包括五个方面。一是企业不能局限于依靠本企业独自的力量来提高经营效率的传统经营意识，要树立通过与供应链各方建立合作伙伴关系，努力利用各方资源来提高经营效率的现代经营意识。二是零售商在垂直型 QR 系统中起主导作用，零售店铺是垂直型 QR 系统的起始点。三是在垂直型 QR 系统内部，通过 POS 数据等销售信息和成本信息的相互公开和交换，来提高各个企业的经营效率。四是明确垂直型 QR 系统内各个企业之间的分工协作范围和形式，消除重复作业，建立有效的分工协作框架。五是必须改变传统的事务作业的方式，通过利用信息技术实现事务作业的无纸化和自动化。

（2）开发和应用现代信息处理技术。这些信息技术有条码技术、电子订货系统（EOS）、销售时点系统（POS）、电子数据交换（EDI）、电子资金转账（EFT）、卖方管理库存（VMI）、连续补货（CRP）等。

（3）与供应链各方建立战略伙伴关系。重点要做好两个方面的工作：一是积极寻找和发现战略合作伙伴；二是在合作伙伴之间建立分工和协作关系。在与上下游企业合作的过程中既要削减库存，避免缺货现象的发生，又要降低商品风险，避免大幅度降价现象发生，同时，减少作业人员和简化事务性作业等。

（4）改变传统的对企业商业信息保密的做法。将销售信息、库存信息、生产信息、成本信息等与合作伙伴交流共享，并在此基础上，要求各方在一起发现问题、分析问题和解决问题。

（5）供应方必须缩短生产周期，降低商品库存。具体来说供应方应努力做到：缩短商品的生产周期；进行多品种少批量生产和多频度少数量配送，降低零售商的库存水平，提高顾客服务水平；在商品实际需要将要发生时采用 JIT 方式组织生产，减少供应商自身的库存水平。

4. 实施 QR 的收益

对于零售商来说，大概需要销售额的 1.5%～2% 的投入以支持条码、POS 系统和 EDI 的正常运行。这些投入包括 EDI 启动软件、现有应用软件的改进、租用增值网、产品查询、开发人员费用、教育与培训、EDI 工作协调、通信软件、网络以及远程通信费用、计算机硬件、条码标签打印的软件与硬件等。

实施 QR 的收益是巨大的，它远远超过其投入。它可以节约销售费用的 5%，这些节省不仅包括商品价格的降低，也包括管理、分销以及库存等费用的大幅度减少。Kurt Salmon 协会的 David Cole 在 1997 年曾说过："在美国那些实施第一阶段 QR 的公司每年可以节省 15 亿美元的费用；而那些实施第二阶段 QR 的公司每年可以节省费用 27 亿美元。"他提出，如果企业能够过渡到第三阶段（联合计划、预计和补库），每年有望节约 60 亿美元的费用。

根据 Blackburn 的研究，QR 的效果见表 10-4。

表 10-4 QR 的效果

对象商品	实施 QR 的企业	零售业者的 QR 效果
休闲裤	零售商：Wal-mart 服装生产厂家：Semiloe 面料生产厂家：Milliken	销售额：增加 31% 商品周转率：提高 30%
衬衫	零售商：J.C.Penney 服装生产厂家：Oxford 面料生产厂家：Burlinton	销售额：增加 59% 商品周转率：提高 90% 需求预测误差：减少 50%

【资料来源：Black burn. The Quick Response Movement in the Apparel Industry.In:Joseph D, Black burn, ed. Time-based Competition.Richard D Irwin, 1991】

Black burn 研究结果显示，零售商在应用 QR 系统后，销售额大幅度增加，商品周转率大幅度提高，需求预测误差大幅度下降。

5. QR 的最新发展——CPFR

QR 已有几十年的历史，如今尽管 QR 的原则没有变化，但 QR 的策略以及技术却今非昔比。最初，供应链上的每一个业务实体（如制造商、零售商或承运商）都单独发挥作用。因此，每一个企业都对其贸易伙伴的业务不感兴趣，更谈不上同其贸易伙伴共享信息。随着市场竞争的加剧，业主及经营者逐渐认识到：应改进自己的业务系统，提高产品的质量，以便为客户提供最好的服务。目前在欧美，QR 的发展已跨入第三个阶段，即联合计划、预测与补货（Collaborative Planning, Forecasting and Replenishment，CPFR）阶段。

（1）CPFR 的特点。CPFR 是一种建立在贸易伙伴之间密切合作和标准业务流程基础上的经营理念，具有如下特点：

1）协同。从 CPFR 的基本思想看，供应链上下游企业只有确立起共同的目标，才能使双方的绩效都得到提升，取得综合性的效益。CPFR 这种新型的合作关系要求双方长期承诺公开沟通、信息分享，从而确立其协同性的经营战略，尽管这种战略的实施必须建立在信任和承诺的基础上，但是这是买卖双方取得长远发展和良好绩效的唯一途径。

2）规划。1995 年，沃尔玛与 Warner-Lambert 的 CFAR 为消费品行业推动双赢的供应链管理奠定了基础，此后当 VICS 定义项目公共标准时，认为需要在已有的结构上增加"P"，即合作规划（品类、品牌、分类、关键品种等）以及合作财务（销量、订单满足率、定价、库存、安全库存、毛利等）。此外，为了实现共同的目标，还需要双方协同制订促销计划、库存政策变化计划、产品导入和中止计划以及仓储分类计划。

3）预测。任何一个企业或双方都能作出预测，但是 CPFR 强调买卖双方必须作出最终的协同预测。CPFR 所推动的协同预测不仅关注供应链双方共同作出最终预测，同时也强调双方都应参与预测反馈信息的处理和预测模型的制定和修正。

4）补货。销售预测必须利用时间序列预测和需求规划系统转化为订单预测，并且供应方约束条件，如订单处理周期、前置时间、订单最小量、商品单元以及零售方长期形成的购买习惯等都需要供应链双方加以协商解决。根据 VICS 的 CPFR 指导原则，协同运输计划也被认为是影响补货的主要因素。

（2）CPFR 的实施步骤。

1）建立供应链合作伙伴关系的指南和规则，共同达成一个通用业务协议，包括合作的全面认识、合作目标、机密协议、资源授权、合作伙伴的任务和成绩的检测。

2）供应链合作伙伴相互交换战略和业务计划信息，以发展联合业务计划。建立合作伙伴关系战略，定义分类任务、目标和策略，并明确合作项目的管理标准，如订单最小批量、交货期、订单间隔等。

3）利用零售商 POS 数据、因果关系信息和已计划事件信息，创建一个支持共同业务计划的销售预测体系。

4）识别分布在销售预测约束之外的项目，每个项目的例外准则需在步骤 1）中得到认同。

5）查询共享数据、E-mail、电话、交谈会议等，处理销售预测例外情况，并将产生的变化提交给销售预测。

6）合并 POS 数据、因果关系信息和库存策略，产生一个支持共享销售预测体系和共同业务计划的订单预测体系，明确分时间段的实际需求数量，并通过产品及接收地点反映库存目标。

7）识别分布在订单预测约束之外的项目。

8）查询共享数据、E-mail、电话、交谈、会议等，处理研究订单预测例外情况，并将产生的变化提交给订单预测。

9）将订单预测转换为承诺订单，订单可由制造厂或零售商/分销商依靠能力、系统和资源来完成。

10.3.2 高效客户反应（ECR）

1. ECR 的概念及原理

ECR（Efficient Consumer Response）即"高效客户反应"，它的应用始于食品杂货分销系统，是分销商和供应商为消除系统中不必要的成本和费用，给客户带来更大效益而进行密切合作的一种供应链管理方法，如图 10-6 所示。

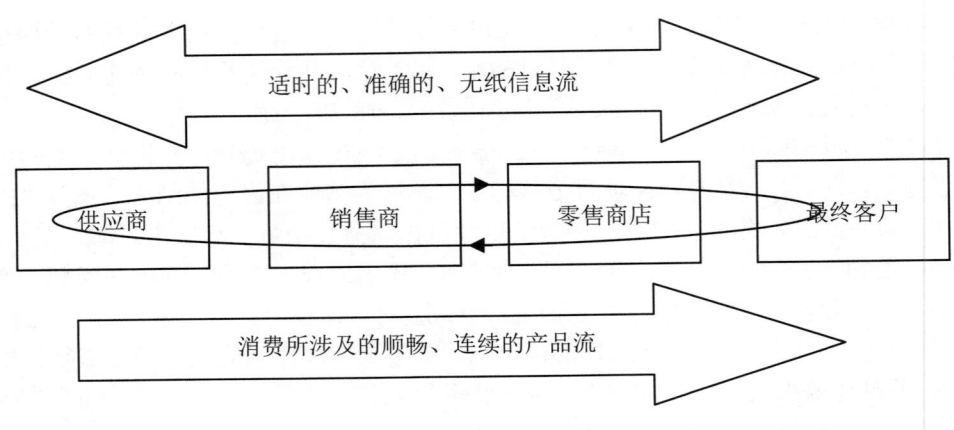

图 10-6　ECR 系统示意

有效客户反应：以满足顾客要求和最大限度降低物流过程费用为原则，能及时做出准确反应，使提供的物品供应或服务流程最佳化的一种供应链管理策略。ECR 的最终目标是建立一个具有高效反应能力和以客户需求为基础的系统，使零售商及供应商以业务伙伴方式合作，提高整个食品杂货供应链的效率，而不是单个环节的效率，从而大大降低整个系统的成本、库存和物资储备，同时为客户提供更好的服务。

通过 ECR，如计算机辅助订货技术，零售商无需签发订购单，即可实现订货；供应商则可利用 ECR 的连续补货技术，随时满足客户的补货需求，使零售商的存货保持在最优水平，从而提供高水平的客户服务，并进一步加强与客户的关系。同时，供应商也可从商店的销售点数据中获得新的市场信息，改变销售策略；对于分销商来说，ECR 可使其快速分拣运输包装，加快订购货物的流动速度，进而使消费者享用更新鲜的物品，增加购物的便利性和可选择性，并增强消费者对特定物品的偏好。

2. ECR 的特征

（1）管理意识的创新。传统的产销双方的交易关系是一种此消彼长的对立型关系，即交易各方以对自己有利的买卖条件进行交易。简单地说，是一种输赢型关系。ECR 要求产销双方的交易关系是一种合作伙伴关系。即交易各方通过相互协调合作，实现以低的成本向消费者提供更高价值服务的目标，在此基础上追求双方的利益。简单地说，是一种双赢型关系。

（2）供应链整体协调。传统流通活动缺乏效率的主要原因在于厂家、批发商和零售商之间存在企业间联系的非效率性和企业内采购、生产、销售和物流等部门或职能之间联系的非效率性。传统的组织以部门或职能为中心进行经营活动，以各个部门或职能的效益最大化为目标。这样虽然能够提高各个部门或职能的效率，但容易引起部门或职能间的摩擦。同样，传统的业务流程中各个企业以各自企业的效益最大化为目标，这样虽然能够提高各个企业的经营效率，但容易引起企业间的利益摩擦。ECR 要求对各部门、各职能以及各企业之间的隔阂，进行跨部门、跨职能和跨企业的管理和协调，使商品流和信息流在企业内和供应链内顺畅地流动。

（3）涉及范围广。ECR 所涉及的范围包括零售业、批发业和制造业等相关的多个行业。为了最大限度地发挥 ECR 所具有的作用，必须对关联的行业进行分析研究，对组成供应链的各类企业进行管理和协调。

3. 实施 ECR 的原则

美国 FMI 的报告提出了应用 ECR 时必须遵守的 5 个基本规则：

（1）提升消费者价值。ECR 的目的是以低成本向消费者提供高价值服务。这种高价值服务表现在更好的商品功能、更高的商品质量、完全的品种、更好的便利性等方面。ECR 通过整个供应链整体的协调和合作来达到以较低的成本向消费者提供更高价值服务的目标。

（2）双方共赢。ECR 要求供需双方关系必须从传统的赢输型交易关系向双赢型联盟伙伴关系转化，这就需要企业的最高管理层对本企业的文化和经营习惯进行改革。

（3）信息及时准确。及时准确的信息在有效地进行市场营销、生产制造、物流配送等决策方面起重要作用。ECR 要求利用行业 EDI 系统在组成供应链的企业间交换和分享信息。

（4）价值最大化。ECR 要求从生产线末端的包装作业开始到消费者获得商品为止的整个商品移动过程产生最大的附加价值，使消费者在需要的时间能及时获得所需要的商品。

（5）利益均衡。ECR 为了提高供应链整体的效益（如降低成本、减少库存、提高商品的价值等），要求建立共同的成果评价体系，在供应链范围内进行公平的利益分配。

由此可以看出，ECR 是供应链各方推进真诚合作来实现消费者满意和基于各方利益的整体效益最大化的过程。

4. ECR 的实施

（1）首先需要进行内部教育以及通信技术和设施的改善，同时也需要采取新的工作措施和回报系统。但公司或组织必须首先具备一贯言行一致的强有力的高层组织领导。

（2）选择初期 ECR 同盟伙伴。对于大多数刚刚实施 ECR 的公司来说，建议成立 2~4 个初期同盟。每个同盟都应首先召开一次会议，来自各个职能区域的高级同盟代表将对 ECR 及怎样启动 ECR 进行讨论。成立 2~3 个联合任务组，专门致力于已证明可取得巨大效益的项目，如：提高货车的装卸效率；减少损毁；由卖方控制的连续补库。

以上计划的成功将增强公司的信誉和信心。经验证明：往往要花上 9~12 个月的努力，才能赢得足够的信任和信心，才能在开放的非敌对的环境中探讨许多重要问题。

（3）开发信息技术投资项目，支持 ECR。虽然在信息技术投资不大的情况下就可获得 ECR 的许多利益，但是具有很强的信息技术能力的公司要比其他公司更具竞争优势。

那些作为 ECR 先导的公司预测：在五年内，连接它们及其业务伙伴的将是一个无纸的、完全整合的商业信息系统。该系统将具有许多补充功能，既可降低成本，又可使人们专注于其他管理以及产品、服务和系统的创造性开发。

5. ECR 与 QR 的比较

ECR 主要以食品行业为对象，其主要目标是降低供应链各环节的成本，提高效率。而 QR 主要集中在一般商品和纺织行业，其主要目标是对客户的需求做出快速反应，并快速补货。这是因为食品杂货业与纺织服装行业经营的产品的特点不同：杂货业经营的产品多数是一些功能型产品，每一种产品的寿命相对较长（生鲜食品除外），因此，订购数量的过多（或过少）的损失相对较小。纺织服装业经营的产品多属创新型产品，每一种产品的寿命相对较短，因此，订购数量过多（或过少）造成的损失相对较大。

二者的共同特征表现为超越企业之间的界限，通过合作追求物流效率化。具体表现在如下三个方面：

（1）贸易伙伴间商业信息的共享。即零售商将原来不公开的POS系统管理数据提供给制造商或分销商，制造商或分销商通过对这些数据的分析来实现高精度的商品进货、调运计划，降低产品库存，防止出现次品，进一步使制造商能制定、实施所需对应型的生产计划。

（2）商品供应方进一步涉足零售业，提供高质量的物流服务。作为商品供应方的分销商或制造商比以前更接近位于流通最后环节的零售商，特别是零售业的店铺，从而保障物流的高效运作。当然，这一点与零售商销售、库存等信息的公开是紧密相连的，即分销商或制造商所具备的零售补货功能是在对零售店铺销售、在库情况迅速了解的基础上开展的。

（3）企业间订货、发货业务全部通过EDI来进行，实现订货数据或出货数据的传送无纸化，企业间通过积极、灵活运用这种信息通信系统，来实现相互间订、发货业务的高效化。计算机辅助订货（CAO）、卖方管理库存（VMI）、连续补货（CRP）以及建立产品与促销数据库等策略，打破了传统的各自为政的信息管理、库存管理模式，体现了供应链的集成化管理思想，适应市场变化的要求。

10.3.3 企业资源计划（ERP）

1. ERP的含义

企业资源计划（Enterprise Resource Planning，ERP）：在MRP Ⅱ的基础上，通过前馈的物流和反馈的信息流、资金流，把客户需求和企业内部的生产经营活动以及供应商的资源整合在一起，体现完全按用户需求进行经营管理的一种全新的管理方法。ERP的产生可追溯到材料需求计划（MRP）和准时制（JIT）。准时制管理方式与材料需求计划在经营目标、生产要求方面是一致的，但在管理思想上是不同的。MRP讲求推动概念和计划性，而JIT讲求拉动概念和及时性；MRP认为库存必要，而JIT认为一切库存都是浪费。

随着全球化经济的形成，社会消费水平和消费结构的深刻变革，产品呈多样性、个性化、系统化和国际化的特征，以面向企业内部信息集成为主，单纯强调离散制造环境和流程环境的MRP Ⅱ系统已不能满足全球化经营管理的要求。因为随着网络通信技术的迅速发展和广泛应用，为了实现柔性制造，迅速占领市场，取得高回报率，生产企业必须转换经营管理模式，改变传统的"面向生产经营"的管理方式，转向"面向市场和顾客生产"，注重产品的研究开发、质量控制、市场营销和售后服务等环节，把经营过程的所有参与者，如供应商、客户、制造工厂、分销商网络纳入一个紧密的供应链中。

作为一项重要的供应链管理的运作技术，ERP在整个供应链的管理过程中，更注重对信息流和资金流的控制，同时，通过企业员工的工作和业务流程，促进资金、材料的流动和价值的增值，并决定了各种流的流量和流速。ERP已打破了MRP Ⅱ只局限在传统制造业的格局，并把它的触角伸向各行各业，如金融业、高科技产业、通信业、零售业等，从而使ERP的应用范围大大扩展。为给企业提供更好的管理模式和管理工具，ERP还在不断地吸收先进的管理技术和IT技术，如人工智能、精益生产、并行工程、Internet/Intranet、数据库等。未来的ERP将在动态性、集成性、优化性和广泛性方面得到发展。若将ERP与卖方管理库存技术（VMI）相结合，可以开发出下一代的ERP产品，即供应链规划（Supply Chain Planning，SCP）。它可以将企业所在的供应链中的所有职能都集成到一个单一的框架中，使得整个供应链就像一个扩展了的企业一样运作。

2. MRP Ⅱ 是 ERP 的重要组成

制造资源计划（Manufacturing Resource Planning, MRP Ⅱ）：在 MRP 的基础上，增加营销、财务和采购功能，对企业制造资源和生产经营各环节实行合理有效的计划、组织、协调与控制，实现既能连续均衡生产，又能最大限度地降低各种物品的库存量，进而提高企业经济效益的管理方法。MRP 解决了企业物料供需信息集成问题，但是还没有说明企业的经营效益。MRP Ⅱ 同 MRP 的主要区别就是它运用管理会计的概念，用货币形式说明了执行企业"物料计划"带来的效益，实现物料信息同资金信息集成。衡量企业经营效益首先要计算产品成本，产品成本的实际发生过程还要以 MRP 系统的产品结构为基础，从最底层采购件的材料费开始，逐层向上将每一件物料的材料费、人工费和制造费（间接成本）累积，得出每一层零部件直至最终产品的成本。再进一步结合市场营销，分析各类产品的获利性。MRP Ⅱ 把传统的账务处理同发生账务的事务结合起来，不仅说明账务的资金现状，而且追溯资金的来龙去脉，例如将体现债务债权关系的应付账、应收账同采购业务和销售业务集成起来、同供应商或客户的业绩或信誉集成起来、同销售和生产计划集成起来等，按照物料位置、数量或价值变化，定义"事务处理（Transaction）"，使与生产相关的财务信息直接由生产活动生成。在定义事务处理相关的会计科目之间，按设定的借贷关系，自动转账登录，保证了"资金流（财务账）"同"物流（实物账）"的同步和一致，改变了资金信息滞后于物料信息的状况，便于实时作出决策。

ERP 是一个高度集成的信息系统，它必然体现物流信息同资金流信息的集成。传统的 MRP Ⅱ 系统主要包括的制造、供销和财务三大部分依然是 ERP 系统不可跨越的重要组成。所以，MRP Ⅱ 的信息集成内容既然已经包括在 ERP 系统之中，就没有必要再突出 MRP Ⅱ。形象说，MRP Ⅱ 已经"融化"在 ERP 之中，而不是"不再存在"。总之，从管理信息集成的角度来看，从 MRP 到 MRP Ⅱ 再到 ERP，是制造业管理信息集成的不断扩展和深化，每一次进展都是一次重大的质的飞跃，然而，又是一脉相承的。

3. ERP 同 MRP Ⅱ 的区别

世界经济形势、管理思想和信息技术都是在不断发展的。随着全球化经济的形成，以面向企业内部信息集成为主的 MRP Ⅱ 系统已不能满足企业多元化（多行业）、跨地区、多供应和销售渠道的全球化经营管理模式的要求。进入 20 世纪 90 年代，随着网络通信技术的迅速发展和广泛应用，一些跨国经营的制造企业开始朝着更高的管理信息系统层次即 ERP 迈进。

ERP 是由美国加特纳公司（Gartner Group Inc.）在 20 世纪 90 年代初首先提出的，那时关于 ERP 概念的报告，还只是根据计算机技术的发展和供应链管理，推论各类制造业在信息时代管理信息系统的发展趋势和变革；当时，Internet 的应用还没有普及。随着实践的发展，ERP 至今已有了更深的内涵，概括起来主要有六个特点，这也是 ERP 同 MRP Ⅱ 的主要区别。

（1）两者在资源管理方面的差别。MRP Ⅱ 系统主要侧重对企业内部人、财、物等资源的管理；ERP 系统则提出了供应链（Supply Chain）的概念，即把客户需求和企业内部的制造活动以及供应商的制造资源整合在一起，并对供应链上的所有环节进行有效管理，这些环节包括订单、采购、库存、计划、生产制造、质量控制、运输、分销、服务与维护、财务管理、人事管理、项目管理、实验室管理等。

（2）两者在生产管理方面的差别。MRP Ⅱ 系统把企业归类为几种典型的生产方式来进行管理，如重复制造、批量生产、按订单生产、按订单装配、按库存生产等，针对每一种类型都有一套管理标准。而在 20 世纪 80 年代末 90 年代初，企业为了紧跟市场的变化，多品种、小批量生产以及"看板"生产成为企业主要采用的生产方式，而 ERP 系统则能很好地支持和管理这种混合型制造环境，满足了企业多元化的经营需求。

（3）两者在管理功能方面的差别。ERP 系统除 MRP Ⅱ 系统的制造、分销、财务管理功能外，还增加了支持整个供应链上物料流通体系中供、产、需各个环节的运输管理和仓库管理；支持生产保障体系的质量管理、实验室管理、设备维修和备品备件管理；支持对工作流（业务处理流程）的管理。

（4）两者在事务处理方面的差别。MRP Ⅱ 系统是通过计划的及时滚动来控制整个生产过程的，它的实时性较差，一般只能实现事中控制。而 ERP 系统支持在线分析处理 OLAP（Online Analytical Processing）、售后服务及质量反馈，强调企业的事前控制能力，它可以将设计、制造、销售、运输等通过集成进行各种相关的作业，为企业提供了对质量、适应变化、客户满意、绩效等关键问题的实时分析能力。

此外，MRP Ⅱ 系统中，财务系统只是一个信息的归结者，它的功能是将供、产、销中的数量信息转变为价值信息，是物流的价值反映。而 ERP 系统则将财务功能和价值控制功能集成到整个供应链上，如在生产计划系统中，除了保留原有的主生产计划、物料需求计划和能力计划外，还扩展了销售执行计划和利润计划。

（5）两者在跨国或跨地区经营事务处理方面的差别。电子商务的发展使得企业内部各个组织单元之间、企业与外部的业务单元之间的协调变得越来越多和越来越重要，ERP 系统运用完善的组织架构，可以支持跨国经营的多国家、多地区、多工厂、多语种、多币制应用需求。

（6）两者在计算机信息处理技术方面的差别。随着 IT 技术的飞速发展，网络通信技术的应用，ERP 系统实现了对整个供应链信息的集成管理。ERP 系统除了已经普遍采用的诸如图形用户界面技术（GUI）、SQL 结构化查询语言、关系数据库管理系统（RDBMS）、面向对象技术（OOT）、第四代语言/计算机辅助软件工程、客户机/服务器和分布式数据处理系统等技术之外，还要实现更为开放的不同平台互操作，采用适用于网络技术的编程软件，加强了用户自定义的灵活性和可配置性功能，以适应不同行业用户的需要。

此外，ERP 系统同企业业务流程重组（Business Process Reengineering，BPR）是密切相关的。信息技术的发展加快了信息传递速度和增强了信息实时性，扩大了业务的覆盖面和增加了信息的交换量，为企业进行信息的实时处理、作出相应的决策提供了极其有利的条件。为了使企业的业务流程能够预见并响应环境的变化，企业的内外业务流程必须保持信息的敏捷通畅。正如局限于企业内部的信息系统是不可能实时掌握瞬息万变的全球市场动态一样，多层次臃肿的组织机构也必然无法迅速实时地对市场动态变化做出有效的反应。因此，提高企业供应链管理的竞争优势，必然会带来企业业务流程、信息流程和组织机构的改革。这种改革，已不限于企业内部，而是把供应链上的供需双方合作伙伴包罗进来，系统考虑整个供应链的业务流程。ERP 系统应用程序使用的技术和操作必须能够随着企业业务流程的变化而相应地调整。只有这样，才能把传统 MRP Ⅱ 系统对环境变化的"应变性"（Active）上升为 ERP 系统通过网络信息对内外环境变化的"能动性"（Proactive）。EPR 的概念和应用已经从企业内部扩展到企业与需求市场和供应市场整个供应链的业务流程和组织机构的重组。

4. ERP 的核心管理思想

ERP 的核心管理思想是供应链管理。供应链按原文 Supply Chain 直译是"供应链"，但实质上链上的每一个环节都含有"供"与"需"两方面的双重含义，供与需总是相对而言、相伴而生的；国外也称 Demand/Supply Chain。在市场经济下，供应总是因为有了需求才发生的，没有需求，也就无需谈供应。因此有学者译为"供需链"，本书仍沿用供应链的提法。作为供应系统，通常是指 Logistics（后勤体系）的内容，后勤体系是"从采购到销售"，而供应链是"从需求市场到供应市场"。

ERP 系统的核心管理思想就是实现对整个供应链的有效管理，主要体现在以下四个方面：

（1）体现对整个供应链资源进行管理的思想。在电子商务时代仅靠企业自身的资源不可能有效地参与市场的竞争，还必须把经营过程中的有关各方如供应商、制造工厂、分销网络、客户等纳入一个紧密的供应链中，才能有效地安排企业的产、供、销活动，满足企业利用全社会一切资源快速高效地进行生产经营的需求，以期进一步提高效率和在市场上获得竞争的优势。换句话说，现代企业竞争不是单一企业与单一企业的竞争，而是一个企业的供应链与另一个企业的供应链之间的竞争。ERP 系统实现了对整个企业供应链的管理，适应了企业在电子商务时代市场竞争的需要。

（2）体现精益生产、同步工程和敏捷制造的思想。ERP 系统支持对混合型生产方式的管理，其管理思想表现在两个方面：一是"精益生产"（Lean Production）思想，它是由美国麻省理工学院提出的一种企业经营战略体系，即企业按照大批量生产方式组织生产时，把客户、销售代理商、供应商、协作单位纳入生产体系，企业同其销售代理、客户和供应商的关系，已不再是简单的业务往来关系，而是利益共享的合作伙伴关系，这种合作伙伴关系组成了企业的一个供应链，这是"精益生产"的核心思想。二是"敏捷制造"（Agile Manufacturing）思想。当市场发生变化，企业面对特定的市场和产品需求时，企业的基本合作伙伴不一定能满足新产品开发生产的要求，这时，企业就会组织一个由特定的供应商和销售渠道组成的短期或一次性供应链，形成"虚拟工厂"，把供应和协作单位看成是企业的一个组成部分，运用"同步工程"（Simultaneous Engineering）组织生产，用最短的时间将新产品打入市场，时刻保持产品的高质量、多样化和灵活性，这就是"敏捷制造"的核心思想。

（3）体现事先计划与事中控制的思想。ERP 系统中的计划体系主要包括主生产计划、物料需求计划、能力计划、采购计划、销售执行计划、利润计划、财务预算和人力资源计划等，且这些计划的功能与价值控制功能已完全集成到整个供应链系统当中。

另一方面，ERP 系统通过定义事务处理（Transaction）相关的会计核算科目与核算方式，以便在事务处理发生时同时自动生成会计核算分录，保证了资金流与物流的同步处理和数据的一致性，从而可根据财务资金现状，追溯资金的来龙去脉，并进一步追溯所发生的相关业务活动，改变了资金信息滞后于物料信息的状况，便于实现事中控制和实时作出决策。

此外，计划、事务处理、控制与决策功能都在整个供应链的业务处理过程中实现，要求在每个业务流程处理过程中最大限度地发挥每个人的工作潜力与责任心，流程与流程之间则强调人与人之间的合作精神，以便在组织中充分发挥个人的主观能动性与潜能，实现企业管理从"金字塔式"组织结构向"扁平式"结构的转变，提高企业对市场动态变化的响应速度。

（4）体现了"五流"合一的现代先进管理思想。在供应链上除了人们已经熟悉的"物流""资金流""信息流"外，还有容易为人们所忽略的"增值流"和"工作流"。也就是说，供应链上有五种基本"流"在流动。从形式上看，客户是在购买商品或服务，但实质上，客户是在购买商品或服务时获得能带来效益的价值。各种物料在供应链上移动，是一个不断增加其技术含量或附加值的增值过程，在此过程中，还要注意消除一切无效劳动与浪费。因此，供应链还有增值链（Value-Added Chain）的含义。不言而喻，只有当产品能够售出时，增值才有意义。企业单靠成本、生产率或生产规模的优势打价格战是不够的，要靠价值的优势打创新战，这才是企业竞争的真正出路，而 ERP 系统要提供企业分析增值过程的功能。

信息、物料、资金都不会自己流动，物料的价值也不会自动增加，要靠人的劳动来实现，要靠企业的业务活动，即工作流（Work Flow）或业务流程（Business Process），它们才能流动起来。工作流决定了各种流的流速和流量，是企业业务流程重组（BPR）研究的对象。ERP 系统提供各种行业的行之有效的业务流程，而且可以按照竞争形势的发展，随着企业工作流（业务流程）的改革在应用程序的操作上做出相应的调整。

总之，ERP 所包含的管理思想是非常广泛和深刻的，这些先进的管理思想的实现同信息技术的发展和应用分不开。ERP 不仅面向供应链，体现精益生产、敏捷制造、同步工程的思想，而且必然要结合全面质量管理（TQM）以保证质量和客户满意度；结合准时制生产（JIT）以消除一切无效劳动与浪费、降低库存和缩短交货期；它还要结合约束理论（Theory of Constraint，是优化生产技术 OPT 的发展）来定义供应链上的瓶颈环节、消除制约因素来扩大企业供应链的有效产出。

10.4　供应链的绩效评估

供应链管理的绩效评估主要是对供应链活动所产生的效果进行度量和评价，以判断供应链的绩效和存在的价值，不断提高整个供应链运作效率，确保供应链管理目标的实现。因此对供应链进行绩效评估是供应链管理活动的一项重要内容。

10.4.1　供应链绩效评估的主要作用

通过对供应链的运行进行度量，根据度量结果对供应链管理的运行绩效进行评估，以达到提高供应链管理绩效的作用。供应链绩效评估的主要作用有以下四个方面：

（1）对供应链整体运行效果进行评估。通过不同供应链竞争对比的研究，为该供应链在市场中的组建、存在、发展或撤销的决策提供必要的客观依据。其目的是通过绩效评估掌握和了解供应链的运行状况，洞察供应链运行方面的不足，及时采取措施纠正错误。

（2）对供应链上各企业进行评估。通过评估对供应链上的企业进行激励，吸引更多优秀企业加盟，同时剔出绩效不良的企业。

（3）对供应链上企业与企业之间的合作关系进行评估。主要从用户满意的角度出发，评价供应链中上游企业（如制造商）和下游企业（如经销商）提供的产品和服务质量，衡量它们之间合作关系的好坏。

（4）对供应链上企业的激励。供应链绩效指标还可起到对企业的激励作用，不仅包括核心企业对非核心企业的激励，而且包括供应商、制造商和销售商之间的互相激励。

10.4.2　供应链绩效评估的特点

根据供应链控制运行机制的基本特征和目标要求，通过前馈的信息流和反馈的物流以及信息流将供应商、制造商、分销商直到最终用户联系起来，形成一个整体的管理模式，因此供应链绩效评估与现行企业绩效评估相比较，显示出以下自有的特点：

（1）供应链绩效评估客观地反映供应链整体运营情况以及上下节点企业之间的运营关系，而不是孤独地评价某一个供应商的运营情况；而现行企业绩效评估主要评价企业职能部门的工作完成情况。

（2）现行企业绩效评价指标不能对企业链的业务流程进行实时评价和分析，而是侧重于事后分析。因此，当发现偏差时，偏差已成为事实，其危害和损失已经造成，并且往往很难补偿；而供应链绩效评估指标侧重对供应链运行的事前、事中和事后的评价与控制。

（3）供应链绩效评价指标是基于业务流程的绩效评价指标，而现行的企业绩效指标主要是基于部门职能的评价指标。

（4）建立的供应链绩效评价方法和绩效评价指标体系应科学、客观地反映供应链的运营情况。评价指标内容要比现行的企业评价指标更为广泛，它不仅仅是会计数据，同时还提出一些方法来测定供应链上企业之间的满足关系。

10.4.3 供应链绩效评估的原则

在实际操作中，为了提出有效的评价方法和建立有效的评价指标体系，供应链管理绩效评估应遵循如下原则：

（1）分析关键绩效指标，做到突出重点。

（2）绩效指标体系能客观反映供应链业务流程。

（3）评价指标不仅仅反映单个节点企业的运营情况，而更重要的是反映整个供应链的运营状况。

（4）为避免仅做事后分析，采用实时分析与评价的方法，把绩效度量范围扩大到能反映供应链实时运营的信息上去。

（5）通过采用能反映供应商、制造商及用户之间关系的绩效评价指标，把评价对象扩大到供应链上的相关企业。

10.4.4 供应链管理绩效评估的内容

供应链是由多部分组成的一个复杂系统，故而对供应链绩效的评估不能从单个指标得出结论，应结合多方面的综合指标完成评估。供应链的绩效评估主要包括以下三个部分。

1. 内部绩效的衡量

内部绩效的衡量主要对供应链上的企业内部绩效进行评价，着重将企业的供应链活动和过程同以前的作业或目标进行比较，常见的评价指标有：

（1）成本。绩效评价的最直接的指标是完成特定运营目标所发生的真实成本，绩效成本代表的是以金额表示的销售量百分比或每个单位数量的成本消耗。当然成本还可以依据不同的职能进一步细化和分类。

（2）顾客服务。顾客服务指标是考察供应链内部企业满足用户或下游企业需要的相对能力。该指标主要考虑三个方面的问题：一是顾客服务的可得性；二是程序运作的绩效性；三是顾客服务的可靠性。

（3）生产率。生产率用于评价生产某种产品的投入与产出之间的相对关系。通常用比率或指数表示。生产率指标有三种基本类型：静态、动态和替代性。如果在一个系统里所投入的产出都包括在生产率公式中,由于这个比率建立在只有一个衡量指标的基础上,因此是静态的。动态指标是跨时间完成的。如果一个系统的投入和产出以一个时期的静态生产比率与另一个时期的静态生产比率比较,其结果就是动态生产率指标。替代性生产率指标主要有顾客满意程度、利润、效益、质量、效率等。

(4) 资产衡量。资产衡量的焦点是为了实现供应链的目标对该设施和设备的资产及流动资产的使用进行评价。设备、设施和存货是一个企业资产的重要组成部分。资产衡量指标着重对诸如存货等流动资本的周转率,以及固定资产的投资回报率等进行衡量。

(5) 质量。质量指标是全过程评价的最主要指标,它用来确定一系列活动的效率。然而由于质量范围广,因此很难加以衡量,目前人们最关注的是"完美订货",它是物流运作质量的最终评价标准,"完美订货"是总体的物流绩效,并非单一功能。它用于评价一张订单是否顺利地通过了订货管理程序过程,接收订单、信用结算、库存、分拣、配货、票据处理等,每一个环节都不能出差错,快速而无人为干扰。

【小思考 10-3】

供应链实现"完美订货"的标准是什么?

2. 外部绩效衡量

外部绩效衡量主要是对供应链上的企业之间的运行状况的评价,外部绩效衡量的主要指标有:

(1) 用户满意程度。用户满意程度的评价可以使供应链管理绩效迈向高层,这种评价可以由企业或行业协会组织调查或跟踪订货系统完成。评价的主要方法是查询供应链企业与竞争者的绩效,例如可靠性、订发货周期、信息的可用性、问题的解决和产品的支撑等。

(2) 最佳实施基准。基准是外部绩效衡量的一个重要方面,最佳实施基准集中反映供应链企业外部在组织指标上的实施和程序所到达的成效。现在许多供应链企业将最佳实施基准作为自身与相关行业或非相关行业的竞争对手或最佳企业相比较的一种技术。特别是一些核心企业常在重要的战略领域将基准作为检验供应链运作的工具。

3. 综合供应链绩效衡量

供应链之间的竞争引起人们对供应链总体绩效的日益重视,要求提供能够透视总体的衡量方法,这种透视方法必须是可以比较的,并且既能适用于企业承包的功能部门,又能适用于分销渠道,如果缺乏总体的绩效衡量,就可能出现制造商对用户服务的看法和决策与零售商的想法完全背道而驰的现象。综合供应链绩效的衡量主要是从顾客服务、时间、成本、资产等方面展开的。

(1) 顾客服务。顾客服务的衡量包括完美的订货、用户满意程度和产品质量的衡量。它衡量供应链企业所能提供的总的客户满意程度。

(2) 时间。时间衡量主要测量企业对用户要求的反应能力,也就是从顾客订货开始到顾客用到产品为止需要多少时间,包括装运时间、送达客户的运输时间和顾客接收时间。

(3) 成本。供应链总的成本包括订货完成成本、原材料取得成本、总的库存运输成本、与物流有关的财务和管理信息系统成本、制造劳动力和库存的间接成本等。

(4) 资产。物流管理是对包括库存、设施及设备等相当大的资产负责,资产评价基本上集中在特定资产水平支持下的销售水平,主要测定资金周转时间、库存周转天数、销售额与总资产的比率等资产绩效。

除了以上一般性统计指标外,供应链的绩效还辅以一些综合性的指标如供应链效率来量度,也可由某些由定性指标组成的评价体系来反映,例如企业核心竞争力、核心能力等。

10.4.5 供应链管理绩效评估指标体系的建立

1. 反映整个供应链业务流程的绩效评估指标

反映整个供应链业务流程的绩效评估指标主要包括以下几个方面:

(1)产销率指标。产销率指在一定时间内已销售的产品数量与已生产的产品数量的比值。即:产销率=一定时间内已销售的产品数量/一定时间内已生产的产品数量。

它包括三个具体指标:

1)供应链节点企业的产销率=一定时间内节点企业已销售的产品数量/一定时间内节点企业已生产的产品数量。该指标反映了供应链节点企业在一定时间内的经营状况。

2)供应链核心企业的产销率=一定时间内核心企业已销售产品的数量/一定时间内核心企业已生产产品的数量。该指标反映供应链核心企业一定时间内的产销经营状况。

3)供应链产销率=一定时间内供应链所有节点企业已销售产品数量/一定时间内供应链所有节点企业已生产的产品数量。该指标反映供应链在一定时期内的产销经营状况,时间单位可以选年、月、日,甚至小时。时间单位取得越小,供应链管理水平越高。另外,产销率越接近1,说明资源利用(包括人、财、物、信息等)的有效利用程度越高,同时也说明供应链成品库存量越小。

(2)平均产销绝对偏差指标。

$$平均产销绝对偏差 = \sum_{i=1}^{n}|p_i - S_i|/n$$

式中:n 为供应链节点企业的个数;p_i 为第 i 个节点企业在一定时间内生产产品的数量;S_i 为第 i 个节点企业在一定时间内已生产的产品中销售出去的数量。

该指标反映了一定时间内供应链总体库存水平,其值越小,说明供应链成品库存量越小,库存费用越少。反之,说明供应链成品库存量越大,库存费用越高。

(3)产需率指标。产需率指在一定时间内,节点企业生产的产品数量与其上层节点企业(或用户)对该节点企业生产产品需求数量的比值。具体可分为如下两个指标:

1)供应链节点企业产需率=一定时间内节点企业已生产产品数量/一定时间内上层节点企业对该产品的需求量。该指标反映上、下层节点企业之间的供需关系。产需率越接近1,说明上、下层节点企业之间的供需关系协调,准时交货率高,反之,则说明下层节点企业准时交货率低或者企业的综合管理水平较低。

2)供应链核心企业产需率=一定时间内核心企业生产产品的数量/一定时间内用户对该产品的需求量。该指标反映供应链整体生产能力和快速响应市场能力。若该指标数值小于1,则说明供应链生产能力不足,不能快速响应市场需求;若该指标数值大于或等于1,说明供应链整体生产能力较强,能快速响应市场需求,具有较强的市场竞争能力。

(4)供应链产品出产(或投产)循环期(Cycle Time)或节拍指标。供应链节点企业生产的产品为单一品种时,供应链产品出产循环期是指产品的出产节拍;供应链节点企业(包括核心企业）生产的产品品种较多时，供应链产品出产循环期是指混流生产线上同一种产品的出产间隔。因而可分为两个指标：

1）供应链节点企业（或供应商）零部件出产循环期，该指标反映了节点企业库存水平以及对其上层节点企业需求的响应程度。循环期越短，该节点企业对其上层节点企业需求的快速响应性越好。

2）供应链核心企业产品出产循环期，该指标反映了整个供应链的在制品库存水平和成品库存水平，也反映了整个供应链对市场或用户需求的快速响应能力。核心企业产品出产循环期决定着各节点企业产品出产循环期。该循环期越短，说明整个供应链的在制品库存量和成品库存量都比较少，总的库存费用都比较低；另一方面也说明供应链管理水平比较高，能快速响应市场需求，并具有较强的市场竞争能力。缩短核心企业产品出产循环期，应采取如下措施：

a．供应链各节点企业产品出产循环期与核心企业产品出产循环期合拍，核心企业产品出产循环期与用户需求合拍。

b．采用优化产品投产计划，或采用高效生产设备，或加班加点来缩短核心企业（或节点企业）产品出产循环期。其中，用优化产品投产顺序和计划来缩短核心企业（或节点企业）产品出产循环期是既不需要增加投资又不需要增加人力和物力的好方法，而且见效快，值得推广。

（5）供应链总运营成本指标。供应链总运营成本指标包括以下内容：

1）供应链通信成本包括各节点企业之间的通信费用（如 EDI、Internet 的建设和使用费用）、供应链信息系统开发和维护费等。

2）供应链总库存费用包括各节点企业在制品库存和成品库存费用、各节点之间在途库存费用。

3）各节点企业外部运输总费用指供应链所有节点企业之间运输费用总和。

供应链总运营成本指标反映供应链运营的效率。

（6）供应链核心企业产品成本指标。核心企业产品在市场上的价格决定该产品的目标成本，向下游追溯到各供应商，确定出相应的原材料、配套件的目标成本。只有当目标成本小于市场价格时，各个企业才能获得利润，供应链才能得到发展。

（7）供应链产品质量指标。供应链产品质量指供应链上所有企业生产的产品或零部件的质量，主要包括合格率、废品率、退货率、破损率、破损物价值等指标。

2．供应链上下游企业之间的绩效评估指标

（1）供应链层次结构模型。根据供应链层次结构模型，对每一层供应商逐个进行评估，从而发现问题，解决问题，以优化整个供应链的管理。在该结构模型中，供应链可看成是由不同层次供应商组成的递阶层次结构，上层供应商可看成是其下层供应商的用户。

（2）反映供应链上、下节点企业之关系的绩效评价指标。主要通过满意度指标对供应链上、下层节点企业之间关系进行绩效评估。满意度指一定时间内，上层供应商对下层供应商的综合满意程度。具体有以下内容：

1）准时交货率。准时交货率是指下层供商在一定时间内准时交货的次数占其总交货次数的百分比。供应商准时交货率高，说明其协作配套的生产能力达到要求，生产过程的组织管理能跟上供应链运行的要求；供应商准时交货率低，说明其协作配套生产能力弱，生产管理水平低。

2）成本利润率。成本利润率是指单位产品净利润占单位产品总成本的百分比。在市场供需关系基本平衡的情况下,供应商生产的产品价格可以看成是一个不变的量。按成本加成定价的基本思想,产品价格等于成本加利润,因此产品成本利润率越高,说明供应商的盈利能力越强,企业的综合管理水平越高,在这种情况下,由于供应商在市场价格水平下能获得较大利润,其合作积极性必然增强,必然对企业的有关设施或设备进行投资和改造,以提高生产效率。

3)产品质量合格率。产品质量合格率指质量合格的产品数量占产品总产量的百分比,它反映了供应商提供货物的质量水平。质量不合格的产品数量越多,则产品质量合格率就越低,说明供应商提供产品的质量不稳定或质量差,供应商必须承担对不合格的产品进行返修或报废的损失,这样就增加了供应商的总成本,降低了其成本利润率。因此,产品质量合格率指标与产品成本利润率指标密切相关。同样,产品质量合格率指标也与准时交货率密切相关,因为产品质量合格率越低,产品的返修工作量越大,必然会延长产品的交货期,使得准时交货率降低。

10.5 供应链管理的新发展

10.5.1 电子化的供应链（e-chain）

1. 供应链管理的 Internet/Intranet 集成思想

随着网络安全性的提高,Internet 将成为电子交易的全面处理工具,整个市场的供应链将被重组。基于 Internet/Intranet 的供应链管理信息系统,将实现企业全球化的信息资源网络,可以更好地在信息时代实现企业与企业之间的信息组织与集成。

Internet、Intranet 和 Extranet 等关键技术的应用使很多企业实现经营的一体化。今后,这些技术领域的市场空间是相当可观的。一般企业可以通过高速数据专用线连接到 Internet 骨干网中,通过路由器与自己的 Intranet 相连,再由 Intranet 内主机或服务器为其内部各部门提供存取服务。

2. 供应链管理的电子化

以高速和低成本与客户和供应商进行交流和协作是有效供应链管理的关键成功因素,而完全电子化的供应链（e-chain）应该就是未来的发展趋向。而支持供应链管理的信息系统将是 ERP 和电子商务平台的完美结合。

通过客户和供应商网络进行有效的协作是现代供应链管理最核心的本质。提高生产率、降低成本和增强客户服务的潜力是无限的。然而,这种对电子商务手段的有效应用,对信息质量的要求将比以往更加严格。实际上,从信息应用角度看,有效的供应链管理是将正确相关的信息在正确的时候提供给正确的人。企业间需求信息、库存状况、订单确认、供应管理和其他业务活动信息的交流将改变企业销售产品、提供服务和结算收款的方式。e-chain 将把企业、客户、供应商在全球范围内紧密地联系起来,及时地交换信息。快速、集成的信息流可以使 e-chain 中的每一实体及时响应实际的客户需求和相应调整实际的物流。这种实时的信息交换还可以大量地节省因手工单据处理而导致的成本费用及管理失职。员工将从不增值的手工处理中脱离出来,专注在更低成本下创造更高的效益。对许多企业而言,更有效的供应链管理是新的利润增长点和提高竞争力的手段。有些最有影响的企业在这方面已非常成功。如通用电气的前任 CEO 杰克·韦尔奇所言:"18 个月后,我们所有的供应商将在网上向我们供货或者放弃和我们做生意。"但对于要实施 e-chain 的企业来说,尚有许多问题需要解决。使用互联网进行电子商务的技术尚在发展阶段，这意味着还需要几年趋于成熟的时间。企业的供应链管理策略也要经过渐进和不断改进的过程来利用电子商务所提供的各种机会。其最大风险是保持不变。

10.5.2 敏捷供应链

1. 内涵及特点

所谓敏捷供应链，是指以核心企业为中心，通过对资金流、物流、信息流的控制，将供应商、制造商、分销商、零售商及最终消费者用户整合到一个统一的、无缝化程度较高的功能网络链条，以形成一个极具竞争力的战略联盟。

与传统供应链相比，敏捷供应链有以下五处不同点：

（1）战略目标不同。传统管理思想的灵魂是高成本、低效率，而这一思想的理论假设是认为消费者偏好更多地倾向于价格和制造质量。一体化供应链管理没有摆脱传统企业管理思想的束缚，质量和价格依然是其主要战略目标，敏捷供应链的观念是顺应时代潮流，将战略目标定位于对多样化客户需求的瞬时响应。

（2）资源观念不同。一体化供应链管理强调对资源的充分利用和挖掘，但是其资源观点局限于企业内部，敏捷供应链从扩大的生产概念出发，将企业的生产活动进行前伸和后延，把上游的供应商和下游的客户纳入企业的战略规划之中，实现对企业内外资源的最佳配置。

（3）供应链驱动方式不同。依赖传统生产组织方式是很难真正实现以需定产的，因为缺乏即时按单生产的能力，一体化供应链管理只能按照从供应到生产再到销售的推动生产方式进行，结果造成各个环节大量库存的堆积。敏捷供应链在敏捷制造技术、信息技术（IT）及并行工程技术（OE）的支持下，成功地实现了客户需要什么就生产什么的订单驱动生产组织方式，降低了整条供应链的库存量。

（4）组织机构构建不同。新战略依赖新型组织机构，敏捷供应链的成功实施依赖于虚拟组织的构建，即若干相互关联的厂商，基于战略一致性而构成的动态联盟。与传统的实体组织相比，虚拟组织具有如下几个特点：

1）超组织性，它不一定是一个独立的法人实体，而是为了特定目标或项目由相关结点企业形成的联盟；

2）动态性，虚拟组织不是一成不变的，当市场需求或组织目标发生变化时，原先的组织即刻解体；

3）网状组织，它改变了传统的等级分明的金字塔结构，允许信息横向传递与交流，使信息利用更为充分及时。

（5）与结点企业的关系不同。一体化供应链观念没有超越企业的边界，依旧把供应商看成讨价还价的利益博弈对手，把客户看成服务对象，敏捷供应链突破以往框架，重新定位与上下游节点企业的关系，与供应商结成利益一致的合作伙伴，客户则被看成是企业能够创造价值、使产品增值的重要资源。

2. 敏捷供应链的竞争优势分析

（1）速度优势。海尔集团的总裁张瑞敏曾经说过："（20世纪）80年代对企业来讲，制胜的武器就是品质，就是品质管理，到了2000年新经济时代，对企业来讲，制胜的武器就是速度。"这里的速度就是最快地满足消费者的个性化需求。网络经济时代，企业实行敏捷供应链战略的一个重要竞争优势就在于速度。在传统企业运作方式中，从接收订单到成品交付是一个漫长的过程：首先，企业要将所有的订单信息集中汇总到计划部门，由计划部门分解任务，从采购原材料开始，从前到后按工艺流程完成订单生产，除了必备的作业时间，中间不可避免地产生诸多等待现象。企业如果按敏捷供应链观念组织生产，其独特的订单驱动生产组织方式，在敏捷制造技术的支持下，可以以最快速度响应客户需求。戴尔公司是成功利用信息技术实行敏捷供应链战略的楷模，企业收到订单后，快速将订单分解，并通过互联网将子任务分派给供应链上的各节点企业，各企业按电子订单生产并按核心企业的时间表供货，无论是需要一台计算机的个人还是数百台计算机的大公司，戴尔公司在接到订单后都会在几个工作日内送达，以北京为例，只需七天。

（2）顾客资源优势。企业在实行敏捷供应链战略的过程中，通过对客户的电子商务环节开办个性化订购服务，使客户可在网页上根据公司对产品组件和功能的介绍，自己选择零部件，自己设计产品的款式、颜色、尺寸，由此顾客的需求信息直接反映到产品设计、规划阶段，这也成为企业最直接也是最有价值的信息资源。

（3）个性化产品优势。依靠敏捷制造技术、动态组织结构和柔性管理技术三个方面的支持，敏捷供应链解决了流水线生产方式难以解决的品种单一问题，实现了多产品、少批量的个性化生产，从而满足顾客个性化需求，尽可能扩大市场。其一是敏捷制造技术的突破，计算机辅助设计（CAD）、企业资源计划 ERP、精益生产技术 JIT 等是敏捷供应链的核心技术，没有敏捷制造技术，敏捷供应链思想便成为没有具体内容的空壳。其二是动态变化的组织结构形成虚拟组织，动态联盟要求各个企业能用一种更加主动、更加默契的方式进行合作，充分利用供应链上各个企业的资源，使整条供应链保持良好的组织弹性和市场需求响应速度。敏捷供应链突破了传统组织的实体有界性，在信息技术的支持下，由核心企业根据每一张订单将若干相互关联的厂商结成虚拟组织，并根据企业战略调整和产品方向转移重新组合、动态演变，以随时适应市场环境的变化。其三是柔性管理技术，敏捷供应链观念摒弃单纯的"胡萝卜加大棒"式刚性管理，强调打破传统的严格部门分工界限，实行职能的重新组合，让每个员工或每个团队获得独立处理问题的能力，通过整合各类专业人员的智慧，获得团队最优决策。

（4）成本优势。通常情况下，产品的个性化生产和产品成本是一对负相关目标，从事传统产业经营的人员对这一点体会更为深刻。然而在敏捷供应链战略的实行中，这一对矛盾却得以成功解决，在获得多样化产品的同时，企业获得了低廉的成本优势。成本优势的取得源于两种成本的降低：零库存成本和零交易成本。

先分析库存成本。整条供应链的库存可以被分为企业内部库存与企业之间库存两种。传统组织方式是按照从供应到生产再到销售的推动生产方式进行的，企业内部缺乏后工序拉动的按单即时生产能力，很容易造成企业内部大量库存堆积。在企业与企业之间，由于供应链上游企业缺少相邻下游企业的即时信息，结果难以逃脱需求被逐级放大的"牛鞭效应"，导致企业间库存不断翻升。敏捷供应链依赖信息技术的支持，成功地实现了客户需要什么就生产什么的订单驱动生产组织方式，极大地降低了整条供应链的库存量。

再分析交易成本。任何一个企业都会有很多供应商，随着竞争的日渐激烈，许多企业都会将一些非核心技术外包，因此，每一个企业都将面临与供应商之间的交易问题。传统的供应商与生产企业之间是一个价格博弈对手，双方讨价还价的过程是一个利益博弈过程，为了各自的利益，双方会尽量保留私有信息，因而产生交易谈判成本，这种成本正是科斯在企业边界理论中所提到的交易费用,是一种巨大的摩擦成本。而在敏捷供应链管理思想下,核心企业及构成供应链的上下游节点企业在战略一致的前提条件下结盟,所有的同盟利益一致,信息共享,由核心企业按照需求动态组合供应链,整个供应链网络的交易成本降到最低。

3. 敏捷供应链管理的基本原则

(1) 系统性原则。敏捷供应链是对参与供应链中的相关实体之间的物流、信息流、资金流进行计划、协调与控制,提高供应链中所有相关过程的运作效率和增加所有环节的确定性,在最大化整体效益的前提下实现各实体或局部效益的最大化或满意化。因此,必须坚持系统性原则,将供应链看成是一个有机联系的整体,运用系统工程的理论与方法,管理与优化供应链中的物流、信息流、资金流,达到整体效率及效益提高、成本降低、资源配置合理的目标。

(2) 信息共享原则。在敏捷供应链中,对物流及资金流进行有效的控制依赖于正确、及时的相关信息,预见并降低供应链中各环节的不确定性。形成供应链信息集成平台,为供应链企业之间的信息交流提供共享窗口和交流渠道,同时保证供应链同步化计划的实现,实现订单驱动生产组织方式,降低整条供应链的库存量。

【小资料】

供应链发展将经历四个发展阶段:

1.0 阶段——内部资源整合。供应链集成,流程优化,多功能一体化运作。

2.0 阶段——内部资源与外部资源整合。产业链延伸,业务协同,形成"微笑曲线",打造核心竞争力,实现"双赢"或"多赢"。

3.0 阶段——价值链协作。利用互联网、物联网、大数据、云计算、电子商务等技术,对上下游客户实施纵向与横向一体化的整合,实现产业深度融合,构成一个价值链网络,追求系统最优化。

4.0 阶段——智慧供应链。供应链与互联网、物联网深度融合,基于大数据的人工智能应用成为供应链的重要特征,供应链组织形态更加扁平、虚拟生产、区块链、云制造等应用更加普及,技术与管理有效结合,最终形成更加高效、智能、人性化的供应链生态圈。

【资料来源:改革开放四十年的中国物流业。http://www.chinawuliu.com.cn/】

(3) 敏捷性原则。敏捷供应链处于竞争、合作、动态的市场环境中,市场存在不可预测性,快速响应市场变化是敏捷供应链的要求。因此,必须坚持敏捷性原则,从供应链的结构、管理与运作方式、组织机制等方面提高供应链的敏捷性。

(4) 组织虚拟性原则。由于市场的变化和不可预测性,要求有效运作的企业组织结构具有灵活性、动态性,并能根据市场的需要及时进行调整或重组。

(5) 利益协调原则。企业或企业联盟的各种行为都是围绕价值最大化这个最终目标展开的,敏捷供应链管理的内在机制在于各成员利益的协同一致,没有共赢的利益协同机制,就会使参与实体的目标偏离整个供应链的目标。因此,必须坚持利益协同性原则,根据相关实体的特征、信誉等级、核心竞争力等因素,在实体间建立适当的协作关系,明确各自的责任义务与利益,使供应链中的相关实体在共赢的利益基础上,平等合作,取长补短,互惠互利。

4. 敏捷供应链物流的实现要求

(1) 保持整个供应链的物流运作可视化。这是实施敏捷物流的基本要求。所谓物流运作可视化,就是让供应链上的各节点企业能清楚地知道企业本身、供应商、下游客户、仓储设备以及第三方物流或第四方物流服务商等的物流活动情况。例如，存货数量还有多少？存放地点在哪里？哪里需要存货供应？哪些客户的订单必须马上履行？需要采购哪些货物？订货能否与销售和库存补充计划保持一致性？没有物流运作的可视化，企业的物流活动会在很大程度上陷入盲目之中，快速、及时、精确、可靠等敏捷物流的基本要素也就失去了赖以存在的基础。

（2）广泛应用信息技术。在物流活动日益全球化的趋势下，"以时间缩短空间"成为了诸多企业制胜的法宝。在敏捷供应链中，企业缩短物流时间也就是提高物流反应速度，包括提高订单履行的速度、库存周转的速度、销货回款的速度、订购货物的速度及产品交付给最终消费者的速度等。为此，企业要使其信息管理系统能够有效地支持其物流作业和配套管理工作，企业的管理者能够通过信息系统来及时、精确地获取、查询、处理相关的物流信息，如客户的订单情况、企业的库存变动情况、车辆的安排使用情况等。因而，最大化地利用物流信息处理与应用技术，已成为许多企业保持物流运作在供应链上可视化、快速化、系统化的重要手段。"零售之王"沃尔玛通过采用全球定位技术和 RFID 技术，确保了所有供应链合作伙伴实时共享物流关键信息，为降低配送成本提供了重要的技术支持。

（3）与供应链成员紧密合作。在理论上，当供应链中各成员都成为供应链的子系统，而且都能够从最大化整个供应链的效率出发来进行生产运营决策时，供应链就有可能实现全局最优。但由于企业在加盟敏捷供应链后，往往会从本身利益出发来选择对策，再加上各成员间消息不对称，全局最优的目标往往难以实现。对于敏捷供应链而言，它们往往具有围绕主导企业建立、合作企业分布广、合作企业的角色多等特点，这些都将影响节点企业间合作关系的建立。因而，企业在开展物流活动时，一方面需要清楚本身的任务和目标，尽可能地降低本身的物流成本和运作效率，另一方面也需要与其他参与企业进行良好的沟通和合作，否则整条供应链无法达到敏捷性的要求。

（4）适当运用外包策略。敏捷供应链上的企业还能够通过物流外包策略，即将全部或部分物流业务外包给企业外部的物流服务商，通过利用其先进的信息技术和管理技术来实现敏捷物流管理的目标。物流外包的一般做法是利用第三方物流公司的优势来降低物流成本，实现物流效率化。但如果第三方物流公司缺乏供应链运作的大局观，就会制约企业物流服务潜能的充分发挥，许多商业机会和合作机会也会因此而流失。因此，第四方物流正悄然兴起。第四方物流服务商通过提供核心信息技术，应用先进的物流管理技巧，整合其他一些物流服务商的资源，能够真正达到用敏捷物流来提升供应链核心合作力的目标。

10.5.3 产业供应链或动态联盟供应链

在全球经济的一体化的要求下，任何一个企业都难以在所有业务上成为最杰出者，需要联合行业中其他上下游企业，建立一条经济利益相连，充分利用一切可利用的资源，业务关系紧密的行业供应链，实现优势互补，共同增强市场竞争实力，来适应社会化大生产的竞争环境。

为达到上述要求，企业内部供应链管理延伸和发展必须面向全行业的产业链管理，管理的资源从企业内部扩展到了外部。产业供应链可以实现：

第一，在整个行业中构建关系紧密的供应链，使多个企业能在一个整体的供应链管理下实现协作经营和协调运作，将企业的分散计划纳入整个供应链的计划中，实现资源和信息共享，从而大大增强了该供应链在大市场环境中的整体优势。

第二，以最小的个别成本和转换成本来获得成本优势。因为在供应链统一的计划下，上下游企业可最大限度地减少库存。

第三，通过加快供应链上的物流速度，减少各企业的资金占用，使所有上游企业的产品能够准确、及时地到达下游企业。这样还可及时地获得最终消费市场的需求信息使整个供应链能紧跟市场的变化。所以说在 21 世纪，市场竞争将会演变成为供应链之间的竞争。

在市场中把供应、加工/组装、制造与流通各环节之间建立一个业务相关的动态企业联盟（或虚拟公司），这种形式涉及多个企业相互联合，通过信息技术把这些企业连成一个网络，更有效地向市场提供商品和服务，完成单个企业不能完成的市场功能。这不仅使每一个企业保持了自己的个体优势，也扩大了其资源利用的范围，使每个企业可以享用联盟中的其他资源，以此种形式完成向市场提供商品或服务等任务。例如，在市场经济发达国家，以一个配送中心为核心，上与原材料供应、生产加工领域相连，下与批发商、零售商、连锁超市相接，把这些环节均纳入自己的供应链来进行管理，起到一个承上启下的作用，以有效地规划和调用整体资源，且通过建立一个动态企业联盟，实现其业务跨行业、跨地区，甚至是跨国的经营，对大市场的需求做出快速的响应。这一过程可实现供应链上的产品及时生产、及时交付、及时配送、及时交到最终消费者手中，进而快速实现资本循环和价值链增值。这也是动态联盟供应链应用的典型模式。这一供应链管理模式拆除了企业之间的围墙，通过 Internet、电子商务技术手段将企业独立的信息化孤岛连接起来，以进行跨企业协作，实现包括原材料供应商、外协加工和组装、生产制造、销售分销与运输、批发商、零售商、仓储和客户服务等业务集成，完成从生产领域到流通领域的一步到位，以此来追求和分享市场机会。

本章案例

案例分析：AAFES 加强协作以降低客户成本

The Army and Air Force Exchange Service（AAFES）是美国一家军事机构，主营业务是以颇具吸引力的价格向现役军人、保安人员、预备队成员、退伍军人及其家属销售军用商品并提供各种服务。AAFES 将其收入的三分之二投资于提高军队士气，并支助福利和退休计划。

该机构将所赚的每一分钱都用于提高军队成员及其家属的生活质量，多年来它也一直致力于寻找创新方法以降低运营成本。一个与同行 FMWRC（Family and Morale, Welfare and Recreation Command）组织共享服务模型，从而达到双赢局面的合作机会令该机构兴奋不已。这两家机构拥有相同的客户群，而且产品分类也很相似。

从 European Theater 开始，两家机构组建了一支联合团队，调查总运输成本，并确定采购、分销和运输等环节中的合作机会。例如，团队发现，AAFES 首先将货物送达 FMWRC 仓库，所有货物都卸载并储存在这些仓库中，然后被分别运往各 FMWRC 场所。现在，这些货物直接被运往各 FMWRC 场所，省去运往 FMWRC 仓库的环节。通过这类协作，两家机构通过提高运输量降低了单位交货成本，无需再运输价值为 230 万美元的库存，人力成本降低了 80 万美元。

智慧的供应链具有与生俱来的灵活性。这种供应链由一个互联网络组成，连接了供应商、签约制造商和服务提供商，它可随条件变化做出适当的调整。为实现资源的最佳配置，未来的供应链将具备智能建模功能。通过模拟功能，供应链管理者可以了解各种选择的成本、服务级别、所用时间和质量影响。例如，在一项广告促销活动中，根据预先设置的业务规则和阈值，零售商系统可以通过分析由供应商发来的库存、产量和发货信息来确定活动期间是否会发生断货情况。如果预测出来，系统会发通知给协调人员，并对供应链的相应组成部分进行自动处理；若预测推迟交货，它会向其他物流服务供应商发出发货请求；若数量有差异会自动向其他供应商发出重新订购请求，从而避免严重的缺货或销售量下滑。

【资料来源：http://www.360doc.cn/】

结合案例思考：如何使供应链具有灵活性？

思考题

1. 如何理解供应链管理与物流管理的关系？
2. 供应链的特点及分类是什么？
3. 简述供应链设计的基本原则。
4. 实施 QR 成功的条件有哪些？
5. 试比较 QR 与 ECR。
6. 简述 ERP 的核心管理思想。
7. 谈谈你对供应链管理最新发展的认识。

参考文献

[1] 汝宜红,宋伯慧. 配送管理[M]. 3版. 北京:机械工业出版社,2016.
[2] 王效俐,沈四林. 物流运输与配送管理[M]. 北京:清华大学出版社,2012.
[3] 杨凤祥. 仓储管理实务[M]. 北京:电子工业出版社,2018.
[4] 孔继利. 物流配送中心规划与设计[M]. 2版. 北京:北京大学出版社,2019.
[5] 葛军. 仓储与配送管理[M]. 北京:科学出版社,2018.
[6] 马士华,林勇. 供应链管理[M]. 6版. 北京:机械工业出版社,2020.
[7] 魏丽玲. 物流仓储与配送[M]. 北京:北京邮电大学出版社,2018.
[8] 马俊生,王晓阔. 配送管理[M]. 北京:机械工业出版社,2018.
[9] 中国物流网,http://www.cnw56.com/.
[10] 中国物流与采购网,http://www.chinawuliu.com.cn.
[11] 期刊网,http://www.chinaqking.com/.
[12] 中国知网,http://www.cnki.net/.